Effektiv C++ programmieren

Scott Meyers

Effektiv C++ programmieren

55 Möglichkeiten, Ihre Programme und Entwürfe zu verbessern

3. Auflage

ADDISON-WESLEY

An imprint of Pearson Education

München • Boston • San Francisco • Harlow, England
Don Mills, Ontario • Sydney • Mexico City
Madrid • Amsterdam

Bibliografische Information der deutschen Nationalbibliothek

Die Deutsche Nationalbibliothek verzeichnet diese Publikation in der Deutschen Nationalbibliografie; detaillierte bibliografische Daten sind im Internet über <http://dnb.d-nb.de> abrufbar.

10 9 8 7 6 5 4 3 2 1

13 12 11

ISBN 978-3-8272-3078-9

Einbandgestaltung: Marco Lindenbeck, webwo GmbH (mlindenbeck@webwo.de)
Übersetzung: G&U Technische Dokumentation GmbH, Flensburg, www.GundU.com
Fachlektorat: André Willms
Lektorat: Brigitte Bauer-Schiewek, bbauer@pearson.de
Korrektorat: Martina Gradias
Herstellung: Martha Kürzl-Harrison, mkuerzl@pearson.de
Satz: Reemers Publishing Services GmbH, Krefeld (www.reemers.de)
Druck: Kösel, Krugzell (www.koeselbuch.de)
Printed in Germany

Inhalt

Und im Andenken an Persephone,

1995–2004

Für Nancy,
ohne die nichts, was ich tue,
wert wäre, getan zu werden.

Klugheit und Schönheit bilden eine sehr seltene Kombination.

Petronius Arbiter
Satyricon, XCIV

Vorwort zur Sonderausgabe 2011

2011 ist ein spannendes Jahr für C++-Entwickler, denn jetzt erleben wir das offizielle Debut des neuen Standards für C++, der informell als »C++0x« bezeichnet wird. Nach einem Dutzend Jahren der Entwicklung macht C++0x die Sprache C++ leistungsfähiger und flexibler als je zuvor. Es gibt nicht nur neue Besonderheiten wie Parallelverarbeitung, Lambda-Ausdrücke, Verschiebesemantik und Typdeduktion für Variablen (`auto`-Variablen), sondern auch eine Reihe von hilfreichen Fähigkeiten, um die Ausdrucksmöglichkeiten und die Effizienz zu verbessern und stumpfsinnige Arbeiten überflüssig zu machen, beispielsweise bereichsbasierte `for`-Schleifen, statische Aussagen, Vererbung und Delegierung von Konstruktoren, Referenzzähler für intelligente Zeiger, Hash-Tabellen, reguläre Ausdrücke, variadische Templates usw. Alles zusammen weist C++0x ungefähr doppelt so viele Features auf wie das »alte« C++. Außerdem sind diese Features mehr und mehr praxisgerecht, denn moderne Compiler verstehen bereits jetzt viele Features von C++0x und lernen immer mehr dazu. 2011 ist nicht nur das Jahr der offiziellen Ratifizierung von C++0x als neuem Standard, sondern auch das Jahr, in dem dieser Standard ernsthaft in der etablierten Programmierung verwendet wird.

Das mag zu der Frage führen, ob die Informationen und Ratschläge in dieser Ausgabe von *Effektiv C++ programmieren*, die schließlich aus der Zeit vor C++0x stammt, überhaupt noch von Bedeutung sind. Ich freue mich, Ihnen versichern zu können, dass das der Fall ist. Überraschenderweise, muss ich sagen. Nachdem ich mich zwei Jahre lang ausführlich mit C++0x beschäftigt habe, hatte ich eigentlich erwartet, dass mir ein Blick auf das Inhaltsverzeichnis dieses Buchs mit dem Gedanken an C++0x im Hinterkopf nur lautstarkes Stöhnen entlocken könnte. Einige Tipps müssen jetzt doch unangebracht sein, oder? Tatsächlich aber erwiesen sich die Ratschläge als gut. Sollen C++0x-Entwickler `const`, `enum` und `inline` gegenüber `#define` bevorzugen (Tipp 2)? Ja, das sollten sie. Sollten sie verhindern, dass Ausnahmen Destruktoren überschreiten (Tipp 8)? Mit Sicherheit. Sollten sie Objekte zur Ressourcenverwaltung verwenden? Datenelemente als `private` deklarieren? Alternativen zu virtuellen Funktionen verwenden? Parameterunabhängigen Code aus Templates entfernen (Tipps 13, 22, 35 und 44)? Ja, ja, ja, *ja*. Das Inhaltsverzeichnis von *Effektiv C++ programmieren* sollte immer einen Überblick über die Ratschläge im Buch geben und diese allgemeinen Ratschläge gelten für die Entwicklung mit C++0x genauso wie für die herkömmliche

C++-Entwicklung. C++0x ist die umfangreichere Sprache von beiden und in gewissem Sinne ist sie auch anders, aber die zentralen Techniken für die wirkungsvolle Verwendung des »alten« C++ eignen sich auch für C++0x.

Das heißt nicht, dass *Effektiv C++ programmieren* ideal für die Arbeit mit C++0x wäre. Die neuen Merkmale von C++0x werden in diesem Buch nicht behandelt und es gibt keine Tipps dazu, wie Sie sie effektiv einsetzen können. Eine auf C++0x aktualisierte Version von *Effektiv C++ programmieren* müsste sicherlich Tipps zu Verschiebeoperationen, zur einheitlichen Initialisierung und zu Lambda-Ausdrücken und wahrscheinlich ein ganzes Kapitel über die Nutzung der API für die Parallelverarbeitung aufweisen. Außerdem müssten die Beispiele in einem solchen Buch anders gestaltet sein und z.B. `auto`-Variablen, bereichsbasierte `for`-Schleifen, klasseninterne Standardinitialisierer und vielleicht das eine oder andere variadische Template zeigen. Diesem Buch fehlen jedoch nur einige Ratschläge eigens für C++0x, falsche Ratschläge dagegen gibt es nicht.

Aber es wurde auch nie behauptet, dass *Effektiv C++ programmieren* ein alles umfassendes Buch sei. Ich habe niemals vorgehabt, darin jeglichen Aspekt dieser Sprache abzudecken, sondern wollte nur die wichtigsten Gesichtspunkte von C++ ansprechen, mit denen sich Programmierer in der Praxis täglich herumschlagen müssen. C++0x führt neue Aspekte ein, die behandelt werden müssen, aber das schmälert nicht die Wichtigkeit der Themen, die ich in diesem Buch angeschnitten habe. Tatsächlich wird diese Wichtigkeit sogar noch betont, denn um C++0x effektiv einsetzen zu können, müssen Sie zunächst einmal die Sprache meistern, auf der der neue Standard aufbaut, nämlich das »alte« C++. Da die neuen Teile von C++0x mehr und mehr Aufmerksamkeit erregen, wird die Besprechung der »alten« Teile ein wenig in den Hintergrund treten, aber nach wie vor wichtig bleiben.

Ob Sie nun im »klassischen« C++, dem »neuen« C++ oder einer Kombination daraus programmieren, so sind die Informationen und Ratschläge in diesem Buch sowohl jetzt als auch in Zukunft eine große Hilfe für Sie.

SCOTT DOUGLAS MEYERS

http:/aristeia.com

Stafford, Oregon, USA

Vorwort

Die ursprüngliche Ausgabe von *Effektiv C++ programmieren* habe ich im Jahre 1991 geschrieben. Als es 1997 Zeit für eine zweite Ausgabe war, habe ich das vorhandene Material in allen wichtigen Aspekten aktualisiert, die vorhandene Struktur aber so weit wie möglich beibehalten, um Leser, die mit der ersten Ausgabe vertraut waren, nicht unnötig zu verwirren: 48 der ursprünglichen 50 Tippüberschriften sind im Großen und Ganzen unverändert geblieben. Wenn Sie sich dieses Buch als Haus vorstellen, habe ich bei der zweiten Ausgabe eine Renovierung vorgenommen, bei der lediglich die Teppiche ausgetauscht, der Anstrich erneuert und die Lampen repariert wurden.

Für diese dritte Ausgabe habe ich das Haus bis auf die Grundmauern abgerissen. (Zwischendurch hatte ich manchmal das Gefühl, ich hätte bis zum Fundament vorstoßen sollen.) Seit 1991 ist die Welt von C++ einem enormen Wandel unterworfen, so dass der Zweck dieses Buchs – die wichtigsten C++-Richtlinien in einem kleinen, bequem zu lesenden Bändchen zusammenzufassen – mit den 15 Jahre zuvor formulierten Tipps nicht mehr zu erreichen war. 1991 war die Annahme vernünftig, dass C++-Programmierer einen C-Hintergrund haben; heute hingegen können sie genauso gut von Java oder C# kommen. 1991 waren Vererbung und objektorientierte Programmierung Neuland für die meisten Entwickler, heute handelt es sich dabei um bewährte Techniken, während Ausnahmen, Templates und generische Programmierung die Bereiche sind, in denen Hilfe nötig ist. 1991 hatte noch nie jemand von Designpatterns gehört; heute kann man kaum über Softwaresysteme sprechen, ohne darauf zurückzugreifen. 1991 wurde gerade erste Hand an einen formalen C++-Standard gelegt; heute ist dieser Standard bereits 8 Jahre alt, und die Arbeit an einem neuen Standard beginnt.

Um diesen Änderungen gerecht zu werden, habe ich die Tafel so weit wie möglich leer gewischt und mich gefragt: »Was sind die wichtigsten Ratschläge für C++-Programmierer im Jahr 2005?« Das Ergebnis meiner Überlegungen ist der Satz von Tipps in dieser neuen Ausgabe. In diesem Buch gibt es neue Kapitel zu Ressourcenverwaltung und Template-Programmierung, aber in Wirklichkeit tauchen Templates überall im Text auf, da sie fast alle Aspekte von C++ betreffen. Sie finden auch neues Material zur Programmierung mit Ausnahmen, zur Anwendung von Designpatterns und zum Einsatz der neuen Bibliotheksfunktionen von TR1 (TR1 wird in Tipp 54 beschrieben). Ich habe berücksichtigt, dass Techniken und Ansätze, die in Single-Thread-Systemen gut funktionieren, für Multithread-Umgebungen nicht unbedingt geeignet sind. Gut die Hälfte vom Inhalt dieses Buchs ist neu, allerdings sind viele der grundlegenden Hinweise aus der zweiten Ausgabe nach wie vor wichtig, weshalb ich sie in der einen oder anderen Form in den neuen Kapiteln beibehalten habe. (Eine Zuordnung zwischen den Tipps der zweiten und der dritten Ausgabe finden Sie in Anhang B.)

Ich habe mich bemüht, das Buch so gut wie möglich zu machen, aber ich gebe mich nicht der Illusion hin, dass es vollkommen ist. Wenn Sie der Meinung sind, dass einige der Tipps in diesem Buch als allgemeine Ratschläge ungeeignet sind, wenn es eine bessere Möglichkeit gibt, eine der erörterten Aufgaben zu erledigen, oder wenn Erklärungen unklar, unvollständig oder irreführend sind, lassen Sie es mich bitte wissen. Wenn Sie einen Fehler gleich welcher Art finden, teilen Sie mir das bitte mit. Ich werde den Namen der Person, die mich zuerst auf einen bestimmten Fehler aufmerksam gemacht hat, für spätere Auflagen (des Originals) in die Liste der Danksagungen aufnehmen.

Obwohl ich die Anzahl der Tipps auf 55 erhöht habe, sind die Richtlinien in diesem Buch keinesfalls vollständig. Aber gute Regeln aufzustellen – also solche, die nahezu immer für nahezu alle Anwendungen gelten –, ist schwieriger, als es aussehen mag. Wenn Sie Vorschläge für weitere Richtlinien haben, wäre ich froh, von Ihnen zu hören.

Ich unterhalte eine Liste der Änderungen in der englischen Originalausgabe dieses Buchs seit der ersten Auflage, einschließlich Fehlerkorrekturen, Klarstellungen und technischer Aktualisierungen. Sie finden Sie auf der Webseite *Effective C++ Errata* unter *http://aristeia.com/BookErrata/ec++3e-errata.html.* Wenn Sie bei Aktualisierungen der Liste benachrichtigt werden möchten, können Sie sich gern in die Mailingliste eintragen. Ich verwende sie, um Personen, die sich für meine Arbeit interessieren, mit interessanten Neuigkeiten zu versorgen. Einzelheiten finden Sie unter *http://aristeia.com/MailingList/.*

SCOTT DOUGLAS MEYERS

http://aristeia.com/

STAFFORD, OREGON

Danksagung

Effektiv C++ programmieren gibt es jetzt bereits seit fünfzehn Jahren, wobei ich fünf Jahre zuvor begonnen hatte, C++ zu lernen. Mein Projekt zur effektiven C++-Programmierung befindet sich also seit zwanzig Jahren in der Entwicklung. In dieser Zeit habe ich sehr stark von den Einsichten, Vorschlägen, Korrekturen und manchmal auch den erstaunten Blicken hunderter (oder gar tausender?) Menschen profitiert. Jeder einzelne von ihnen hat geholfen, *Effektiv C++ programmieren* zu verbessern. Ich danke ihnen allen.

Ich habe es aufgegeben, mir zu merken, wo ich was gelernt habe, aber eine allgemeine Informationsquelle war mir von Anfang an eine große Hilfe: die C++-Newsgroups im Usenet, vor allem `comp.lang.c++.moderated` und `comp.std.c++`. Viele Tipps in diesem Buch – vielleicht die meisten – haben sich aus der eingehenden Überprüfung technischer Einzelheiten ergeben, worin die Teilnehmer dieser Newsgroups brillieren.

Für das neue Material der dritten Ausgabe hat Steve Dewhurst mit mir eine Liste von Themenkandidaten aufgestellt. Die Idee der Implementierung von `operator=` durch Kopieren und Tauschen aus Tipp 11 verdanke ich Herb Sutters Ausführungen zu diesem Thema, z. B. in Lektion 13 seines Buchs *Exceptional C++* (Addison-Wesley, 2000). RAII (Tipp 13) stammt aus Bjarne Stroustrups Buch *Die C++-Programmiersprache* (Addison-Wesley, 2000). Die Grundidee hinter Tipp 17 ist dem Abschnitt »Best Practices« auf der `shared_ptr`-Webseite von Boost unter *http://boost.org/libs/smart_ptr/shared_ptr.htm#Best-Practices* entnommen und wurde durch Lektion 21 von Herb Sutters *More Exceptional C++* (Addison-Wesley, 2002) verfeinert. Tipp 29 war stark beeinflusst von Herb Sutters ausführlichen Hinweisen zu diesem Thema in Lektion 8–19 von *Exceptional C++*, Lektion 17–23 von *More Excpetional C++* und Lektion 11–13 von *Excpetional C++ Style* (Addison-Wesley, 2005), wobei mir David Abrahams geholfen hat, die drei verschiedenen Arten von Ausnahmesicherheitsgarantien besser zu verstehen. Das NVI-Idiom in Tipp 35 habe ich aus Herb Sutters Kolumne »Virtuality« aus der Ausgabe von September 2001 des *C/C++ Journal* entnommen. Die Entwurfsmuster »Template-Methode« und »Strategie« aus demselben Tipp entspringen dem Buch *Entwurfsmuster* von Erich Gamma, Richard Helm, Ralph Johnson und John Vlissides (Addison-Wesley, 1997; neu 2004). Die Idee, das NVI-Idiom wie in Tipp 37 zu verwenden, stammt von Hendrik Schober. David Smallberg hat die Motivation zum Schreiben benutzerdefinierter Implementierungen von `set` in Tipp 38 beigetragen. Die Beobachtung aus Tipp 39, dass das EBO bei der mehrfachen Vererbung gewöhnlich nicht zur Verfügung steht, haben David Vandevoorde und Nicolai M. Josuttis in *C++ Templates* (Addison-Wesley, 2003) gemacht. Mein ursprüngliches Verständnis von `typename` (Tipp 42) verdanke ich der C++- und C-FAQ-Seite von Greg Comeau (*http://www.comeaucomputing.com/techtalk/#typename*), wobei mir Leor Zolman zu erkennen geholfen hat, dass dieses Verständnis falsch war (was mein Fehler war, nicht Gregs). Die grundlegende Idee von Tipp 46 entspringt Dan Saks' Vortrag »Making New Friends«, der Kernpunkt am Ende von Tipp 52 (wenn Sie eine Version von `operator new` deklarieren, sollten Sie alle deklarieren) stammt aus Lektion 22 von Herb Sutters *Exceptional C++ Style*. Mein Verständnis des Prüfverfahrens von Boost (zusammengefasst in Tipp 55) hat David Abrahams verbessert.

Die vorstehenden Angaben sagen nur aus, wo und von wem *ich* etwas gelernt habe, aber nicht, wer diese Idee zuerst gehabt oder veröffentlicht hat.

Aus meinen Aufzeichnungen kann ich auch ablesen, dass ich Hinweise von Steve Clamage, Antoine Trux, Timothy Know und Mike Kaelbling verwendet habe. Leider sagen mir diese Notizen jedoch nicht mehr, was und wo das gewesen ist.

Die Entwürfe der ersten Ausgabe wurden durchgesehen von Tom Cargill, Glenn Carroll, Tony Davis, Brian Kernighan, Jak Kirman, Doug Lea, Moises Lejter, Eugene Santos jr., John Shewchuk, John Stasko, Bjarne Stroustrup, Barbara Tilly und Nancy L. Urbano. Vorschläge für Verbesserungen, die in spätere Auflagen eingeflossen sind, kamen von Nancy L. Urbano, Chris Treichel, David Corbin, Paul Gibson, Steve Vinoski, Tom Cargill, Neil Rhodes, David Bern, Russ Williams, Robert Brazile, Doug Morgan, Uwe Steinmüller, Mark Somer, Doug Moore, David Smallberg, Seth Meltzer, Oleg Shteynbuk, David Papurt, Tony Hansen, Peter McCluskey, Stefan Kuhlins, David Braunegg, Paul Chisholm, Adam Zell, Clovis Tondo, Mike Kaelbling, Natraj Kini, Lars Nyman, Greg Lutz, Tim Johnson, John Lakos, Roger Scott, Scott Frohman, Alan Rooks, Robert Poor, Eric Nagler, Antoine Trux, Cade Roux, Chandrika Gokul, Randy Mangoba und Glenn Teitelbaum.

Die Durchsicht des Manuskripts der zweiten Ausgabe erfolgte durch Derek Bosch, Tim Johnson, Brian Kernighan, Junichi Kimura, Scott Lewandowski, Laura Michaels, David Smallberg, Clovis Tondo, Chris van Wyk und Oleg Zabluda. Die späteren Auflagen profitierten von den Kommentaren von Daniel Steinberg, Arunprasad Marathe, Doug Stapp, Robert Hall, Cheryl Ferguson, Gary Bartlett, Michael Tamm, Kendall Beaman, Eric Nagler, Max Hailperin, Joe Gottman, Richard Weeks, Valentin Bonnard, Jun He, Tim King, Don Maier, Ted Hill, Mark Harrison, Michael Rubenstein, Mark Rodgers, David Goh, Brenton Cooper, Andy Thomas-Cramer, Antoine Trux, John Wait, Brian Sharon, Liam Fitzpatrick, Bernd Mohr, Gary Yee, John O'Hanley, Brady Patterson, Christopher Peterson, Feliks Kluzniak, Isi Dunietz, Christopher Creutzi, Ian Cooper, Carl Harris, Mark Stickel, Clay Budin, Panayotis Matsinopoulos, David Smallberg,

Herb Sutter, Pajo Misljencevic, Giulio Agostini, Fredrik Blomqvist, Jimmy Snyder, Byrial Jensen, Witold Kuzminski, Kazunobu Kuriyama, Michael Christensen, Jorge Yáñez Teruel, Mark Davis, Marty Rabinowitz, Ares Lagae und Alexander Medvedev.

Ein erstes Teilmanuskript dieser Ausgabe wurde gelesen von Brian Kernighan, Angelika Langer, Jesse Laeuchli, Roger E. Pedersen, Chris Van Wyk, Nicholas Stroustrup und Hendrik Schober. Zu den Lektoren des vollständigen Manuskript gehörten Leor Zolman, Mike Tsao, Eric Nagler, Gene Gutnik, David Abrahams, Gerhard Kreuzer, Drosos Kourounis, Brian Kernighan, Andrew Kirmse, Balog Pal, Emily Jagdhar, Eugene Kalenkovich, Mike Roze, Enrico Carrara, Benjamin Berck, Jack Reeves, Steve Schirripa, Martin Fallenstedt, Timothy Knox, Yun Bai, Michael Lanzetta, Philipp Janert, Guido Bartolucci, Michael Topic, Jeff Scherpelz, Chris Nauroth, Nishant Mittal, Jeff Somers, Hal Moroff, Vincent Manis, Brandon Chang, Greg Li, Jim Meehan, Alan Geller, Siddhartha Singh, Sam Lee, Sasan Dashtinezhad, Alex Marin, Steve Cai, Thomas Fruchterman, Cory Hicks, David Smallberg, Gunavardhan Kakulapati, Danny Rabbani, Jake Cohen, Hendrik Schober, Paco Viciana, Glenn Kennedy, Jeffrey D. Oldham, Nicholas Stroustrup, Matthew Wilson, Andrei Alexandrescu, Tim Johnson, Leon Matthews, Peter Dulimov und Kevlin Henney. Entwürfe einzelner Tipps wurden von Herb Sutter und Attila F. Feher durchgesehen.

Die Überprüfung eines rohen (und möglicherweise unvollständigen) Manuskripts ist eine anspruchsvolle Aufgabe, vor allem unter Zeitdruck. Ich bin allen dankbar, die diese Aufgabe für mich übernommen haben.

Eine solche Durchsicht ist sogar noch schwieriger, wenn Sie mit dem technischen Hintergrund des Inhalts nicht vertraut sind und man trotzdem von Ihnen erwartet, *jedes* Problem in dem Text zu finden. Erstaunlicherweise gibt es immer wieder Menschen, die den Beruf des Korrektors wählen. Chrysta Meadowbrooke hat diese Aufgabe für dieses Buch erledigt und durch ihre gründliche Arbeit viele Fehler aufgedeckt, die an anderer Stelle entsprangen.

Leor Zolman hat zur Vorbereitung auf die vollständige Korrektur sämtliche Codebeispiele anhand einer Vielzahl von Compilern überprüft und diese Arbeit erneut durchgeführt, nachdem ich das Manuskript durchgesehen hatte. Falls es immer noch Fehler gibt, bin ich dafür verantwortlich, nicht Leor.

Karl Wiegers und vor allem Tim Johnson haben auf schnelle und hilfreiche Weise Fragen zum Umschlag beantwortet.

John Wait, mein Lektor für die ersten beiden Ausgaben, hat leichtsinnigerweise auch den Vertrag für die dritte Runde unterzeichnet. Seine Assistentin Denise Mickelsen hat all meine nervtötenden Anfragen höflich mit einem vergnügten Lächeln beantwortet. (Zumindest glaube ich, dass sie dabei gelächelt hat; ich bin ihr nie von Angesicht zu Angesicht begegnet.) Julie Nahil zog den Kürzeren und wurde meine Produktionsmanagerin. Die urplötzliche Verkürzung des Zeitplans um sechs Wochen hat sie mit bemerkenswerter Gelassenheit gemeistert. Auch John Fuller (ihr Chef) und Marty Rabinowitz (dessen Chef) haben bei Herstellungsproblemen geholfen. Vanessa Moore sollte mir offiziell bei FrameMaker-Problemen und bei der PDF-Erstellung helfen, hat aber auch die Einträge von Anhang B erstellt und für den Druck auf den inneren Umschlagseiten der englischen Originalausgabe vorbereitet. Solveig Haugland half bei der Formatierung des Index. Für den Entwurf des Titelbilds waren Sandra Schroeder und Chuti Prasertsith verantwortlich, wobei es wahrscheinlich Chuti war, die immer wieder alles umkrempeln musste, wenn ich sagte: »Aber wie wäre es denn mit *diesem* Foto und einem Streifen in *der* Farbe?« Dank gebührt auch Chanda Leary-Choutu für ihren Einsatz im Marketing.

Während der monatelangen Arbeit am Manuskript half mir die Fernsehserie *Buffy – Im Bann der Dämonen* oft dabei, mich nach Feierabend zu entspannen. Ich konnte mich nur mit Mühe davon zurückhalten, Buffy-Slang in diesem Buch zu verwenden.

Kathy Reed hat mir 1971 das Programmieren beigebracht und ich bin sehr froh, dass wir auch heute noch Freunde sind. 1989 hat Donald French mich und Moises Lejter eingestellt, um C++-Schulungsunterlagen zu schreiben (wobei ich begann, C++ *wirklich* kennen zu lernen), und er engagierte mich 1991, sie bei Stratus Computer vorzustellen. Die Kursteilnehmer ermutigten mich dazu, das Manuskript zu schreiben, das schließlich zur ersten Ausgabe dieses Buchs wurde. Don hat mich auch John Wait vorgestellt, der sich bereit erklärte, das Buch zu veröffentlichen.

Meine Frau Nancy L.Urbano ermuntert mich selbst nach sieben Buchprojekten, einer CD-Adaptation und einer Dissertation immer noch zum Schreiben. Ihre Geduld mit mir ist unerschöpflich, und ich könnte das, was ich tue, ohne sie nicht schaffen.

Unsere Hündin Persephone war stets eine unvergleichliche Kameradin. Traurigerweise hat ihre Begleitung für einen Großteil des Projekts die Form einer Urne in meinem Büro angenommen. Wir vermissen sie sehr.

Einleitung

Die Grundlagen einer Programmiersprache zu erlernen, ist eine Sache; wie Sie lernen, in dieser Sprache *effektive* Programme zu erstellen und zu implementieren, etwas völlig anderes. Das gilt insbesondere für C++, eine Sprache, die einen ungewöhnlichen Umfang an Leistung und Ausdrucksstärke aufweist. Wird sie richtig verwendet, kann es eine Freude sein, mit C++ zu arbeiten. Sie können eine ungeheure Vielfalt von Entwürfen direkt ausdrücken und effizient umsetzen. Eine vernünftig gewählte und sorgfältig erstellte Menge von Klassen, Funktionen und Templates kann zu einer einfachen, effizienten und nahezu fehlerfreien Anwendungsprogrammierung führen. Es ist nicht übermäßig schwierig, effektive C++-Programme zu schreiben, *wenn* Sie wissen, wie Sie vorgehen müssen. Ohne Disziplin verwendet kann C++ jedoch zu unverständlichem, nicht wartungsfreundlichem, nicht erweiterbarem und einfach fehlerhaftem Code führen.

Dieses Buch soll Ihnen zeigen, wie Sie C++ *effektiv* nutzen. Ich nehme an, dass Sie C++ bereits als *Sprache* kennen und einige Erfahrungen mit ihr haben. Hier biete ich Ihnen einen Leitfaden zur Verwendung der Sprache, damit Ihre Software verständlich, wartungsfreundlich, portierbar, erweiterbar und effizient wird und sich so verhält, wie Sie es erwarten.

Die Ratschläge, die ich anbiete, fallen in zwei große Kategorien: allgemeine Designstrategien und die wesentlichen Details bestimmter Spracheigenschaften. Die Erörterungen zum Design konzentrieren sich auf die Auswahl verschiedener Ansätze, um etwas in C++ zu erreichen. Wie wählen Sie zwischen Vererbung und Templates aus? Zwischen öffentlicher und privater Vererbung? Zwischen Element- und Nichtelementfunktionen? Zwischen der Übergabe als Wert und als Verweis? Es ist wichtig, diese Entscheidungen am Anfang richtig zu fällen, da eine schlechte Wahl erst viel später im Entwicklungsprozess sichtbar werden kann, wenn eine Korrektur oftmals schwierig, zeitaufwändig und teuer ist.

Auch wenn Sie genau wissen, was Sie beabsichtigen, kann es knifflig sein, den richtigen Weg zu finden. Was ist der geeignete Rückgabewert für Zuweisungsoperatoren? Wann sollte ein Destruktor virtuell sein? Wie soll der Operator `new` sich verhalten, wenn er nicht genügend Speicher finden kann? Es ist wichtig, sich mit solchen Einzelheiten zu befassen, denn ansonsten erhält man fast immer ein unerwartetes, möglicherweise verwirrendes Programmverhalten. Dieses Buch hilft Ihnen dabei, das zu vermeiden.

Das Buch ist keine vollständige Referenz für C++. Eher ist es eine Sammlung von 55 bestimmten Vorschlägen (die ich *Tipps* nenne), wie Sie Ihre Programme und Entwürfe verbessern können. Jeder Tipp steht mehr oder weniger für sich alleine, doch die meisten enthalten auch Verweise auf andere Tipps. Eine Möglichkeit, dieses Buch zu lesen, besteht daher darin, mit einem Tipp Ihres Interesses zu beginnen und dann den Verweisen zu folgen, um zu sehen, wohin sie Sie führen.

Das Buch ist auch keine Einführung in C++. In Kapitel 2 bin ich z.B. erpicht darauf, Ihnen alles über die saubere Implementierung von Konstruktoren, Destruktoren und Zuweisungsoperatoren zu erzählen, doch ich setze voraus, dass Sie genau wissen oder woanders herausfinden können, was diese Funktionen tun und wie sie deklariert werden können. Eine Vielzahl von Büchern über C++ enthalten solche Informationen.

Der Zweck *dieses* Buchs besteht darin, diejenigen Aspekte der C++-Programmierung hervorzuheben, die oft übersehen werden. Andere Bücher beschreiben die verschiedenen Bestandteile der Sprache. Dieses Buch sagt Ihnen, wie Sie diese Teile kombinieren, damit Sie effektive Programme erhalten. Andere Bücher handeln davon, wie Sie erreichen, dass Ihre Programme kompiliert werden. Dieses Buch sagt Ihnen, wie Sie Probleme vermeiden, die Ihnen die Compiler nicht mitteilen.

Gleichzeitig beschränkt sich dieses Buch auf den C++-*Standard*. Es werden nur Eigenschaften des offiziellen Sprachstandards verwendet. Ein Schlüsselanliegen ist die Portierbarkeit. Wenn Sie also nach plattformspezifischen Hacks suchen, werden Sie sie hier nicht finden.

Was Sie in diesem Buch auch nicht finden werden, ist das C++-Evangelium, der einzig wahre Weg zu perfekter C++-Software. Alle Tipps in diesem Buch bieten eine Anleitung, wie Sie bessere Entwürfe entwickeln, wie Sie übliche Probleme verhindern oder eine höhere Effizienz erreichen, doch keiner der Tipps ist universell anwendbar. Softwaredesign und -implementierung sind komplexe Aufgaben, beeinflusst von den Beschränkungen der Hardware, des Betriebssystems und der Anwendung, so dass ich höchstens *Richtlinien* zum Erstellen besserer Programme geben kann.

Wenn Sie stets alle Richtlinien befolgen, ist es unwahrscheinlich, dass Sie in die bekannten Fallen tappen, die C++ umgeben, doch Richtlinien haben naturgemäß Ausnahmen. Daher enthält jeder Tipp eine Erläuterung. Diese Erläuterungen sind der wichtigste Teil des Buchs. Nur wenn Sie das einem Tipp zugrunde liegende Prinzip verstehen, können Sie feststellen, ob er zu der Software passt, die Sie entwickeln, und zu den Beschränkungen, mit denen Sie sich abmühen.

Am besten verwenden Sie dieses Buch, um Einsicht darin zu erhalten, wie C++ sich verhält, warum die Sprache sich so verhält und wie Sie ihr Verhalten zu Ihrem Vorteil nutzen. Ein blindes Befolgen der Tipps ist zweifellos unangemessen, doch gleichzeitig sollten Sie auch keine der Richtlinien ohne einen guten Grund verletzen.

Terminologie

Es gibt ein kleines C++-Vokabular, das jeder Entwickler verstehen sollte. Die folgenden Ausdrücke sind wichtig genug, um sicherzustellen, dass wir uns über ihre Bedeutung einig sind.

Eine *Deklaration* teilt Compilern den Namen und Typ einer Sache mit, lässt jedoch bestimmte Einzelheiten aus. Folgende Beispiele sind Deklarationen:

```
extern int x;                          // Objektdeklaration
std::size_t numDigits(int number);     // Funktionsdeklaration
class Widget;                          // Klassendeklaration
template<typename T>                   // Template-Deklaration
class GraphNode;                       // (in Tipp 42 erhalten Sie
                                       // Informationen zur
                                       // Verwendung von "typename")
```

Beachten Sie, dass ich den Integer `x` als »Objekt« bezeichne, obwohl es sich um einen eingebauten Typ handelt. Einige reservieren den Namen »Objekt« für Variablen mit einem benutzerdefiniertem Typ, doch ich gehöre nicht dazu. Beachten Sie auch, dass der Rückgabewert der Funktion `numDigits` den Typ `std::size_t` hat, d.h. den Typ `size_t` im Namensbereich `std`. In diesem Namensbereich befindet sich nahezu die gesamte Standardbibliothek von C++. Da jedoch die Standardbibliothek von C (genauer gesagt die von C89) auch in C++ verwendet werden kann, können im globalen Gültigkeitsbereich, innerhalb von `std` oder in beiden, aus C geerbte Symbole (wie `size_t`) vorhanden sein, je nachdem, welche Header mit `#include` eingebunden wurden. In diesem Buch setze ich voraus, dass C++-Header mit `#include` eingebunden wurden, und verwende deshalb `std::size_t` anstelle von `size_t`. Wenn ich im Fließtext auf Komponenten der Standardbibliothek verweise, lasse ich `std` in der Regel weg, da ich Ihnen zutraue zu erkennen, dass Dinge wie `size_t`, `vector` und `count` in `std` liegen. In Beispiellistings schreibe ich stets `std`, da echter Quelltext ansonsten nicht kompiliert würde.

`size_t` ist übrigens nur eine Typdefinition für einen vorzeichenlosen Typ, den C++ zum Zählen verwendet (z.B. für die Anzahl der Zeichen in einem `char*`-basierten String, die Anzahl der Elemente in einem STL-Container usw.). Es ist auch der Typ, den die Funktionen `operator[]` in `vector`, `deque` und `string` erwarten, eine Konvention, der wir bei der Definition unserer eigenen `operator[]`-Funktionen in Tipp 3 folgen werden.

Die Deklaration einer jeden Funktion zeigt deren *Signatur*, d.h. ihre Parameter- und Rückgabetypen. Die Signatur einer Funktion ist dasselbe wie ihr Typ. Im Fall von `numDigits` ist die Signatur `std::size_t(int)`, d.h. eine »Funktion, die ein `int` entgegennimmt und ein `std::size_t` zurückgibt«. Die offizielle C++-Definition einer »Signatur« enthält nicht den Rückgabewert der Funktion, aber in diesem Buch ist es nützlicher, den Rückgabewert als Bestandteil der Signatur zu betrachten.

Eine *Definition* versorgt Compiler mit den Einzelheiten, die eine Deklaration auslässt. Bei einem Objekt ist die Definition der Punkt, an dem der Compiler Speicher für das Objekt beiseite legt. Bei einer Funktion oder einem Funktions-Template enthält die Definition den Quelltext. Die Definition einer Klasse oder eines Klassen-Templates führt deren Elemente auf:

```
int x;                                    // Objektdefinition
std::size_t numDigits(int number)         // Funktionsdefinition
{                                         // (Diese Funktion gibt die
   std::size_t digitsSoFar = 1;           // Anzahl der Stellen in
                                          // ihren Parametern zurück.)
   while ((number /= 10) != 0) ++digitsSoFar;
   return digitsSoFar;
}
class Widget {                            // Klassendefinition
public:
   Widget();
   ~Widget();
   ...
};
template<typename T>                      // Template-Definition
class GraphNode {
public:
   GraphNode();
   ~GraphNode();
   ...
};
```

Die *Initialisierung* ist der Vorgang, bei dem ein Objekt seinen ersten Wert erhält. Für Objekte mit benutzerdefinierten Typen wird die Initialisierung von Konstruktoren durchgeführt. Ein *Standardkonstruktor* kann ohne Argumente aufgerufen werden. Ein solcher Konstruktor hat entweder keine Parameter oder für jeden einen Standardwert:

```
class A {
public:
   A();                                // Standardkonstruktor
};
class B {
public:
   explicit B(int x = 0, bool b = true); // Standardkonstruktor;
};                                     // Infos über explicit folgen
class C {
public:
   explicit C(int x);                  // Kein Standardkonstruktor
};
```

Die Konstruktoren für die Klassen `B` und `C` sind hier explizit deklariert. Das verhindert, dass sie für implizite Typenumwandlungen verwendet werden, obwohl sie weiterhin explizite Typenumwandlungen durchführen können:

```
void doSomething(B bObject);   // Eine Funktion, die ein Objekt vom
                               // Typ B annimmt
B bObj1;                       // Ein Objekt vom Typ B
doSomething(bObj1);            // Gut, übergibt B an doSomething
B bObj2(28);                   // Gut, erzeugt ein B aus dem int 28(der
                               // Boole'sche Wert ist standardmäßig wahr)
doSomething(28);               // Fehler! doSomething übernimmt ein B,
                               // kein int, und es gibt keine
                               // implizite Umwandlung von int in B

doSomething(B(28));            // Gut, verwendet den Konstruktor von B,
                               // um int für diesen Aufruf explizit in B
                               // zu konvertieren ("cast"). (Siehe
                               // Tipp 27 für Informationen zur
                               // Typumwandlung.)
```

Explizit deklarierte Konstruktoren sind normalerweise den nicht expliziten vorzuziehen, da sie Compiler daran hindern, unerwartete (und oftmals unbeabsichtigte) Typumwandlungen vorzunehmen. Sofern ich keinen guten Grund habe, den Einsatz eines Konstruktors für implizite Typumwandlungen zu erlauben, deklariere ich ihn als `explicit`. Ich ermuntere Sie dazu, derselben Richtlinie zu folgen.

Bitte beachten Sie, wie ich die Typumwandlung im voranstehenden Beispiel hervorgehoben habe. Ich verwende solche Markierungen im gesamten Buch, um Ihre Aufmerksamkeit auf besonders bemerkenswerte Punkte zu lenken. (Ich hebe auch die Kapitelnummern hervor, aber nur, weil ich denke, dass es gut aussieht.)

Der *Kopierkonstruktor* wird verwendet, um ein Objekt mit einem anderen Objekt desselben Typs zu initialisieren, und der *Kopierzuweisungsoperator*, um den Wert aus einem Objekt in ein anderes desselben Typs zu kopieren:

```
class Widget {
public:
   Widget();                                // Standardkonstruktor
   Widget(const Widget& rhs);               // Kopierkonstruktor
   Widget& operator=(const Widget& rhs);    // Kopierzuweisungsoperator
   ...
};
Widget w1;                                  // Aufruf Standardkonstruktor
Widget w2(w1);                              // Aufruf Kopierkonstruktor
w1 = w2;                                    // Aufruf des
                                            // Kopierzuweisungsoperators
```

Lesen Sie vorsichtig, was wie eine Zuweisung aussieht, da die Syntax »=« auch zum Aufruf des Kopierkonstruktors verwendet wird:

```
Widget w3 = w2;                           // Aufruf des Kopierkonstruktors!
```

Glücklicherweise ist ein Kopierkonstruktor einfach von einer Kopierzuweisung zu unterscheiden. Wenn ein neues Objekt definiert wird (wie z.B. `w3` im obigen Listing), muss ein Konstruktor aufgerufen werden; es kann keine Zuweisung sein. Wenn kein neues Objekt definiert wird (wie im Beispiel »`w1 = w2`«), kann kein Konstruktor beteiligt sein, so dass es sich um eine Zuweisung handelt.

Der Kopierkonstruktor ist eine besonders wichtige Funktion, da er definiert, wie ein Objekt als Wert übergeben wird. Betrachten Sie z.B. folgendes Beispiel:

```
bool hasAcceptableQuality(Widget w);
...
Widget aWidget;
if (hasAcceptableQuality(aWidget)) ...
```

Der Parameter `w` wird als Wert an `hasAcceptableQuality` übergeben, so dass im obigen Aufruf `aWidget` nach `w` kopiert wird. Das Kopieren erfolgt über den Kopierkonstruktor von `Widget`. Die Übergabe als Wert bedeutet »Aufruf des Kopierkonstruktors«. (Es ist jedoch in der Regel keine gute Idee, benutzerdefinierte Typen als Wert zu übergeben. Nähere Einzelheiten finden Sie in Tipp 20.)

Die *STL* ist die Standard-Template-Bibliothek (**S**tandard **T**emplate **L**ibrary), der Teil der Standardbibliothek von C++, der Containern (`vector`, `list`, `set`, `map` usw.), Iteratoren (`vector<int>::iterator`, `set<string>::iterator` usw.), Algorithmen (`for_each`, `find`, `sort` usw.) und verwandten Dingen gewidmet ist. Viele davon haben mit *Funktionsobjekten* zu tun: Objekten, die sich wie Funktionen verhalten. Solche Objekte stammen aus Klassen, die `operator()`, den Operator für den Funktionsaufruf, überladen. Wenn Ihnen die STL fremd ist, sollten Sie während der Lektüre dieses Buchs eine vernünftige Referenz zur Hand haben, da die STL zu nützlich ist, um keinen Gebrauch von ihr zu machen. Sobald Sie sie ein wenig verwendet haben, werden Sie das genauso sehen.

Programmierer, die von Sprachen wie Java oder C# zu C++ kommen, könnten von dem Begriff des *undefinierten Verhaltens* überrascht sein. Aus einer Vielzahl von Gründen ist das Verhalten einiger Konstrukte in C++ nicht genau vorgegeben: Sie können nicht zuverlässig voraussagen, was zur Laufzeit passiert. Hier sind zwei Beispiele für Quelltext mit undefiniertem Verhalten:

```
int *p = 0;              // p ist ein Null-Zeiger
std::cout << *p;         // Dereferenzieren eines Null-Zeigers
                         // führt zu undefiniertem Verhalten
```

```
char name[] = "Darla";    // name ist ein Array der Größe 6
                          // (vergessen Sie nicht die führende Null!)
char c = name[10];        // Der Verweis auf einen ungültigen Array-Index
                          // führt zu undefiniertem Verhalten
```

Um zu unterstreichen, dass die Ergebnisse eines undefinierten Verhaltens nicht voraussehbar sind und sehr unangenehm sein können, sagen erfahrene C++-Programmierer oftmals, dass Programme mit undefiniertem Verhalten die Festplatte löschen können. Es stimmt: Ein Programm mit undefiniertem Verhalten *könnte* die Festplatte löschen. Aber das ist nicht wahrscheinlich. Eher verhält sich das Programm fehlerhaft, läuft manchmal normal, stürzt ein anderes Mal ab und führt ein drittes Mal zu falschen Ergebnissen. Gute C++-Programmierer tun ihr Bestes, um undefiniertes Verhalten zu vermeiden. In diesem Buch weise ich auf viele Stellen hin, bei denen Sie danach Ausschau halten müssen.

Ein anderer Begriff, der Programmierer verwirren kann, die von einer anderen Sprache zu C++ kommen, ist *Interface*. Java und die .NET-Sprachen bieten Schnittstellen als Sprachelement, doch in C++ gibt es so etwas nicht, obwohl Tipp 31 erläutert, wie Sie sie annähern können. Wenn ich den Ausdruck »Schnittstelle« verwende, spreche ich im Allgemeinen über die Signatur einer Funktion, die zugänglichen Elemente einer Klasse (z.B. die »`public`-«, »`protected`-« oder »`private`-Schnittstelle« einer Klasse) oder die Ausdrücke, die für den Typparameter eines Templates gültig sein müssen (siehe Tipp 41) – d.h. ich spreche über Schnittstellen als ein recht allgemeines Designprinzip.

Ein *Kunde* ist jemand oder etwas, das den Quelltext (normalerweise die Interfaces) benutzt, den Sie schreiben. Die Kunden einer Funktion sind z.B. ihre Benutzer: die Teile des Quelltextes, die die Funktion aufrufen (oder ihre Adressen übernehmen) genauso wie die Personen, die einen solchen Quelltext schreiben und pflegen. Die Kunden einer Klasse oder eines Templates sind die Teile der Software, die die Klasse oder das Template verwenden, sowie die Programmierer, die diesen Quelltext schreiben und pflegen. Wenn ich über Kunden schreibe, konzentriere ich mich in der Regel auf Programmierer, da Programmierer von schlechten Interfaces verwirrt, irregeführt oder verärgert sein können. Der Quelltext selbst kann es nicht.

Sie sind vielleicht nicht daran gewöhnt, über Kunden nachzudenken, doch ich werde einen Großteil der Zeit darauf verwenden, Sie zu überzeugen, ihnen das Leben so einfach wie möglich zu machen. Schließlich sind Sie ein Kunde der Software, die andere Personen entwickeln. Möchten Sie nicht, dass diese Leute die Dinge für Sie einfach machen? Außerdem gibt es einen Punkt, in dem Sie sich fast in der Position Ihres eigenen Kunden wiederfinden (d.h. Sie verwenden Ihren eigenen Quelltext), und an diesem Punkt werden Sie froh sein, dass Sie bei der Entwicklung Ihrer Schnittstellen an die Kundeninteressen gedacht haben.

Ich sehe in diesem Buch oft über die Unterschiede zwischen Funktionen und Funktions-Templates sowie zwischen Klassen und Klassen-Templates hinweg, denn was für das eine gilt, gilt häufig auch für das andere. In Fällen, in denen das nicht der Fall ist, unterscheide ich zwischen Klassen und Funktionen auf der einen Seite und den Templates, die zu ihnen führen, auf der anderen.

Namenskonventionen

Ich habe versucht, für Objekte, Klassen, Funktionen, Templates usw. sinnvolle Namen zu finden, doch die Bedeutungen meiner Namen sind möglicherweise nicht unmittelbar offensichtlich. Zwei meiner Lieblingsnamen für Parameter sind z.B. `lhs` und `rhs`. Sie stehen für »left-hand side« (linke Seite) bzw. »right-hand side« (rechte Seite). Ich verwende sie oft als Parameternamen für Funktionen, die binäre Operatoren implementieren, z.B. `operator==` und `operator*`. Sind z.B `a` und `b` Objekte, die rationale Zahlen darstellen, und können `Rational`-Objekte mit einer Nichtelementfunktion `operator*` multipliziert werden (was wahrscheinlich ist, wie Tipp 24 erläutert), ist der Ausdruck ...

```
a * b
```

... äquivalent zu dem Funktionsaufruf ...

```
operator*(a, b)
```

In Tipp 24 deklariere ich `operator*` wie folgt:

```
const Rational operator*(const Rational& lhs, const Rational& rhs);
```

Wie Sie sehen, ist der linke Operand `a` innerhalb der Funktion als `lhs` und der rechte Operand `b` als `rhs` bekannt.

Für Elementfunktionen wird das linksseitige Argument durch den Zeiger `this` dargestellt, so dass ich manchmal den Parameternamen `rhs` allein benutze. Sie haben das eventuell in den Deklarationen einiger `Widget`-Elementfunktionen bemerkt. Das erinnert mich daran, dass ich in Beispielen oft die Klasse `Widget` verwende. »Widget« bedeutet nichts Besonderes. Es ist nur ein Name, den ich manchmal benutze, wenn ich einen Klassennamen als Beispiel benötige, und hat nichts mit den Widgets aus Toolkits für grafische Oberflächen zu tun.

Zeiger benenne ich oft nach der Regel, dass ein Zeiger auf ein Objekt vom Typ `T` einfach `pt` genannt wird, ein »Pointer auf T«. Hier sind einige Beispiele:

```
Widget *pw;                         // pw = Zeiger auf Widget
class Airplane;
Airplane *pa;                       // pa = Zeiger auf Airplane
class GameCharacter;
GameCharacter *pgc;                 // pgc = Zeiger auf
                                    // GameCharacter
```

Für Referenzen verwende ich eine ähnliche Konvention: `rw` kann eine Referenz auf ein `Widget` und `ra` eine auf ein `Airplane` sein.

Wenn ich Elementfunktionen behandle, verwende ich manchmal den Namen `mf`.

Threads

Als Sprache hat C++ keine Vorstellung von Threads – genauer gesagt, keinerlei Vorstellung irgendeiner Gleichzeitigkeit. Das Gleiche gilt für die Standardbibliothek von C++. Soweit es C++ betrifft, gibt es keine Multithread-Programme.

Und doch gibt es sie. Mein Schwerpunkt in diesem Buch liegt auf dem standardmäßigen, portierbaren C++, doch ich kann nicht ignorieren, dass Thread-Sicherheit ein Problem ist, vor dem viele Programmierer stehen. Mein Ansatz, mit dieser Kluft zwischen C++ und der Realität umzugehen, besteht darin, auf Stellen hinzuweisen, an denen die von mir untersuchten C++-Entwürfe voraussichtlich zu Problemen in Thread-Umgebungen führen können. Damit wird dieses Buch aber kein Werk über Multithread-Programmierung mit C++ – es ist weit davon entfernt. Stattdessen ist es ein Buch über C++, das sich im Wesentlichen auf Betrachtungen zu einzelnen Threads beschränkt, das Vorhandensein von Multithreading aber anerkennt und aufzuzeigen versucht, wo threadbewusste Programmierer besondere Vorsicht bei der Bewertung der angebotenen Vorschläge walten lassen müssen.

Wenn Ihnen Multithreading nicht vertraut ist oder Sie sich nicht darum kümmern müssen, können Sie meine diesbezüglichen Anmerkungen ignorieren. Wenn Sie jedoch eine Multithread-Anwendung oder -Bibliothek programmieren, sollten Sie beachten, dass meine Kommentare nicht viel mehr als ein Ansatzpunkt für die Lösung der Probleme sind, denen Sie sich beim Einsatz von C++ zuwenden müssen.

TR1 und Boost

Im ganzen Buch finden Sie Verweise auf TR1 und Boost. Jeder Begriff wird in einem Tipp in einer gewissen Ausführlichkeit beschrieben (Tipp 54 für TR1, Tipp 55 für Boost), doch leider befinden sich diese Tipps am Ende des Buchs. (Sie stehen dort, weil es so besser funktioniert. Wirklich! Ich habe versucht, sie an mehreren anderen Stellen zu platzieren.) Wenn Sie möchten, können Sie diese Tipps jetzt lesen, doch wenn Sie das Buch lieber von vorne als von hinten lesen, hilft Ihnen die folgende Zusammenfassung:

- TR1 (»**T**echnical **R**eport **1**«) ist eine Spezifikation für eine neue Funktionalität der C++-Standardbibliothek. Sie beinhaltet die Form neuer Klassen- und Funktions-Templates für Dinge wie Hashtabellen, intelligente Zeiger zur Referenzzählung, reguläre Ausdrücke und mehr. Alle TR1-Komponenten liegen im Namespace `tr1`, der im Namespace `std` enthalten ist.
- Boost ist eine Organisation und eine Website (*http//boost.org*), die portierbare, geprüfte Open-Source-C++-Bibliotheken enthält. Der Großteil der TR1-Funktionalität basiert auf Arbeiten von Boost und solange die Compilerhersteller TR1 nicht in ihre Bibliotheken aufnehmen, bleibt die Website von Boost wahrscheinlich die erste Anlaufstelle für Entwickler, die nach TR1-Implementierungen suchen. Boost bietet jedoch mehr an, als in TR1 verfügbar ist, so dass es auf jeden Fall wichtig ist, diese Website zu kennen.

1 Machen Sie sich mit C++ vertraut

Unabhängig von Ihrer Programmiererfahrung benötigen Sie vermutlich etwas Zeit, sich an C++ zu gewöhnen. Es ist eine leistungsfähige Sprache mit einem enormen Funktionsreichtum, doch bevor Sie diese Leistungsfähigkeit nutzen und die Funktionen effektiv einsetzen können, müssen Sie sich an die Vorgehensweise von C++ gewöhnen. Das ganze Buch handelt davon, doch einige Dinge sind grundlegender als andere, und dieses Kapitel behandelt die grundlegendsten.

1.1 Tipp 1: Betrachten Sie C++ als eine Kombination von Sprachen

Am Anfang war C++ lediglich C mit einigen zusätzlichen objektorientierten Funktionen. Sogar der ursprüngliche Name von C++, »C mit Klassen«, spiegelt diese einfache Abstammung wider.

Im Zuge ihrer Weiterentwicklung wurde die Sprache kühner und verwegener und nahm Ideen, Eigenschaften und Programmierstrategien auf, die sich von C mit Klassen unterschieden. Ausnahmen erforderten einen anderen Ansatz zum Strukturieren von Funktionen (siehe Tipp 29), Templates führten zu neuen Denkansätzen für das Design (siehe Tipp 41) und die STL definierte einen Ansatz zur Erweiterbarkeit, wie man ihn bisher noch nicht gesehen hatte.

Heute ist C++ eine *Multiparadigma-Programmiersprache*, die eine Kombination aus prozeduralen, objektorientierten, funktionalen, generischen und metaprogrammatischen Eigenschaften unterstützt. Diese Leistungsfähigkeit und Flexibilität macht C++ zu einem Werkzeug ohnegleichen, kann aber auch zu einiger Verwirrung führen. Alle Regeln für den »sauberen Einsatz« scheinen Ausnahmen zu haben. Wie ziehen wir einen Nutzen aus einer solchen Sprache?

Der einfachste Weg besteht darin, C++ nicht als einzelne Sprache, sondern als Kombination verwandter Sprachen anzusehen. Wenn Sie von einer Untersprache zu einer anderen wechseln, können sich jedoch die Regeln ändern. Um einen Nutzen aus C++ zu ziehen, müssen Sie die wichtigsten Untersprachen erkennen. Glücklicherweise gibt es nur vier:

- **C:** Ganz tief unten basiert C++ immer noch auf C. Blöcke, Anweisungen, eingebaute Datentypen, Arrays, Zeiger usw. haben alle ihren Ursprung in C. In vielen Fällen bietet C++ Ansätze zu Problemen, die ihren Gegenstücken in C überlegen sind (siehe z.B. Tipp 2 (Alternativen zum Präprozessor) und Tipp 13 (Verwendung von Objekten zur Ressourcenverwaltung)). Doch wenn Sie mit dem C-Anteil von C++ arbeiten, spiegeln die Regeln zur effektiven Programmierung den begrenzteren Umfang von C wider: keine Templates, keine Ausnahmen, keine Überladung usw.
- **Objektorientiertes C++:** Dieser Teil von C++ ist das, was C mit Klassen war: Klassen (einschließlich Konstruktoren und Destruktoren), Kapselung, Vererbung, Polymorphismus, virtuelle Funktionen (dynamische Bindung) usw. Dies ist der Bestandteil von C++, für den die klassischen Regeln des objektorientierten Designs fast unmittelbar gelten.
- **Template-C++:** Das ist der Teil von C++ zur generischen Programmierung, mit dem die meisten Programmierer am wenigsten Erfahrung haben. Betrachtungen zu Templates durchdringen C++, und es ist nicht ungewöhnlich, dass Regeln zum guten Programmieren besondere Absätze enthalten, die nur für Templates gelten (z.B. Tipp 46 zur Erleichterung von Typumwandlungen in Aufrufen von Template-Funktionen). In der Tat sind Templates so leistungsfähig, dass sie zu einem vollkommen neuen Programmierparadigma führen, der *Template-Metaprogrammierung* (TMP). Tipp 48 bietet einen Überblick über TMP, doch sofern Sie kein hartgesottener Template-Freak sind, brauchen Sie sich darum nicht zu kümmern. Die Regeln für TMP haben fast keine Berührungspunkte mit der C++-Mainstream- Programmierung.
- **STL:** Die STL ist natürlich eine Template-Bibliothek, jedoch eine sehr spezielle. Ihre Konventionen bezüglich Containern, Iteratoren, Algorithmen und Funktionsobjekten sind ausgezeichnet miteinander verzahnt, doch Templates und Bibliotheken können auch um andere Ideen herum aufgebaut werden. Die STL erledigt Dinge auf eine bestimmte Art und Weise, und wenn Sie mit ihr arbeiten, sollten Sie sicher sein, ihre Konventionen zu befolgen.

Behalten Sie diese vier Untersprachen im Hinterkopf und seien Sie nicht überrascht, dass ein effektives Programmieren erfordert, beim Wechsel von einer Untersprache zur anderen, die Strategie zu ändern. Zum Beispiel ist die Übergabe als Wert für integrierte (d.h. C-artige) Typen effizienter als die Übergabe als Verweis. Doch wenn Sie vom C-Teil von C++ zu objektorientiertem C++ wechseln, bedeutet das Vorhandensein benutzerdefinierter Konstruktoren und Destruktoren, dass es in der Regel besser ist, etwas als Verweis auf `const` zu übergeben. Das gilt vor allem für Template-C++, da Sie dort nicht einmal den Typ des Objekts kennen, mit dem Sie arbeiten. Wenn Sie jedoch in die STL wechseln, wissen Sie, dass Iteratoren und Funktionsobjekte auf Verweisen in C basieren, so dass hier wieder die alte Regel aus C »Übergabe als Wert« gilt. (Alle Einzelheiten zur Entscheidung zwischen den Übergabeoptionen für Parameter finden Sie in Tipp 20.)

C++ ist demnach keine vereinheitlichte Sprache mit einem einzelnen Regelwerk, sondern vielmehr eine Kombination aus vier Untersprachen, von denen jede eigene Konventionen hat. Behalten Sie diese Untersprachen im Hinterkopf, und Sie werden feststellen, dass C++ wesentlich einfacher zu verstehen ist.

Was Sie sich merken sollten

- Die Regeln für eine effektive Programmierung in C++ ändern sich je nachdem, welchen Teil von C++ Sie einsetzen.

1.2 Tipp 2: Ziehen Sie const, enum und inline gegenüber #define vor

Dieser Tipp könnte besser »Ziehen Sie den Compiler dem Präprozessor vor« heißen, da `#define` so behandelt werden kann, als sei es nicht Bestandteil der Sprache *an sich*. Das ist eines der Probleme dieser Direktive. Wenn Sie etwa Folgendes schreiben ...

```
#define ASPECT_RATIO 1.653
```

... sehen Compiler möglicherweise niemals den symbolischen Namen `ASPECT_RATIO` – er könnte vom Präprozessor entfernt werden, bevor der Quelltext den Compiler erreicht. Als Folge wird der Name `ASPECT_RATIO` möglicherweise nicht in die Symboltabelle eingetragen. Das kann verwirrend sein, wenn Sie während des Kompilierens eine Fehlermeldung erhalten, die die Verwendung einer Konstante betrifft, da sie sich auf `1.653` und nicht auf `ASPECT_RATIO` bezieht. Wäre `ASPECT_RATIO` in einer Headerdatei definiert, die nicht von Ihnen stammt, wüssten Sie nicht, woher diese Zahl `1.653` kommt, und verschwendeten Zeit bei der Suche nach der Ursache. Dieses Problem kann auch im symbolischen Debugger zutage treten, da wiederum der Name, mit dem Sie programmieren, möglicherweise nicht in der Symboltabelle enthalten ist.

Die Lösung besteht darin, das Makro durch eine Konstante zu ersetzen:

```
const double AspectRatio = 1.653;          // Namen mit Großbuchstaben sind
                                           // in der Regel für Makros,
                                           // daher die Namensänderung
```

Als Sprachkonstante wird `AspectRatio` auf jeden Fall vom Compiler gesehen und mit Sicherheit in seine Symboltabelle eingetragen. Darüber hinaus kann im Fall einer Fließkommakonstante (wie in diesem Beispiel) die Verwendung der Konstante zu kürzerem Code führen als der Einsatz von `#define`. Das liegt daran, dass die blinde Ersetzung des Makronamens `ASPECT_RATIO` durch `1.653` durch den Präprozessor zu mehreren Kopien von `1.653` im Objektcode führen kann, während der Einsatz der Konstanten `AspectRatio` niemals mehr als eine Kopie erzeugen sollte.

Beim Ersetzen von #define durch Konstanten müssen zwei Sonderfälle erwähnt werden. Der erste betrifft die Definition von konstanten Zeigern. Da Definitionen von Konstanten normalerweise in Headerdateien durchgeführt werden (wo sie viele verschiedene Quelldateien einschließen), ist es wichtig, dass der *Zeiger* als const deklariert wird, in der Regel zusätzlich zu dem, auf was er zeigt. Um z.B. in einer Headerdatei einen char*-basierten String zu definieren, müssen Sie const zweimal schreiben:

```
const char * const authorName = "Scott Meyers";
```

Eine vollständige Behandlung der Bedeutung und Verwendung von const, vor allem in Verbindung mit Zeigern, finden Sie in Tipp 3. Es ist jedoch wert, Sie hier daran zu erinnern, dass string-Objekte im Allgemeinen ihren char*-basierten Vorfahren vorzuziehen sind, so dass authorName oftmals besser folgendermaßen definiert wird:

```
const std::string authorName("Scott Meyers");
```

Der zweite Sonderfall betrifft klassenspezifische Konstanten. Um den Gültigkeitsbereich einer Konstante auf eine Klasse zu beschränken, müssen Sie sie zu einem Datenelement der Klasse machen, und um sicherzustellen, dass es höchstens eine Kopie der Konstante ist, muss sie ein *statisches* Datenelement sein:

```
class GamePlayer {
private:
   static const int NumTurns = 5;  // Deklaration der Konstante
   int scores[NumTurns];          // Verwendung der Konstante
   ...
};
```

Was Sie oben sehen, ist eine *Deklaration* von NumTurns, keine Definition. Normalerweise erfordert C++, dass Sie für alles, was Sie verwenden, eine Definition angeben, doch klassenspezifische Konstanten, die statisch sind und einen ganzzahligen Typ haben (z.B. Integer-, Zeichen- und Boole'sche Typen), bilden eine Ausnahme. Solange Sie ihre Adressen nicht verwenden, können Sie sie deklarieren und ohne die Angabe einer Definition verwenden. Wenn Sie die Adresse einer Klassenkonstanten verwenden oder Ihr Compiler fälschlicherweise auf einer Definition besteht, auch wenn Sie die Adresse nicht verwenden, dann geben Sie eine gesonderte Definition wie die folgende an:

```
const int GamePlayer::NumTurns;  // Definition von NumTurns; siehe
                                 // Folgendes, warum kein Wert angegeben ist
```

Schreiben Sie diese Zeile in eine Implementierungsdatei, nicht in eine Headerdatei. Da der Anfangswert von Klassenkonstanten dort anzugeben ist, wo die Klasse deklariert wird (z.B. wird NumTurns bei der Deklaration mit 5 initialisiert), ist am Definitionspunkt kein Anfangswert erlaubt.

Beachten Sie übrigens, dass es keine Möglichkeit gibt, mit #define eine klassenspezifische Konstante zu erstellen, da #define den Gültigkeitsbereich nicht beachtet. Sobald ein Makro definiert ist, gilt es für den Rest des Kompiliervorgangs (sofern es zwischendurch kein #undef gibt). Das bedeutet, dass #define nicht nur für klassenspezifische Konstanten, sondern für jegliche Art von Kapselung ungeeignet ist, es gibt also kein »privates« #define. Natürlich können konstante Datenelemente gekapselt werden, wie z.B. NumTurns.

Ältere Compiler akzeptieren die oben stehende Syntax möglicherweise nicht, da es früher nicht erlaubt war, am Deklarationspunkt einen Anfangswert für ein statisches Klassenelement anzugeben. Des Weiteren ist die Initialisierung in der Klasse nur für ganzzahlige Typen und Konstanten erlaubt. In Fällen, in denen obige Syntax nicht verwendet werden kann, geben Sie den Anfangswert am Definitionspunkt an:

```
class CostEstimate {
private:
   static const double FudgeFactor;  // Deklaration einer statischen
   ...                               // Klassenkonstante; steht in
                                     // Headerdatei
};
const double                          // Definition einer statischen
   CostEstimate::FudgeFactor = 1.35; // Klassenkonstante; steht in der
                                     // Implementierungsdatei
```

Mehr brauchen Sie in der Regel nicht. Die einzige Ausnahme tritt auf, wenn Sie während der Kompilierung einer Klasse den Wert einer Klassenkonstante benötigen, wie in der Deklaration des Arrays GamePlayer::scores weiter vorn (wenn der Compiler darauf besteht, während der Kompilierung die Größe eines Arrays zu kennen). Der allgemein anerkannte Weg, Compiler auszutricksen, die (fälschlicherweise) die Angabe von Anfangswerten für statische ganzzahlige Klassenkonstanten innerhalb von Klassen verbieten, wird liebevoll (und nicht abschätzig) als »Enum-Hack« bezeichnet. Dieses Verfahren nutzt die Tatsache aus, dass die Werte eines Aufzählungstyps dort verwendet werden können, wo Integer erwartet werden, so dass GamePlayer auch wie folgt definiert werden kann:

```
class GamePlayer {
private:
   enum { NumTurns = 5 }; // Der "Enum-Hack" – macht aus
                          // NumTurns einen symbolischen Namen für 5
   int scores[NumTurns];  // Gut
   ...
};
```

Den Enum-Hack sollten Sie aus mehreren Gründen kennen. Zum einen verhält er sich auf gewisse Weise mehr wie ein #define als wie ein const, was manchmal Ihren Wünschen entspricht. Es ist beispielsweise gültig, die Adresse eines `const` zu nehmen, was jedoch nicht für die Adresse einer Aufzählung gilt, und es ist üblicherweise auch nicht gültig, die Adresse eines `#define` zu nehmen. Wenn Sie nicht möchten, dass jemand einen Zeiger oder einen Verweis auf eine Ihrer ganzzahligen Konstanten erhält, ist eine Aufzählung eine gute Möglichkeit, diese Beschränkung zu erzwingen. (Mehr über das Erzwingen von Designbeschränkungen durch Implementierungsentscheidungen finden Sie in Tipp 18.) Auch wenn gute Compiler keinen Speicher für `const`-Objekte mit ganzzahligem Typ reservieren (sofern Sie keinen Zeiger oder keine Referenz auf das Objekt erstellen), können nachlässige Compiler genau das tun, was Sie möglicherweise nicht möchten. Wie bei `#define` führen Aufzählungen niemals zu solch unnötigen Speicherreservierungen.

Ein zweiter Grund, warum Sie den Enum-Hack kennen sollten, ist rein pragmatisch. Er wird oft in Quelltexten verwendet, so dass Sie ihn erkennen müssen, wenn Sie ihn sehen. Tatsächlich stellt er ein fundamentales Verfahren der Template-Metaprogrammierung dar (siehe Tipp 48).

Wenn wir zum Präprozessor zurückkehren, besteht eine weitere verbreitete (falsche) Verwendung von `#define` darin, Makros zu implementieren, die wie Funktionen aussehen, jedoch nicht den Overhead eines Funktionsaufrufs nach sich ziehen. Hier ist ein Makro, das mit seinem größeren Argument eine Funktion `f` aufruft:

```
// Ruft f mit dem Maximum von a und b auf
#define CALL_WITH_MAX(a, b) f((a) > (b) ? (a) : (b))
```

Makros wie dieses haben so viele Nachteile, dass schon das Nachdenken über sie nicht zu ertragen ist.

Immer wenn Sie ein solches Makro schreiben, müssen Sie daran denken, alle Argumente in seinem Rumpf in Klammern zu setzen. Andernfalls können Sie Probleme bekommen, wenn jemand das Makro mit einem Ausdruck aufruft. Doch auch wenn Sie es richtig machen, können verrückte Dinge passieren:

```
int a = 5, b = 0;
CALL_WITH_MAX(++a, b);     // a wird zweimal inkrementiert
CALL_WITH_MAX(++a, b+10); // a wird einmal inkrementiert
```

Wie oft `a` vor dem Aufruf von `f` inkrementiert wird, hängt hier davon ab, womit es verglichen wird!

Glücklicherweise benötigen Sie diesen Blödsinn nicht. Sie können die gesamte Leistungsfähigkeit eines Makros und zusätzlich das voraussehbare Verhalten und die Typsicherheit einer regulären Funktion erhalten, indem Sie ein Template für eine Inline-Funktion verwenden (siehe Tipp 30):

```
template<typename T>                              // Da wir T nicht kennen,
inline void callWithMax(const T& a, const T& b) // übergeben wir als
{                                                 // Verweis an const -
  f(a > b ? a : b);                               // siehe Tipp 20
}
```

Dieses Template erzeugt eine ganze Familie von Funktionen, von denen jede zwei Objekte desselben Typs übernimmt und `f` mit dem größeren der beiden aufruft. Es gibt keinen Grund, im Funktionsrumpf Klammern zu setzen, keinen Grund zur Sorge, dass Parameter mehrfach ausgewertet werden usw. Des Weiteren beachtet das Template den Gültigkeitsbereich und die Zugriffsregeln, da `callWithMax` tatsächlich eine Funktion ist. Es ist z.B. möglich, eine Inline-Funktion zu schreiben, die bezüglich einer Klasse privat ist. Im Allgemeinen gibt es keine Möglichkeit, das mit einem Makro zu erreichen.

Sind `const`, `enum` und `inline` verfügbar, haben Sie nicht mehr viel Bedarf für den Präprozessor (insbesondere für `#define`), doch er ist nicht aufgehoben. `#include` bleibt notwendig und auch `#ifdef`/`#ifndef` spielen weiterhin wichtige Rollen bei der Steuerung der Kompilierung. Sie können den Präprozessor noch nicht in Rente schicken, sollten ihm aber lange und häufige Ferien gönnen.

Was Sie sich merken sollten

- Ziehen Sie für einfache Konstanten `const`-Objekte oder Aufzählungen einem `#define` vor.
- Ziehen Sie für funktionsartige Makros Inline-Funktionen einem `#define` vor.

1.3 Tipp 3: Verwenden Sie nach Möglichkeit const

Die wunderbare Sache bei `const` ist, dass es Ihnen die Angabe einer semantischen Beschränkung ermöglicht – ein bestimmtes Objekt darf *nicht* verändert werden – und Compiler diese Beschränkung erzwingen. Sie können sowohl Compilern als auch anderen Programmierern mitteilen, dass ein Wert unverändert bleiben soll. Immer wenn das zutrifft, sollten Sie es auch sagen, da Sie auf diese Weise die Hilfe Ihres Compilers erhalten, um sicherzustellen, dass die Beschränkung nicht verletzt wird.

Das Schlüsselwort `const` ist bemerkenswert vielseitig. Außerhalb von Klassen können Sie es für Beschränkungen im globalen Gültigkeitsbereich oder dem Gültigkeitsbereich von Namensbereichen verwenden (siehe Tipp 2) sowie für Objekte, die im Gültigkeitsbereich einer Datei, einer Funktion oder eines Blocks als `static` deklariert sind. Innerhalb von Klassen können Sie es sowohl für statische als auch für nicht statische Datenelemente verwenden. Für Zeiger können Sie angeben, ob der Zeiger selbst, die Daten, auf die er zeigt, beide oder keins von beiden `const` ist:

```
char greeting[] = "Hello";
char *p = greeting;              // Nicht konstanter Zeiger,
                                 // nicht konstante Daten
const char *p = greeting;        // Nicht konstanter Zeiger,
                                 // konstante Daten
char * const p = greeting;       // Konstanter Zeiger,
                                 // nicht konstante Daten
const char * const p = greeting; // Konstanter Zeiger,
                                 // konstante Daten
}
```

Diese Syntax ist nicht so launisch, wie sie aussehen mag. Wenn das Wort const links vom Stern auftritt, ist das konstant, *auf das gezeigt wird*, steht es rechts vom Stern, ist *der Zeiger selbst* eine Konstante, taucht es auf beiden Seiten auf, ist beides konstant.

Wenn das konstant ist, auf das gezeigt wird, geben einige Programmierer const vor dem Typ an. Andere schreiben es hinter den Typ, aber vor den Stern. Es gibt hier keinen Bedeutungsunterschied, so dass die folgenden Funktionen denselben Parametertyp annehmen:

```
void f1(const Widget *pw);        // f1 übernimmt einen Zeiger auf ein
                                  // konstantes Widget-Objekt,
void f2(Widget const *pw);        // so auch f2
```

Da beide Formen in realem Quelltext vorkommen, sollten Sie sich an beide gewöhnen.

STL-Iteratoren sind Zeigern nachgebildet, so dass sich ein Iterator ähnlich wie ein T*-Zeiger verhält. Einen Iterator als konstant zu deklarieren, ist so wie einen Zeiger als konstant (d.h. einen T* const-Zeiger) zu deklarieren: Der Iterator darf nicht auf etwas anderes zeigen, doch das, worauf er zeigt, darf verändert werden. Wenn Sie wollen, dass ein Iterator auf etwas zeigt, das nicht verändert werden darf (d.h. die STL-Analogie zu einem const T*-Zeiger), ist das ein const_iterator:

```
std::vector<int> vec;
...
const std::vector<int>::iterator iter =     // iter verhält sich wie ein
                                            // T* const
   vec.begin();
*iter = 10;                                 // OK, ändert das, auf das iter
zeigt
++iter;                                     // Fehler! iter ist konstant
std::vector<int>::const_iterator cIter =    // cIter verhält sich wie ein
                                            // const T*
   vec.begin();
*cIter = 10;                                // Fehler! *cIter ist konstant
++cIter;
```

Eine der leistungsfähigsten Anwendungen von `const` findet sich in den Funktionsdeklarationen. Innerhalb einer Funktionsdeklaration kann sich `const` auf den Rückgabewert der Funktion, auf einzelne Parameter und, bei Elementfunktionen, auf die Funktion als Ganzes beziehen.

Wenn eine Funktion einen konstanten Wert zurückgibt, ist es oftmals möglich, das Auftreten von Kundenfehlern zu verringern, ohne die Sicherheit oder die Leistungsfähigkeit aufzugeben. Betrachten Sie z.B. die Deklaration der `operator*`-Funktion für rationale Zahlen, die in Tipp 24 untersucht wird:

```
class Rational { ... };
const Rational operator*(const Rational& lhs, const Rational& rhs);
```

Viele Programmierer blicken argwöhnisch, wenn sie das zum ersten Mal sehen. Warum sollte das Ergebnis von `operator*` ein konstantes Objekt sein? Wenn es das nicht wäre, könnten Kunden Scheußlichkeiten wie diese ausführen:

```
Rational a, b, c;
...
(a * b) = c;          // Aufruf von operator= für das
                      // Ergebnis von a*b!
```

Ich wüsste nicht, warum irgendein Programmierer eine Zuweisung zum Produkt zweier Zahlen machen sollte, aber ich weiß, dass viele Programmierer es versucht haben, ohne es zu wollen. Alles, was man dazu benötigt, ist ein einfacher Tippfehler (und ein Typ, der implizit in `bool` konvertiert werden kann):

```
if (a * b = c) ...    // Hoppla, das sollte ein Vergleich sein!
```

Dieser Quelltext würde als ungültig erkannt werden, wenn `a` und `b` einen integrierten Typ hätten. Eines der Kennzeichen von guten benutzerdefinierten Typen besteht darin, dass sie unberechtigte Inkompatibilitäten mit den integrierten Typen vermeiden (siehe Tipp 18), und Zuweisungen zum Produkt zweier Zahlen zu erlauben, sieht für mich ziemlich unberechtigt aus. Den Rückgabewert von `operator*` als `const` zu deklarieren verhindert das, und darum ist es richtig.

Es gibt nichts besonders Neues über konstante Parameter zu sagen – sie verhalten sich wie lokale konstante Objekte, und Sie sollten wann immer möglich beide verwenden. Sofern Sie einen Parameter oder ein lokales Objekt nicht zu ändern brauchen, stellen Sie sicher, dass Sie es als `const` deklarieren. Sie müssen dazu nur sechs Zeichen eintippen, und es kann Sie vor ärgerlichen Fehlern wie dem gerade gesehenen »Ich wollte == eingeben, habe aber aus Versehen = getippt« bewahren.

1.3.1 Konstante Elementfunktionen

Der Zweck von const für Elementfunktionen besteht darin festzustellen, welche von ihnen für konstante Objekte aufgerufen werden können. Solche Elementfunktionen sind aus zwei Gründen wichtig. Erstens erleichtern sie das Verständnis der Schnittstelle einer Klasse. Es ist wichtig zu wissen, welche Funktionen ein Objekt verändern können und welche nicht. Zweitens ermöglichen sie die Arbeit mit konstanten Objekten. Das ist ein entscheidender Gesichtspunkt beim Schreiben von leistungsfähigem Quelltext, da, wie Tipp 20 erläutert, einer der grundlegenden Wege zur Leistungsverbesserung eines C++-Programms darin besteht, Objekte als Verweis auf const zu übergeben. Dieses Verfahren ist nur dann sinnvoll, wenn es konstante Elementfunktionen gibt, mit denen die resultierenden für const geeigneten Objekte verändert werden können.

Viele übersehen die Tatsache, dass Elementfunktionen, die sich *nur* in ihrer Konstanz unterscheiden, überladen werden können, doch das ist eine wichtige Eigenschaft von C++. Betrachten Sie eine Klasse, die einen Textblock darstellt:

```
class TextBlock {
public:
   ...
   const char& operator[](std::size_t position) const  // operator[] für
   { return text[position]; }                          // konstante Objekte
   char& operator[](std::size_t position)              // operator[] für
   { return text[position]; }                          // nicht konstante
                                                       // Objekte
private:
   std::string text;
};
```

Die operator[] von TextBlock können wie folgt verwendet werden:

```
TextBlock tb("Hello");
std::cout << tb[0];                // Ruft den nicht konstanten
                                   // TextBlock::operator[] auf
const TextBlock ctb("World");
std::cout << ctb[0];               // Ruft den konstanten
                                   // TextBlock::operator[] auf
```

Konstante Objekte treten in realen Programmen übrigens meist als Ergebnis einer Übergabe als Zeiger oder als Verweis auf const auf. Das vorstehende Beispiel mit ctb ist künstlich, das folgende realistischer:

```
void print(const TextBlock& ctb)   // In dieser Funktion ist ctb konstant
{
   std::cout << ctb[0];            // Ruft den konstanten
   ...                             // TextBlock::operator[] auf
}
```

Durch Überladen von `operator[]` und den Einsatz verschiedener Typen für die unterschiedlichen Rückgabewerte können Sie eine unterschiedliche Behandlung für konstante und nicht konstante `TextBlocks` erreichen:

```
std::cout << tb[0];             // Gut – liest einen
                                // nicht konstanten TextBlock
tb[0] = 'x';                    // Gut – liest einen
                                // nicht konstanten TextBlock
std::cout << ctb[0];            // Gut – liest einen
                                // konstanten TextBlock
ctb[0] = 'x';                   // Fehler! – Schreibt einen
                                // konstanten TextBlock
```

Beachten Sie, dass der Fehler hier nur mit dem *Rückgabewert* des aufgerufenen `operator[]` zusammenhängt, die Aufrufe an `operator[]` sind alle in Ordnung. Der Fehler rührt von dem Versuch her, eine Zuweisung zu einem konstanten `char&` durchzuführen, da das der Rückgabetyp der konstanten Version von `operator[]` ist.

Beachten Sie auch, dass der Rückgabetyp des nicht konstanten `operator[]` ein *Verweis* auf einen `char` ist – ein `char` selbst reicht nicht aus. Wenn `operator[]` einen einfachen `char` zurückgibt, würden Anweisungen wie folgende nicht kompiliert:

```
tb[0] = 'x';
```

Das liegt daran, dass es niemals gültig ist, den Rückgabewert einer Funktion zu verändern, die einen integrierten Typ zurückgibt. Selbst wenn es erlaubt wäre, würde lediglich eine *Kopie* von `tb.text[0]` verändert werden, nicht `tb.text[0]` selbst, weil C++ Objekte als Wert zurückgibt (siehe Tipp 20). Das ist nicht das von Ihnen gewünschte Verhalten.

Was bedeutet es für eine Elementfunktion, wenn sie konstant ist? Es gibt zwei vorherrschende Meinungen: *bitweise Konstanz* (auch als *physische Konstanz* bezeichnet) und *logische Konstanz*.

Das Lager der bitweisen Konstanz glaubt, dass eine Elementfunktion dann und nur dann konstant ist, wenn sie keines der Datenelemente des Objekts verändert (mit Ausnahme der statischen), d.h., wenn sie kein Bit innerhalb des Objekts verändert. Die schöne Sache an der bitweisen Konstanz ist, dass Übertretungen einfach zu erkennen sind: Compiler suchen lediglich nach Zuweisungen an Datenelemente. In der Tat ist bitweise Konstanz das, was C++ als Konstanz definiert, und eine konstante Elementfunktion darf keines der nicht statischen Datenelemente des Objekts verändern, für das sie aufgerufen wird.

Leider bestehen viele Elementfunktionen, die sich nicht sehr konstant verhalten, den bitweisen Test. Insbesondere verhält sich eine Elementfunktion, die das verändert, auf das ein Zeiger *zeigt*, häufig nicht konstant. Doch wenn nur der *Zeiger* im Objekt ist, ist die Funktion bitweise konstant und Compiler werden sich nicht beschweren. Das kann zu einem nicht intuitiven Verhalten führen. Nehmen Sie z.B. an, wir haben eine `TextBlock`-ähnliche Klasse, die ihre Daten als `char*` statt als `string` speichert, da sie über eine C-API kommunizieren muss, die keine `string`-Objekte kennt.

```
class CTextBlock {
public:
   ...
   char& operator[](std::size_t position) const  // Ungeeignete (aber
   { return pText[position]; }                   // bitweise konstante)
                                                 // Deklaration von
                                                 // operator[]
private:
   char *pText;
};
```

Diese Klasse deklariert `operator[]` (ungeeigneterweise) als konstante Elementfunktion, obwohl diese Funktion einen Verweis auf die internen Daten des Objekts zurückgibt (ein Thema, das ausführlich in Tipp 28 behandelt wird). Lassen Sie das außer Acht und beachten Sie, dass die Implementierung von `operator[]` in keiner Weise `pText` verändert. Das hat zur Folge, dass Compiler glücklich sind und Code für `operator[]` erstellen; er ist schließlich bitweise konstant, und das ist alles, was Compiler überprüfen. Doch schauen Sie, was damit ermöglicht wird:

```
const CTextBlock cctb("Hello");   // Deklariert ein konstantes Objekt
char *pc = &cctb[0];              // Ruft den konstanten operator[]
                                  // auf, um einen Zeiger auf die
                                  // Daten von cctb zu erhalten
*pc = 'J';                        // cctb hat nun den Wert "Jello"
```

Mit Sicherheit ist etwas falsch, wenn Sie ein konstantes Objekt mit einem bestimmten Wert erstellen, auf ihm nur konstante Elementfunktionen aufrufen, aber trotzdem seinen Wert ändern!

Das führt zu dem Begriff der logischen Konstanz. Anhänger dieser Philosophie argumentieren, dass eine konstante Elementfunktion einige Bits in dem Objekt ändern kann, für das sie aufgerufen wird, doch nur so, dass Kunden die Änderung nicht entdecken können. Zum Beispiel könnte die Klasse `CTextBlock` die Länge des Textblocks immer zwischenspeichern, wenn er abgefragt wird:

```
class CTextBlock {
public:
   ...
   std::size_t length() const;
private:
```

```
    char *pText;
    std::size_t textLength;             // Zuletzt berechnete Länge des
                                        // Textblocks
    bool lengthIsValid;                 // Ist die Länge momentan gültig?
};
std::size_t CTextBlock::length() const
{
    if (!lengthIsValid) {
        textLength = std::strlen(pText); // Fehler! Kann in einer konstanten
        lengthIsValid = true;            // Elementfunktion nicht zu
    }                                    // textLength und lengthIsValid
                                         // zuweisen
    return textLength;
}
```

Diese Implementierung der Länge ist mit Sicherheit nicht bitweise konstant – sowohl `textLength` als auch `lengthIsValid` dürfen modifiziert werden –, doch es sieht so aus, als sollte es für konstante `CTextBlock`-Objekte gültig sein. Compiler sind anderer Meinung, sie bestehen auf bitweiser Konstanz. Was ist zu tun?

Die Lösung ist einfach: Nutzen Sie die mit `const` verwandte C++-Option `mutable`. Sie befreit nicht statische Datenelemente von den Beschränkungen der bitweisen Konstanz:

```
class CTextBlock {
public:
    ...
    std::size_t length() const;
private:
    char *pText;
    mutable std::size_t textLength;      // Diese Datenelemente können
    mutable bool lengthIsValid;          // immer verändert werden, sogar
};                                       // in konstanten Elementfunktionen
std::size_t CTextBlock::length() const
{
    if (!lengthIsValid) {
        textLength = std::strlen(pText); // Nun OK
        lengthIsValid = true;            // Auch OK
    }
    return textLength;
}
```

1.3.2 Die Duplizierung in konstanten und nicht konstanten Elementfunktionen vermeiden

`mutable` ist eine schöne Lösung des Problems »Bitweise Konstanz ist nicht das, was ich wollte«, doch es löst nicht alle mit `const` verbundenen Schwierigkeiten. Nehmen Sie z.B. an, dass operator[] in TextBlock (und CTextBlock) nicht nur eine Referenz auf das entsprechende Zeichen zurückgibt, sondern auch die Grenzen überprüft, Zugriffsinformationen protokolliert und vielleicht sogar eine Integritätsprüfung der Daten vornimmt. Wenn wir das alles sowohl in die konstanten als auch in die nicht konstanten operator[]-Funktionen aufnehmen (und uns nicht darüber ärgern, dass wir jetzt implizit Inline-Funktionen nicht trivialer Länge haben – siehe Tipp 30), erhalten wir das folgende Monstrum:

```
class TextBlock {
public:
   ...
   const char& operator[](std::size_t position) const
   {
      ...                                   // Überprüfen der Grenzen
      ...                                   // Protokollieren der Zugriffsdaten
      ...                                   // Überprüfen der Datenintegrität
      return text[position];
   }
   char& operator[](std::size_t position)
   {
      ...                                   // Überprüfen der Grenzen
      ...                                   // Protokollieren der Zugriffsdaten
      ...                                   // Überprüfen der Datenintegrität
      return text[position];
   }
private:
   std::string text;
};
```

Aua! Wir erhalten eine Codeverdoppelung, verbunden mit erhöhter Kompilierungszeit, aufwändigerer Pflege und Kopfschmerzen wegen aufgeblähtem Code. Sicherlich ist es möglich, den Code für die Überprüfung der Grenzen usw. in eine separate Elementfunktion (natürlich eine private) auszulagern, die beide Versionen von operator[] aufrufen, doch Sie haben weiterhin die doppelten Aufrufe dieser Funktion und die doppelte return-Anweisung.

Tatsächlich möchten Sie die Funktionalität von operator[] einmal implementieren und zweimal nutzen, d.h. Sie möchten, dass eine Version von operator[] die andere aufruft. Das führt uns dahin, die Konstanz umzuwandeln.

Als allgemeine Regel gilt, dass die Typumwandlung eine derart schlechte Idee ist, dass ich ihr einen ganzen Abschnitt gewidmet habe (Tipp 27), der besagt, dass Sie sie nicht einsetzen sollen. Doch Codeverdoppelung ist auch kein Honiglecken. In diesem Fall macht die konstante Version von operator[] genau dasselbe wie die nicht konstante, sie hat nur einen als const qualifizierten Rückgabetyp. Die Konstanz des Rückgabewerts umzuwandeln ist in diesem Fall sicher, da jeder, der den nicht konstanten operator[] aufruft, zunächst ein nicht konstantes Objekt gehabt haben muss, ansonsten hätte er keine nicht konstante Funktion aufrufen können. Damit ist der Aufruf der konstanten Version durch den nicht konstanten operator[] ein sicheres Verfahren, um eine Codeverdoppelung zu vermeiden, auch wenn es eine Typumwandlung erforderlich macht. Hier ist der Quelltext, der möglicherweise klarer wird, wenn Sie die nachfolgende Erläuterung gelesen haben:

```
class TextBlock {
   public:
   ...
   const char& operator[](std::size_t position) const  // Wie zuvor
   {
      ...
      ...
      ...
      return text[position];
   }
   char& operator[](std::size_t position)              // Ruft lediglich den
                                                       // konstanten op[] auf
   {
      return
         const_cast<char&>(                            // Wandelt const um in
                                                       // Rückgabetyp von op[]
         static_cast<const TextBlock&>(*this)          // Fügt const zum Typ
                                                       // von *this hinzu;
            [position]                                 // Ruft konst. Version
                                                       // von op[] auf
      );
   }
...
};
```

Wie Sie sehen, enthält der Quelltext zwei Typumwandlungen, nicht eine. Wir möchten, dass der nicht konstante operator[] den konstanten aufruft, doch wenn wir im nicht konstanten operator[] lediglich operator[] aufrufen, erhalten wir einen rekursiven Aufruf, was nur bis zum millionsten Mal lustig ist. Um eine unendliche Rekursion zu vermeiden, müssen wir angeben, dass wir den konstanten operator[] aufrufen möchten, doch das ist nicht unmittelbar möglich. Stattdessen wandeln wir *this mit seinem natürlichen Typ TextBlock& in const TextBlock& um. Ja, wir nutzen eine Typumwandlung, um const *hinzuzufügen*! Somit haben wir zwei Typumwandlungen: eine, um const zu *this hinzuzufügen (so dass unser Aufruf von operator[] die konstante Version aufruft), und die zweite, um const aus dem Rückgabewert von const operator[] zu entfernen.

Die Typumwandlung, die const hinzufügt, erzwingt lediglich eine sichere Umwandlung (von einem nicht konstanten in ein konstantes Objekt), so dass wir dafür static_cast verwenden. Diejenige, die const entfernt, kann nur über const_cast erreicht werden, so dass wir hier keine andere Wahl haben. (Technisch haben wir durchaus eine. Eine C-artige Typumwandlung würde auch funktionieren, doch, wie ich in Tipp 27 erläutern werde, sind solche Typumwandlungen selten die richtige Wahl. Wenn Sie mit static_cast oder const_cast nicht vertraut sind, finden Sie in Tipp 27 einen Überblick.)

Obendrein rufen wir in diesem Beispiel einen Operator auf, so dass die Syntax etwas ungewöhnlich ist. Das Ergebnis gewinnt keinen Schönheitswettbewerb, hat jedoch den gewünschten Effekt, die Codeverdopplung zu verhindern, indem es die nicht konstante Version von operator[] in Form der konstanten implementiert. Ob es wert ist, das Ziel mit dieser plumpen Syntax zu erreichen, müssen Sie selbst entscheiden, doch es ist auf jeden Fall sinnvoll, die Technik zu kennen, eine nicht konstante Elementfunktion durch Aufruf ihres konstanten Zwillings zu implementieren.

Es ist noch wichtiger zu wissen, dass es *nicht* sinnvoll ist, andersherum vorzugehen – die Codeverdopplung zu vermeiden, indem die konstante Version die nicht konstante aufruft. Denken Sie daran, dass eine konstante Elementfunktion verspricht, niemals den logischen Zustand Ihres Objekts zu ändern; eine nicht konstante Elementfunktion macht jedoch kein solches Versprechen. Wenn Sie aus einer konstanten Funktion heraus eine nicht konstante aufrufen, laufen Sie Gefahr, dass das Objekt geändert wird, von dem Sie versprochen haben, dass es nicht modifiziert wird. Deswegen ist es falsch, wenn eine konstante Elementfunktion eine nicht konstante aufruft: Das Objekt könnte verändert werden. Um die Kompilierung des Quelltextes zu erreichen, müssen Sie tatsächlich const_cast einsetzen, um das const von *this loszuwerden – ein deutliches Anzeichen für Probleme. Die umgekehrte Reihenfolge – wie wir sie zuvor verwendet haben – ist sicher: Die nicht konstante Elementfunktion kann mit dem Objekt machen, was immer sie möchte, so dass es kein Risiko darstellt, eine konstante Elementfunktion aufzurufen. Das ist der Grund, warum in diesem Fall static_cast für *this funktioniert: Es gibt keine mit const verbundene Gefahr.

Wie ich zu Beginn dieses Tipps angemerkt habe, ist const eine wunderbare Sache. Für Zeiger und Iteratoren, für die Objekte, auf die Zeiger, Iteratoren und Referenzen verweisen, für Funktionsparameter und Rückgabetypen, für lokale Variablen sowie für Elementfunktionen ist const ein mächtiger Verbündeter. Nutzen Sie es, wann immer Sie können – Sie werden froh darüber sein.

Was Sie sich merken sollten

- Die Deklaration von Konstanten hilft Compilern, Verwendungsfehler zu entdecken. const kann auf Objekte in jedem Gültigkeitsbereich angewendet werden, auf Funktionsparameter und Rückgabetypen sowie auf Elementfunktionen als Ganzes.

- Compiler erzwingen eine bitweise Konstanz, Sie sollten jedoch unter Verwendung einer logischen Konstanz programmieren.
- Wenn konstante und nicht konstante Elementfunktionen notwendigerweise identische Implementierungen haben, kann eine Codeverdopplung vermieden werden, indem die nicht konstante die konstante Version aufruft.

1.4 Tipp 4: Initialisieren Sie Objekte vor ihrer Verwendung

C++ kann bei der Initialisierung der Werte von Objekten sehr launisch erscheinen. Betrachten Sie z. B. Folgendes:

```
int x;
```

Hier wird x je nach Kontext initialisiert (mit null) oder nicht. Ein weiteres Beispiel:

```
class Point {
   int x, y;
};
...
Point p;
```

Hier ist es manchmal garantiert, dass die Datenelemente von p (mit null) initialisiert werden, aber manchmal auch nicht. Wenn Sie von einer Sprache kommen, in der es keine uninitialisierten Objekte geben kann, passen Sie bitte auf, weil das hier wichtig ist.

Das Lesen uninitialisierter Werte führt zu einem undefinierten Verhalten. Auf einigen Plattformen kann das bloße Lesen eines uninitialisierten Wertes Ihr Programm zum Halten bringen. Meistens ergibt der Lesevorgang jedoch halb zufällige Bits, die dann das Objekt verunreinigen, in das Sie die Bits einlesen, was möglicherweise zu einem unerklärlichen Programmverhalten und einer umfangreichen, unerfreulichen Fehlersuche führt.

Nun gibt es Regeln, die beschreiben, wann die Objektinitialisierung garantiert ist und wann nicht. Leider sind diese Regeln kompliziert – meiner Meinung nach zu kompliziert, um sie zu behalten. Im Allgemeinen gilt, dass die Initialisierung im C-Anteil von C++ (siehe Tipp 1), in dem sie möglicherweise Laufzeitkosten nach sich zieht, nicht garantiert ist. Wenn Sie in die Nicht-C-Anteile von C++ wechseln, ändern sich die Verhältnisse manchmal. Das erklärt, warum für ein Array (aus dem C-Anteil) die Initialisierung des Inhalts nicht notwendigerweise garantiert ist, aber für einen Vektor (aus dem STL-Anteil).

Die beste Antwort auf dieses scheinbar unbestimmte Verhalten besteht darin, Objekte vor ihrer Verwendung *immer* zu initialisieren. Für Nichtklassenelemente integrierter Typen müssen Sie das manuell tun, z.B. wie folgt:

```
int x = 0;                                // Manuelle Init. eines int
const char * text = "A C-style string"; // Manuelle Init. eines
                                          // Zeigers (siehe auch Tipp 3)
double d;                                 // "Initialisierung" durch Lesen
std::cin >> d;                            // aus einem Eingabe-Stream
```

Für fast alles andere liegt die Verantwortung für die Initialisierung bei den Konstruktoren. Die zugehörige Regel ist einfach: Stellen Sie sicher, dass alle Konstruktoren alles im Objekt initialisieren.

Die Regel kann einfach befolgt werden, doch es ist wichtig, die Zuweisung nicht mit der Initialisierung zu verwechseln. Betrachten Sie einen Konstruktor für eine Klasse, die Einträge in einem Adressbuch darstellt:

```
class PhoneNumber { ... };
class ABEntry {                          // ABEntry = "Adressbucheintrag"
public:
   ABEntry(const std::string& name, const std::string& address,
           const std::list<PhoneNumber>& phones);
private:
   std::string theName;
   std::string theAddress;
   std::list<PhoneNumber> thePhones;
   int numTimesConsulted;
};
ABEntry::ABEntry(const std::string& name, const std::string& address,
                 const std::list<PhoneNumber>& phones)
{
   theName = name;                       // Das sind alles Zuweisungen,
   theAddress = address;                 // keine Initialisierungen
   thePhones = phones;
   numTimesConsulted = 0;
}
```

Das führt zu `ABEntry`-Objekten mit den erwarteten Werten, doch es ist immer noch nicht der beste Ansatz. Die Regeln von C++ legen fest, dass Datenelemente eines Objekts initialisiert werden, *bevor* der Rumpf eines Konstruktors betreten wird. Innerhalb des Konstruktors von `ABEntry` werden `theName`, `theAddress` und `thePhones` nicht initialisiert, sondern *zugewiesen*. Die Initialisierung fand früher statt – als ihre Standardkonstruktoren vor dem Betreten des Konstruktors von `ABEntry` automatisch aufgerufen wurden. Das gilt nicht für `numTimesConsulted`, da es ein integrierter Typ ist. Hier gibt es keine Garantie, dass es vor der Zuweisung überhaupt initialisiert wurde.

Ein besserer Weg, den Konstruktor von `ABEntry` zu implementieren, besteht darin, anstelle der Zuweisungen die Elementinitialisierungsliste zu verwenden:

```
ABEntry::ABEntry(const std::string& name, const std::string& address,
                 const std::list<PhoneNumber>& phones)
: theName(name),
  theAddress(address),              // Das sind nun alles Initialisierungen
  thePhones(phones),
  numTimesConsulted(0)
{}                                  // Der Konstruktorrumpf ist jetzt leer
```

Dieser Konstruktor führt zum selben Endergebnis wie der vorherige, ist jedoch oftmals effizienter. Die zuweisungsbasierte Version ruft zunächst die Standardkonstruktoren auf, um `theName`, `theAddress` und `thePhones` zu initialisieren, und ersetzt die standardmäßig konstruierten Werte dann sofort durch neue. Die ganze Arbeit der Standardkonstruktoren war daher umsonst. Der Ansatz mit der Elementinitialisierungsliste vermeidet dieses Problem, da die Argumente in der Initialisierungsliste als Konstruktorargumente für die verschiedenen Datenelemente verwendet werden. In diesem Fall ist `theName` eine Kopiekonstruktion aus `name`, `theAddress` eine ebensolche aus `address` und `thePhones` eine aus `phones`. Für die meisten Typen ist ein einzelner Aufruf eines Kopierkonstruktors effizienter – manchmal *wesentlich* effizienter – als ein Aufruf des Standardkonstruktors, gefolgt von einem Aufruf des Kopierzuweisungsoperators.

Für Objekte mit einem integrierten Typ wie `numTimesConsulted` gibt es keinen Unterschied in den Kosten einer Initialisierung und einer Zuweisung, doch aus Konsistenzgründen ist es oftmals besser, alles über eine Elementinitialisierung zu initialisieren. Ähnlich können Sie die Elementinitialisierungsliste sogar dann verwenden, wenn Sie eine Standardkonstruktion eines Datenelements durchführen möchten; geben Sie einfach nichts außer einem Initialisierungsargument an. Wenn `ABEntry` z.B. einen Konstruktor hätte, der keine Argumente übernimmt, könnte dieser Vorgang wie folgt implementiert werden:

```
ABEntry::ABEntry()
: theName(),                    // Aufruf d. Standardkonstruktors v. theName
  theAddress(),                 // Dasselbe für theAddress;
  thePhones(),                  // und für thePhones;
  numTimesConsulted(0)          // numTimesConsulted wird jedoch
{}                              // explizit mit null initialisiert
```

Da Compiler für Datenelemente mit benutzerdefinierten Typen automatisch Standardkonstruktoren aufrufen, wenn diese Datenelemente keine Initialisierer auf der Elementinitialisierungsliste haben, betrachten einige Programmierer den hier vorgestellten Ansatz als Overkill. Das ist verständlich, doch wenn Sie die Richtlinie befolgen, stets alle Datenelemente auf der Initialisierungsliste aufzuführen, brauchen Sie sich nicht zu merken, welche Datenelemente uninitialisiert bleiben könnten, wenn sie ausgelassen werden. Da z.B. `numTimesConsulted` einen integrierten Typ hat, könnte es zu undefiniertem Verhalten führen, wenn es nicht auf der Elementinitialisierungsliste wäre.

Manchmal *muss* die Initialisierungsliste verwendet werden, sogar für integrierte Typen. Zum Beispiel müssen Datenelemente initialisiert werden, die Konstanten oder Referenzen sind; sie können nicht zugewiesen werden (siehe auch Tipp 5). Die einfachste Möglichkeit, sich nicht merken zu müssen, wann Datenelemente in der Elementinitialisierungsliste initialisiert werden müssen und wann es optional ist, besteht darin, die Initialisierungsliste *immer* zu verwenden. Manchmal ist sie erforderlich und oftmals effizienter als Zuweisungen.

Viele Klassen weisen mehrere Konstruktoren auf und jeder Konstruktor hat seine eigene Elementinitialisierungsliste. Wenn es viele Datenelemente oder Basisklassen gibt, führt das Vorhandensein mehrerer Initialisierungslisten zu unerwünschten Wiederholungen (in den Listen) und zu Langeweile (bei den Programmierern). In solchen Fällen ist es nicht unvernünftig, Listeneinträge für Datenelemente wegzulassen, für die eine Zuweisung genauso gut funktioniert wie eine echte Initialisierung, und die Zuweisungen in eine einzelne (in der Regel private) Funktion zu verschieben, die alle Konstruktoren aufrufen. Dieser Ansatz kann insbesondere dann hilfreich sein, wenn die wahren Anfangswerte der Datenelemente aus einer Datei gelesen oder in einer Datenbank nachgeschlagen werden müssen. Im Allgemeinen ist eine echte Elementinitialisierung (über eine Initialisierungsliste) jedoch einer Pseudoinitialisierung über eine Zuweisung vorzuziehen.

Ein Aspekt von C++, der nicht unberechenbar ist, ist die Reihenfolge, in der die Daten eines Objekts initialisiert werden. Diese Ordnung ist stets dieselbe: Basisklassen werden vor abgeleiteten initialisiert (siehe auch Tipp 12), und innerhalb einer Klasse werden Datenelemente in der Reihenfolge initialisiert, in der sie deklariert sind. In `ABEntry` wird `theName` z.B. immer als Erstes initialisiert, dann `theAddress` und `thePhones` und als Letztes `numTimesConsulted`. Das gilt sogar dann, wenn sie auf der Elementinitialisierungsliste in einer anderen Reihenfolge angegeben sind (was leider gültig ist). Um eine Verwirrung des Lesers und die Möglichkeit einiger wahrhaft undurchsichtiger Verhaltensfehler zu vermeiden, sollten Sie die Elemente in den Initialisierungslisten immer in derselben Reihenfolge angeben, wie sie in der Klasse deklariert sind.

Wenn Sie dafür sorgen, Nichtelemente integrierter Typen explizit zu initialisieren, und sicherstellen, dass die Konstruktoren ihre Basisklassen und Datenelemente unter Verwendung der Elementinitialisierungsliste initialisieren, gibt es nur noch eine Sache, um die sie sich Gedanken machen müssen. Es ist – atmen Sie tief durch – die Initialisierungsreihenfolge nicht lokaler statischer Objekte, die in unterschiedlichen Übersetzungseinheiten definiert sind.

Lassen Sie uns diesen Satz Stück für Stück betrachten.

Ein *statisches Objekt* ist ein Objekt, das vom Zeitpunkt seiner Konstruktion bis zum Ende des Programms existiert. Stack- und heapbasierte Objekte sind daher ausgenommen. Eingeschlossen sind globale Objekte, im Gültigkeitsbereich des Namensbereichs definierte Objekte sowie solche, die innerhalb von Klassen, Funktionen und im Gültigkeitsbereich von Dateien als `static` deklariert sind. Statische Objekte innerhalb von Funktionen werden als *lokale statische Objekte* (da sie bezüglich einer Funktion lokal sind) und die anderen Arten von statischen Objekten als *nicht lokale statische Objekte* bezeichnet. Statische Objekte werden bei Programmende automatisch zerstört, d.h. ihre Destruktoren werden automatisch aufgerufen, wenn die Ausführung von `main` beendet ist.

Eine *Übersetzungseinheit* ist der Quelltext, der eine einzelne Objektdatei hervorruft. Sie besteht im Grunde aus einer einzelnen Quelldatei und deren sämtlichen `#include`-Dateien.

Das Problem, mit dem wir uns befassen, schließt mindestens zwei getrennt kompilierte Quelldateien ein, von denen jede mindestens ein nicht lokales statisches Objekt enthält (d.h. ein Objekt, das global, im Gültigkeitsbereich des Namensbereichs, in einer Klasse oder im Gültigkeitsbereich der Datei `static` ist). Das tatsächliche Problem lautet: Wenn die Initialisierung eines nicht lokalen statischen Objekts in einer Übersetzungseinheit ein nicht lokales statisches Objekt einer anderen Übersetzungseinheit nutzt, könnte das Objekt, das es verwendet, uninitialisiert sein, da die *relative Reihenfolge der Initialisierung nicht lokaler statischer Objekte, die in verschiedenen Übersetzungseinheiten definiert sind, undefiniert ist.*

Ein Beispiel mag dies verdeutlichen. Angenommen, Sie haben eine Klasse `FileSystem`, die dafür sorgt, dass Dateien im Internet wie lokale Dateien aussehen. Da die Welt durch diese Klasse wie ein einziges Dateisystem aussieht, können Sie ein besonderes Objekt im globalen Gültigkeitsbereich oder in dem des Namensbereichs erstellen, das das einzige Dateisystem darstellt:

```
class FileSystem {                  // Aus Ihrer Bibliothek
public:
   ...
   std::size_t numDisks() const;    // Eine von vielen Elementfunktionen
   ...
};
extern FileSystem tfs;              // Objekte zur Verwendung durch Kunden;
                                    // "tfs" = "the file system"
                                    // ("das Dateisystem")
```

Ein `FileSystem`-Objekt ist bestimmt nicht trivial, so dass die Verwendung des Objekts `tfs` vor der Konstruktion verheerend wäre.

Nehmen Sie nun an, ein Kunde erstellt eine Klasse für Verzeichnisse in einem Dateisystem. Natürlich nutzt seine Klasse das Objekt `tfs`:

```
class Directory {                         // Erstellt vom Bibliothekskunden
public:
Directory( params );
...
};
Directory::Directory( params )
{
   ...
   std::size_t disks = tfs.numDisks();    // Verwendet das tfs-Objekt
   ...
}
```

Nehmen Sie außerdem an, dass der Kunde sich dazu entscheidet, ein einzelnes `Directory`-Objekt für temporäre Dateien zu erstellen:

```
Directory tempDir( params );          // Verzeichnis für temporäre Dateien
```

Nun wird die Wichtigkeit der Initialisierungsreihenfolge deutlich: Sofern `tfs` nicht vor `tempDir` initialisiert wird, versucht der Konstruktor von `tempDir`, `tfs` vor der Initialisierung zu verwenden. Aber `tfs` und `tempDir` wurden von unterschiedlichen Personen zu unterschiedlichen Zeiten in unterschiedlichen Quelldateien erstellt – es sind in verschiedenen Übersetzungseinheiten definierte, nicht lokale statische Objekte. Wie können Sie sicher sein, dass `tfs` vor `tempDir` initialisiert wird?

Sie können es nicht. Wiederum *ist die relative Reihenfolge der Initialisierung nicht lokaler statischer Objekte, die in verschiedenen Übersetzungseinheiten definiert sind, undefiniert.* Dafür gibt es einen Grund. Es ist schwierig, die »richtige« Reihenfolge zu bestimmen, in der nicht lokale statische Objekte zu initialisieren sind. Sehr schwierig. Unlösbar schwierig. In der allgemeinsten Form – mit mehreren Übersetzungseinheiten und nicht lokalen statischen Objekten, die durch implizite Template-Instanziierungen erstellt wurden (die selbst aus impliziten Template-Instanziierungen stammen) – ist es nicht nur unmöglich, die richtige Reihenfolge der Initialisierung zu bestimmen, sondern in der Regel auch sinnlos, nach Sonderfällen zu suchen, in denen es möglich *ist*, die richtige Reihenfolge zu bestimmen.

Glücklicherweise löst eine kleine Designänderung das Problem vollständig. Sie müssen nur jedes nicht lokale statische Objekt in seine eigene Funktion verschieben, wo es als `static` deklariert wird. Diese Funktionen geben Verweise auf die Objekte zurück, die sie enthalten. Kunden rufen dann die Funktionen auf, anstatt auf die Objekte zu verweisen. Mit anderen Worten, nicht lokale statische Objekte werden durch *lokale* statische Objekte ersetzt. (Anhänger der Entwurfsmuster werden dies als eine einfache Anwendung des Singleton-Musters erkennen.)

Dieser Ansatz beruht auf der Garantie von C++, dass lokale statische Objekte initialisiert werden, wenn die Definition eines Objekts das erste Mal während eines Aufrufs dieser Funktion auftritt. Wenn Sie also direkte Zugriffe auf nicht lokale statische Objekte durch Funktionsaufrufe ersetzen, die Verweise auf lokale statische Objekte zurückgeben, haben Sie die Garantie, dass die Referenzen, die Sie erhalten, auf initialisierte Objekte verweisen. Als Bonus zahlen Sie keine Kosten für die Konstruktion und Zerstörung des Objekts, wenn Sie niemals eine Funktion aufrufen, die ein nicht lokales statisches Objekt emuliert, was nicht für echte nicht lokale statische Objekte gilt.

Im Folgenden wird dieses Verfahren sowohl auf `tfs` als auch auf `tempDir` angewendet:

```
class FileSystem { ... };            // Wie zuvor
FileSystem& tfs()                    // Ersetzt tfs-Objekt; es könnte in
  {                                  // der Klasse FileSystem statisch sein
  static FileSystem fs;              // Definiert und initialisiert ein
                                     // lokales statisches Objekt
  return fs;                         // Gibt einen Verweis darauf zurück
}
class Directory { ... };             // Wie zuvor
Directory::Directory( params )       // Wie zuvor, außer dass Verweise auf
{                                    // tfs jetzt auf tfs() zeigen
  ...
  std::size_t disks = tfs().numDisks();
  ...
}
Directory& tempDir()                 // Ersetzt tempDir-Objekt; es könnte
{                                    // in Klasse Directory statisch sein
 static Directory td;                // Definiert/initialisiert das lokale
                                     // statische Objekt
 return td;                          // Gibt einen Verweis zurück
}
```

Kunden dieses veränderten Systemprogramms programmieren genauso, wie sie es gewohnt sind, außer dass sie jetzt auf `tfs()` und `tempDir()` anstelle von `tfs` und `tempDir` verweisen. Das heißt, anstelle der Objekte selbst nutzen sie Funktionen, die Verweise auf Objekte zurückgeben.

Die durch dieses Verfahren vorgegebenen Funktionen, die Verweise zurückgeben, sind immer einfach: Sie definieren und initialisieren in Zeile 1 ein lokales statisches Objekt und geben es in Zeile 2 zurück. Aufgrund dieser Einfachheit sind sie ausgezeichnete Kandidaten für Inline-Funktionen, vor allem dann, wenn sie häufig aufgerufen werden (siehe Tipp 30). Andererseits sind sie in Multithread-Systemen problematisch, da sie statische Objekte enthalten. Dann wiederum ist jede Art von nicht konstanten statischen Objekten – lokal oder nicht lokal – ein Problem, das in Gegenwart mehrerer Threads auftreten kann. Eine Möglichkeit, mit solchen Problemen umzugehen, besteht im Aufruf aller Verweise zurückgebenden Funktionen während der Startphase des

Programms, wenn es erst einen Thread gibt. Das schließt Konkurrenzbedingungen aus, die mit der Initialisierung verbunden sind.

Natürlich hängt die Idee, Verweise zurückgebende Funktionen zu verwenden, um Probleme mit der Initialisierungsreihenfolge zu verhindern, davon ab, ob es zunächst eine sinnvolle Initialisierungsreihenfolge für die Objekte gibt. Sofern Sie ein System haben, in dem Objekt A vor Objekt B initialisiert werden muss, aber die Initialisierung von A davon abhängt, ob B bereits initialisiert ist, werden Sie Probleme bekommen, die Sie offen gestanden auch verdient haben. Wenn Sie jedoch solche pathologischen Fälle meiden, sollte der hier beschriebene Ansatz ausgesprochen nützlich sein, zumindest in Single-Thread-Anwendungen.

Um den Einsatz von Objekten vor ihrer Initialisierung zu vermeiden, müssen Sie lediglich drei Dinge tun. Zunächst initialisieren Sie Nichtelementobjekte integrierter Typen manuell. Dann verwenden Sie Elementinitialisierungslisten, um alle Bestandteile eines Objekts zu initialisieren. Schließlich erstellen Sie Ihren Entwurf um die Unbestimmtheit der Initialisierungsreihenfolge herum, die für nicht lokale statische Objekte aus getrennten Übersetzungseinheiten gilt.

Was Sie sich merken sollten

- Initialisieren Sie Objekte eines integrierten Typs manuell, da C++ sie nur manchmal selbst initialisiert.
- Ziehen Sie im Rumpf eines Konstruktors die Elementinitialisierungsliste der Zuweisung vor. Führen Sie die Datenelemente in der Initialisierungsliste in derselben Reihenfolge auf, wie sie in der Klasse deklariert sind.
- Vermeiden Sie Probleme mit der Initialisierungsreihenfolge über Übersetzungseinheiten hinweg, indem Sie nicht lokale statische Objekte durch lokale ersetzen.

2 Konstruktoren, Destruktoren und Zuweisungsoperatoren

Fast jede Klasse, die Sie erstellen, enthält einen oder mehrere Konstruktoren, einen Destruktor und einen Kopierzuweisungsoperator. Kein Wunder: Diese Funktionen benötigen Sie wie Ihr tägliches Brot. Sie steuern die grundlegenden Prozesse, um ein neues Objekt ins Leben zu rufen und sicherzustellen, dass es initialisiert wird, um ein Objekt zu löschen und zu gewährleisten, dass es sauber entfernt wird, und um dem Objekt einen neuen Wert zuzuweisen. Fehler in diesen Funktionen haben weit reichende – und unangenehme – Auswirkungen über Ihre Klassen hinweg, so dass es entscheidend ist, das Sie keine machen. In diesem Kapitel gebe ich eine Richtlinie für den Zusammenbau dieser Funktionen, die das Rückgrat einer wohlgeformten Klasse darstellen.

2.1 Tipp 5: Lernen Sie die Funktion kennen, die C++ implizit schreibt und aufruft

Wann ist eine leere Klasse keine leere Klasse? Wenn C++ mit ihr fertig ist. Wenn Sie sie nicht selbst deklarieren, deklariert der Compiler seine eigene Version eines Kopierkonstruktors, eines Kopierzuweisungsoperators und eines Destruktors. Wenn Sie darüber hinaus überhaupt keine Konstruktoren deklarieren, deklariert der Compiler auch einen Standardkonstruktor für Sie. Alle diese Funktionen sind sowohl `public` als auch `inline` (siehe Tipp 30). Wenn Sie also Folgendes schreiben:

```
class Empty{};
```

... ist das notwendigerweise dasselbe, als wenn Sie dieses geschrieben hätten:

```
class Empty {
public:
   Empty() { ... }                              // Standardkonstruktor
   Empty(const Empty& rhs) { ... }               // Kopierkonstruktor
   ~Empty() { ... }                             // Destruktor – siehe Folgendes,
                                                // ob er virtuell ist
   Empty& operator=(const Empty& rhs) { ... } // Kopierzuweisungsoperator
};
```

Diese Funktionen werden nur dann erstellt, wenn sie benötigt werden, doch dazu ist nicht viel erforderlich. Der folgende Code sorgt dafür, dass alle Funktionen erstellt werden:

```
Empty e1;                                // Standardkonstruktor;
                                         // Destruktor
Empty e2(e1);                            // Kopierkonstruktor
e2 = e1;                                 // Kopierzuweisungsoperator
```

Wenn Compiler für Sie Funktionen schreiben, was tun diese Funktionen dann? Nun, der Standardkonstruktor und der Destruktor geben dem Compiler in erster Linie eine Möglichkeit, Code »hinter die Kulissen« zu stellen, wie den Aufruf von Konstruktoren und Destruktoren von Basisklassen und nicht statischen Datenelementen. Beachten Sie, dass der erstellte Destruktor nicht virtuell ist (siehe Tipp 7), es sei denn, er gehört zu einer abgeleiteten Klasse, deren Basisklasse selbst einen virtuellen Destruktor deklariert (in diesem Fall wird die Virtualität des Destruktors vom Basisklassendestruktor übernommen).

Die vom Compiler generierten Versionen des Kopierkonstruktors und des Kopierzuweisungsoperators kopieren einfach jedes nicht statische Datenelement des Quellobjekts in das Zielobjekt. Betrachten Sie z.B. ein Template `NamedObject`, das die Verknüpfung von Namen mit Objekten des Typs `T` ermöglicht:

```
template<typename T>
class NamedObject {
public:
   NamedObject(const char *name, const T& value);
   NamedObject(const std::string& name, const T& value);
   ...
private:
   std::string nameValue;
   T objectValue;
};
```

Da in `NamedObject` ein Konstruktor deklariert ist, erstellt der Compiler keinen Standardkonstruktor. Das ist wichtig. Wenn Sie also eine Klasse sorgfältig so entworfen haben, dass ihr Konstruktor Argumente benötigt, brauchen Sie keine Sorge zu haben, dass ein Compiler Ihre Entscheidung überschreibt, indem er lustig einen Konstruktor hinzufügt, der keine Argumente benötigt.

`NamedObject` deklariert weder einen Kopierkonstruktor noch einen Kopierzuweisungsoperator, so dass der Compiler diese Funktionen erstellt (wenn sie benötigt werden). Betrachten Sie den folgenden Einsatz des Kopierkonstruktors:

```
NamedObject<int> no1("Smallest Prime Number", 2);
NamedObject<int> no2(no1);              // Ruft den Kopierkonstruktor auf
```

Der vom Compiler erstellte Kopierkonstruktor muss `no2.nameValue` und `no2.objectValue` jeweils durch Verwendung von `no1.nameValue` und `no1.objectValue` initialisieren. Der Typ von `nameValue` ist `string` und der Standard-`string` hat einen Kopierkonstruktor, so dass `no2.nameValue` durch Aufruf des Kopierkonstruktors von `string` mit dem Argument `no1.nameValue` initialisiert wird. Andererseits hat `NamedObject<int>::objectValue` den integrierten Typ `int` (da `T` für diese Template-Instanziierung ein `int` ist), so dass `no2.objectValue` durch Kopieren der Bits in `no1.objectValue` initialisiert wird.

Der vom Compiler erstellte Kopierzuweisungsoperator für `NamedObject<int>` würde sich im Grunde genauso verhalten, doch im Allgemeinen handeln solche Operatoren nur dann wie beschrieben, wenn der resultierende Quelltext sowohl gültig als auch höchstwahrscheinlich sinnvoll ist. Schlägt einer dieser Tests fehl, weigern Compiler sich, ein `operator=` für Ihre Klasse zu erstellen.

Nehmen Sie z.B. an, `NamedObject` wäre wie folgt definiert, wobei `namedObject` ein *Verweis* auf einen String und `objectValue` ein `const T` ist:

```
template<class T>
class NamedObject {
public:
   // Dieser Konstruktor hat keinen konstanten Namen mehr als Argument, da
   // nameValue nun ein Verweis auf einen nicht konstanten String ist. Der
   // char*-Konstruktor ist weg, da wir auf einen String verweisen müssen.
   NamedObject(std::string& name, const T& value);
   ...                                  // Wie oben, wir nehmen an, dass kein
                                        // operator= deklariert ist
private:
   std::string& nameValue;              // Das ist jetzt ein Verweis
   const T objectValue;                 // Das ist jetzt eine Konstante
};
```

Nun überlegen Sie, was hier passieren sollte:

```
std::string newDog("Persephone");
std::string oldDog("Satch");
NamedObject<int> p(newDog, 2);          // Als ich das schrieb, hatte
                                        // unsere Hündin Persephone ihren
                                        // zweiten Geburtstag
NamedObject<int> s(oldDog, 36);         // Die Familienhündin Satch (aus
                                        // meiner Kindheit) wäre 36, wenn
                                        // sie noch am Leben wäre
p = s;                                  // Was soll mit den Datenelementen
                                        // in p geschehen?
```

Vor der Zuweisung verweisen sowohl `p.nameValue` als auch `s.nameValue` auf Stringobjekte, wenn auch nicht auf dieselben. Wie sollte die Zuweisung `p.nameValue` beeinflussen? Sollte `p.nameValue` nach der Zuweisung auf die von `s.nameValue` referenzierte Zeichenkette verweisen, d.h. sollte der Verweis selbst geändert werden? Wenn ja, erschließt das Neuland, da C++ keine Möglichkeit dafür bietet, dass ein Verweis auf ein anderes Objekt verweist. Sollte alternativ das `string`-Objekt geändert werden, auf das `p.nameValue` verweist, so dass andere Objekte betroffen sind, die Zeiger oder Verweise auf diesen String enthalten – also Objekte, die an der Zuweisung nicht unmittelbar beteiligt sind? Ist es das, was der compilergenerierte Kopierzuweisungsoperator tun sollte?

Angesichts dieses Rätsels verweigert C++ die Kompilierung des Quelltextes. Wenn Sie die Zuweisung in einer Klasse unterstützen möchten, die ein Verweiselement enthält, müssen Sie den Kopierzuweisungsoperator selbst definieren. Compiler verhalten sich ähnlich bei Klassen, die konstante Elemente enthalten (wie `objectValue` in der zuvor modifizierten Klasse). Es ist nicht erlaubt, konstante Elemente zu verändern, so dass Compiler unsicher sind, wie sie sie in einer implizit erstellten Zuweisungsfunktion behandeln sollen. Überdies weisen Compiler implizite Kopierzuweisungsoperatoren zurück, die von Basisklassen erben, welche den Kopierzuweisungsoperator als `private` deklarieren. Schließlich erwartet man von compilergenerierten Kopierzuweisungsoperatoren für abgeleitete Klassen, dass sie auch mit Anteilen von Basisklassen umgehen können (siehe Tipp 12), doch dabei können sie sicherlich keine Elementfunktionen aufrufen, zu deren Aufruf die abgeleitete Klasse nicht berechtigt ist.

Was Sie sich merken sollten

- Compiler können den Standardkonstruktor, Kopierkonstruktor und Kopierzuweisungsoperator einer Klasse implizit erstellen.

2.2 Tipp 6: Untersagen Sie ausdrücklich die Verwendung unerwünschter compilergenerierter Funktionen

Immobilienmakler verkaufen Häuser, und eine für diese Berufsgruppe geschriebene Software muss natürlich eine Klasse enthalten, die zu verkaufende Häuser darstellt:

```
class HomeForSale { ... };
```

Da jeder Makler schnell darauf hinweist, dass jedes Grundstück einzigartig ist, gibt es keine zwei, die einander genau gleichen. Daher hat es keinen Sinn, ein `HomeForSale`-Objekt zu *kopieren*. Wie können Sie etwas kopieren, das von Natur aus einmalig ist? Sie möchten daher erreichen, dass Versuche, `HomeForSale`-Objekte zu kopieren, nicht kompiliert werden:

```
HomeForSale h1;
HomeForSale h2;
HomeForSale h3(h1);                    // Versuch, h1 zu kopieren -
                                       // sollte nicht kompiliert werden!
h1 = h2;                               // Versuch, h2 zu kopieren -
                                       // sollte nicht kompiliert werden!
```

Leider ist es nicht so einfach, eine solche Kompilierung zu verhindern. Wenn Sie nicht möchten, dass eine Klasse eine bestimmte Art von Funktionalität unterstützt, deklarieren Sie normalerweise keine entsprechende Funktion. Diese Strategie funktioniert für den Kopierkonstruktor und den Kopierzuweisungsoperator nicht, denn gemäß Tipp 5 deklariert der Compiler sie, wenn Sie es nicht tun und jemand versucht, sie aufzurufen.

Das bringt Sie in Verlegenheit. Wenn Sie keinen Kopierkonstruktor oder Kopierzuweisungsoperator deklarieren, kann der Compiler sie für Sie erstellen. Ihre Klasse unterstützt daher das Kopieren. Wenn Sie diese Funktionen andererseits deklarieren, unterstützt Ihre Klasse sie noch immer. Doch das Ziel besteht hier darin, das Kopieren zu *verhindern*!

Der Schlüssel zur Lösung besteht darin, dass alle compilergenerierten Funktionen öffentlich sind. Um zu verhindern, dass sie erstellt werden, müssen Sie sie selbst deklarieren, doch es steht nirgendwo geschrieben, dass *Sie* sie als öffentlich deklarieren müssen. Deklarieren Sie daher den Kopierkonstruktor und den Kopierzuweisungsoperator als *privat*. Wenn Sie eine Elementfunktion explizit angeben, verhindern Sie, dass der Compiler seine eigene Version erstellt, und indem Sie sie als `private` deklarieren, verhindern Sie, dass andere sie aufrufen.

Größtenteils jedenfalls. Das Verfahren ist nicht narrensicher, da Element- und befreundete Funktionen immer noch Ihre privaten Funktionen aufrufen können – *es sei denn*, Sie sind schlau genug, sie nicht zu *definieren*. Wenn dann jemand unbeabsichtigt eine davon aufruft, erhält er einen Fehler zur Linkzeit. Dieser Trick – Elementfunktionen als `private` zu deklarieren und sie absichtlich nicht zu implementieren – ist dermaßen gut etabliert, dass er verwendet wird, um das Kopieren in mehreren Klassen der C++-Bibliothek für Ein-/Ausgabe-Streams zu verhindern. Betrachten Sie z.B. die Definitionen von `ios_base`, `basic_ios` und `sentry` in der Implementierung Ihrer Standardbibliothek. Sie werden feststellen, dass jedes Mal sowohl der Kopierkonstruktor als auch der Kopierzuweisungsoperator als `private` deklariert und nicht definiert ist:

```
class HomeForSale {
public:
  ...
private:
   ...
   HomeForSale(const HomeForSale&);            // Nur Deklarationen
   HomeForSale& operator=(const HomeForSale&);
};
```

Sie werden festgestellt haben, dass ich die Namen der Funktionsparameter weggelassen habe. Das ist nicht erforderlich, sondern nur eine verbreitete Konvention. Schließlich wird die Funktion niemals implementiert und noch weniger genutzt, warum sollte man also Parameternamen angeben?

Mit der oben genannten Klassendefinition vereiteln Compiler die Versuche von Kunden, `HomeForSale`-Objekte zu kopieren, und wenn sie es aus Versehen in einer Element- oder einer befreundeten Funktion versuchen, beschwert sich der Linker.

Es ist möglich, den Linkzeit-Fehler in die Kompilierungszeit zu verschieben (was immer gut ist – eine frühe Fehlererkennung ist besser als eine späte), indem der Kopierkonstruktor und der Kopierzuweisungsoperator nicht in `HomeForSale` selbst als `private` deklariert werden, sondern in einer Basisklasse, die eigens dafür gedacht ist, das Kopieren zu verhindern. Die Basisklasse ist ein Musterbeispiel an Einfachheit:

```
class Uncopyable {
protected:                                  // Ermöglicht die Konstruktion
   Uncopyable() {}                          // und Destruktion
   ~Uncopyable() {}                         // abgeleiteter Objekte
private:
   Uncopyable(const Uncopyable&);           // Verhindert aber das Kopieren
   Uncopyable& operator=(const Uncopyable&);
};
```

Um zu verhindern, dass `HomeForSale`-Objekte kopiert werden, müssen wir nun lediglich von `Uncopyable` erben:

```
class HomeForSale: private Uncopyable {     // Die Klasse deklariert
   ...                                      // keinen Kopierkonstruktor
};                                          // oder Zuweisungsoperator mehr
```

Das funktioniert, da Compiler versuchen, einen Kopierkonstruktor und einen Kopierzuweisungsoperator zu generieren, wenn jemand – auch eine Element- oder eine befreundete Funktion – versucht, ein `HomeForSale`-Objekt zu kopieren. Wie Tipp 12 erläutert, versuchen die compilergenerierten Versionen dieser Funktionen, die Gegenstücke ihrer Basisklassen aufzurufen, und diese Aufrufe werden zurückgewiesen, da die Kopieroperationen in der Basisklasse privat sind.

Die Implementierung und Verwendung von `Uncopyable` enthält manchmal Raffinessen, wie die Tatsache, dass die Vererbung von `Uncopyable` nicht öffentlich (siehe Tipps 32 und 39) und der Destruktor nicht virtuell (siehe Tipp 7) zu sein braucht. Da `Uncopyable` keine Daten enthält, ist sie für die in Tipp 39 beschriebene Basisklassenoptimierung geeignet, aber da sie eine Basisklasse ist, kann diese Technik zu Mehrfachvererbung führen (siehe Tipp 40). Mehrfachvererbung kann wiederum manchmal die Optimierung der leeren Klasse untauglich machen (siehe wieder Tipp 39). Im Allgemeinen können Sie diese Feinheiten ignorieren und Uncopyable einfach wie gezeigt verwenden, da sie genau wie angekündigt arbeitet. Sie können auch die bei Boost verfügbare Version einsetzen (siehe Tipp 55), die noncopyable heißt. Es ist eine schöne Klasse, ich finde nur ihren Namen etwas un-, pardon, *non*natürlich.

Was Sie sich merken sollten

- Um eine von Compilern automatisch bereitgestellte Funktionalität nicht zuzulassen, deklarieren Sie die entsprechenden Elementfunktionen als private und implementieren sie nicht. Eine Möglichkeit, das zu tun, ist der Einsatz einer Basisklasse wie Uncopyable.

2.3 Tipp 7: Deklarieren Sie Destruktoren virtuell in polymorphen Basisklassen

Es gibt viele Möglichkeiten, den Zeitablauf zu verfolgen, so dass es vernünftig ist, eine Basisklasse TimeKeeper zusammen mit abgeleiteten Klassen zur Zeiterfassung zu erstellen:

```
class TimeKeeper {
public:
   TimeKeeper();
  ~TimeKeeper();
   ...
};
class AtomicClock: public TimeKeeper { ... };
class WaterClock: public TimeKeeper { ... };
class WristWatch: public TimeKeeper { ... };
```

Viele Kunden möchten einen Zugriff auf die Zeit, ohne sich um die Einzelheiten der Berechnung kümmern zu müssen, so dass eine *Fabrik-Funktion* – eine Funktion, die einen Basisklassenzeiger auf ein neu erstelltes abgeleitetes Klassenobjekt zurückgibt – verwendet werden kann, um einen Zeiger auf ein Zeiterfassungsobjekt zurückzugeben:

```
TimeKeeper* getTimeKeeper();         // Gibt einen Zeiger auf ein dynamisch
                                     // zugewiesenes Objekt einer von
                                     // TimeKeeper abgeleiteten Klasse zurück
```

Gemäß den Bedingungen für Fabrik-Funktionen liegen die von getTimeKeeper zurückgegebenen Funktionen im Heap, so dass es wichtig ist, dass jedes zurückgegebene Objekt sauber gelöscht wird, um Lecks im Speicher und anderen Ressourcen zu vermeiden:

```
TimeKeeper *ptk = getTimeKeeper();   // Ruft dynamisch zugewiesenes Objekt
                                     // aus Hierarchie von TimeKeeper ab
...                                  // Verwendet es
delete ptk;                          // Gibt es frei, um ein Ressourcenleck
                                     // zu vermeiden
```

Tipp 13 erläutert, wie fehleranfällig es ist, darauf zu vertrauen, dass Kunden diese Löschung vornehmen, während Tipp 18 erklärt, wie die Schnittstelle der Fabrik-Funktion verändert werden kann, um üblichen Kundenfehlern vorzubeugen. Solche Betrachtungen sind hier jedoch sekundär, da wir uns in diesem Tipp einer grundlegenderen Schwäche des angegebenen Quelltextes zuwenden: Sogar wenn Kunden alles richtig machen, gibt es keine Möglichkeit vorauszusagen, wie sich das Programm verhalten wird.

Das Problem besteht darin, dass `getTimeKeeper` einen Zeiger auf ein Objekt einer abgeleiteten Klasse zurückgibt (z.B. `AtomicClock`), dieses Objekt über einen Zeiger der Basisklasse gelöscht wird (d.h. ein `TimeKeeper*`-Zeiger) und die Basisklasse (`TimeKeeper`) einen *nicht virtuellen Destruktor* hat. Das führt zu Unheil, da C++ festlegt, dass das Ergebnis undefiniert ist, wenn ein Objekt einer abgeleiteten Klasse durch einen Zeiger auf eine Basisklasse mit einem nicht virtuellen Destruktor gelöscht wird. Der abgeleitete Anteil des Objekts wird dann normalerweise niemals zur Laufzeit zerstört. Wenn `getTimeKeeper` einen Zeiger auf ein `AtomicClock`-Objekt zurückgibt, werden die `AtomicClock`-Anteile des Objekts (also die in der Klasse `AtomicClock` deklarierten Datenelemente) möglicherweise nicht zerstört, noch wird der Destruktor von `AtomicClock` aufgerufen. Der Basisklassenanteil (d.h. der `TimeKeeper`-Anteil) wird jedoch in der Regel zerstört, was ein merkwürdiges, »teilweise zerstörtes« Objekt ergibt. Das ist ein vorzügliches Verfahren, um Ressourcenlecks und fehlerhafte Datenstrukturen zu erhalten und viel Zeit mit dem Debugger zu verbringen.

Es ist einfach, das Problem zu lösen: Geben Sie der Basisklasse einen virtuellen Destruktor. Dann geschieht beim Löschen eines Objekts einer abgeleiteten Klasse genau das, was Sie möchten. Der Vorgang zerstört das gesamte Objekt, einschließlich seiner Anteile aus abgeleiteten Klassen:

```
class TimeKeeper {
public:
   TimeKeeper();
   virtual ~TimeKeeper();
   ...
};
TimeKeeper *ptk = getTimeKeeper();
...
delete ptk;                          // Verhält sich jetzt korrekt
```

Basisklassen wie `TimeKeeper` enthalten im Allgemeinen keine anderen virtuellen Funktionen als den Destruktor, da der Zweck virtueller Funktionen darin besteht, die Anpassung von Implementierungen abgeleiteter Klassen zu ermöglichen (siehe Tipp 34). `TimeKeeper` könnte z.B. eine virtuelle Funktion `getCurrentTime` enthalten, die in den einzelnen abgeleiteten Klassen auf unterschiedliche Weise implementiert wird. Jede Klasse mit virtuellen Funktionen sollte fast immer einen virtuellen Destruktor enthalten.

Wenn eine Klasse *keine* virtuellen Funktionen enthält, bedeutet das oftmals, dass sie nicht zur Verwendung als Basisklasse gedacht ist. In diesem Fall ist es normalerweise keine gute Idee, einen Destruktor virtuell zu machen. Betrachten Sie eine Klasse, die Punkte in einem zweidimensionalen Raum darstellt:

```
class Point {                                // Ein Punkt im Zweidimensionalen
public:
   Point(int xCoord, int yCoord);
   ~Point();
private:
   int x, y;
};
```

Wenn ein `int` 32 Bit belegt, passt ein `Point`-Objekt normalerweise in ein 64-Bit-Register. Des Weiteren kann ein solches `Point`-Objekt als eine 64-Bit-Größe an in anderen Sprachen wie C oder FORTRAN geschriebene Funktionen übergeben werden. Die Situation ändert sich jedoch, wenn der Destruktor von `Point` virtuell wird.

Die Implementierung virtueller Funktionen erfordert, dass Objekte Informationen enthalten, die zur Laufzeit genutzt werden können, um zu bestimmen, welche virtuellen Funktionen für das Objekt aufgerufen werden sollten. Diese Informationen liegen in der Regel in Form eines Zeigers namens `vptr` (virtual table pointer) vor. Er zeigt auf ein Array von Funktionszeigern namens `vtbl` (virtual table), wobei jede Klasse mit virtuellen Funktionen eine zugehörige `vtbl` hat. Wenn eine Funktion für ein Objekt aufgerufen wird, wird die tatsächlich zu verwendende Funktion dadurch bestimmt, dass `vptr` zu einer `vtbl` verfolgt und anschließend der geeignete Funktionszeiger in der `vtbl` nachgeschlagen wird.

Die Einzelheiten der Implementierung virtueller Funktionen sind unwichtig. Wichtig *ist*: Wenn die Klasse `Point` eine virtuelle Funktion enthält, wächst die Größe der Objekte dieses Typs. Bei einer 32-Bit-Architektur wachsen sie von 64 Bit (für die beiden Integer) auf 96 Bit (für die Integer plus den `vptr`), bei einer 64-Bit-Architektur können Sie von 64 auf 128 wachsen, da Zeiger auf solche Systeme 64 Bit groß sind. Eine Addition eines `vptr` zu `Point` kann daher die Größe um 50 bis 100 % erhöhen, so dass `Point`-Objekte nicht mehr in ein 64-Bit-Register passen. Darüber hinaus sehen `Point`-Objekte in C++ nicht mehr so aus wie dieselbe, in anderen Sprachen wie C deklarierte Struktur, weil in ihren Gegenstücken in der fremden Sprache der `vptr` fehlt. Das führt dazu, dass es nicht mehr möglich ist, Point-Objekte an in anderen Sprachen geschriebene Funktionen zu übergeben oder von ihnen zu erhalten, sofern Sie nicht den vptr explizit ersetzen, der selbst ein Implementierungsdetail und daher nicht portierbar ist.

Alle Destruktoren wie in der letzten Zeile grundlos als virtuell zu deklarieren, ist genauso falsch, wie sie niemals als virtuell zu deklarieren. Tatsächlich fassen viele Programmierer die Situation wie folgt zusammen: Deklarieren Sie nur dann einen virtuellen Destruktor in einer Klasse, wenn diese Klasse mindestens eine virtuelle Funktion enthält.

Es ist möglich, sogar in Abwesenheit virtueller Funktionen vom Problem nicht virtueller Destruktoren erwischt zu werden. Zum Beispiel enthält der Standard-string-Typ keine virtuellen Funktionen, doch fehlgeleitete Programmierer verwenden ihn trotzdem manchmal als Basisklasse:

```
class SpecialString: public std::string { // Schlecht! std::string hat
  ...                                     // nicht virtuellen Destruktor
};
```

Auf den ersten Blick mag das harmlos aussehen, doch wenn Sie irgendwo in einer Anwendung einen Zeiger auf einen SpecialString in einen Zeiger auf einen string konvertieren und dann delete auf den string-Zeiger anwenden, landen Sie sofort im Reich des undefinierten Verhaltens:

```
SpecialString *pss =new SpecialString("Impending Doom");
std::string *ps;
...
ps = pss;                          // SpecialString* => std::string*
...
delete ps;                         // Undefiniert! In der Praxis haben
                                   // die SpecialString-Ressourcen von
                                   // *ps ein Leck, da der Destruktor
                                   // von SpecialString nicht aufgerufen
                                   // wird.
```

Dasselbe gilt für jede Klasse, der ein virtueller Destruktor fehlt, einschließlich aller STL-Containertypen (z.B. vector, list, set, tr1::unordered_map (siehe Tipp 54) usw.). Wenn Sie jemals in Versuchung geraten, etwas von einem Standardcontainer oder einer anderen Klasse mit einem nicht virtuellen Konstruktor abzuleiten, widerstehen Sie ihr! (Leider bietet C++ kein Verfahren, wie die final-Klassen von Java oder die sealed-Klassen von C#, das eine solche Vererbung verhindert.)

Gelegentlich kann es bequem sein, einer Klasse einen rein virtuellen Destruktor zu geben. Erinnern Sie sich daran, dass rein virtuelle Funktionen zu *abstrakten* Klassen führen – Klassen, die nicht instanziiert werden können (d.h. Sie können keine Objekte dieses Typs erstellen). Manchmal haben Sie jedoch eine Klasse, die abstrakt sein soll, aber keine rein virtuellen Funktionen. Was ist zu tun? Nun, da eine abstrakte Klasse dazu gedacht ist, als Basisklasse verwendet zu werden, und da eine rein virtuelle Funktion eine abstrakte Klasse ergibt, ist die Lösung einfach: Deklarieren Sie einen rein virtuellen Destruktor in der Klasse, die abstrakt sein soll. Hier ist ein Beispiel:

```
class AWOV {                    // AWOV = "Abstract without Virtuals"
public:
   virtual ~AWOV() = 0;         // Deklariert rein virtuellen Destruktor
};
```

Diese Klasse enthält eine rein virtuelle Funktion, ist also abstrakt, und einen virtuellen Destruktor, so dass Sie sich nicht um das Destruktorproblem sorgen müssen. Es gibt jedoch eine Schwierigkeit: Sie müssen eine *Definition* für den rein virtuellen Destruktor liefern:

```
AWOV::~AWOV() {}                // Definition des rein virtuellen Destruktors
```

Bei Destruktoren wird zuerst der der am stärksten abgeleiteten Klasse aufgerufen. Compiler erstellen einen Aufruf an `~AWOV` von den Destruktoren seiner abgeleiteten Klassen, so dass Sie sicherstellen müssen, dass es einen Rumpf für die Funktion gibt. Ist das nicht der Fall, wird sich der Linker beschweren.

Die Regel, Basisklassen virtuelle Destruktoren zu geben, gilt nur für *polymorphe* Basisklassen – also solche, die entworfen sind, um die Manipulation abgeleiteter Klassentypen durch Basisklassen-Schnittstellen zu ermöglichen. `TimeKeeper` ist eine polymorphe Basisklasse, da wir erwarten, `AtomicClock`- und `WaterClock`-Objekte zu verändern, auch wenn wir nur `TimeKeeper`-Zeiger auf sie haben.

Nicht alle Basisklassen sind für einen polymorphen Einsatz entworfen. Zum Beispiel sind weder der Standard-`string`-Typ noch die STL-Containertypen dazu gedacht, Basisklassen zu sein, noch weniger polymorphe. Einige Klassen sind zwar zur Verwendung als Basisklassen entworfen, aber nicht als polymorphe. Solche Klassen – zu ihnen gehören `Uncopyable` aus Tipp 6 und `input_iterator_tag` aus der Standardbibliothek (siehe Tipp 47) – sind vom Entwurf her nicht dazu gedacht, die Möglichkeit der Manipulation abgeleiteter Klassenobjekte über Schnittstellen von Basisklassen zu bieten. Daher benötigen sie keine virtuellen Destruktoren.

Was Sie sich merken sollten

- Polymorphe Basisklassen sollten virtuelle Destruktoren deklarieren. Wenn eine Klasse irgendeine virtuelle Funktion enthält, sollte sie einen virtuellen Destruktor haben.
- Klassen, die nicht als Basisklassen oder für einen polymorphen Einsatz entworfen sind, sollten keine virtuellen Destruktoren deklarieren.

2.4 Tipp 8: Verhindern Sie, dass Ausnahmen Destruktoren überschreiten

C++ hindert Destruktoren nicht daran, Ausnahmen auszusenden, aber es schreckt sicherlich von dieser Praxis ab – aus gutem Grund. Betrachten Sie Folgendes:

```
class Widget {
public:
   ...
   ~Widget() { ... }          // Angenommen, das löst eine Ausnahme aus
};
void doSomething()
{
   std::vector<Widget> v;
   ...
}                             // Hier wird v automatisch zerstört
```

Wenn der Vektor `v` zerstört wird, ist er dafür zuständig, alle enthaltenen `Widget`s zu zerstören. Angenommen, `v` enthält zehn `Widget`s und während der Zerstörung des ersten wird eine Ausnahme gesendet. Die anderen neun `Widget`s müssen immer noch zerstört werden (andernfalls würden die in ihnen enthaltenen Ressourcen ein Leck hervorrufen), so dass `v` ihre Destruktoren aufrufen sollte. Doch angenommen, während dieser Aufrufe sendet ein zweiter `Widget`-Destruktor eine Ausnahme. Nun gibt es gleichzeitig zwei aktive Ausnahmen, und das ist eine zu viel für C++. Je nach den Bedingungen, unter denen solche Paare gleichzeitig aktiver Ausnahmen auftreten, wird die Programmausführung entweder beendet oder führt zu undefiniertem Verhalten. In diesem Beispiel ist Letzteres der Fall. Die Verwendung irgendeines anderen Containers der Standardbibliothek (z.B. `list`, `set`), irgendeines Containers in TR1 (siehe Tipp 54) oder sogar eines Arrays führt gleichermaßen zu undefiniertem Verhalten. Nicht dass Container oder Arrays nötig sind, um Probleme zu erhalten – ein vorschnelles Programmende oder undefiniertes Verhalten kann von Destruktoren herrühren, die Ausnahmen aussenden, auch ohne dass Container oder Arrays im Spiel sind. C++ mag *keine* Destruktoren, die Ausnahmen aussenden.

Das ist einfach zu verstehen, doch was sollen Sie machen, wenn Ihr Destruktor eine Operation durchführen muss, die fehlschlagen kann und dann eine Ausnahme aussendet? Nehmen Sie z.B. an, Sie arbeiten mit einer Klasse für Datenbankverbindungen:

```
class DBConnection {
public:
   ...
   static DBConnection create();   // Funktion, die DBConnection-
                                   // Objekte zurückgibt; Parameter wurden
                                   // der Einfachheit halber weggelassen
```

```
   void close();                  // Verbindung schließen; sendet bei
};                                // Fehlschlag eine Ausnahme
```

Um sicherzustellen, dass die Kunden nicht vergessen, für `DBConnection`-Objekte `close` aufzurufen, wäre es eine angemessene Idee, für `DBConnection` eine Klasse zur Ressourcenverwaltung zu erstellen, die in ihrem Destruktor `close` aufruft. Solche Klassen werden in Kapitel 3 ausführlich erläutert, aber hier reicht es zu betrachten, wie der Destruktor für eine solche Klasse aussehen würde:

```
class DBConnection {
public:
   ...
   static DBConnection create();  // Funktion, die DBConnection-
                                  // Objekte zurückgibt; die Parameter
                                  // wurden einfachheitshalber weggelassen
   void close();                  // Verbindung schließen; sendet bei
};                                // Fehlschlag eine Ausnahme


class DBConn {                    // Klasse zum Verwalten von
public:                           // DBConnection-Objekten
   ...
   ~DBConn()                      // Stellt sicher, dass Datenbank-
   {                              // verbindungen stets geschlossen werden
      db.close();
   }
private:
   DBConnection db;
};
```

Das erlaubt den Kunden, wie folgt zu programmieren:

```
{                                      // Öffnet einen Block
   DBConn dbc(DBConnection::create()); // Erstellt ein DBConnection-Objekt
                                       // und verwandelt es in ein DBConn-
                                       // Objekt zur Verwaltung
   ...                                 // Verwendet das DBConnection_objekt
                                       // über die DBConn-Schnittstelle
}                                      // Am Ende des Blocks wird das
                                       // DBConn-Objekt zerstört, so dass
                                       // für das DBConnection-Objekt
                                       // automatisch close aufgerufen wird
```

Das ist schön, solange der Aufruf von close erfolgreich ist, doch wenn er zu einer Ausnahme führt, leitet der Destruktor von DBConn sie weiter, d.h. ermöglicht ihr, den Destruktor zu verlassen. Das ist ein Problem, da Destruktoren, die Ausnahmen senden, Schwierigkeiten bereiten.

Es gibt zwei grundlegende Möglichkeiten, diese Schwierigkeiten zu vermeiden. Der Destruktor von DBConn kann Folgendes tun:

- **Das Programm beenden,** wenn close eine Ausnahme aussendet, in der Regel durch den Aufruf von abort:

```
DBConn::~DBConn()
{
   try { db.close(); }
   catch (...) {
      Schreibe einen Protokolleintrag, dass der Aufruf von close
      fehlgeschlagen ist;
      std::abort();
   }
}
```

  Das ist eine annehmbare Option, falls das Programm nicht weiterlaufen kann, wenn während der Zerstörung ein Fehler auftritt. Sie hat den Vorteil, dass sie ein undefiniertes Verhalten verhindert, falls die Weiterleitung der Ausnahme vom Destruktor dazu führen würde. Der Aufruf von abort kann also undefiniertem Verhalten vorbeugen.

- **Die Ausnahme verschlucken**, die von dem Aufruf an close herrührt:

```
DBConn::~DBConn()
{
   try { db.close(); }
   catch (...) {
      Schreibe einen Protokolleintrag, dass der Aufruf von close
      fehlgeschlagen ist;
   }
}
```

  Im Allgemeinen ist das Verschlucken von Ausnahmen keine gute Idee, da es wichtige Informationen unterdrückt – *etwas ist fehlgeschlagen!* Manchmal ist es jedoch dem Risiko eines vorschnellen Programmendes oder eines undefinierten Verhaltens vorzuziehen. Damit das eine vernünftige Option ist, muss das Programm in der Lage sein, die Ausführung zuverlässig fortzusetzen, auch nachdem ein Fehler aufgetreten ist und ignoriert wurde.

Keiner dieser Ansätze ist besonders reizvoll. Das Problem bei beiden besteht darin, dass das Programm keine Möglichkeit hat, auf die Bedingung zu reagieren, die dazu führte, dass `close` eine Ausnahme sendete.

Eine bessere Strategie besteht darin, die Schnittstelle von `DBConn` so zu erstellen, dass die Kunden eine Gelegenheit haben, auf mögliche Probleme zu reagieren. `DBConn` könnte z. B. selbst eine Funktion `close` anbieten und damit den Kunden die Möglichkeit geben, Ausnahmen zu behandeln, die von dieser Operation herrühren. Sie könnte auch nachverfolgen, ob ihre `DBConnection` geschlossen wurde und sie anderenfalls selbst im Destruktor schließen. Das würde verhindern, dass eine Verbindung ein Leck erzeugt. Wenn der Aufruf an `close` jedoch im Destruktor von `DBConnection` fehlschlägt, sind wir wieder beim Beenden oder Verschlucken:

```
class DBConn {
public:
   ...
   void close()                           // Neue Funktion zur Ver-
   {                                      // wendung durch den Kunden
     db.close();
     closed = true;
   }
   ~DBConn()
   {
      if (!closed) {
      try {                               // Schließt die Verbindung,
         db.close();                      // falls der Kunde es nicht
                                          // getan hat
      }
      catch (...) {                       // Wenn das Schließen
                                          // fehlschlägt:
         Schreibe einen Protokolleintrag, dass der Aufruf von close
         fehlgeschlagen ist;
         ...                              // Feststellen und beenden
                                          // oder verschlucken
      }
   }
private:
   DBConnection db;
   bool closed;
};
```

Die Verantwortung für den Aufruf von `close` aus dem Destruktor von `DBConn` an den Kunden zu verschieben (wobei der Destruktor von `DBConn` einen »Sicherheitsaufruf« enthält), mag Ihnen als skrupelloses Abschieben der Last erscheinen. Sie könnten es sogar als Verletzung des Rats aus Tipp 18 ansehen, die korrekte Verwendung von Schnittstellen zu erleichtern. Tatsächlich ist es keins von beiden. Wenn eine Operation durch das Auslösen einer Ausnahme fehlschlagen kann und es eine Notwendigkeit geben kann, diese Ausnahme zu behandeln, *muss die Ausnahme aus einer Nichtdestruktorfunktion stammen*. Das liegt daran, dass Destruktoren, die Ausnahmen senden, gefährlich sind, weil sie stets das Risiko eines vorschnellen Programmendes oder eines undefinierten Verhaltens in sich tragen. Wenn in diesem Beispiel Kunden aufgefordert werden, selbst `close` aufzurufen, legt ihnen das keine Last auf, sondern gibt ihnen die Gelegenheit, mit Fehlern umzugehen, auf die sie ansonsten nicht reagieren könnten. Wenn sie diese Möglichkeit nicht sinnvoll finden (vielleicht weil sie glauben, dass in Wirklichkeit kein Fehler auftreten wird), können sie sie ignorieren und darauf vertrauen, dass der Destruktor von `DBConn` für sie `close` aufruft. Falls an diesem Punkt ein Fehler auftritt – wenn `close` *doch* eine Ausnahme sendet – können sie sich nicht beschweren, wenn `DBConn` die Ausnahme verschluckt oder das Programm beendet. Schließlich hatten sie die Gelegenheit, das Problem zu behandeln, und sich dafür entschieden, sie nicht zu nutzen.

Was Sie sich merken sollten

- Destruktoren sollten niemals Ausnahmen senden. Wenn Funktionen in einem Destruktor Ausnahmen auslösen können, sollte der Destruktor alle Ausnahmen abfangen und sie dann verschlucken oder das Programm beenden.
- Wenn Klassen von Kunden in der Lage sein müssen, auf Ausnahmen zu reagieren, die während einer Operation ausgelöst wurden, sollte die Klasse eine reguläre Funktion (d.h. keinen Destruktor) enthalten, die diese Operation ausführt.

2.5 Tipp 9: Rufen Sie während der Konstruktion oder Zerstörung niemals virtuelle Funktionen auf

Ich beginne mit der Wiederholung: Sie sollten während der Konstruktion oder Zerstörung keine virtuellen Funktionen aufrufen, da diese Aufrufe nicht das tun werden, was Sie glauben; und selbst wenn sie es täten, wären Sie immer noch unglücklich. Wenn Sie ein vom ersten Umstellungsschock genesender Java- oder C#-Programmierer sind, sollten Sie diesen Tipp aufmerksam verfolgen, da das ein Bereich ist, in dem diese Sprachen »hü« sagen, während C++ »hott« sagt.

Angenommen, Sie haben eine Klassenhierarchie zum Abbilden von Aktiengeschäften, d.h. für Kaufaufträge, Verkaufsaufträge usw. Es ist wichtig, dass solche Transaktionen überwacht werden können, weshalb jedes Mal, wenn ein Transaktionsobjekt erstellt wird, ein entsprechender Eintrag in einer Protokolldatei erstellt werden muss. Der folgende Code sieht wie ein sinnvoller Ansatz für das Problem aus:

```
class Transaction {                          // Basisklasse für
public:                                      // alle Transaktionen
   Transaction();
   virtual void logTransaction() const = 0; // Nimmt einen typabhängigen
                                             // Protokolleintrag vor

   ...
};
Transaction::Transaction()                   // Implementierung des
{                                            // Basisklassenkonstruktors
  ...
  logTransaction();                          // Protokolliert Transaktion
}                                            // als abschließende Aktion
class BuyTransaction: public Transaction {  // Abgeleitete Klasse
public:
   virtual void logTransaction() const;      // So protokollieren Sie
                                             // Transaktionen
                                             // dieses Typs

   ...
};
class SellTransaction: public Transaction { // Abgeleitete Klasse
public:
   virtual void logTransaction() const;      // So protokollieren Sie
                                             // Transaktionen
                                             // dieses Typs

   ...
};
```

Beachten Sie, was beim Ausführen dieses Quelltextes geschieht:

```
BuyTransaction b;
```

Natürlich wird ein `BuyTransaction`-Konstruktor aufgerufen, doch zunächst muss ein `Transaction`-Konstruktor aufgerufen werden, denn Basisklassenanteile von Objekten abgeleiteter Klassen werden vor den Anteilen abgeleiteter Klassen erstellt. Die letzte Zeile des `Transaction`-Konstruktors ruft die virtuelle Funktion `logTransaction` auf, doch an dieser Stelle kommt die Überraschung. Die aufgerufene Form von `logTransaction` ist die in `Transaction`, *nicht* die in `BuyTransaction` – obwohl der Typ des erstellten Objekts `BuyTransaction` ist. Beim Erstellen der Basisklasse gehen virtuelle Funktionen niemals in die abgeleitete Klasse über. Stattdessen verhält sich das Objekt so, als hätte es den Basistyp.

Es gibt einen guten Grund für dieses scheinbar widersinnige Verhalten. Da Basisklassenkonstruktoren vor den Konstruktoren abgeleiteter Klassen ausgeführt werden, sind die Datenelemente abgeleiteter Klassen dann noch nicht initialisiert. Ginge der Aufruf virtueller Funktionen während der Basisklassenkonstruktion in abgeleitete Klassen über, würden die Funktionen der abgeleiteten Klassen fast mit Sicherheit auf lokale

Datenelemente verweisen, doch wären diese Datenelemente noch nicht initialisiert. Das wäre ein Direktflug in undefiniertes Verhalten und nächtliche Debug-Sitzungen. Der Aufruf von Teilen eines Objekts, die noch nicht initialisiert wurden, ist von Natur aus gefährlich, so dass C++ dafür keine Möglichkeit bietet.

Tatsächlich ist das Problem noch grundlegender. Während der Basisklassenkonstruktion eines Objekts einer abgeleiteten Klasse *ist* der Typ des Objekts der der Basisklasse. Virtuelle Funktionen lösen nicht nur die Basisklasse auf; stattdessen behandeln die Bestandteile der Sprache, die Typinformationen zur Laufzeit nutzen (z.B. `dynamic_cast` (siehe Tipp 27) und `typeid`), das Objekt als einen Basisklassentyp. In unserem Beispiel hat das Objekt den Typ `Transaction`, während der `Transaction`-Konstruktor ausgeführt wird, um den Basisklassenanteil eines `BuyTransaction`-Objekts zu initialisieren. So handhaben es alle Bestandteile von C++, und das ist sinnvoll: Die `BuyTransaction`-spezifischen Teile des Objekts wurden noch nicht initialisiert, so dass es am sichersten ist, sie so zu behandeln, als existierten sie noch nicht. Ein Objekt ist erst dann ein Objekt einer abgeleiteten Klasse, wenn die Ausführung des Konstruktors der abgeleiteten Klasse beginnt.

Dieselbe Begründung gilt während der Zerstörung. Sobald der Destruktor einer abgeleiteten Klasse ausgeführt wurde, nehmen die Datenelemente der abgeleiteten Klasse des Objekts undefinierte Werte an, so dass C++ sie so behandelt, als existierten sie nicht mehr. Beim Eintritt in den Basisklassendestruktor wird das Objekt ein Basisklassenobjekt und alle Bestandteile von C++ – virtuelle Funktionen, `dynamic_cast`s usw. – behandeln es so.

In dem zuvor gezeigten Beispielcode rief der `Transaction`-Konstruktor eine virtuelle Funktion direkt auf, was eine deutliche Verletzung der Richtlinie dieses Tipps darstellt. Sie ist so einfach zu sehen, dass einige Compiler eine Warnung ausgeben. (Andere nicht. Warnungen werden in Tipp 53 behandelt.) Sogar ohne eine solche Warnung tritt das Problem mit ziemlicher Sicherheit vor der Laufzeit zutage, da die Funktion `logTransaction` in `Transaction` rein virtuell ist. Sofern sie nicht definiert wäre (unwahrscheinlich, aber möglich – siehe Tipp 34), würde das Programm nicht linken: Der Linker wäre nicht in der Lage, die erforderliche Implementierung von `Transaction::logTransaction` zu finden.

Es ist nicht immer so einfach, Aufrufe an virtuelle Funktionen während der Konstruktion oder Zerstörung zu finden. Wenn `Transaction` mehrere Konstruktoren hätte, von denen alle einige gleichartige Arbeiten zu verrichten hätten, wäre es gutes Software Engineering, Codeverdopplung zu vermeiden, indem der gemeinsame Initialisierungscode einschließlich des Aufrufs von `logTransaction` in eine private, nicht virtuelle Initialisierungsfunktion mit Namen `init` aufgenommen wird:

```
class Transaction {
public:
   Transaction()
   { init(); }                                // Aufruf einer nicht
                                              // virtuellen Funktion...
   virtual void logTransaction() const = 0;
   ...
private:
   void init()
   {
   ...
   logTransaction();                          // ...die eine virtuelle
                                              // Funktion aufruft!
   }
};
```

Dieser Quelltext ist im Prinzip derselbe wie die frühere Version, doch er ist tückischer, da normalerweise das Kompilieren und Linken ohne Beschwerden verlaufen. Da `logTransaction` in diesem Fall eine rein virtuelle Funktion in `Transaction` ist, brechen die meisten Laufzeitsysteme das Programm ab, wenn die rein virtuelle Funktion aufgerufen wird (wobei sie in der Regel eine diesbezügliche Nachricht ausgeben). Wäre `logTransaction` jedoch eine »normale« virtuelle Funktion (d.h. nicht rein virtuell) mit einer Implementierung in `Transaction`, würde diese Version aufgerufen, und das Programm würde fröhlich weiterlaufen und es Ihnen überlassen herauszufinden, warum die falsche Version von `logTransaction` beim Erstellen eines Objekts der abgeleiteten Klasse aufgerufen wurde. Die einzige Möglichkeit, dieses Problem zu vermeiden, besteht darin, sicherzustellen, dass keiner Ihrer Konstruktoren oder Destruktoren für das erzeugte oder zerstörte Objekt virtuelle Funktionen aufruft und dass alle Funktionen, die sie aufrufen, denselben Beschränkungen gehorchen.

Aber wie stellen Sie sicher, dass jedes Mal die richtige Version von `logTransaction` aufgerufen wird, wenn ein Objekt in der Hierarchie von `Transaction` aufgerufen wird? Natürlich ist es der falsche Weg, eine virtuelle Funktion aus einem Konstruktor von `Transaction` für das Objekt aufzurufen.

Es gibt verschiedene Möglichkeiten, dieses Problem anzugehen. Eine besteht darin, `logTransaction` in eine nicht virtuelle Funktion in `Transaction` zu verwandeln und dann zu fordern, dass abgeleitete Klassenkonstruktoren die notwendigen Protokollierungsinformationen an den `Transaction`-Konstruktor weiterleiten. Diese Funktion kann dann die nicht virtuelle Funktion `logTransaction` sicher aufrufen, wie im folgenden Beispiel gezeigt wird:

```
class Transaction {
public:
   explicit Transaction(const std::string& logInfo);
   void logTransaction(const std::string& logInfo) const; // Nun eine nicht
```

```
                                                      // virtuelle
                                                      // Funktion
  ...
};
Transaction::Transaction(const std::string& logInfo)
{
  ...
  logTransaction(logInfo);                           // Nun ein nicht
}                                                    // virtueller
                                                     // Aufruf
class BuyTransaction: public Transaction {
public:
  BuyTransaction( parameters )
  : Transaction(createLogString( parameters ))        // Übergibt Proto-
                                                     // kollierungs-
  { ... }                                            // infos an den
  ...                                                // Konstruktor
                                                     // der Basisklasse
private:
  static std::string createLogString( parameters );
};
```

Mit anderen Worten: Indem Sie dafür sorgen, dass abgeleitete Klassen notwendige Konstruktionsangaben nach oben an Basisklassenkonstruktoren übergeben, lässt sich kompensieren, dass Sie virtuelle Funktionen während der Konstruktion von Basisklassen nicht nach unten aufrufen können.

Beachten Sie in diesem Beispiel den Einsatz der (privaten) statischen Funktion `createLogString` in `BuyTransaction`. Es ist oftmals bequemer (und besser lesbar), eine Hilfsfunktion zu verwenden, um einen Wert zur Übergabe an den Basisklassenkonstruktor zu erstellen, als durch die Verrenkungen in der Elementinitialisierungsliste zu gehen, um der Basisklasse zu geben, was sie benötigt. Wenn die Funktion statisch ist, besteht keine Gefahr, aus Versehen auf die noch nicht initialisierten Datenelemente des noch in der Erzeugung befindlichen `BuyTransaction`-Objekts zu verweisen. Das ist wichtig, da die Tatsache, dass jene Datenelemente in einem undefinierten Zustand sein werden, der primäre Grund dafür ist, dass der Aufruf virtueller Funktionen während der Konstruktion und Zerstörung der Basisklasse nicht hinunter in die abgeleiteten Klassen geht.

Was Sie sich merken sollten

- Rufen Sie während der Konstruktion oder der Zerstörung keine virtuellen Funktionen auf, da solche Aufrufe niemals in eine weiter abgeleitete Klasse gehen als die des gerade ausgeführten Konstruktors oder Dekonstruktors.

2.6 Tipp 10: Lassen Sie Zuweisungsoperatoren einen Verweis auf *this zurückgeben

Eines der interessanten Dinge bei Zuweisungen ist, dass Sie sie verketten können:

```
int x, y, z;
x = y = z = 15;                    // Kette von Zuweisungen
```

Es ist ebenfalls interessant, das die Zuweisung rechtsassoziativ ist, so dass die oben stehende Zuweisungskette die folgende Bedeutung hat:

```
x = (y = (z = 15));
```

Hier wird 15 z zugewiesen, dann das Ergebnis der Zuweisung (das aktualisierte z) an y und schließlich das Ergebnis dieser Zuweisung (das aktualisierte y) an x.

Das wird dadurch umgesetzt, dass eine Zuweisung einen Verweis auf ihr linksseitiges Argument zurückgibt, und diese Konvention sollten Sie befolgen, wenn Sie Zuweisungsoperatoren für Ihre Klassen implementieren:

```
class Widget {
public:
...
Widget& operator=(const Widget& rhs)  // Der Rückgabetyp ist ein
{                                     // Verweis auf die aktuelle Klasse
...
return *this;                         // Gibt linksseitiges Objekt zurück
}
...
};
```

Diese Konvention gilt für alle Zuweisungsoperatoren, nicht nur für die oben gezeigte Standardform. Daher gilt:

```
class Widget {
public:
   ...
   Widget& operator+=(const Widget& rhs)  // Die Konvention gilt für
   {                                      // +=, -=, *= usw.
   ...
   return *this;
   }
   Widget& operator=(int rhs)             // Sie gilt sogar, wenn der
   {                                      // Parametertyp des Objekts
   ...                                    // unkonventionell ist
   return *this;
   }
```

```
    ...
};
```

Das ist lediglich eine Konvention; Quelltext, der sich nicht daran hält, wird kompiliert. Alle integrierten Typen sowie alle Typen in (oder bald in – siehe Tipp 54) der Standardbibliothek (d.h. `string`, `vector`, `complex`, `tr1::shared_ptr` usw.) befolgen sie jedoch. Sofern Sie keinen guten Grund haben, anders vorzugehen, sollten Sie sich an die Konvention halten.

Was Sie sich merken sollten

- Lassen Sie Zuweisungsoperatoren einen Verweis auf `*this` zurückgeben.

2.7 Tipp 11: Führen Sie die Selbstzuweisung in operator= durch

Eine Selbstzuweisung tritt auf, wenn ein Objekt sich selbst zugewiesen wird:

```
class Widget { ... };
Widget w;
...
w = w;                                  // Selbstzuweisung
```

Das sieht albern aus, doch es ist zulässig, deshalb können Sie davon ausgehen, dass Kunden es tun. Außerdem ist eine Zuweisung nicht immer so leicht zu erkennen. Zum Beispiel ist ...

```
a[i] = a[j];                            // Mögliche Selbstzuweisung
```

... eine Selbstzuweisung, wenn `i` und `j` denselben Wert haben, und ...

```
*px = *py;                              // Mögliche Selbstzuweisung
```

... ist eine Selbstzuweisung, wenn `px` und `py` auf dasselbe verweisen. Diese weniger offensichtlichen Selbstzuweisungen sind das Ergebnis einer *Aliasbildung*: Es gibt mehr als eine Möglichkeit, auf ein Objekt zu verweisen. Im Allgemeinen muss Code, der mit Verweisen oder Zeigern auf mehrere Objekte desselben Typs arbeitet, in Betracht ziehen, dass die Objekte identisch sein können. Tatsächlich müssen die beiden Objekte noch nicht einmal denselben Typ haben, wenn sie aus derselben Hierarchie stammen, da ein Verweis oder ein Zeiger einer Basisklasse auf ein Objekt vom Typ einer abgeleiteten Klasse verweisen oder zeigen kann:

```
class Base { ... };
class Derived: public Base { ... };
```

```
void doSomething(const Base& rb,          // rb und *pd können tatsächlich
                 Derived* pd);            // dasselbe Objekt sein
```

Wenn Sie die Ratschläge aus Tipp 13 und 14 befolgen, verwenden Sie stets Objekte, um Ressourcen zu verwalten, und stellen sicher, dass sich die ressourcenverwaltenden Objekte beim Kopieren korrekt verhalten. Ist das der Fall, sind Ihre Zuweisungsoperatoren vermutlich selbstzuweisungssicher, ohne dass Sie darüber nachdenken müssen. Wenn Sie jedoch versuchen, die Ressourcen selbst zu verwalten (was Sie mit Sicherheit tun müssen, wenn Sie eine ressourcenverwaltende Klasse schreiben), können Sie in die Falle geraten, eine Ressource aus Versehen freizugeben, während Sie sie noch verwenden. Nehmen Sie z.B. an, Sie erstellen eine Klasse, die einen Rohzeiger auf ein dynamisch zugewiesenes Bitmap enthält:

```
class Bitmap { ... };
class Widget {
...
private:
  Bitmap *pb;                  // Zeiger auf ein im Heap zugewiesenes Objekt
};
```

Es folgt eine Implementierung von `operator=`, die oberflächlich vernünftig aussieht, doch in Gegenwart einer Selbstzuweisung unsicher ist. (Sie ist auch nicht ausnahmesicher, doch das behandeln wir gleich.)

```
Widget&
Widget::operator=(const Widget& rhs)      // Unsichere Implementierung von
                                          // operator=
{
  delete pb;                              // Ende der Verwendung des
                                          // aktuellen Bitmaps
  pb = new Bitmap(*rhs.pb);               // Beginn der Verwendung einer
                                          // Kopie des Bitmaps von rhs
  return *this;                           // Siehe Tipp 10
}
```

Das Selbstzuweisungsproblem besteht hier darin, dass in `operator=` `*this` (das Ziel der Zuweisung) und `rhs` dasselbe Objekt sein kann. Ist das der Fall, zerstört `delete` nicht nur das Bitmap des aktuellen Objekts, sondern auch das Bitmap für `rhs`. Am Ende der Funktion enthält `Widget` – das sich durch die Selbstzuweisung nicht verändert haben sollte – einen Zeiger auf ein gelöschtes Objekt!

Traditionell beugen Sie diesem Fehler vor, indem Sie zu Beginn von `operator=` mit Hilfe eines *Identitätstests* prüfen, ob eine Selbstzuweisung stattfindet:

```
Widget& Widget::operator=(const Widget& rhs)
{
```

```
    if (this == &rhs) return *this;    // Identitätstest: Tue nichts, wenn
                                       // es eine Selbstzuweisung ist
    delete pb;
    pb = new Bitmap(*rhs.pb);
    return *this;
}
```

Das funktioniert, doch ich habe eben erwähnt, dass die vorangegangene Version von `operator=` nicht nur selbstzuweisungs-, sondern auch ausnahmeunsicher war. Wenn insbesondere der Ausdruck `new Bitmap` eine Ausnahme ergibt (entweder weil es zu wenig Speicher für die Zuweisung gibt oder weil der Kopierkonstruktor von `Bitmap` eine Ausnahme auslöst), enthält `Widget` am Ende einen Zeiger auf ein gelöschtes `Bitmap`. Solche Zeiger sind Gift. Sie können sie nicht sicher löschen, noch nicht einmal sicher lesen. Sicher ist nur, dass Sie viel Zeit mit dem Debugger verbringen werden, um herauszufinden, woher sie stammen.

Wenn `operator=` ausnahmesicher gemacht wird, hat das glücklicherweise zur Folge, dass es auch selbstzuweisungssicher wird. Daher wird es immer beliebter, Probleme mit der Selbstzuweisung zu ignorieren und sich stattdessen auf die Ausnahmesicherheit zu konzentrieren. Tipp 29 behandelt die Ausnahmesicherheit ausführlich, doch hier reicht es aus zu erkennen, dass in vielen Fällen eine sorgfältige Anordnung der Anweisungen zu ausnahmesicherem (und selbstzuweisungssicherem) Quelltext führen kann. Hier müssen wir z. B. nur darauf achten, `pb` nicht zu löschen, bevor wir das kopiert haben, auf was es zeigt:

```
Widget& Widget::operator=(const Widget& rhs)
{
    Bitmap *pOrig = pb;               // Merkt sich das ursprüngliche pb
    pb = new Bitmap(*rhs.pb);         // Lässt pb auf Kopie von *pb zeigen
    delete pOrig;                     // Löscht das ursprüngliche pb
    return *this;
}
```

Wenn `new Bitmap` jetzt eine Ausnahme auslöst, bleibt `pb` (und das `Widget`, in dem es sich befindet) unverändert. Auch ohne den Identitätstest führt dieser Code eine Selbstzuweisung durch, da wir eine Kopie des ursprünglichen Bitmaps angefertigt, sie gelöscht und dann auf die Kopie gezeigt haben. Das mag nicht das effizienteste Verfahren zum Durchführen einer Selbstzuweisung sein, aber es funktioniert.

Wenn Sie um die Leistungsfähigkeit besorgt sind, können Sie den Identitätstest wieder an den Anfang der Funktion stellen. Zuvor sollten Sie sich jedoch fragen, wie oft sie Selbstzuweisungen erwarten, da der Test nicht gratis ist. Er vergrößert den Code etwas (sowohl den Quell- als auch den Objektcode) und fügt einen Zweig in die Flusssteuerung ein, was beides zu einer Verminderung der Laufzeitgeschwindigkeit führen kann. Zum Beispiel kann sich die Leistungsfähigkeit des Vorabrufs von Anweisungen, der Zwischenspeicherung und des Pipelining verringern.

Eine Alternative zur manuellen Anordnung der Anweisungen in `operator=`, die sicherstellen soll, dass die Implementierung sowohl ausnahme- als auch selbstzuweisungssicher ist, ist ein als »Kopieren und Tauschen« bekanntes Verfahren. Es ist eng mit der Ausnahmesicherheit verbunden und wird daher in Tipp 29 beschrieben. Jedoch ist es eine ausreichend verbreitete Schreibweise für `operator=`, so dass es sich lohnt zu sehen, wie eine solche Implementierung oftmals aussieht:

```
class Widget {
  ...
  void swap(Widget& rhs);    // Tausch der Daten von *this und rhs;
  ...                        // Näheres in Tipp 29
};
Widget& Widget::operator=(const Widget& rhs)
{
  Widget temp(rhs);        // Kopieren der Daten von rhs
  swap(temp);              // Tausch der Daten von *this mit denen der Kopie
  return *this;
}
```

Eine Variation dieses Themas nutzt die folgenden Tatsachen aus: Erstens kann der Kopierzuweisungsoperator einer Klasse so deklariert werden, dass er sein Argument als Wert übernimmt, und zweitens wird eine *Kopie* angefertigt, wenn etwas als Wert übergeben wird (siehe Tipp 20):

```
Widget& Widget::operator=(Widget rhs) // rhs ist eine Kopie des übergebenen
{                                     // Objekts - beachten Sie die
                                      // Übergabe als Wert
  swap(rhs);                          // Tauscht die Daten von *this
                                      // mit denen der Kopie

  return *this;
}
```

Ich persönlich bin darüber besorgt, dass dieser Ansatz die Klarheit zugunsten der Geschicklichkeit opfert, doch es ist eine Tatsache, dass Compiler manchmal effizienteren Code generieren, wenn die Kopierinformationen aus dem Funktionsrumpf in die Konstruktion des Parameters verschoben wurden.

Was Sie sich merken sollten

- Stellen Sie sicher, dass sich `operator=` bei der Zuweisung eines Objekts an sich selbst korrekt verhält. Zu den Verfahren zählen der Vergleich der Adressen von Quell- und Zielobjekt, sorgfältiges Anordnen von Anweisungen sowie Kopieren und Tauschen.
- Stellen Sie sicher, dass sich alle Funktionen, die mit mehr als einem Objekt arbeiten, korrekt verhalten, wenn zwei oder mehr Objekte identisch sind.

2.8 Tipp 12: Kopieren Sie alle Teile eines Objekts

In wohlgeformten objektorientierten Systemen, die die internen Teile eines Objekts kapseln, gibt es nur zwei Funktionen, die Objekte kopieren: den passend benannten Kopierkonstruktor und den Kopierzuweisungsoperator. Wir nennen sie die *Kopierfunktionen*. In Tipp 5 haben wir das Thema behandelt, dass Compiler die Kopierfunktionen bei Bedarf erstellen, und erläutert, dass die compilergenerierten Funktionen genau das tun, was Sie erwarten: Sie kopieren alle Daten des zu kopierenden Objekts.

Wenn Sie Ihre eigenen Kopierfunktionen erstellen, weisen Sie den Compiler darauf hin, dass Ihnen an den Standardimplementierungen etwas nicht gefällt. Compiler scheinen daran Anstoß zu nehmen und rächen sich auf eine seltsame Weise: Sie sagen Ihnen nicht, wenn Ihre Implementierungen fast mit Sicherheit falsch sind.

Betrachten Sie eine Klasse, die Geschäftskunden darstellt und in der die Kopierfunktionen manuell geschrieben wurden, so dass Aufrufe an sie protokolliert werden:

```
void logCall(const std::string& funcName);        // Nimmt einen
                                                  // Protokolleintrag vor
class Customer {
public:
   ...
   Customer(const Customer& rhs);
   Customer& operator=(const Customer& rhs);
   ...
private:
   std::string name;
};
Customer::Customer(const Customer& rhs)
: name(rhs.name)                                  // Kopiert Daten von rhs
{
   logCall("Customer copy constructor");
}
Customer& Customer::operator=(const Customer& rhs)
{
   logCall("Customer copy assignment operator");
   name = rhs.name;                               // Kopiert Daten von rhs
   return *this;                                  // Siehe Tipp 10
}
```

Alles hier sieht gut aus und ist es auch – bis `Customer` ein weiteres Datenelement hinzugefügt wird:

```
class Date { ... };                               // Für Zeitangaben
class Customer {
public:
   ...                                            // Wie zuvor
```

```
private:
   std::string name;
   Date lastTransaction;
};
```

An diesem Punkt führen die vorhandenen Kopierfunktionen eine *partielle Kopie* aus: Sie kopieren `name` des Konstruktors, aber nicht `lastTransaction`. Doch die meisten Compiler schweigen darüber, auch auf der höchsten Warnstufe (siehe Tipp 53). Das ist die Rache dafür, dass Sie die Kopierfunktionen selbst geschrieben haben. Sie lehnen die Kopierfunktionen ab, die die Compiler schreiben würden, so dass diese Ihnen nicht mitteilen, wenn Ihr Code unvollständig ist. Die Schlussfolgerung ist offensichtlich: Wenn Sie einer Klasse ein Datenelement hinzufügen, müssen Sie sicherstellen, dass Sie auch die Kopierfunktionen aktualisieren. (Sie müssen auch alle Konstruktoren aktualisieren (siehe Tipps 4 und 45) sowie alle Nichtstandardformen von `operator=` in der Klasse (Tipp 10 gibt ein Beispiel). Wenn Sie es vergessen, ist es unwahrscheinlich, dass der Compiler Sie daran erinnert.)

Eine der hinterhältigsten Arten, auf die dieses Problem auftreten kann, ist durch Vererbung. Betrachten Sie den folgenden Quelltext:

```
class PriorityCustomer: public Customer {        // Eine abgeleitete Klasse
public:
   ...
   PriorityCustomer(const PriorityCustomer& rhs);
   PriorityCustomer& operator=(const PriorityCustomer& rhs);
   ...
private:
   int priority;
};
PriorityCustomer::PriorityCustomer(const PriorityCustomer& rhs)
: priority(rhs.priority)
{
   logCall("PriorityCustomer copy constructor");
}
PriorityCustomer&
PriorityCustomer::operator=(const PriorityCustomer& rhs)
{
   logCall("PriorityCustomer copy assignment operator");
   priority = rhs.priority;
   return *this;
}
```

Die Kopierfunktionen von `PriorityCustomer` sehen aus, als würden sie alles aus `PriorityCustomer` kopieren, doch schauen Sie noch einmal hin. Ja, sie kopieren die Datenelemente, die `PriorityCustomer` deklariert, doch jeder `PriorityCustomer` enthält auch eine Kopie der Datenelemente, die er von `Customer` erbt, und diese Datenelemente werden überhaupt nicht kopiert! Der Kopierkonstruktor von PriorityCustomer gibt keine an den Konstruktor seiner Basisklasse zu übergebenden Argumente an (d.h. er erwähnt Customer nicht auf seiner Elementinitialisierungsliste), so dass der Customer-Teil des PriorityCustomer-Objekts von dem Customer-Konstruktor initialisiert wird, der keine Argumente übernimmt – vom Standardkonstruktor. (Angenommen, es hat einen. Falls nicht, wird der Quelltext nicht kompiliert.) Dieser Konstruktor führt für name und lastTransaction eine *Standard*initialisierung durch.

Die Situation sieht für den Kopierzuweisungsoperator von PriorityCustomer nur wenig anders aus. Er macht keinerlei Versuch, die Datenelemente seiner Basisklasse zu ändern, so dass sie unverändert bleiben.

Jedes Mal, wenn Sie selbst Kopierfunktionen für eine abgeleitete Klasse schreiben, müssen Sie auch dafür Sorge tragen, dass die Basisklassenteile kopiert werden. Diese Teile sind in der Regel natürlich privat (siehe Tipp 22), so dass Sie nicht direkt auf sie zugreifen können. Stattdessen müssen Kopierfunktionen der abgeleiteten Klasse ihre entsprechenden Basisklassenfunktionen aufrufen:

```
PriorityCustomer::PriorityCustomer(const PriorityCustomer& rhs)
: Customer(rhs),                     // Ruft Kopierkonstruktor der
                                     // Basisklasse auf
   priority(rhs.priority)
{
   logCall("PriorityCustomer copy constructor");
}
PriorityCustomer&
PriorityCustomer::operator=(const PriorityCustomer& rhs)
{
   logCall("PriorityCustomer copy assignment operator");
   Customer::operator=(rhs);         // Weist Basisklassenteile zu
   priority = rhs.priority;
   return *this;
}
```

Die Bedeutung von »alle Teile kopieren« in diesem Tipp sollte jetzt klar sein. Wenn Sie eine Kopierfunktion schreiben, müssen Sie sicher sein, erstens alle lokalen Datenelemente zu kopieren und zweitens die entsprechende Kopierfunktion auch in allen Basisklassen aufzurufen.

In der Praxis ist der Rumpf beider Kopierfunktionen oftmals ähnlich, und das könnte Sie in Versuchung führen, eine Codeverdopplung dadurch zu vermeiden, dass eine Funktion die andere aufruft. Ihr Wunsch ist löblich, doch der Weg, dass eine Kopierfunktion die andere aufruft, ist falsch.

Es hat keinen Sinn, dass der Kopierzuweisungsoperator den Kopierkonstruktor aufruft, da Sie dann versuchen würden, ein Objekt zu erstellen, das es bereits gibt. Das ist so unsinnig, dass es dafür nicht einmal eine Syntax gibt. Es gibt Syntaxen, die so *aussehen*, als täten sie es, aber sie tun es nicht; und es gibt einige, die es auf eine umgekehrte Art machen, aber sie beschädigen unter bestimmten Bedingungen Ihr Objekt. Daher werde ich Ihnen keine dieser Syntaxen zeigen. Akzeptieren Sie einfach, dass der Kopierzuweisungsoperator den Kopierkonstruktor nicht aufrufen soll.

Die umgekehrte Vorgehensweise – der Kopierkonstruktor ruft den Kopierzuweisungsoperator auf – ist genauso unsinnig. Ein Konstruktor initialisiert neue Objekte, doch ein Zuweisungsoperator wird nur auf Objekte angewendet, die bereits initialisiert wurden. Eine Zuweisung zu einem Objekt während der Erstellung durchzuführen, würde bedeuten, etwas für ein noch nicht initialisiertes Objekt durchzuführen, das nur für ein initialisiertes Objekt sinnvoll ist. Blödsinn! Tun Sie es nicht.

Wenn Sie feststellen, dass die Funktionsrümpfe Ihres Kopierkonstruktors und Ihres Kopierzuweisungsoperators ähnlich sind, sollten Sie die Verdopplung dadurch beseitigen, dass Sie eine dritte Elementfunktion erstellen, die beide aufrufen. Eine solche Funktion ist in der Regel privat und wird oftmals `init` genannt. Diese Strategie ist ein sicheres, bewährtes Verfahren, um Codeverdopplungen in Kopierkonstruktoren und Kopierzuweisungsoperatoren zu entfernen.

Was Sie sich merken sollten

- Stellen Sie sicher, dass Kopierfunktionen alle Datenelemente und alle Basisklassenanteile eines Objekts kopieren.
- Versuchen Sie nicht, eine der Kopierfunktionen durch die andere zu implementieren. Stellen Sie stattdessen gemeinsame Funktionalität in eine dritte Funktion, die beide aufrufen.

3 Ressourcenverwaltung

Eine Ressource ist etwas, das Sie nach Gebrauch wieder an das System zurückgeben müssen. Tun Sie dies nicht, so kann dies schwer wiegende Folgen haben. Die am häufigsten genutzte Ressource in C++-Programmen ist dynamisch belegter Speicherplatz (wenn Sie Speicherplatz reservieren und niemals wieder freigeben, dann haben Sie ein Speicherleck). Speicherplatz ist jedoch nur eine Ressource unter vielen, die Sie im Auge behalten müssen. Andere gebräuchliche Ressourcen sind z.B. Dateideskriptoren, Mutex-Sperren, Zeichensätze und Pinsel in grafischen Benutzeroberflächen, Datenbankverbindungen und Netzwerk-Sockets. Egal welche Ressource Sie auch benutzen, Sie müssen sie immer nach Gebrauch wieder freigeben.

Dies per Hand zu erledigen, ist natürlich immer schwierig. Aber wenn Sie Ausnahmen bedenken, Funktionen mit mehreren Rückgabepfaden oder Wartungsprogrammierer, die Programme verändern, ohne sich der Auswirkungen ihrer Maßnahmen vollständig bewusst zu sein, wird Ihnen klar, dass eine ungeplante Ressourcenverwaltung nicht ausreicht.

Dieses Kapitel beginnt mit einem einfachen, objektorientierten Ansatz zur Ressourcenverwaltung, gestützt auf die C++-Sprachelemente der Konstruktoren, Destruktoren und Kopierbefehle. Die Erfahrung hat gezeigt, dass man durch konsequente und konzentrierte Durchführung dieses Ansatzes so gut wie alle Probleme der Ressourcenverwaltung lösen kann. Danach folgt eine explizite Besprechung der Speicherverwaltung. Die zuletzt genannten Themen vervollständigen die allgemeineren, da Objekte zur Speicherverwaltung natürlich wissen müssen, wie Speicherplatz richtig zu behandeln ist.

3.1 Tipp 13: Verwenden Sie Objekte zur Ressourcenverwaltung

Stellen Sie sich vor, Sie arbeiten mit einer Bibliothek zur Modellierung von Investitionen (z.B. Aktien, Anleihen usw.), in der die verschiedenen Investmenttypen von einer Basisklasse `Investment` erben:

```
class Investment{...}          // Basisklasse der Hierarchie der
                               // Investmenttypen
```

Nehmen Sie ferner an, dass spezielle Investmenttypen von der Bibliothek über eine Fabrik-Funktion (siehe auch Tipp 7) bereitgestellt werden:

```
Investment* createInvestment();    // Gibt Zeiger auf dynamisch
                                   // erstelltes Objekt in der
                                   // Investment-Hierarchie zurück;
                                   // die aufrufende Funktion muss
                                   // es wieder löschen
                                   // (Parameter der Einfachheit
                                   // halber weggelassen)
```

Der Kommentar erklärt, dass die Funktionen, die `createInvestment` aufrufen, dafür verantwortlich sind, dass das zurückgegebene Objekt nach Gebrauch wieder gelöscht wird. Betrachten Sie nun eine Funktion `f`, die dieser Anforderung entsprechend geschrieben wurde:

```
void f()
{
  Investment *pInv = createInvestment();  // Ruft Fabrik-Funktion auf
  ...                                     // pInv wird benutzt
  delete pInv;                            // Objekt wird freigegeben
}
```

Das sieht zwar gut aus, aber es gibt mehrere Möglichkeiten dafür, dass `f` das Investmentobjekt nicht wieder löscht, das die Funktion von `createInvestment` bekommen hat. Es kann ja sein, dass im Funktionsteil »...« ein `return`-Ausdruck auftaucht. Würde solch eine `return`-Anweisung ausgeführt, dann würde der `delete`-Ausdruck niemals erreicht werden können. Eine ähnliche Situation liegt vor, wenn `createInvestment` und `delete` in einer Schleife auftreten und diese Schleife vorzeitig durch eine `continue`- oder eine `goto`-Anweisung verlassen wird. Schließlich kann im Funktionsteil »...« eine Anweisung eine Ausnahme aufwerfen. In diesem Falle gelangt der Programmablauf ebenfalls nicht zur `delete`-Anweisung. Wie auch immer die `delete`-Anweisung übersprungen wird, Sie verlieren auf jeden Fall nicht nur den Speicherplatz, den das Objekt belegt, sondern auch jedwede andere Ressource, die von diesem Objekt beansprucht wird.

Natürlich kann sorgfältige und gewissenhafte Programmierung diese Art von Fehlern vermeiden, aber bedenken Sie nur, wie sehr der Programmtext sich mit der Zeit verändern kann. Bei der Wartung der Software könnte jemand eine `return`- oder eine `continue`-Anweisung hinzufügen, ohne sich der Auswirkung auf die Strategie der Ressourcenverwaltung der Funktion bewusst zu sein. Schlimmer noch: Im Funktionsteil »...« könnte eine Anweisung stehen, die niemals zuvor eine Ausnahme aufwarf, dies aber nun plötzlich nach der »Verbesserung« tut. Sie sollten sich also niemals darauf verlassen, dass `f` immer zur `delete`-Anweisung gelangt.

Um immer sicherzugehen, dass die Ressource, die `createInvestment` zurückgibt, wieder freigegeben wird, müssen Sie sie in ein Objekt einbetten, dessen Destruktor die Ressource automatisch freigibt, sobald der Programmablauf die Funktion `f` wieder verlässt. Tatsächlich ist dies fast der ganze Clou hinter diesem Tipp: Indem Sie Ressourcen in Objekte einbetten, können Sie sich ganz darauf verlassen, dass durch die automatischen Destruktoraufrufe von C++ die Ressourcen wieder freigegeben werden. (Den Rest des Clous behandeln wir in Kürze.)

Für viele Ressourcen wird zunächst auf dem Heap dynamisch Speicherplatz reserviert und dann werden sie lediglich in einem einzigen Block oder in einer einzigen Funktion verwendet. Wenn der Programmablauf diesen Block bzw. diese Funktion wieder verlässt, sollte dieser Speicherplatz wieder freigegeben werden. Das Objekt `auto_ptr` der Standardbibliothek ist wie geschaffen für diese Situation. `auto_ptr` ist ein zeigerähnliches Objekt (ein so genannter intelligenter Zeiger), dessen Destruktor automatisch die `delete`-Anweisung des Objekts aufruft, auf das `auto_ptr` zeigt. Das Speicherleck der Funktion `f` wird unter Benutzung von `auto_ptr` folgendermaßen gestopft:

```
void f()
{
   std::auto_ptr<Investment> pInv(createInvestment()); // Aufruf der
                                                        // Fabrik-Funktion

...                                                     // Benutzt pInv
                                                        // wie vorher

}                                                       // Löscht autom.
                                                        // pInv durch
                                                        // auto_ptr-
                                                        // Destruktor
```

Dieses einfache Beispiel zeigt die zwei Hauptaspekte des Gebrauchs von Objekten zur Ressourcenverwaltung:

- **Ressourcen werden angefordert und sofort an das verwaltende Objekt weitergeleitet.** Im vorherigen Beispiel wurde die Ressource, die von `createInvestment` zurückgegeben wurde, dazu benutzt, das `auto_ptr`-Objekt zu initialisieren. Das `auto_ptr`-Objekt verwaltet dann diese Ressource. Tatsächlich wird das Verfahren, Objekte zur Ressourcenverwaltung zu verwenden, »Ressourcenerwerb ist Initialisierung« (RAII – **R**esource **A**cquisition **I**s **I**nitialization) genannt, da es so häufig vorkommt, dass eine Ressource angefordert und im gleichen Zusammenhang ein Objekt zur Ressourcenverwaltung initialisiert wird. Manchmal werden angeforderte Ressourcen verwaltenden Objekten zugewiesen, anstatt sie zu initialisieren. In allen Fällen wird aber jede Ressource augenblicklich an ein Objekt zur Ressourcenverwaltung übergeben, und zwar in dem Moment, in dem die Ressource erworben wird.

- **Objekte zur Ressourcenverwaltung benutzen ihren Destruktor, um sicherzugehen, dass Ressourcen wieder freigegeben werden.** Weil Destruktoren automatisch aufgerufen werden, wenn ein Objekt zerstört wird (z.B. wenn der Gültigkeitsbereich eines Objekts verlassen wird), werden die Ressourcen korrekt wieder freigegeben, und zwar unabhängig davon, wie der Programmablauf den Block verlässt. Es können aber Schwierigkeiten auftreten, wenn die Freigabe von Ressourcen dazu führt, dass Ausnahmen ausgelöst werden. Aber dieses Problem wurde ausführlicher in Tipp 8 abgehandelt, also kümmern wir uns nun nicht weiter darum.

Da ein `auto_ptr` bei seiner Zerstörung automatisch das Objekt löscht, auf das er zeigt, ist es wichtig, dass auf ein Objekt nur ein `auto_ptr` zeigt. Sollte dies nicht der Fall sein, so würde das Objekt zweimal gelöscht werden, was schnell zu unkontrollierbarem Verhalten Ihres Programms führen würde. Um dies zu verhindern, haben `auto_ptr` eine ungewöhnliche Eigenschaft: Wenn sie kopiert werden (über einen Kopierkonstruktor oder Zuweisungsoperator), werden sie auf null gesetzt, während das Kopierziel die alleinige Kontrolle über die Ressource übernimmt.

```
std::auto_ptr<Investment>           // pInv1 zeigt auf das Objekt,
  pInv1(createInvestment());        // das von createInvestment
                                    // zurückgegeben wird

std::auto_ptr<Investment>pInv2(pInv1); // pInv2 zeigt nun auf das
                                    // Objekt; pInv1 ist nun null

pInv1 = pInv2;                      // Nun zeigt pInv1 auf das
                                    // Objekt und pInv2 ist null
```

Dieses merkwürdige Kopierverhalten und die Anforderung, dass auf Ressourcen, die von `auto_ptr` verwaltet werden, niemals mehr als ein `auto_ptr` zeigen darf, macht `auto_ptr` nicht gerade zum besten Werkzeug, um dynamisch erzeugte Ressourcen zu verwalten. Zum Beispiel erfordern STL-Container, dass ihr Inhalt ein »normales« Kopierverhalten aufweist. Daher sind Container aus `auto_ptr`-Elementen nicht zulässig.

Eine Alternative zu `auto_ptr` stellen intelligente Zähler mit Referenzzählung (RCSP – **R**eference-**C**ounting **S**mart **P**ointer) dar. Ein RCSP ist ein intelligenter Zeiger, der überwacht, wie viele Objekte auf eine Ressource zeigen, und automatisch diese Ressource löscht, wenn kein Objekt mehr auf sie zeigt. Somit verhalten sich RCSPs ähnlich wie die Garbage Collection. Anders als die Garbage Collection können RCSPs keine Kreisreferenzen aufbrechen (z.B. zwei ansonsten ungenutzte Objekte, die jeweils auf das andere Objekt zeigen).

Der Zeiger `tr1::shared_ptr` aus TR1 ist ein solcher RCSP (siehe Tipp 54). Sie können `f` also auch folgendermaßen schreiben:

```
void f()
{
   ...
   std::tr1::shared_ptr<Investment>
     pInv1(createInvestment());       // Ruft Fabrik-Funktion auf
   ...                                // Benutzt pInv wie vorher
}                                     // pInv wird automatisch
                                      // durch den Destruktor von
                                      // shared_ptr gelöscht
```

Dieser Code sieht fast so aus wie der, der `auto_ptr` verwendet, aber der Kopiervorgang von `shared_ptr` erfolgt sehr viel natürlicher:

```
void f()
{
   ...
   std::tr1::shared_ptr<Investment>    // pInv1 zeigt auf das
     pInv1(createInvestment());       // Objekt, das von
                                      // createInvestment zurückgegeben
                                      // wird

   std::tr1::shared_ptr<Investment>    // pInv1 und pInv2 zeigen
     pInv2(pInv1);                    // nun beide auf das Objekt

   pInv1 = pInv2;                     // dito - nichts hat sich
                                      // geändert

   ...
}                                     // pInv1 und pInv2 sind
                                      // zerstört und das Objekt,
                                      // auf das sie zeigten, ist
                                      // gelöscht
```

Da das Kopieren von `tr1::shared_ptr`-Zeigern wie erwartet funktioniert, können Sie sie in STL-Containern verwenden und auch in anderen Zusammenhängen, in denen das unorthodoxe Kopierverhalten von `auto_ptr` störend wirkt.

Lassen Sie sich aber nicht beirren. Dieser Tipp handelt nicht von `auto_ptr`, `tr1::shared_ptr` oder irgendeiner anderen Art von intelligenten Zeigern, sondern von der Wichtigkeit, Objekte zur Ressourcenverwaltung zu verwenden. `auto_ptr` und `tr1::shared_ptr` sind lediglich Beispiele für Objekte, die dies können. (Weitere Informationen über `tr1::shared_ptr` finden Sie in den Tipps 14, 18 und 54.)

`auto_ptr` und `tr1::shared_ptr` benutzen beide `delete` in ihren Destruktoren und nicht `delete[]`. (Tipp 16 erklärt den Unterschied.) Das bedeutet, dass es keine gute Idee ist, `auto_ptr` und `tr1::shared_ptr` mit dynamisch zugewiesenen Arrays zu verwenden. Bedauerlicherweise können Sie so etwas aber problemlos kompilieren:

```
std::auto_ptr<std::string>                    // Schlechte Idee! Das
  aps(new std:string[10]);                    // falsche delete wird
                                              // verwendet

std::tr1::shared_ptr<int>spi(new int[1024]); // Das gleiche Problem
```

Sie werden erstaunt sein zu erfahren, dass es nichts Derartiges wie `auto_ptr` oder `tr1::shared_ptr` für dynamisch zugewiesene Arrays gibt – nicht einmal in TR1. Das liegt daran, dass `vector` und `string` fast immer dynamisch zugewiesene Arrays ersetzen können. Falls Sie immer noch denken sollten, es wäre nett, wenn es ähnliche Klassen wie `auto_ptr` oder `tr1::shared_ptr` gäbe, dann werfen Sie einen Blick auf Boost (siehe Tipp 55). Sie werden erfreut sein, dort die Klassen `boost::scoped_array` und `boost::shared_array` zu finden, die genau das bieten, wonach Sie suchen.

Der Tenor dieses Tipps über die Verwendung von Objekten zur Ressourcenverwaltung deutet an, dass Sie etwas falsch machen, wenn Sie Ressourcen per Hand freigeben (z.B. indem Sie `delete` nicht in einer Klasse zur Ressourcenverwaltung verwenden). Vorgefertigte Klassen zur Ressourcenverwaltung wie `auto_ptr` und `tr1::shared_ptr` machen es Ihnen einfach, dem Ratschlag dieses Tipps zu folgen. Aber manchmal verwenden Sie Ressourcen, bei denen diese Klassen nicht das liefern können, was Sie benötigen. In diesem Fall müssen Sie sich Ihre eigenen Klassen zur Ressourcenverwaltung fertigen. Dies ist zwar nicht sonderlich schwierig, erfordert aber, einige Feinheiten zu beachten. Diese Feinheiten werden in den Tipps 14 und 15 behandelt.

Zum Schluss möchte ich Sie noch darauf hinweisen, dass der Rohzeiger als Rückgabetyp von `createInvestment` einer Einladung zu einem Speicherleck gleichkommt. Es ist nämlich sehr leicht zu vergessen, dass die aufrufende Funktion den Zeiger, den sie geliefert bekommt, mit `delete` wieder löschen muss. (Sogar wenn Sie `auto_ptr` oder `tr1::shared_ptr` verwenden, um die Ressource wieder freizugeben, müssen Sie immer noch daran denken, den Rückgabewert von `createInvestment` in einem solchen intelligenten Zeiger zu speichern.) Um dieses Problem zu umgehen, ist eine Schnittstellenumstellung von `createInvestment` vonnöten – dieses Problem behandle ich in Tipp 18.

Was Sie sich merken sollten

- Verwenden Sie RAII-Objekte, die Ressourcen über ihre Konstruktoren erwerben und sie wieder in ihren Destruktoren freigeben, um Speicherlecks zu verhindern.
- Zwei gebräuchliche RAII-Klassen sind `tr1::shared_ptr` und `auto_ptr`. `tr1::shared_ptr` ist gewöhnlich die bessere Wahl, da ihr Kopierverhalten intuitiv ist. Einen `auto_ptr`-Zeiger zu kopieren setzt diesen auf null.

3.2 Tipp 14: Bedenken Sie das Kopierverhalten in Klassen zur Ressourcenverwaltung

Tipp 13 stellt das Konzept »Ressourcenerwerb ist Initialisierung« (RAII – **R**esource **A**cquisition **I**s **I**nitialization) als Hauptaspekt der Klassen zur Ressourcenverwaltung vor und beschreibt, wie `auto_ptr` und `tr1::shared_ptr` diese Idee für heapbasierte Ressourcen realisieren. Jedoch sind nicht alle Ressourcen heapbasiert, so dass die intelligenten Zeiger `auto_ptr` und `tr1::shared_ptr` für manche zur Verwaltung ungeeignet sind. Von Zeit zu Zeit werden Sie sich also damit konfrontiert sehen, dass Sie sich Ihre eigenen Klassen zur Ressourcenverwaltung erstellen müssen.

Nehmen Sie zum Beispiel einmal an, Sie benutzen eine C-API zur Behandlung von Objekten des Typs `Mutex`, die die Funktionen `lock` und `unlock` enthält:

```
void lock(Mutex *pm);           // Sperrt den Mutex, auf den pm zeigt
void unlock(Mutex *pm);         // Entsperrt den Mutex
```

Um sicherzugehen, dass Sie niemals vergessen, einen gesperrten Mutex zu entsperren, möchten Sie vielleicht eine Klasse schreiben, die Sperren verwaltet. Die Grundstruktur solch einer Klasse wird durch das RAII-Prinzip vorgegeben, dass Ressourcen bei der Erzeugung angefordert und bei der Zerstörung wieder freigegeben werden:

```
class Lock{
public:
   explicit Lock(Mutex *pm)
   :mutexPtr(pm)
   {lock(mutexPtr);}              // Ressource anfordern

   ~Lock(){unlock(mutexPTR);}     // Ressource freigeben

private:
   Mutex *mutexPtr;
};
```

Kunden verwenden `Lock` in der RAII-typischen Art und Weise:

```
Mutex m;                    // Definiert den Mutex, den Sie benötigen

...
{                           // Erzeugt Block, um entscheidenden Abschnitt
                            // zu definieren

   Lock ml(&m);             // Sperrt den Mutex

   ...                      // Kritische Operationen werden
                            // ausgeführt
```

```
}                               // Am Ende des Blocks wird Mutex
                                // automatisch entsperrt
```

Das ist in Ordnung, aber was passiert, wenn ein Lock-Objekt kopiert werden soll?

```
Lock ml1(&m);                   // Sperrt m
Lock ml2(ml1);                   // Kopiert ml1 nach ml2 - was muss
                                // hier passieren?
```

Dies ist ein spezielles Beispiel einer grundsätzlichen Frage, die sich jeder Autor einer RAII-Klasse stellen muss: Was soll passieren, wenn ein RAII-Objekt kopiert wird? Meistens wählen Sie eine der folgenden Möglichkeiten aus:

- **Kopieren verbieten.** In vielen Fällen ergibt es keinen Sinn, wenn es erlaubt wird RAII-Objekte zu kopieren. Für eine Klasse wie Lock ist dies sehr wahrscheinlich, da es wenig gescheit ist, »Kopien« von Synchronisations-Objekten zu haben. Sollte es nicht sinnvoll sein ein RAII-Objekt zu kopieren, dann sollten Sie es verbieten. Tipp 6 erklärt, wie Sie dies tun: Sie deklarieren die Kopierbefehle als private. Für Lock sieht das in etwa so aus:

  ```
  class Lock: private Uncopyable{    // Kopieren verbieten -
  public:                           // siehe Tipp 6
     ...                            // Wie vorher
  };
  ```

- **Referenzzählen der zugrunde liegenden Ressource.** Manchmal ist es wünschenswert eine Ressource zu behalten, bis das letzte Objekt, das auf sie zugreift, gelöscht wurde. In diesem Falle erhöht die Kopie eines RAII-Objekts die Anzahl der Objekte, die auf die Ressource verweisen. So funktioniert das Kopieren bei tr1::shared_ptr.

  Häufig können Sie in RAII-Klassen dieses Kopieren mit Referenzzählung durch ein Exemplar eines tr1::shared_ptr-Zeigers einbauen. Wenn Sie z.B. in der Klasse Lock die Referenzzählung einsetzen wollen, können Sie den Typ von mutexPtr von Mutex* in tr1::shared_ptr<Mutex> ändern. Unglücklicherweise löscht tr1::shared_ptr standardmäßig die Ressource, auf die er zeigt, wenn der Referenzzähler auf null gesunken ist, aber das wollen Sie ja nicht. Wenn Sie fertig sind mit einem Mutex, dann wollen Sie ihn ja entsperren und nicht löschen.

  Glücklicherweise können Sie für tr1::shared_ptr eine Löschfunktion bzw. ein Funktionsobjekt angeben, die bzw. das aufgerufen wird, wenn der Referenzzähler auf null zurückgeht. (Diese Funktionalität gibt es für auto_ptr nicht – er löscht seinen Zeiger *immer.*) Die Löschfunktion ist ein optionaler, zweiter Parameter des Konstruktors von tr1::shared_ptr, mit dem der Programmtext wie folgt aussieht:

```
class Lock{
public:
   explicit Lock(Mutex *pm) // Initialisiert shared_ptr mit
                            // Mutex, auf den gezeigt wird,
   :mutexPtr(pm, unlock)    // und mit Funktion unlock
   {                        // als Löschfunktion
      lock(mutexPtr.get()); // Mehr Informationen über "get"
   }                        // in Tipp 15
private:
   std::tr1::shared_ptr<Mutex> mutexPtr;  // Benutzt
};                                        // shared_ptr statt
                                          // Rohzeiger
```

Beachten Sie bitte, dass in diesem Beispiel für die Klasse `Lock` kein Destruktor mehr deklariert wird. Das liegt daran, dass sie keinen mehr benötigt. In Tipp 5 wird erklärt, dass ein Klassendestruktor (egal, ob compilergeneriert oder benutzerdefiniert) automatisch die Destruktoren der nicht statischen Datenelemente einer Klasse aufruft. In diesem Beispiel ist dies `mutexPtr`. Aber der Destruktor von `mutexPtr` ruft automatisch die Löschfunktion von `tr1::shared_ptr` auf, wenn der Referenzzähler des Mutex auf null fällt – in diesem Fall ist die Löschfunktion `unlock`. (Es wäre sinnvoll, wenn Sie im Kommentar des Programms erwähnen würden, dass Sie den Destruktor nicht vergessen haben, sondern sich einfach auf das Standardverfahren des Compilers verlassen.)

- **Kopieren der zugrunde liegenden Ressource.** Manchmal können Sie so viele Kopien einer Ressource haben wie Sie wollen, wobei der einzige Grund, warum Sie eine Klasse zur Ressourcenverwaltung anlegen, darin besteht, dass jede Kopie nach Gebrauch wieder freigegeben werden soll. In diesem Fall sollte auch die verknüpfte Ressource mitkopiert werden, wenn Sie das Objekt zur Ressourcenverwaltung kopieren. Das heißt, dass das Kopieren eines Objekts zur Ressourcenverwaltung eine »Tiefenkopie« durchführt.

  Einige Implementierungen des Standardtyps `string` bestehen aus Zeigern auf den Heap-Speicher, in dem die Symbole, aus denen die Zeichenkette besteht, gespeichert werden. Solche `string`-Objekte enthalten einen Zeiger auf den Heap. Wenn nun ein `string`-Objekt kopiert wird, dann wird gleich beides kopiert, der Zeiger und auch der Speicherinhalt, auf den er weist. Bei solchen Zeichenketten tritt eine »Tiefenkopie« auf.

- **Besitz der zugrunde liegenden Ressource übertragen.** In seltenen Fällen möchten Sie sicherstellen, dass lediglich ein RAII-Objekt auf eine Ausgangsressource verweist und der Besitz beim Kopieren des RAII-Objekts von der Kopierquelle auf das Kopierziel wechselt. Wie in Tipp 13 beschrieben, ist dies das Kopierverhalten von `auto_ptr`.

Die Kopierfunktionen (der Kopierkonstruktor und der Zuweisungsoperator) können zwar vom Compiler generiert sein (Tipp 5 beschreibt deren Standardverhalten), wenn sie sich aber nicht so verhalten, wie Sie wünschen, müssen Sie die Funktionen selbst schreiben. In einigen Fällen möchten Sie vielleicht auch verallgemeinerte Versionen dieser Funktionen anbieten. Solche Versionen werden im Tipp 45 vorgestellt.

Was Sie sich merken sollten

- Das Kopieren eines RAII-Objekts führt immer auch zum Kopieren der Ressource, die vom Objekt verwaltet wird. Daher bestimmt das Kopierverhalten der Ressource das des RAII-Objekts.
- Das übliche Kopierverhalten von RAII-Klassen untersagt das Kopieren und führt eine Referenzzählung durch. Abweichende Verhalten sind aber auch möglich.

3.3 Tipp 15: Bieten Sie in Klassen zur Ressourcenverwaltung einen Zugriff auf Rohressourcen an

Klassen zur Ressourcenverwaltung sind wunderbar. Sie sind Ihr Bollwerk gegen Speicherlecks; ein gut entwickeltes System zeichnet sich durch die Abwesenheit von Speicherlecks aus. In einer idealen Welt könnten Sie sich beim Umgang mit Ressourcen blind auf solche Klassen verlassen und müssten sich niemals die Hände mit dem direkten Zugriff auf Rohressourcen schmutzig machen. Die Welt ist aber leider nicht ideal. Viele APIs beziehen sich direkt auf Ressourcen. Solange Sie also solchen APIs nicht abschwören (was nicht sehr praktisch wäre), müssen Sie Objekte zur Ressourcenverwaltung umgehen und sich von Zeit zu Zeit mit Rohressourcen beschäftigen.

Tipp 13 zum Beispiel führt den Gedanken ein, intelligente Zeiger wie `auto_ptr` oder `tr1::shared_ptr` einzusetzen, um das Ergebnis einer Fabrik-Funktion wie `createInvestment` aufzunehmen:

```
std::tr1::shared_ptr<Investment>pInv(createInvestment());   // Aus Tipp 13
```

Nehmen Sie einmal an, dass eine Funktion, die Sie im Zusammenhang mit Investment-Objekten benutzen wollen, wie folgt aussieht:

```
int daysHeld(const Investment *pi);  // Gibt die Anzahl der Tage zurück,
                                     // die die Anlage gehalten wurde
```

Diese Funktion rufen Sie folgendermaßen auf:

```
int days = daysHeld(pInv);           // Fehler!
```

Das Programm kann nicht kompiliert werden: `daysHeld` will einen rohen `Investment*`-Zeiger, Sie übergeben der Funktion aber ein Objekt vom Typ `tr1::shared_ptr<Investment>`.

Sie brauchen also ein Verfahren, das ein Objekt der RAII-Klasse (in diesem Fall `tr1::shared_ptr`) in die Rohressource konvertiert, die es enthält (z.B. in den zugrunde liegenden `Investment*`-Zeiger). Es gibt zwei gebräuchliche Verfahren, dies zu tun: die explizite Konvertierung und die implizite Konvertierung.

`tr1::shared_ptr` und `auto_ptr` liefern beide eine `get`-Elementfunktion, um eine explizite Konvertierung durchzuführen, also um den Rohzeiger (eine Kopie davon) innerhalb des Objekts für den intelligenten Zeiger zurückzugeben:

```
int days = daysHeld(pInv.get());      // Prima, übergibt den Rohzeiger
                                      // in pInv an daysHeld
```

Wie bei ziemlich allen Klassen für intelligente Zeiger sind auch die Dereferenzierungsoperatoren (Operator -> und Operator *) von `tr1::shared_ptr` und `auto_ptr` überladen, was die implizite Konvertierung der zugrunde liegenden Rohzeiger ermöglicht:

```
class Investment{                        // Ursprungsklasse für Hierarchie
public:                                  // der Investment-Typen
   bool isTaxFree() const;
   ...
};
Investment* createInvestment();          // Fabrik-Funktion

std::tr1::shared_ptr<Investment>         // tr1::shared_ptr soll eine
   pi1(createInvestment());              // Ressource verwalten

bool taxable1 = !(pi1->isTaxFree());     // Zugang zu Ressource per ->
...
std::auto_ptr<Investment>pi2(createInvestment());   // auto_ptr soll
                                                    // eine Ressource
                                                    // verwalten

bool taxable2 = !((*pi2).isTaxFree());  // Zugang zu Ressource per *
...
```

Da es manchmal notwendig ist, die Rohressource innerhalb eines RAII-Objekts zu bekommen, bieten einige Entwickler von RAII-Klassen eine implizite Konvertierungsfunktion an. Schauen Sie z.B. einmal folgende RAII-Klasse für Zeichensätze einer C-API an:

```
FontHandle getFont();               // Aus der C-API - Parameter
                                    // der Einfachheit halber weggelassen
void releaseFont(FontHandle fh);    // Von der C-API
```

```
class Font{                        // RAII-Klasse
public:
   explicit Font(FontHandle fh)    // Ressource anfordern
   :f(fh)                          // Benutzt "Übergabe als Wert",
   {}                              // da die C-API dies tut

   ~Font(){releaseFont(f);}        // Ressource freigeben

private:
   FontHandle f;                   // Die Rohressource für die Schriftart
}
```

Angenommen, es gibt eine große C-API für Schriftarten, die sich ausschließlich mit `FontHandle`s beschäftigt, dann werden Sie häufig von `Font`-Objekten in `FontHandle`s konvertieren müssen. Die Klasse `Font` kann eine explizite Konvertierungsfunktion enthalten, z.B. `get`:

```
class Font{
public:
   ...
   FontHandle get() const { return f; }  // Explizite Konvertierungs-
                                         // funktion
   ...
};
```

Unglücklicherweise bringt dies mit sich, dass Kunden jedes Mal `get` aufrufen müssen, wenn sie mit der API kommunizieren möchten:

```
void changeFontSize(FontHandle f, int newSize);  // Von der C-API

Font f(getFont());
int newFontSize;

...

changeFontSize(f.get(), newFontSize);            // Explizite Konvertierung
                                                 // Font in FontHandle
```

Einige Programmierer finden es derart abstoßend, solche Konvertierungen ausdrücklich zu verlangen, dass sie es vermeiden, Klassen dieser Art zu verwenden. Dies wiederum erhöht die Gefahr, dass die Zeichensätze leckschlagen. Aber das ist genau der Grund, warum die Klasse `Font` entworfen wurde.

Die Alternative dazu besteht darin, `Font` eine implizite Konvertierungsfunktion für seine `FontHandle` mitzugeben:

```
class Font{
public:
   ...
   operator FontHandle() const      // Implizite Konvertierungsfunktion
   { return f;}
   ...
};
```

Das vereinfacht den Aufruf in der C-API enorm:

```
Font f(getFont());
int newFontSize;
...
changeFontSize(f, newFontSize);       // Konvertiert implizit
                                      // Font in FontHandle
```

Der Kehrseite ist aber, dass implizite Konvertierungen die Fehleranfälligkeit erhöhen. Zum Beispiel könnte ein Kunde versehentlich ein `FontHandle` erstellen, obwohl ein `Font` beabsichtigt war:

```
Font f1(getFont());
...
FontHandle f2 = f1;                 // Hoppla! Ein Font-Objekt sollte
                                    // kopiert werden, stattdessen
                                    // wurde f1 implizit in
                                    // seinen zugrunde
                                    // liegenden FontHandle konvertiert
                                    // und dann kopiert
```

Nun wird in dem Programm ein `FontHandle` von dem `Font`-Objekt `f1` verwaltet, aber dieser `FontHandle` ist für den direkten Gebrauch auch als `f2` zugänglich. Das ist fast nie gut. Wenn `f1` zum Beispiel gelöscht wird, dann wird der Zeichensatz freigegeben und `f2` zeigt auf ein ungültiges Objekt.

Ob Sie nun die explizite Konvertierung einer RAII-Klasse in ihre zugrunde liegende Ressource (z.B. durch die Elementfunktion `get`) zulassen oder die implizite, hängt von den jeweiligen Aufgaben ab, für die die RAII-Klasse entworfen wurde, sowie von den Umständen, unter denen sie benutzt wird. Der beste Entwurf ist wahrscheinlich der, der dem Ratschlag aus Tipp 18 am ehesten gerecht wird: Es muss einfach sein, die Schnittstelle korrekt zu bedienen, und es muss schwierig sein, sie falsch zu bedienen. Oft ist eine explizite Konvertierungsfunktion wie `get` vorzuziehen, da dies die Möglichkeiten zur unbeabsichtigten Typkonvertierung minimiert. Manchmal jedoch macht die Unkompliziertheit der impliziten Konvertierung diesen Weg attraktiver.

Es ist Ihnen wahrscheinlich schon aufgefallen, dass Funktionen, die einen Rohzeiger zurückgeben, dem Prinzip der Kapselung widersprechen. Das mag zwar richtig sein, ist aber nicht die große Katastrophe, nach der es zuerst aussieht. RAII-Klassen sind nicht dazu da, etwas einzukapseln; sie existieren, um sicherzustellen, dass etwas Bestimmtes geschieht – nämlich die Freigabe von Ressourcen. Falls gewünscht, können Sie die Kapselung der Ressource dieser Primärfunktionalität aufsetzen – dies ist aber nicht notwendig. Darüber hinaus kombinieren einige RAII-Klassen die echte Kapselung der Implementierung mit der sehr lockeren Kapselung der zugrunde liegenden Ressource. Zum Beispiel kapselt `tr1::shared_ptr` seinen kompletten Referenzzählungsmechanismus, bietet aber immer noch leichten Zugang zu seinem Rohzeiger, den der intelligente Zeiger enthält. Wie die meisten gut gestalteten Klassen versteckt diese Klasse vor den Kunden alles, was sie nicht zu sehen brauchen, bietet aber gleichzeitig Zugang zu den Dingen, auf die die Kunden wirklich zugreifen müssen.

Was Sie sich merken sollten

- APIs brauchen häufig Zugang zu Rohressourcen. Deshalb sollte jede RAII-Klasse eine Möglichkeit bieten, an die Ressource zu gelangen, die sie verwaltet.
- Der Zugang kann durch explizite oder implizite Konvertierung geschehen. Im Allgemeinen ist die explizite Konvertierung sicherer, die implizite Konvertierung ist aber für die Kunden bequemer.

3.4 Tipp 16: Verwenden Sie für einander entsprechende Anwendungen von new und delete die gleiche Form

Was ist hier falsch?

```
Std::string *stringArray = new std::string[100];
...
delete stringArray;
```

Es scheint alles in Ordnung zu sein. Zum `new` gibt es ein `delete`. Aber immer noch ist etwas falsch. Das Programmverhalten ist undefiniert. Mindestens 99 von 100 `string`-Objekten, auf die `stringArray` zeigt, werden nicht ordentlich entfernt, weil ihre Destruktoren wahrscheinlich niemals aufgerufen werden.

Wenn Sie einen *new-Ausdruck* anwenden (z.B. bei der dynamischen Erzeugung eines Objekts durch `new`), geschehen zwei Dinge. Als Erstes wird Speicherplatz reserviert (mit der Funktion `operator new` – siehe Tipps 49 und 51). Zweitens werden ein oder mehrere Konstruktoren für diesen Speicherplatz aufgerufen. Wenn Sie einen *delete-Ausdruck* ausführen (z.B. `delete`), passieren zwei andere Dinge: Ein oder mehrere Destruktoren werden für den Speicherplatz aufgerufen, dann wird dieser Speicherplatz freigegeben (durch die Funktion `operator delete` – siehe Tipp 51). Für `delete` stellt sich aber die große Frage: Wie viele Objekte befinden sich im Speicher, die zu löschen sind? Die Antwort auf diese Frage bestimmt, wie viele Destruktoren aufgerufen werden müssen.

Tatsächlich ist die Frage aber noch einfacher: Zeigt der Zeiger, der gelöscht werden soll, lediglich auf ein einzelnes Objekt oder auf ein Array von Objekten? Dies ist eine heikle Frage, denn die Speicheranordnung eines einzelnen Objekts ist grundlegend anders als die eines Arrays. Im Besonderen enthält der Speicher des Arrays gewöhnlich die Größe des Arrays, was es `delete` einfacher macht, zu wissen, wie viele Destruktoren aufgerufen werden müssen. Der Speicher für ein einzelnes Objekt besitzt keine solche Information. Sie können sich die verschiedenen Anordnungen in etwa wie folgt vorstellen, wobei `n` die Größe des Felds angibt:

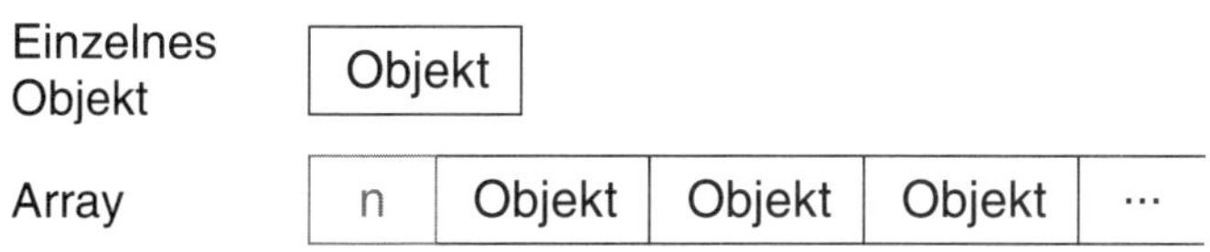

Dies ist natürlich nur ein Beispiel. Die Compiler müssen dies nicht so implementieren, viele tun es jedoch.

Wenn Sie `delete` auf einen Zeiger anwenden, kann es die Größe des Arrays nur erfahren, wenn Sie es ihm mitteilen. Benutzen Sie im Aufruf von `delete` Klammern, dann nimmt `delete` an, dass auf ein Array verwiesen wird. Andernfalls glaubt `delete`, dass auf ein einzelnes Objekt verwiesen wird:

```
std::string *stringPtr1 = new std::string;
std::string *stringPtr2 = new std::string[100];
...
delete stringPtr1;              // Löscht ein einzelnes Objekt
delete[] stringPtr2;            // Löscht ein Feld von Objekten
```

Was würde passieren, wenn Sie die »`[]`«-Form auf `stringPtr1` anwenden? Das Resultat ist unbestimmt, wird aber auf keinen Fall angenehm sein. Ausgehend von der obigen Speicheranordnung würde `delete` etwas Speicher auslesen und diesen Speicherinhalt als Größe des Arrays interpretieren. Dann würde `delete` ebenso viele Destruktoren aufrufen – ungeachtet der Tatsache, dass der folgende Speicherinhalt nicht nur kein Array enthält, sondern wahrscheinlich nicht einmal vom gleichen Datentyp ist wie das Objekt, das eigentlich gelöscht werden soll.

Was würde passieren, wenn Sie die »`[]`«-Form nicht auf `stringPtr2` anwenden? Das Resultat ist auch unbestimmt. Aber Sie können sehen, dass in diesem Fall zu wenige Destruktoren aufgerufen werden. Des Weiteren ist es auch unbestimmt (und manchmal auch schädlich) für native Datentypen wie int, obwohl solche Datentypen gar keinen Destruktor besitzen.

Die Faustregel ist sehr einfach: Wenn Sie [] in einer new-Anweisung gebrauchen, müssen Sie [] auch in der entsprechenden delete-Anweisung benutzen. Verwenden Sie [] nicht in der new-Anweisung, dann dürfen Sie [] auch nicht in der zugehörigen delete-Anweisung einsetzen.

Dies ist eine besonders wichtige Regel, die Sie im Kopf haben sollten, wenn Sie eine Klasse schreiben, die einen Zeiger zur dynamischen Speicherreservierung und mehrere Konstruktoren enthält. Dann müssen Sie nämlich aufpassen, dass Sie die *gleiche Form* von new in allen Konstruktoren zur Initialisierung der Zeigerelemente verwenden. Tun Sie dies nicht, wie wollen Sie dann wissen, welche Form von delete Sie in den Destruktoren verwenden müssen?

Diese Regel ist auch für die typedef-Anweisung wichtig. Sie bedeutet nämlich, dass der Autor der typedef-Anweisung dokumentieren sollte, welche Form von delete angewendet werden muss, wenn new verwendet wird, um Objekte des typedef-Typs zu erzeugen. Betrachten Sie z.B. folgende Typdefinition:

```
typedef std::string AddressLines[4];    // Die Adresse einer Person
                                        // besteht aus vier Zeilen,
                                        // die jeweils aus Strings
                                        // bestehen
```

Da AddressLines ein Feld ist, muss der folgende Gebrauch von new ...

```
std::string *pal = new AddressLines;    // Beachten Sie, dass
                                        // "new AddressLines" ebenso
                                        // einen string* liefert wie
                                        // "new string[4]"
```

... mit der Array-Form von delete korrespondieren:

```
delete pal;                             // Undefiniert!
delete[] pal;                           // Richtig
```

Um eine solche Verwirrung zu vermeiden, sollten Sie von Typdefinitionen für Arraytypen absehen. Dies dürfte nicht allzu schwierig sein, denn die C++-Standardbibliothek liefert mit string und vector zwei vorgefertigte Datentypen, die den Bedarf nach dynamisch erzeugten Arrays praktisch auf null senken. In unserem Beispiel könnte AddressLines auch als vector von strings definiert werden, d.h. vom Typ vector<string> sein.

Was Sie sich merken sollten

- Wenn Sie `[]` in einer `new`-Anweisung gebrauchen, müssen Sie `[]` auch in der entsprechenden `delete`-Anweisung benutzen. Verwenden Sie `[]` nicht in der `new`-Anweisung, dann dürfen Sie `[]` auch nicht in der zugehörigen `delete`-Anweisung einsetzen.

3.5 Tipp 17: Speichern Sie mit new erzeugte Objekte in intelligenten Zeigern eigenständiger Anweisungen

Stellen Sie sich vor, wir haben eine Funktion, die unsere Verarbeitungspriorität anzeigt, und eine zweite, die ein dynamisch erzeugtes `Widget` nach seiner Priorität verarbeitet.

```
int priority();
void processWidget(std::tr1::shared_ptr<Widget> pw, int priority);
```

Dem Ratschlag folgend, Objekte zur Ressourcenverwaltung zu benutzen (siehe Tipp 13), verwendet `processWidget` einen intelligenten Zeiger (hier `tr1::shared_ptr`) für das dynamisch erzeugte `Widget`, das die Funktion abarbeiten soll.

Betrachten Sie nun folgenden Aufruf von `processWidget`:

```
processWidget(new Widget, priority());
```

Warten Sie! Vergessen Sie diesen Aufruf. Er lässt sich nicht kompilieren. Der Konstruktor von `tr1::shared_ptr`, der einen Rohzeiger verlangt, ist explizit, also gibt es keine implizite Konvertierung vom Rohzeiger, der vom Ausdruck »`new Widget`« geliefert wird, zu `tr1::shared_ptr`, der von `processWidget` verlangt wird. Das Folgende jedoch wird kompiliert:

```
processWidget(std::tr1::shared_ptr<Widget>(new Widget), priority());
```

Obwohl wir hier überall Objekte zur Ressourcenverwaltung benutzen, führt dieser Aufruf überraschenderweise zu einem Ressourcenleck. Es ist aufschlussreich, zu sehen, wie das geschieht.

Bevor Compiler die Funktion `processWidget` aufrufen können, müssen sie zuerst die Argumente auswerten, die als Parameter übergeben werden. Das zweite Argument ist lediglich ein Aufruf der Funktion `priority`, aber das erste (»`std::tr1::shared_ptr<Widget>(new Widget)`«) besteht aus zwei Teilen:

- Ausführen des Ausdrucks »`new Widget`« und
- Aufruf des Konstruktors `tr1::shared_ptr`.

Bevor processWidget aufgerufen werden kann, muss ein Compiler also für die folgenden drei Vorgänge Code generieren:

- Aufruf von priority,
- Ausführung von »new Widget« und
- Aufruf des Konstruktors tr1::shared_ptr.

C++-Compilern wird eine gewisse Freiheit eingestanden, in welcher Reihenfolge sie diese Vorgänge abarbeiten wollen. (Das ist anders als bei anderen Sprachen wie z.B. Java und C#, bei denen Funktionsparameter immer in einer vorgegebenen Reihenfolge ausgewertet werden.) Der Ausdruck »new Widget« muss ausgeführt werden, bevor der Konstruktor tr1::shared_ptr aufgerufen werden kann, weil das Ergebnis des Ausdrucks dem Konstruktor als Argument übergeben wird. Der Aufruf von priority kann als Erstes, Zweites oder Drittes erfolgen. Sollte sich der Compiler entschließen, priority als Zweites aufzurufen (was ihn dazu befähigt, effizienteren Code zu erzeugen), dann erhalten wir folgende Reihenfolge:

1. Ausführung von »new Widget«,
2. Aufruf von priority,
3. Aufruf des Konstruktors tr1::shared_ptr.

Bedenken Sie aber, was passiert, wenn der Aufruf von priority eine Ausnahme aufwirft. In diesem Fall geht der Zeiger von »new Widget« verloren, weil er nicht im Zeiger tr1::shared_ptr gespeichert wird, den wir zum Abdichten des Ressourcenlecks eingeplant hatten. Ein Leck im Aufruf von processWidget kann auftauchen, wenn in der Zeit zwischen der Erzeugung der Ressource (durch »new Widget«) und ihrer Übergabe an das Objekt zur Ressourcenverwaltung eine Ausnahme auftritt.

Solche Probleme zu vermeiden, ist recht einfach: Benutzen Sie einen separaten Ausdruck, um das Widget zu erzeugen, und speichern Sie es in einem intelligenten Zeiger. Übergeben Sie letzteren dann an processWidget:

```
std::tr1::shared_ptr<Widget>pw(new Widget);  // Speichern Sie das neu
                                            // erzeugte Objekt in
                                            // einem intelligenten Zeiger
                                            // in einem separaten
                                            // Ausdruck

processWidget(pw, priority());              // Dieser Aufruf leckt nicht
```

Dies funktioniert, weil Compilern weniger Spielraum gegeben wird, Anweisungen untereinander zu ordnen, als den Ablauf innerhalb der Anweisungen zu ändern. In diesem neu gestalteten Code befinden sich der Ausdruck »new Widget« und der Aufruf des Konstruktors `tr1::shared_ptr` in einer anderen Anweisung als der Aufruf von `priority`, was den Compiler daran hindert, den Aufruf von `priority` dazwischenzuschieben.

Was Sie sich merken sollten

- Speichern Sie neu erzeugte Objekte in intelligenten Zeigern in separaten Anweisungen. Anderenfalls kann es zu tückischen Ressourcenlecks kommen, wenn Ausnahmen aufgeworfen werden.

4 Design und Deklaration

Softwaredesigns – Ansätze, die Software dazu zu bewegen, das zu tun, was von ihr verlangt wird – beginnen gewöhnlich als ziemlich allgemeine Konzepte, die dann aber immer detaillierter werden, so dass auf ihrer Grundlage spezielle Schnittstellen entwickelt werden können. Diese Schnittstellen müssen dann in C++-Anweisungen übersetzt werden. In diesem Kapitel gehen wir das Problem an, wie man gute C++-Schnittstellen entwirft und deklariert. Wir beginnen mit der vielleicht wichtigsten Richtlinie, was das Design von Schnittstellen angeht: Es soll leicht sein, sie korrekt, und es soll schwierig sein, sie falsch zu verwenden. Dies bereitet die Bühne für einige speziellere Richtlinien, die eine große Bandbreite von Themen betreffen, darunter die Korrektheit, die Effizienz, die Kapselung, die Wartungsfreundlichkeit, die Erweiterbarkeit und die Konformität mit Konventionen.

Was danach folgt, müssen Sie nicht unbedingt wissen. Diese zusätzlichen Themen enthalten aber einige der wichtigsten Hinweise, warnen vor den häufigsten Fehlern und lösen Probleme, mit denen sich Entwickler von Klassen, Funktionen und Templates herumplagen müssen.

4.1 Tipp 18: Erleichtern Sie die korrekte und erschweren Sie die falsche Verwendung von Schnittstellen

C++ ist überflutet von Schnittstellen – Funktionsschnittstellen, Klassenschnittstellen, Template-Schnittstellen. Jede Schnittstelle ist eine Möglichkeit, über die Kunden mit Ihrem Programmcode interagieren können. Wir nehmen einmal an, Sie haben mit vernünftigen Leuten zu tun, die versuchen, ihren Job gut zu erledigen. Sie *wollen* Ihre Schnittstellen korrekt verwenden. Ist dies so, dann ist teilweise Ihre Schnittstelle daran schuld, wenn die Kunden sie falsch benutzen. Im Idealfall wird ein Programm gar nicht erst kompiliert, wenn die Schnittstelle nicht das tun würde, was der Kunde beabsichtigt. Wenn es hingegen kompiliert wird, sollte die Schnittstelle auch das tun, wozu sie geschrieben wurde.

Das Schreiben von Schnittstellen, die leicht korrekt und schwer falsch zu verwenden sind, erfordert, dass Sie sich der Fehler bewusst sind, die von den Kunden gemacht werden könnten. Nehmen Sie zum Beispiel einmal an, Sie entwickeln den Konstruktor für eine Klasse, die ein Datum verwalten soll:

```
class Date{
public:
   Date(int month, int day, int year);
   ...
};
```

Auf den ersten Blick sieht diese Schnittstelle vernünftig aus (zumindest für die USA), aber die Kunden könnten ganz leicht zwei Fehler begehen. Erstens könnten sie die Parameter in der falschen Reihenfolge angeben:

```
Date d(30, 3, 1995);  // Hoppla! Sollte "3, 30" heißen, nicht "30, 3"
```

Zweitens könnten sie eine ungültige Nummer für den Monat oder den Tag angeben:

```
Date d(3, 40, 1995);  // Hoppla! Sollte "3, 30" heißen, nicht "3, 40"
```

(Dieses letzte Beispiel mag zwar etwas blöd erscheinen, aber bedenken Sie, dass auf der Tastatur die 3 direkt neben der 4 liegt. Solche »Knapp-daneben«-Tippfehler sind nicht ungewöhnlich.)

Viele Fehler, die die Kunden machen, können durch die Einführung neuer Datentypen verhindert werden. Tatsächlich ist das System der Datentypen Ihr bester Verbündeter dagegen, dass unerwünschter Code kompiliert wird. In diesem Fall können wir einfach Wrapper-Datentypen einführen, die die Tage, Monate und Jahre repräsentieren. Dann können wir diese Datentypen im Konstruktor verwenden:

```
struct Day{                 struct Month{                struct Year{
   explicit Day(int d)        explicit Month(int m)        explicit Year(int y)
   :val(d){}                  :val(m){}                    :val(y){}

   int val;                   int val;                     int val;
};                         };                           };

class Date{
public:
   Date(const Month& m, const Day& d, const Year& y);
   ...
};
Date d(30, 3, 1995);                      // Fehler! Falsche Datentypen
Date d(Day(30), Month(3), Year(1995));    // Fehler! Falsche Datentypen
Date d(Month(3), Day(30), Year(1995));    // OK, Datentypen korrekt
```

Day, Month und Year zu richtigen Klassen mit gekapselten Daten zu machen, wäre natürlich besser, als sie in einer Struktur zu verwenden (siehe Tipp 22). Aber Strukturen genügen hier, um zu zeigen, dass die vernünftige Einführung neuer Datentypen Wunder bewirken kann, was die Vermeidung von Fehlern bei der Schnittstellenbenutzung betrifft.

Wenn einmal die richtigen Datentypen definiert sind, kann es sinnvoll sein, ihre Wertebereiche einzuschränken. Zum Beispiel gibt es nur zwölf gültige Werte für die Monate, also sollte der Datentyp Month dies widerspiegeln. Eine Möglichkeit, dies zu tun, wäre eine Aufzählung, die die Monate repräsentiert. Aber Aufzählungen sind nicht so datensicher, wie wir es uns wünschen. Aufzählungen können zum Beispiel wie int benutzt werden (siehe Tipp 2). Eine sichere Lösung ist es, die Gruppe der gültigen Monate vorzudefinieren:

```
class Month{
public:
   static Month Jan(){return Month(1);}    // Funktionen geben alle
   static Month Feb(){return Month(2);}    // gültigen Werte für die
   ...                                     // Monate zurück; warum
   static Month Dec(){return Month(12);}   // diese Funktionen keine
                                           // Objekte sind, siehe
                                           // nachfolgend
   ...                                     // Weitere Elementfunktionen
private:
   explicit Month(int m);                  // Verhindert, dass neue
                                           // Werte für Monate
                                           // erstellt werden

   ...                                     // Monatsspezifische Daten
};
date d(Month::Mar(), Day(30), Year(1995));
```

Sollte es Ihnen merkwürdig vorkommen, dass Funktionen statt Objekten verwendet werden, dann denken Sie daran, dass die verlässliche Initialisierung von nicht lokalen, statischen Objekten problematisch sein kann. Tipp 4 kann Ihr Gedächtnis wieder auffrischen.

Eine weitere Möglichkeit, Fehler der Kunden abzufangen, besteht darin, den Umgang mit Datentypen einzuschränken. Ein gebräuchlicher Weg dafür ist const hinzuzufügen. Zum Beispiel erklärt Tipp 3, wie die Definition des Rückgabewertes des Operators * als const die Kunden davon abhält, folgenden Fehler mit benutzerdefinierten Typen zu begehen:

```
if(a * b = c)...   // Hoppla! Sollte eigentlich ein Vergleich werden!
```

In der Tat ist dies nur eine Erscheinungsform der generellen Richtlinie, es leicht zu machen, Datentypen korrekt, und es schwer zu machen, sie falsch zu benutzen: Das Verhalten Ihrer benutzerdefinierten Datentypen sollte dem der vorgegebenen Typen entsprechen – es sei denn, es gibt einen guten Grund dagegen. Die Kunden wissen, wie man mit Datentypen wie `int` umgeht, also sollten Sie bestrebt sein, dass Ihre Datentypen sich genauso verhalten, wenn es denn vernünftig ist. Die Anwendung von `a*b` ist zum Beispiel nicht erlaubt, solange `a` und `b` nicht vom Typ `int` sind. Solange es keinen guten Grund gibt, von diesem Verhalten abzuweichen, sollte es für Ihre Datentypen auch nicht möglich sein. Im Zweifel machen Sie alles so wie bei `int`.

Der wahre Grund dafür, überflüssige Inkompatibilitäten zu vermeiden, besteht darin, Schnittstellen anzubieten, die sich konsistent verhalten. Nur wenige Charakteristika machen es so leicht wie Konsistenz, korrekt bedienbare Schnittstellen zu schreiben, und wenige Eigenschaften führen so schnell zu schwer bedienbaren Schnittstellen wie Inkonstistenz. Die Schnittstellen für STL-Container sind sehr konsistent (aber auch nicht perfekt), was es extrem erleichtert, sie zu benutzen. Jeder STL-Container besitzt zum Beispiel eine Elementfunktion namens `size`, die angibt, wie viele Objekte in ihm enthalten sind. Vergleichen Sie das einmal mit Java, wo Sie für Arrays eine *Eigenschaft* `length` finden, dann für Strings die *Methode* `length` und für Listen die *Methode* `size`. Oder nehmen Sie .NET: Dort besitzen Arrays eine Eigenschaft namens `Lenght`, wohingegen Arraylisten eine Eigenschaft namens `Count` aufweisen. Einige Entwickler glauben, dass integrierte Entwicklungsumgebungen solche Inkonsistenzen unwichtig machen, aber da liegen sie falsch. Inkonsistenzen führen zu gedanklicher Reibung bei der Arbeit des Entwicklers, die keine integrierte Entwicklungsumgebung vollständig entfernen kann.

Jede Schnittstelle, die von den Kunden erfordert, dass sie sich an etwas erinnern, ist anfällig für inkorrekte Verwendung, weil die Kunden vergessen können, etwas zu tun. In Tipp 13 wird zum Beispiel eine Fabrik-Funktion vorgestellt, die Zeiger auf dynamisch erzeugte Objekte in einer `Investment`-Hierarchie zurückgibt:

```
Investment* createInvestment();  // Aus Tipp 13; Parameter der
                                 // Einfachheit halber weggelassen
```

Um Ressourcenlecks zu vermeiden, muss der Zeiger, der von `createInvestment` zurückgegeben wird, schließlich gelöscht werden, aber das bereitet das Feld für mindestens zwei Fehler, die Kunden begehen können: das Versäumnis, einen Zeiger zu löschen, und zweimaliges Löschen des Zeigers.

In Tipp 13 wird erklärt, wie die Kunden den Rückgabewert von `createInvestment` in einem intelligenten Zeiger wie `auto_ptr` oder `tr1::shared_ptr` speichern können, womit man die Verantwortung, `delete` aufzurufen, an diese intelligenten Zeiger überträgt. Was ist aber, wenn die Kunden vergessen, diese intelligenten Zeiger zu benutzen? In vielen Fällen ist es eine bessere Entscheidung, dieses Problem im Voraus zu bedenken und die Fabrik-Funktion so zu schreiben, dass sie zunächst einen intelligenten Zeiger zurückgibt:

```
std::tr1::shared_ptr<Investment> createInvestment();
```

Dies zwingt die Kunden tatsächlich dazu, den Rückgabewert in tr1::shared_ptr zu speichern, was praktisch die Möglichkeit beseitigt, zu vergessen, das zugrunde liegende Investment-Objekt zu löschen, wenn es nicht mehr gebraucht wird.

Durch die Rückgabe von tr1::shared_ptr können Schnittstellen-Designer andere Hosts vor Fehlern der Kunden bei der Ressourcenfreigabe bewahren. Wie in Tipp 14 erklärt, können Sie eine Funktion zur Ressourcenfreigabe an tr1::shared_ptr binden, wenn der intelligente Zeiger erstellt wird. (auto_ptr besitzt diese Fähigkeit nicht.)

Stellen Sie sich vor, die Kunden, die von createInvestment einen Investment*-Zeiger zurückbekommen, müssen diesen Zeiger einer Funktion namens getRidOfInvestment übergeben, anstatt delete darauf anzuwenden. Solch eine Schnittstelle würde die Tür für einen neuen Fehler der Kunden öffnen, nämlich wenn die Kunden den falschen Mechanismus zur Ressourcenfreigabe benutzen (z.B. delete anstelle von getRidOfInvestment). Der Entwickler von createInvestment kann dies verhindern, indem er einen tr1::shared_ptr zurückgibt, der mit getRidOfInvestment als Löschfunktion verbunden ist.

tr1::shared_ptr besitzt einen Konstruktor, der zwei Argumente erwartet: den zu verwaltenden Zeiger und die Löschfunktion, die aufgerufen werden soll, wenn der Referenzzähler auf null zurückgeht. Das deutet an, dass Sie einen tr1::shared_ptr-Null-Zeiger mit getRidOfInvestment als Löschfunktion wie folgt erstellen können:

```
std::tr1::shared_ptr<Investment>    // Versuch, einen shared_ptr-Null-Zeiger
   pInv(0, getRidOfInvestment);      // mit ausgewählter
                                    // Löschfunktion zu erzeugen;
                                    // wird so nicht kompiliert
```

Leider ist dies kein gültiges C++. Der Konstruktor von tr1::shared_ptr besteht darauf, dass sein erster Parameter ein *Zeiger* ist, und 0 ist kein Zeiger, sondern ein int. Ja, 0 ist zwar in einen Zeiger *konvertierbar*, aber das ist in diesem Fall nicht gut genug. tr1::shared_ptr besteht auf einen echten Zeiger. Ein cast-Operator löst dieses Problem:

```
std::tr1::shared_ptr<Investment>      // Erzeugt einen shared_ptr-
   pInv(static_cast<Investment*>(0), // Null-Zeiger mit
        getRidOfInvestment);          // getRidOfInvestment als
                                      // Löschfunktion; für Angaben
                                      // über static_cast
                                      // siehe Tipp 27
```

Das bedeutet, dass der Code zur Implementierung von createInvestment mit tr1::shared_ptr als Rückgabewert und mit getRidOfInvestment als Löschfunktion folgendermaßen aussieht:

```
std::tr1::shared_ptr<Investment> createInvestment()
{
   std::tr1:shared_ptr<Investment> retVal(static_cast<Investment*>(0),
                                          getRidOfInvestment);
   retVal = ...;                          // retVal muss auf korrektes
                                          // Objekt zeigen
   return retVal;
}
```

Wenn der Rohzeiger, der von retVal verwaltet werden soll, vor der Erzeugung von retVal bestimmt werden kann, ist es natürlich besser, dem Konstruktor von retVal den Rohzeiger zu übergeben, anstatt retVal als Null-Zeiger zu initialisieren und dann den Rohzeiger zuzuweisen. Einzelheiten darüber, warum dies besser ist, finden Sie in Tipp 26.

Eine besonders nette Eigenschaft des Zeigers tr1::shared_ptr besteht darin, dass er automatisch die dem entsprechenden Zeiger zugewiesene Löschfunktion benutzt, wodurch eine weitere Fehlerquelle trockengelegt wird: das Problem der DLL-Querverbindungen. Dieses Problem tritt auf, wenn ein Objekt in einer DLL mit new erzeugt und in einer anderen DLL mit delete wieder gelöscht wird. Auf vielen Plattformen führen solche DLL-übergreifenden new/delete-Paare zu Laufzeitfehlern. tr1::shared_ptr vermeidet diesen Fehler, weil seine standardmäßige Löschfunktion das delete aus derselben DLL benutzt, in der tr1::shared_ptr erzeugt wurde. Was dies bedeutet, sehen Sie im folgenden Beispiel: Nehmen wir an, die Klasse Stock ist von der Klasse Investment abgeleitet und createInvestment ist wie folgt implementiert:

```
std::tr1::shared_ptr<Investment>createInvestment()
{
   return std::tr1::shared_ptr<Investment>(new Stock);
}
```

Dann kann der zurückgegebene tr1::shared_ptr zwischen den DLLs herumgereicht werden, ohne dass Sie sich um das Problem der DLL-Querverbindungen sorgen müssen. Die tr1::shared_ptr, die auf Stock zeigen, behalten im Auge, welches delete welcher DLL verwendet werden muss, wenn der Referenzzähler von Stock auf null zurückgeht.

Dieser Tipp handelt nicht von tr1::shared_ptr – er handelt davon, Schnittstellen leicht korrekt und schwer inkorrekt bedienbar zu machen –, aber tr1::shared_ptr ist ein leichter Weg, einige Fehler der Kunden zu eliminieren. Ein kurzer Blick darauf lohnt sich also schon. Die gebräuchlichste Implementierung von tr1::shared_ptr finden Sie in Boost (siehe Tipp 55). Der shared_ptr von Boost ist doppelt so groß wie ein Rohzeiger, benutzt dynamisch angeforderten Speicherplatz zur Buchhaltung und für Daten der Löschfunktion, verwendet einen virtuellen Funktionsaufruf zum Aufrufen der Löschfunktion und übernimmt obendrein noch die Thread-Synchronisation, wenn er den Referenzzähler einer Anwendung verändert, von der er glaubt, sie sei eine Multithread-Anwendung (Sie können die Multithreading-Unterstützung abschalten, indem Sie ein Präprozessorsymbol definieren). Kurz gesagt: Er ist größer als ein Rohzeiger, langsamer als ein Rohzeiger und benutzt zusätzlichen dynamischen Speicherplatz. In vielen Anwendungen werden diese zusätzlichen Laufzeitkosten kaum auffallen, die Verminderung der Fehler der Kunden wird aber jedem ins Auge springen.

Was Sie sich merken sollten

- Gute Schnittstellen sind leicht korrekt und schwer inkorrekt zu benutzen. Sie sollten sich bemühen, dies in all Ihren Schnittstellen zu realisieren.
- Sie können die korrekte Verwendung durch Konsistenz innerhalb der Schnittstellen und Kompatibilität mit dem Verhalten der integrierten Datentypen fördern.
- Sie können Fehler verhindern, indem Sie neue Datentypen anlegen, den Umgang mit Datentypen sowie die möglichen Werte der Objekte einschränken und die Kunden von der Verantwortung zur Ressourcenverwaltung entbinden.
- `tr1::shared_ptr` unterstützt den Einsatz von benutzerdefinierten Löschfunktionen. Dies löst das Problem der DLL-Querverbindungen und kann u.a. verwendet werden, um Mutexe automatisch zu entsperren (siehe Tipp 14).

4.2 Tipp 19: Behandeln Sie Klassendesign als Typdesign

In C++ definiert man genau wie in anderen objektorientierten Programmiersprachen mit einer neuen Klasse auch einen neuen Datentyp. Als C++-Entwickler verbringen Sie die meiste Zeit damit, das System der Datentypen anzureichern. Das heißt Sie sind nicht nur ein Klassendesigner, sondern auch ein *Typ*designer. Funktionen und Operatoren überladen, Speicherplatz zuweisen und wieder freigeben, Objekte erstellen und zerstören – alles liegt in Ihrer Hand. Sie sollten das Klassendesign mit ebenso großer Sorgfalt angehen, wie dies Sprachenentwickler bei der Entwicklung der integrierten Typen tun.

Das Design guter Klassen ist eine große Herausforderung, weil das Design guter Datentypen eine große Herausforderung ist. Gute Datentypen weisen eine natürliche Syntax, eine intuitive Semantik und eine oder mehrere effiziente Implementierungen auf. Eine schlecht geplante Klassendefinition kann es unmöglich machen, diese Ziele zu erreichen. Sogar die Leistung der Elementfunktionen einer Klasse kann darunter leiden, wie sie deklariert werden.

Wie entwickeln Sie denn nun effektive Klassen? Als Erstes müssen Sie sich der Anforderungen bewusst sein, mit denen Sie konfrontiert werden. Mit den folgenden Fragen müssen Sie sich bei der Entwicklung von nahezu jeder Klasse beschäftigen. Die Antworten darauf führen häufig zu Zwangsbedingungen an Ihr Design:

- **Wie sollen die Objekte Ihres neuen Typs erstellt und wieder zerstört werden?** Wie dies geschieht, beeinflusst das Design Ihrer Klassenkonstruktoren und -destruktoren, wie auch die Funktionen zur Speicherzuweisung und -freigabe der Klasse (`operator new`, `operator new[]`, `operator delete` und `operator delete[]` – siehe Kapitel 8).
- **Wie soll sich die Initialisierung der Objekte von deren Zuweisung unterscheiden?** Die Antwort auf diese Frage bestimmt das Verhalten Ihrer Konstruktoren und Ihrer Zuweisungsoperatoren und deren Unterschiede zueinander. Es ist wichtig, dass Sie Initialisierung und Zuweisung nicht durcheinander bringen, da sie verschiedenen Funktionsaufrufen entsprechen (siehe Tipp 4).
- **Was bedeutet es für Objekte Ihres neuen Typs, wenn sie als Wert übergeben werden?** Denken Sie daran, dass der Kopierkonstruktor festlegt, wie »Übergabe als Wert« für einen Datentyp implementiert wird.
- **Was sind die Beschränkungen für zulässige Werte Ihres neuen Typs?** Gewöhnlich sind nur einige Wertekombinationen für die Datenelemente einer Klasse gültig. Diese Kombinationen bestimmen die Invarianten, die Ihre Klasse konstant halten muss. Diese Invarianten zwingen Sie, in Ihren Elementfunktionen eine Fehlerprüfung durchzuführen, besonders in Ihren Konstruktoren, Zuweisungsoperatoren und Initialisierungsfunktionen. Die Beschränkungen betreffen auch die Ausnahmen, die Ihre Funktionen auslösen und die Ausnahmebehandlung Ihrer Funktionen – so Sie denn überhaupt eine verwenden.
- **Passt Ihr neuer Typ in ein Vererbungsdiagramm?** Wenn Sie von einer bereits existierenden Klasse ableiten, sind Sie durch deren Design beschränkt, besonders dadurch, ob ihre Funktionen virtuell oder nicht virtuell sind (siehe Tipps 34 und 36). Wenn Sie wollen, dass andere Klassen aus Ihrer neuen Klasse abgeleitet werden können, müssen Sie sich Gedanken darüber machen, ob die Funktionen, die Sie deklarieren, virtuell sind – besonders beim Destruktor (siehe Tipp 7).
- **Welche Art von Konvertierung soll für den neuen Typ erlaubt sein?** Ihr Typ existiert zusammen mit einer Menge anderer Typen – sollten also Konvertierungen zwischen Ihrem Typ und anderen erlaubt sein? Wenn Sie wollen, dass Objekte des Typs `T1` *implizit* in Objekte des Typs `T2` konvertiert werden dürfen, dann müssen Sie entweder in der Klasse `T1` eine Funktion zur Typenkonvertierung schreiben (z.B. `operator T2`) oder in der Klasse `T2` einen nicht expliziten Konstruktor, der mit einem einzelnen Argument aufgerufen werden kann. Wenn Sie lediglich die explizite Konvertierung erlauben wollen, sollten Sie Funktionen entwickeln, die die Konvertierung ausführen. Sie müssen aber vermeiden, dass diese Funktionen Operatoren

zur Typkonvertierung oder nicht explizite Konstruktoren werden, die mit einem einzelnen Argument aufgerufen werden können. (Ein Beispiel zur impliziten und eines zur expliziten Konvertierung finden Sie im Tipp 15.)

- **Welche Operatoren und Funktionen ergeben für den neuen Typ Sinn?** Die Antwort auf diese Frage bestimmt, welche Funktionen Sie für Ihre Klasse deklarieren. Einige Funktionen werden Elementfunktionen sein, andere wiederum nicht (siehe Tipps 23, 24 und 46).
- **Welche Standardfunktionen sollen nicht erlaubt sein?** Diese müssen Sie als `private` deklarieren (siehe Tipp 6).
- **Wer soll Zugang zu den Elementen Ihres neuen Typs haben?** Mit der Antwort auf diese Frage bestimmen Sie, welche Elemente als `public`, welche als `protected` und welche als `private` deklariert werden. Sie legen dadurch auch fest, welche Klassen oder Funktionen befreundet sein sollen und ob es Sinn ergibt, eine Klasse in einer anderen zu verschachteln.
- **Was ist die »nicht deklarierte Schnittstelle« Ihres neuen Typs?** Welche Garantien bietet sie bezüglich Leistung, Sicherheit vor Ausnahmen (siehe Tipp 29) und Ressourcennutzung (z.B. Sperren und dynamischer Speicherplatz)? Die Garantien, die Sie in diesem Bereich anbieten, setzen Ihrer Klassenimplementation gewisse Beschränkungen.
- **Wie allgemein ist Ihr neuer Typ?** Vielleicht definieren Sie in Wirklichkeit gar keinen neuen Typ, sondern eine ganze *Familie* neuer Typen. In diesem Fall definieren Sie besser keine neue Klasse, sondern ein neues *Klassen-Template*.
- **Brauchen Sie den neuen Typ wirklich?** Wenn Sie eine neue Klasse ableiten, nur um einer bestehenden Funktionen hinzuzufügen, dann erreichen Sie Ihr Ziel vielleicht besser, wenn Sie einfach eine oder mehrere Nichtelementfunktionen oder Templates definieren.

Diese Fragen sind schwierig zu beantworten, daher ist das Design einer effektiven Klasse eine Herausforderung. Wenn Sie diese aber bewältigt haben, liefern benutzerdefinierte Klassen in C++ Datentypen, die mindestens genauso gut sind wie die integrierten Datentypen. Das macht den ganzen Aufwand doch wieder wett.

Was Sie sich merken sollten

- Klassendesign ist Typdesign. Bevor Sie einen neuen Typ definieren, vergewissern Sie sich, dass Sie alle Fragen in diesem Tipp bedacht haben.

4.3 Tipp 20: Übergeben Sie Objekte lieber als Verweis auf const statt als Wert

Standardmäßig übergibt bzw. übernimmt C++ Objekte an bzw. von Funktionen als Wert (eine Eigenschaft, die es von C geerbt hat). Sofern Sie nichts anderes festlegen, werden Funktionsparameter mit *Kopien* der eigentlichen Argumente initialisiert, während aufrufende Funktionen von den Funktionen, die sie aufgerufen haben, lediglich eine *Kopie* des Rückgabewertes bekommen. Diese Kopien werden vom Kopierkonstruktor des jeweiligen Objekts erzeugt. Dies macht die Übergabe als Wert zu einer aufwändigen Aktion. Betrachten Sie zum Beispiel die folgende Klassenhierarchie:

```
class Person{
public:
   Person();            // Parameter der Einfachheit halber weggelassen
   virtual ~Person(); // Warum dies virtual ist, sehen Sie in Tipp 7
   ...

private:
   std::string name;
   std::string address;
};

class Student: public Person{
public:
   Student();           // Parameter wieder weggelassen
   ~Student();
   ...

private:
   std::string schoolName;
   std::string schoolAddress;
};
```

Betrachten Sie nun den folgenden Code, in dem wir die Funktion `validateStudent` aufrufen, die ein Objekt `Student` als Argument (als Wert) erwartet und eine Antwort zurückgibt, ob dieses Objekt wirklich ein gültiger Student ist:

```
bool validateStudent(Student s);          // Funktion übernimmt einen
                                          // Studenten als Wert
Student plato;                            // Plato lernte bei Sokrates
bool platoIsOK = validateStudent(plato); // Aufruf der Funktion
```

Was geschieht, wenn diese Funktion aufgerufen wird?

Ganz klar, der Kopierkonstruktor der Klasse `Student` wird aufgerufen, um den Parameter `s` mit `plato` zu initialisieren. Genauso klar ist es, dass `s` zerstört wird, wenn validateStudent die Steuerung zurückgibt. Der Aufwand der Parameterübergabe dieser Funktion besteht also im Aufruf des Kopierkonstruktors von Student und im Aufruf des Destruktors von Student.

Das ist aber nicht alles. Ein Student-Objekt trägt in sich zwei String-Objekte. Das heißt, dass Sie jedes Mal, wenn Sie ein Student-Objekt erstellen, auch zwei String-Objekte anlegen. Ein Student-Objekt erbt auch von einem Person-Objekt, weshalb Sie auch jedes Mal, wenn Sie ein Student-Objekt erstellen, ein Person-Objekt anlegen. Ein Person-Objekt trägt jedoch wiederum zwei String-Objekte in sich, weshalb jede Erstellung eines Person-Objekts wieder zwei weitere String-Konstruktionen in sich birgt. Das Resultat ist also, dass die Übergabe eines Student-Objekts als Wert einen Aufruf des Student-Kopierkonstruktors, einen Aufruf des Person-Kopierkonstruktors und vier Aufrufe des String-Kopierkonstruktors mit sich bringt. Wenn die Kopie des Student-Objekts wieder zerstört wird, folgt auf jeden Aufruf eines Konstruktors auch ein Aufruf des entsprechenden Destruktors. Die Gesamtkosten, ein Student-Objekt als Wert zu übergeben, belaufen sich auf insgesamt sechs Konstruktoren und sechs Destruktoren!

Nun ist dies aber ein korrektes und wünschenswertes Verhalten. Im Grunde genommen *wollen* Sie doch, dass Ihre Objekte verlässlich initialisiert und wieder zerstört werden. Jedoch wäre es nett, wenn es einen Weg geben würde, all diese Konstruktoren und Destruktoren zu umgehen. Gibt es: Übergabe als Verweis auf const:

```
bool validateStudent(const Student& s);
```

Dies ist sehr viel effektiver: Weder Konstruktoren noch Destruktoren werden aufgerufen, weil keine neuen Objekte erstellt werden. Das const in der überarbeiteten Parameterdeklaration ist wichtig. Die Originalversion von validateStudent übernahm den Parameter Student als Wert, so dass die aufrufenden Funktionen sicher waren, dass ihr Student-Objekt nicht von validateStudent geändert werden konnte; validateStudent konnte lediglich die *Kopie* des Objekts verändern. Jetzt, da das Student-Objekt als Verweis übergeben wird, ist es notwendig, es als const zu deklarieren, da ansonsten validateStudent unerwünschte Änderungen an ihm vornehmen könnte.

Die Parameterübergabe als Verweis umgeht auch das »Slicing«-Problem (engl.: to slice – schneiden). Wenn ein Objekt einer abgeleiteten Klasse als Objekt der Basisklasse übergeben wird (als Wert), dann wird der Kopierkonstruktor der Basisklasse aufgerufen, wobei die besonderen Eigenschaften, die die abgeleitete Klasse von ihrer Basisklasse unterscheiden, dem übergebenen Objekt quasi abgeschnitten werden. Sie werden also mit einem simplen Objekt der Basisklasse allein gelassen – kaum verwunderlich, da es ja der Kopierkonstruktor der Basisklasse erstellt hat. So etwas werden Sie wohl niemals wollen. Nehmen Sie zum Beispiel an, Sie arbeiten an einer Reihe von Klassen für ein grafisches Fenstersystem:

```
class Window{
public:
   ...
   std::string name() const;      // Gibt Namen des Fensters zurück
   virtual void display() const; // Zeichnet Fenster und Inhalt
};
class WindowWithScrollBars: public Window{
public:
   ...
   virtual void display() const;
};
```

Alle Window-Objekte haben einen Namen, den Sie mit der Funktion name abrufen können, und alle Fenster können mit der Funktion display angezeigt werden. Die Tatsache, dass display virtuell ist, gibt Ihnen einen Hinweis darauf, dass die Objekte der einfachen Basisklasse Window auf eine andere Art angezeigt werden als die Objekte der etwas ausgefalleneren Klasse WindowWithScrollBars (siehe Tipps 34 und 36).

Nun wollen Sie eine Funktion schreiben, die Ihnen den Namen des Fensters ausgibt und dann das Fenster anzeigt. Hier ist die *falsche* Version dieser Funktion:

```
void printNameAndDisplay(Window w)   // Falsch! Parameter könnte
{                                    // zerstückelt werden!
   std::cout<<w.name();
   w.display();
}
```

Bedenken Sie, was passiert, wenn Sie diese Funktion mit einem WindowWithScrollBar-Objekt aufrufen:

```
WindowWithScrollBar wwsb;
printNameAndDisplay(wwsb);
```

Der Parameter wird als Window-Objekt erstellt. Erinnern Sie sich? Er wird als Wert übergeben, wobei all die zusätzlichen Informationen, die wwsb zu einem WindowWithScrollBar-Objekt gemacht haben, abgeschnitten werden. Innerhalb von printNameAndDisplay verhält sich w immer wie ein Objekt der Klasse Window (weil es ja ein Objekt der Klasse Window *ist*), und zwar unabhängig davon, als welcher Datentyp das Objekt der Funktion übergeben worden ist. Insbesondere ruft der Aufruf von display innerhalb von printNameAndDisplay *immer* Window::display auf, niemals WindowWithScrollBar::display.

Eine Möglichkeit, das »Slicing«-Problem zu umgehen, besteht darin, w als Verweis auf const zu übergeben:

```
void printNameAndDisplay(const Window& w)   // Gut, Parameter wird
{                                           // nicht abgeschnitten
   std::cout<<w.name();
   w.display();
}
```

Nun verhält sich `w` jeweils wie die Art von Fenster, als die es übergeben wird.

Wenn Sie einmal einen Blick hinter die Kulissen eines C++-Compilers werfen, werden Sie merken, dass Verweise gewöhnlich als Zeiger implementiert sind, was bedeutet, dass die Übergabe als Verweis in Wirklichkeit bedeutet, einen Zeiger zu übergeben. Daraus folgt, dass es meistens effektiver ist, integrierte Datentypen (z.B. `int`) als Wert statt als Verweis zu übergeben. Wenn Sie bei integrierten Typen also die Wahl zwischen Übergabe als Wert oder als Verweis an `const` haben, dann ist es nicht unvernünftig, die Übergabe als Wert zu wählen. Dasselbe gilt für Iteratoren und Funktionsobjekte in STL, da sie vereinbarungsgemäß als Werte übergeben werden. Die Entwickler von Iteratoren und Funktionsobjekten sind dafür verantwortlich, dass diese effizient zu kopieren und nicht anfällig für das »Slicing«-Problem sind. (Dies ist ein Beispiel dafür, wie sich die Regeln manchmal ändern können, je nachdem, welchen Teil von C++ Sie verwenden – siehe Tipp 1.)

Integrierte Datentypen sind klein, woraus manche Personen schließen, dass alle kleinen Datentypen gute Kandidaten für die Übergabe als Wert sind, sogar benutzerdefinierte. Diese Argumentation steht auf wackligen Füßen. Nur weil ein Objekt klein ist, muss der Aufruf seines Kopierkonstruktors nicht kostengünstig sein. Viele Objekte – darunter die meisten STL-Container – enthalten wenig mehr als einen Zeiger, aber das Kopieren solcher Objekte zieht das Kopieren von allem mit sich, auf das sie zeigen. Und das kann *sehr* teuer werden.

Auch wenn kleine Objekte kostengünstige Kopierkonstruktoren besitzen, kann es zu Leistungsproblemen kommen. Einige Compiler behandeln integrierte Datentypen und benutzerdefinierte Datentypen unterschiedlich, auch wenn sie die gleiche zugrunde liegende Darstellungsweise aufweisen. Zum Beispiel verweigern einige Compiler, Objekte im Register zu speichern, die nur aus einer `double`-Variablen bestehen, obwohl sie reguläre `double`-Variablen regelmäßig dort ablegen. Wenn so etwas passiert, sind Sie besser dran, wenn Sie solche Objekte als Verweis übergeben, da Compiler Zeiger (die Implementierung von Verweisen) auf jeden Fall in das Register schreiben.

Ein weiterer Grund, warum kleine benutzerdefinierte Datentypen nicht notwendigerweise gute Kandidaten für die Übergabe als Wert sind, ist die Tatsache, dass ihre Größe sich verändern kann, eben weil sie ja benutzerdefiniert sind. Ein Datentyp, der jetzt klein ist, mag in einer späteren Ausgabe größer sein, weil seine interne Implementierung sich ändern kann. Die Verhältnisse können sich sogar ändern, wenn Sie zu einer anderen C++-Implementierung wechseln. Während ich diesen Text schreibe, sind zum

Beispiel einige Implementierungen der Datentypen der Standardbibliothek `string` siebenmal so groß wie andere Implementierungen.

Im Allgemeinen sind die einzigen Datentypen, bei denen Sie sicher sein können, dass ihre Übergabe als Wert günstig ist, die integrierten Datentypen, die STL-Iteratortypen und Funktionsobjekttypen. Was alle anderen Datentypen angeht, befolgen Sie bitte den Ratschlag dieses Tipps und bevorzugen die Übergabe als Verweis an `const` gegenüber der Übergabe als Wert.

Was Sie sich merken sollten

- Bevorzugen Sie die Übergabe als Verweis an `const` gegenüber der Übergabe als Wert. Es ist normalerweise viel effizienter und verhindert das »Slicing«-Problem.
- Diese Regel gilt nicht für integrierte Datentypen, STL-Iteratortypen und Funktionsobjekttypen. Für diese ist die Übergabe als Wert gewöhnlich angemessen.

4.4 Tipp 21: Geben Sie keine Verweise zurück, wenn Sie ein Objekt zurückgeben müssen

Wenn Programmierer einmal die Effizienznachteile der Übergabe von Objekten als Wert erkannt haben (siehe Tipp 20), werden viele von ihnen zu Kreuzrittern, entschlossen, die Wurzel allen Übels, die Übergabe als Wert, überall dort auszureißen, wo immer sie auch vorkommt. Unbeugsam in ihrem Streben nach der reinen Lehre der Übergabe als Verweis, begehen sie ausnahmslos einen schlimmen Fehler: Sie beginnen, Verweise auf Objekte zu übergeben, die gar nicht existieren. Das ist keine gute Sache.

Betrachten Sie folgende Klasse, die rationale Zahlen repräsentieren soll und eine Funktion zur Multiplikation zweier rationaler Zahlen enthält:

```
class Rational{
public:
   Rational(int numerator = 0,          // Warum dieser Konstruktor nicht
            int denominator = 1);       // explizit deklariert ist, siehe
   ...                                  // Tipp 24
private:
   int n, d;                            // Zähler und Nenner
friend
   const Rational                       // Warum der Rückgabewert vom
     operator*(const Rational& lhs,     // Typ const ist, siehe Tipp 3
               const Rational& rhs);
};
```

Diese Version vom `operator*` gibt sein Ergebnisobjekt als Wert zurück, und Sie würden sich um Ihre beruflichen Pflichten drücken, wenn Sie sich nicht um die Kosten der Erzeugung und Zerstörung dieses Objekts Gedanken machen würden. Für solch ein Objekt wollen Sie nicht bezahlen, wenn Sie nicht müssen. Die Frage lautet also: Müssen Sie zahlen?

Nun, Sie müssen nicht, wenn Sie stattdessen einen Verweis zurückgeben können. Bedenken Sie aber, dass ein Verweis lediglich ein *Name* ist, ein Name für ein Objekt, das auch *existiert*. Wenn Sie die Deklaration eines Verweises sehen, sollten Sie sich sofort die Frage stellen, wofür der Name steht, denn es muss ein Name für *irgendetwas* sein. So sie denn einen Verweis zurückliefern soll, muss die Funktion im Falle von `operator*` einen Verweis auf ein `Rational`-Objekt zurückliefern, das schon existiert und das Produkt der zu multiplizierenden Zahlen enthält.

Es gibt sicherlich keinen Grund dafür, dass solch ein Objekt vor dem Aufruf von `operator*` existiert. Betrachten Sie folgendes Beispiel:

```
Rational a(1, 2);              // a=1/2
Rational b(3, 5);              // b=3/5

Rational c = a * b;            // c sollte 3/10 sein
```

In diesem Fall ist es unvernünftig, zu erwarten, dass schon eine rationale Zahl mit dem Wert 3/10 existiert. Nein, wenn `operator*` einen Verweis auf solch eine Zahl zurückgeben soll, so muss es dieses Zahlenobjekt selbst erzeugen.

Eine Funktion kann ein neues Objekt nur auf zwei Arten erstellen: auf dem Stack oder auf dem Heap. Auf dem Stack ist dazu die Definition einer lokalen Variablen nötig. Damit schreiben Sie `operator*` wie folgt:

```
const Rational& operator*(const Rational& lhs,     // Warnung!
                          const Rational& rhs)     // Schlechter Code!
{
   Rational result(lhs.n * rhs.n, lhs.d * rhs.d);
   return result;
}
```

Diesen Ansatz können Sie von vornherein ablehnen, denn Ihr Ziel war es ja, den Aufruf eines Konstruktors zu vermeiden, wohingegen `result` wie jedes andere Objekt auch mit einem Konstruktor erstellt werden muss. Ein ernsteres Problem besteht darin, dass die Funktion einen Verweis auf `result` zurückgibt, `result` aber ein lokales Objekt ist und lokale Objekte zerstört werden, wenn die Funktion verlassen wird. Diese Version von `operator*` gibt also keinen Verweis auf ein `Rational`-Objekt zurück, sondern einen Verweis auf ein *Ex*-`Rational`-Objekt – die leere, stinkende, verrottende Hülle von etwas, das einmal ein `Rational`-Objekt war und nun nicht mehr ist, weil es zerstört wurde. Jede aufrufende Funktion, die auch nur auf den Rückgabewert dieser Funktion blickt, betritt unweigerlich das Reich der Unbestimmtheit. Tatsache ist, dass jedwede Funktion, die einen Verweis auf ein lokales Objekt zurückgibt, kaputt ist. (Dasselbe gilt für eine Funktion, die einen Zeiger auf ein lokales Objekt zurückgibt.)

Lassen Sie uns nun die Möglichkeit in Betracht ziehen, ein Objekt auf dem Heap zu erzeugen und einen Verweis darauf zurückzugeben. Heapbasierte Objekte werden durch `new` zum Leben erweckt, weshalb Sie `operator*` folgendermaßen schreiben:

```
const Rational& operator*(const Rational& lhs,  // Warnung! Noch mehr
                          const Rational& rhs)  // schlechter Code!
{
   Rational *result = new Rational(lhs.n * rhs.n, lhs.d * rhs.d);
   return *result;
}
```

Nun, Sie müssen immer noch für einen Konstruktoraufruf bezahlen, weil der Speicherplatz, der durch `new` zugewiesen wird, durch den Aufruf eines angemessenen Konstruktors initialisiert wird. Jetzt haben Sie aber ein anderes Problem: Wer wendet `delete` auf das von `new` herbeigezauberte Objekt an?

Selbst wenn Programmierer gewissenhaft und voller guter Absicht sind, können sie doch nicht viel tun, um Speicherlecks in wahrscheinlichen Szenarien wie dem folgenden zu verhindern:

```
Rational w, x, y, z;
w = x * y * z;          // Das Gleiche wie operator*(operator*(x,y),z)
```

Hier gibt es zwei Aufrufe von `operator*` in demselben Ausdruck und daher auch zwei Vorkommen von `new`, die mit den beiden von `delete` wieder wettgemacht werden müssen. Jedoch gibt es für die Kunden von `operator*` keine Möglichkeit, diese Aufrufe zu tätigen, denn sie haben keine Chance, an die Zeiger zu gelangen, die hinter den von `operator*` zurückgegebenen Verweisen stecken. Dies gibt garantiert ein Ressourcenleck.

Sie haben aber vielleicht bemerkt, dass beide Ansätze, der stack- und der heapbasierte, darunter leiden, dass sie jeweils einen Aufruf eines Konstruktors für jedes von `operator*` zurückgegebene Ergebnis tätigen müssen. Erinnern Sie sich daran, dass Ihr ursprüngliches Ziel darin bestand, solche Konstruktoraufrufe zu verhindern. Sie denken vielleicht, Sie kennen einen Weg, alle bis auf einen Konstruktoraufruf zu unterbinden. Vielleicht fällt Ihnen folgende Lösung ein. Darin gibt `operator*` ein *statisches* `Rational`-Objekt zurück, das innerhalb der Funktion definiert wird:

```
const Rational& operator*(const Rational& lhs,  // Warnung! Noch mehr
                          const Rational& rhs)  // schlechter Code!
```

```
{
   static Rational result;      // Verweis auf dieses statische Objekt
                                // wird zurückgegeben

   result = ...;                // Multipliziert lhs mit rhs und
                                // speichert Ergebnis in result
   return result;
}
```

Wie alle Designs, die statische Objekte verwenden, entfacht auch dieses unsere Thread-Sicherheitswut. Dies ist aber nur die offensichtlichere Schwäche. Um die tiefer liegende Schwachstelle zu entdecken, sehen Sie sich folgenden sinnvollen Code an:

```
bool operator==(const Rational& lhs,
                const Rational& rhs);
Rational a, b, c, d;
...
if((a * b) == (c * d)){
   Tut was nötig ist, wenn die Produkte gleich sind;
} else {
   Tut was nötig ist, wenn die Produkte nicht gleich sind;
}
```

Merken Sie etwas? Der Ausdruck `((a * b) == (c * d))` wird immer als `true` ausgewertet werden, egal welche Werte `a`, `b`, `c` oder `d` auch haben!

Diese Offenbarung ist am ehesten zu verstehen, wenn Sie sich den Code noch einmal in seiner äquivalenten funktionellen Form ansehen:

```
if(operator==(operator*(a, b), operator(c, d)))
```

Beachten Sie, dass bereits zwei Aufrufe von `operator*` aktiv sind, wenn `operator==` aufgerufen wird. Jeder davon liefert einen Verweis auf das statische `Rational`-Objekt innerhalb von `operator*` zurück. Dann wird `operator==` angewiesen, den Wert des statischen `Rational`-Objekts mit dem Wert des statischen `Rational`-Objekts zu vergleichen. Es wäre natürlich sehr überraschend, wenn diese Werte nicht gleich wären. Immer.

Dies sollte genügen, um Sie zu überzeugen, dass es Zeitverschwendung ist, einen Verweis von einer Funktion wie `operator*` zurückzugeben. Aber einige von Ihnen mögen jetzt denken: »Nun, wenn eine statische Variable nicht genug ist, dann tut's vielleicht ein statisches Array ...«

Ich kann mich nicht dazu durchringen, dieses Design mit einem Beispiel zu würdigen. Ich kann Ihnen aber kurz erklären, warum Sie sich schämen sollten. Als Erstes müssten Sie sich für *n* entscheiden, die Größe des Arrays. Wenn *n* zu klein ist, gehen Ihnen die Speicherplätze aus, in denen Sie die Rückgabewerte der Funktion speichern. In diesem

Fall haben Sie nichts gegenüber dem statischen Design gewonnen, das wir gerade eben in Verruf gebracht haben. Wenn *n* aber zu groß ist, verringern Sie die Leistung Ihres Programms, da *jedes* Objekt beim Aufruf der Funktion erstellt wird. Das kostet Sie *n* Konstruktoren und *n* Destruktoren, sogar wenn die fragliche Funktion nur einmal aufgerufen wird. Wenn »Optimierung« eine Leistungserhöhung der Software bedeutet, dann sollte diese Idee »Deprimierung« genannt werden. Denken Sie schlussendlich daran, wie Sie die Daten, die Sie benötigen, in die Objekte des Arrays bekommen und was Sie das kosten würde. Die effektivste Art, einen Wert zwischen zwei Objekten zu bewegen, ist die Zuweisung. Aber was kostet eine Zuweisung? Für viele Typen kostet es Sie das Gleiche wie ein Aufruf eines Destruktors (um den alten Wert zu zerstören) plus ein Aufruf eines Konstruktors (um den neuen Wert zu kopieren). Ihr Ziel ist es aber, die Kosten der Konstruktoren und Destruktoren zu vermeiden! Nehmen Sie es hin: Dieser Ansatz kann einfach nicht gut gehen. (Nein, einen `vector` anstelle eines Arrays zu verwenden, wäre auch nicht viel besser.)

Die richtige Art, eine Funktion zu schreiben, die ein neues Objekt zurückgeben muss, besteht darin, diese Funktion ein neues Objekt zurückgeben zu lassen. Für den `operator*` der Klasse `Rational` ist dies mit folgendem Code getan:

```
inline const Rational operator*(const Rational& lhs, const Rational& rhs)
{
return Rational(lhs.n * rhs.n, lhs.d * rhs.d);
}
```

Sicher, dabei übernehmen Sie zwar die Kosten der Konstruktion und der Zerstörung des Rückgabewerts von `operator*`, aber auf lange Sicht ist dies ein geringer Preis, den Sie für ein fehlerfreies Verhalten bezahlen. Nebenbei bemerkt, die Rechnung, die Sie so ängstigt, tritt möglicherweise niemals auf. Wie bei allen Programmiersprachen können auch die C++-Compiler den generierten Code derart optimieren, dass die Leistung des Programms erhöht wird, während dessen Verhalten nicht beeinträchtigt wird. In einigen Fällen stellt sich heraus, dass die Erzeugung und die Zerstörung des Rückgabewerts von `operator*` sicher umgangen werden kann. Wenn die Compiler aus dieser Tatsache einen Vorteil ziehen (und sie tun dies häufig), dann verhält sich Ihr Programm weiterhin so, wie Sie es sich wünschen, nur viel schneller, als Sie es erwartet haben.

Schließlich läuft alles auf Folgendes hinaus: Wenn Sie sich entscheiden müssen, ob Sie einen Verweis oder ein Objekt zurückgeben wollen, dann entscheiden Sie sich für die Möglichkeit, die das korrekte Verhalten liefert. Überlassen Sie es den Compiler-Herstellern, herauszufinden, wie man die jeweilige Wahl am günstigsten erkauft.

Was Sie sich merken sollten

- Geben Sie niemals einen Zeiger oder einen Verweis auf ein lokales Objekt des Stacks, niemals einen Verweis auf ein Objekt des Heaps und niemals einen Zeiger oder einen Verweis auf ein lokales, statisches Objekt zurück, wenn die Möglichkeit besteht, dass Sie mehr als ein solches Objekt benötigen. (Tipp 4 enthält ein Beispiel, in dem die Rückgabe eines Verweises an ein statisches, lokales Objekt begründet ist, zumindest in Single-Thread-Umgebungen.)

4.5 Tipp 22: Deklarieren Sie Datenelemente als privat

Unser Plan sieht wie folgt aus: Als Erstes wollen wir herausfinden, warum Datenelemente nicht `public` sein sollten. Dann sehen wir, dass alle Argumente gegen `public`-Datenelemente auf `protected`-Datenelemente zutreffen. Das führt uns zu der Schlussfolgerung, dass Datenelemente `private` sein sollten. An diesem Punkt sind wir fertig.

`public`-Datenelemente also. Warum nicht?

Lassen Sie uns mit der syntaktischen Konsistenz beginnen (siehe Tipp 18). Wenn Datenelemente nicht `public` sind, besteht die einzige Möglichkeit für die Kunden, an sie zu gelangen, in den Elementfunktionen. Ist alles im `public`-Bereich der Schnittstelle eine Funktion, dann brauchen sich die Kunden nicht die Köpfe darüber zu zerbrechen, ob sie nun Klammern benutzen müssen, um auf ein Element der Klasse zuzugreifen. Sie tun es einfach, weil einfach alles eine Funktion ist. Im Laufe eines Lebens erspart dies eine Menge Kopfzerbrechen.

Aber vielleicht erscheint Ihnen das Argument der Konsistenz nicht zwingend genug. Wie wäre es dann mit der Tatsache, dass der Gebrauch von Funktionen Ihnen eine sehr viel präzisere Kontrolle über die Zugänglichkeit der Datenelemente bietet? Wenn Sie die Datenelemente `public` machen, hat jeder Lese- und Schreibzugriff auf sie. Verwenden Sie aber Funktionen, um die Werte der Datenelemente zu bekommen oder zu setzen, dann können Sie Lesezugriff, Lese-/Schreibzugriff oder aber auch eine Zugriffssperre erteilen, wie es Ihnen beliebt. Sie können sogar einen »Nur Schreiben«-Zugriff erteilen:

```
class AccessLevels{
public:
   ...
   int getReadOnly()const       {return readOnly;}
   void setReadWrite(int value) {readWrite = value;}
   int getReadWrite()const      {return readWrite;}
   void setWriteOnly(int value) {writeOnly = value;}
private:
   int noAccess;          // Kein Zugriff auf diesen int
```

```
    int readOnly;           // Lesezugriff auf diesen int
    int readWrite;          // Lese-/Schreibzugriff auf diesen int
    int writeOnly;          // Schreibzugriff auf diesen int
};
```

Solch ausgeklügelte Zugriffssteuerung ist wichtig, denn viele Datenelemente sollten *dringend* versteckt werden. Nicht jedes Datenelement braucht eine Get- und eine Set-Funktion.

Immer noch nicht überzeugt? Dann ist es Zeit für die schweren Geschütze: Kapselung. Wenn Sie den Zugang zu einem Datenelement über eine Funktion implementieren, können Sie später das Datenelement durch eine Berechnung ersetzen und niemand, der Ihre Klasse benutzt, wird das bemerken.

Nehmen Sie zum Beispiel an, Sie schreiben ein Programm, mit dem automatische Anlagen die Geschwindigkeit vorbeifahrender Autos überwachen können. Sobald ein Wagen vorbeifährt, wird seine Geschwindigkeit berechnet und der Wert zu der Sammlung der bisher ermittelten Werte hinzugefügt:

```
class SpeedDataCollection{
   ...
public:
   void addValue(int speed);   // Fügt einen neuen Wert hinzu
   double averageSoFar()const; // Gibt Durchschnittswert zurück
   ...
};
```

Implementieren wir nun die Elementfunktion `averageSoFar`. Eine Möglichkeit, dies zu tun, besteht darin, ein Datenelement in der Klasse anzulegen, das den Mittelwert der bisher ermittelten Geschwindigkeiten aufnimmt. Immer wenn `averageSoFar` aufgerufen wird, gibt die Funktion den Wert dieses Datenelements zurück. Bei einem anderen Ansatz, ermittelt `averageSoFar` bei jedem Aufruf die Durchschnittsgeschwindigkeit aus allen gesammelten Geschwindigkeiten.

Der erste Ansatz (einen laufenden Mittelwert zu haben) vergrößert jedes Objekt von `SpeedDataCollection`, weil Sie Speicherplatz für die Datenelemente anfordern müssen, die die gegenwärtige Durchschnittsgeschwindigkeit, die addierte Summe der Geschwindigkeiten und die Anzahl der Datensätze enthalten. Jedoch kann `averageSoFar` dann sehr effektiv implementiert werden, und zwar lediglich als Inline-Funktion (siehe Tipp 30), die den Wert der aktuellen Durchschnittsgeschwindigkeit zurückgibt, wohingegen die Berechnung der Durchschnittsgeschwindigkeit zu dem Zeitpunkt, an dem sie gebraucht wird, die Funktion `averageSoFar` zwar verlangsamt, aber den Speicherplatzbedarf der Objekte aus `SpeedDataCollection` verkleinert.

Wer sagt uns, welche Entscheidung besser ist? Auf einem Rechner, bei dem Speicherplatz knapp ist (z.B. ein eingebettetes System für den mobilen Einsatz), und bei

Anwendungen, bei denen die Durchschnittsgeschwindigkeit eher selten gebraucht wird, ist es womöglich die bessere Entscheidung, die Durchschnittsgeschwindigkeit jedes Mal neu zu berechnen. In einer Anwendung, in der die Durchschnittsgeschwindigkeiten häufiger gebraucht werden, ist die Ablaufgeschwindigkeit des Programms ein wichtiger Gesichtspunkt und der Speicherbedarf eigentlich kein Thema. Hier ist es vorzuziehen, eine allzeit gegenwärtige Durchschnittsgeschwindigkeit zu berechnen. Der wichtige Punkt bei der Sache ist, dass Sie durch den Zugriff auf die Durchschnittsgeschwindigkeit per Elementfunktion (d.h. durch Kapselung) diese unterschiedlichen Implementierungen (wie auch andere Implementierungen, die Sie sich vorstellen können) untereinander austauschen können, wobei die Kunden lediglich neu kompilieren müssen. (Sogar diese Unbequemlichkeit können Sie beseitigen, indem Sie den Techniken folgen, die im Tipp 31 vorgestellt werden.)

Die Datenelemente hinter Funktionsschnittstellen zu verstecken, bietet eine große Flexibilität bei der Implementierung. Es macht es zum Beispiel einfach, andere Objekte zu benachrichtigen, wenn Datenelemente gelesen oder geschrieben werden, Klasseninvarianten und Funktionsvorbedingungen und -nachbedingungen zu überprüfen, Synchronisierungen in Thread-Umgebungen durchzuführen usw. Programmierer, die von Sprachen wie Delphi oder C# zu C++ wechseln, bemerken sofort die Ähnlichkeit solcher Möglichkeiten mit den »Eigenschaften« in diesen Sprachen, abgesehen von dem zusätzlichen Paar Klammern.

Der Gedanke der Kapselung ist viel wichtiger, als er Ihnen auf dem ersten Blick erscheint. Wenn Sie Ihre Datenelemente vor den Kunden verstecken (d.h., wenn Sie sie einkapseln), können Sie sicherstellen, dass Klasseninvarianten immer eingehalten werden, denn nur die Elementfunktionen können diese beeinträchtigen. Ferner behalten Sie sich damit das Recht vor, Ihre Entscheidungen bezüglich Ihrer Implementierung später ändern zu können. Wenn Sie solche Entscheidungen nicht verbergen, werden Sie schnell merken, dass Ihre Möglichkeiten, öffentliche Elemente zu ändern, extrem eingeschränkt sind, obwohl Sie der Besitzer des Quelltextes der Klasse sind. Zu viel Code der Kunden würde dadurch beschädigt. »Öffentlich« bedeutet »nicht gekapselt« und in der Praxis bedeutet »nicht gekapselt« nicht veränderbar, besonders für Klassen, die weit verbreitet sind. Jedoch müssen weit verbreitete Klassen am ehesten gekapselt werden, denn sie sind diejenigen, die von der Möglichkeit am meisten profitieren, eine Implementierung durch eine bessere zu ersetzen.

Das Argument gegen geschützte Datenelemente ist ähnlich. Tatsächlich ist es identisch, obwohl es auf den ersten Blick nicht so erscheint. Die Begründung mit der syntaktischen Konsistenz und der ausgeklügelten Zugriffssteuerung lässt sich auf die geschützten Daten natürlich genauso anwenden wie auf die öffentlichen. Aber was ist mit der Kapselung? Sind geschützte Datenelement nicht stärker gekapselt als öffentliche? Die überraschende Antwort lautet: praktisch nicht.

Tipp 23 erläutert, dass Kapselung die Menge an Code verringert, der beschädigt wird, wenn sich das Gekapselte ändert. Die Kapselung eines Datenelements verringert somit auch den Code, der beschädigt wird, wenn das Datenelement sich ändert, wenn es zum Beispiel aus der Klasse entfernt wird (z.B. im Austausch gegen eine Berechnung, wie in `averageSoFar` weiter vorn).

Nehmen Sie an, wir haben ein öffentliches Datenelement und wir entfernen es. Wie viel Code geht dadurch kaputt? All der Code der Kunden, der es verwendet, was gewöhnlich eine *unbekannt große* Menge ist. Öffentliche Datenelemente sind daher überhaupt nicht gekapselt. Nehmen Sie aber an, wir haben ein geschütztes Datenelement und wir entfernen es? Wie viel Code geht nun dadurch kaputt? All die abgeleiteten Klassen, die das Datenelement verwenden, was wiederum eine *unbekannt große* Menge ist. Geschützte Datenelemente sind daher genauso wenig gekapselt wie öffentliche, denn in beiden Fällen wird eine unbekannt große Menge an Code der Kunden zerstört. Gefühlsmäßig ist das nicht richtig, aber erfahrene Bibliotheksautoren werden Ihnen versichern, dass es so ist. Wenn Sie einmal ein Datenelement als öffentlich oder geschützt deklariert und die Kunden es schon benutzt haben, dann ist es sehr schwer, irgendetwas an diesem Datenelement zu ändern. Zu viel Code müsste umgeschrieben, getestet, neu dokumentiert und wieder kompiliert werden. Aus der Sicht der Kapselung gibt es in Wirklichkeit nur zwei Zugangsebenen: `private` (ermöglicht Kapselung) und alles andere (tut dies nicht).

Was Sie sich merken sollten

- Deklarieren Sie die Datenelemente als `private`. Dies vereinheitlicht den syntaktischen Zugang zu den Daten, ermöglicht ausgeklügelte Zugriffssteuerung, erlaubt es, Invarianten zu erzwingen, und gibt den Klassenautoren eine größere Flexibilität.
- `protected` kapselt genauso wenig wie `public`.

4.6 Tipp 23: Ziehen Sie nicht befreundete Nichtelementfunktionen den Elementfunktionen vor

Stellen Sie sich ein Klasse vor, die Webbrowser repräsentieren soll. Unter anderem kann solch eine Klasse die Möglichkeit bieten, den Zwischenspeicher für heruntergeladene Elemente zu leeren, den Verlauf der besuchten Seiten zu löschen und alle Cookies des Systems zu entfernen:

```
class WebBrowser{
public:
   ...
```

```
    void clearCache();
    void clearHistory();
    void removeCookies();
    ...
};
```

Viele Benutzer möchten diese Aktionen auf einmal ausführen, so dass die Webbrowser eine Funktion besitzen können, die genau dies tut:

```
class WebBrowser{
public:
    ...
    void clearEverything(;      // Ruft clearCache, clearHistory und
                                // removeCookies auf
    ...
};
```

Natürlich kann diese Funktion auch von einer Nichtelementfunktion übernommen werden, die die nötigen Elementfunktionen aufruft:

```
void clearBrowser(WebBrowser& wb)
{
    wb.clearCache();
    wb.clearHistory();
    wb.removeCookies();
}
```

Was ist also besser, die Elementfunktion `clearEverything` oder die Nichtelementfunktion `clearBrowser`?

Die Prinzipien der Objektorientierung schreiben vor, dass Daten und die Funktionen, die mit ihnen arbeiten, gebündelt werden sollten, und das deutet auf die Elementfunktion als bessere Lösung hin. Unglücklicherweise ist diese Annahme falsch. Sie beruht auf einem Missverständnis, was objektorientiert bedeutet. Die Prinzipien der Objektorientierung schreiben vor, dass Daten wenn möglich *gekapselt* werden sollten. Entgegen der Erwartung bietet die Elementfunktion `clearEverything` tatsächlich *weniger* Kapselung als die Nichtelementfunktion `clearBrowser`. Zusätzlich erlaubt die Bereitstellung der Nichtelementfunktion eine größere Flexibilität, was die Kompilierung der `WebBrowser`-Funktionalität angeht, und das wiederum verringert die Abhängigkeiten, die beim Kompilieren aufgelöst werden müssen, und verbessert die Erweiterbarkeit von `WebBrowser`. Der Ansatz mit der Nichtelementfunktion ist also in vielerlei Hinsicht besser als der mit der Elementfunktion. Es ist wichtig, dass Sie verstehen, warum.

Wir beginnen mit der Kapselung. Wenn etwas gekapselt ist, dann ist es dem Blick entzogen. Je stärker etwas gekapselt ist, desto weniger kann man es sehen. Je weniger man es sehen kann, desto flexibler sind wir, es zu ändern, denn unsere Änderungen betreffen nur die Dinge, die auch sehen können, was wir ändern. Je stärker also etwas gekapselt ist, desto größer ist unsere Fähigkeit, es zu ändern. Das ist der Grund, warum wir die Kapselung so sehr mögen: Sie erlaubt uns, Dinge derart zu verändern, dass nur eine begrenzte Anzahl von Kunden betroffen ist.

Kommen wir zu den Daten, die mit einem Objekt verknüpft sind. Je weniger Code die Daten sehen (d.h. auf sie zugreifen) kann, desto stärker sind diese Daten gekapselt und desto freier können wir die Charakteristika der Objektdaten verändern, wie z.B. die Anzahl der Datenelemente, ihre Datentypen usw. Als ein grobes Maß für die Menge des Codes, der bestimmte Daten sehen kann, dient die Anzahl der Funktionen, die Zugriff auf die Daten haben: Je mehr Funktionen Zugang zu ihnen haben, desto weniger sind die Daten gekapselt.

In Tipp 22 wird erklärt, dass Datenelemente `private` sein sollten, denn wenn sie es nicht sind, kann eine unbegrenzte Anzahl von Funktionen auf sie zugreifen. Sie sind überhaupt nicht gekapselt. Für Datenelemente, die `private` *sind*, beläuft sich die Anzahl der Funktionen, die auf sie zugreifen können, auf die Anzahl der Elementfunktionen der Klasse plus die Anzahl der befreundeten Funktionen, denn nur Element- und befreundete Funktionen haben Zugriff auf private Datenelemente. Bei der Entscheidung zwischen einer Elementfunktion (die nicht nur auf die privaten Daten einer Klasse zugreifen kann, sondern auch auf die privaten Funktionen, Aufzählungen, Typdefinitionen usw.) und einer nicht befreundeten Nichtelementfunktion (die auf nichts dergleichen zugreifen kann), die die gleiche Funktionalität bietet, ist die nicht befreundete Nichtelementfunktion die Wahl, die größere Kapselung bietet, denn sie erhöht nicht die Anzahl der Funktionen, die Zugriff auf die privaten Abschnitte der Klasse haben. Dies erklärt, warum `clearBrowser` (die nicht befreundete Nichtelementfunktion) `clearEverything` (die Elementfunktion) vorzuziehen ist: Sie bietet größere Kapselung in der Klasse `WebBrowser`.

An diesem Punkt ist es wichtig, zwei Dinge zu bemerken. Erstens trifft diese Argumentation nur auf *nicht befreundete* Nichtelementfunktionen zu. Befreundete Funktionen haben die gleichen Zugriffsrechte auf die privaten Datenelemente der Klasse wie die Elementfunktionen und daher die gleichen Auswirkungen auf die Kapselung. Aus der Sicht der Kapselung besteht die Wahl nicht zwischen Elementfunktionen und Nichtelementfunktionen, sondern zwischen Elementfunktionen und nicht befreundeten Nichtelementfunktionen. (Kapselung ist natürlich nicht der einzige Gesichtspunkt. In Tipp 24 erfahren Sie, dass die Wahl *tatsächlich* zwischen Elementfunktionen und Nichtelementfunktionen zu treffen ist, wenn implizite Typkonvertierungen auftreten.)

Als Zweites ist zu sagen, dass die Notwendigkeit, eine Funktion einer Klasse zu einer Nichtelementfunktion zu machen, noch lange nicht heißt, dass diese Funktion keine Elementfunktion einer anderen Klasse sein darf. Dies ist wahrscheinlich Balsam für die Seelen der Programmierer, die von anderen Programmiersprachen gewohnt sind, dass alle Funktionen in Klassen sein müssen (z.B. in Eiffel, Java, C# usw.). Zum Beispiel könnten wir `clearBrowser` zu einer statischen Elementfunktion irgendeiner Hilfsklasse machen. Solange diese nicht Teil von `WebBrowser` (oder mit ihr befreundet) ist, betrifft dies die Kapselung der privaten Elemente von `WebBrowser` nicht.

Ein etwas natürlicher Ansatz in C++ besteht darin, `clearBrowser` zu einer Nichtelementfunktion in demselben Namensbereich wie `WebBrowser` zu machen:

```
namespace WebBrowserStuff{
   class WebBrowser{...};
   void clearBrowser(WebBrowser& wb);
   ...
}
```

Das hat aber viel mehr zu bieten als Natürlichkeit, denn Namensbereiche können – anders als Klassen – auf mehrere Quelldateien verteilt werden. Das ist wichtig, denn Funktionen wie `clearBrowser` sind *Komfortfunktionen*. Da sie weder Elementfunktionen noch befreundete Funktionen sind, haben sie keinen speziellen Zugang zu `WebBrowser`, weshalb sie keine Funktionalität besitzen, die die Kunden von `WebBrowser` nicht auch irgendwie anders bekommen könnten. Würde zum Beispiel `clearBrowser` überhaupt nicht existieren, dann könnten die Kunden einfach selbst `clearCache`, `clearHistory` und `removeCookies` aufrufen.

Eine Klasse wie `WebBrowser` kann eine große Menge von Komfortfunktionen aufweisen, einige für die Lesezeichen, andere für das Drucksystem und wieder andere für die Cookie-Verwaltung usw. Die übliche Regel lautet, dass die Kunden nur eine Hand voll dieser Komfortfunktionen benötigen. Es besteht kein Grund, dass ein Kunde, der nur an Funktionen für die Lesezeichenverwaltung interessiert ist, auch die Funktionen für z.B. die Cookie-Verwaltung mitkompilieren muss. Der direkte Weg, die Funktionen zu trennen, besteht darin, die Funktionen für die Lesezeichenverwaltung in eine Headerdatei zu schreiben, die Funktionen für die Cookie-Verwaltung in eine andere und die Funktionen zum Drucken in eine dritte usw.:

```
// Headerdatei "webbrowser.h" - Quelldatei für die Klasse WebBrowser
// selbst und für die "Kern"-Funktionen
namespace WebBrowserStuff{
   class WebBrowser{...};
   ...                         // "Kern"-Funktionalitäten, z.B.
                               // Nichtelementfunktionen, die fast
                               // alle Kunden brauchen
}
// Headerdatei "webbrowserbookmarks.h"
namespace WebBrowserStuff{
   ...                         // Komfortfunktionen für die Lesezeichen
}
// Headerdatei "webbrowsercookies.h"
```

```
namespace WebBrowserStuff{
   ...                          // Komfortfunktionen für die Cookies
}
...
```

Beachten Sie, dass die Standardbibliothek von C++ genau so aufgebaut ist. Statt einer großen, monumentalen Headerdatei `<C++StandardLibrary>`, die alles im Namensbereich `std` enthält, gibt es Dutzende von Headerdateien (z.B. `<vector>`, `<algorithm>`, `<memory>` usw.); jede einzelne enthält *einen Teil* der Funktionalität von `std`. Die Kunden, die nur `vector`-Funktionen verwenden, sind nicht gezwungen, `<memory>` per `include`-Anweisung einzubinden; Kunden, die `list` nicht verwenden, müssen `<list>` nicht einbinden. Dies erlaubt den Kunden, nur die Teile zu kompilieren, die sie tatsächlich brauchen. (Wie Sie Kompilierungsabhängigkeiten auch auf andere Weise verringern, lesen Sie in Tipp 31.) Funktionalität auf diese Weise aufzuteilen ist nicht möglich, wenn sie von Elementfunktionen einer Klasse kommt, denn eine Klasse muss in ihrer Gesamtheit definiert werden und lässt sich nicht aufteilen.

Wenn Sie alle Komfortfunktionen in verschiedene Headerdateien – aber in einem Namensbereich – aufteilen, ermöglicht das den Kunden, die Menge der Komfortfunktionen auf einfache Weise zu *erweitern*. Sie müssen lediglich dem Namensbereich weitere nicht befreundete Nichtelementfunktionen hinzufügen. Wenn sich zum Beispiel ein Kunde von `WebBrowser` entschließt, Komfortfunktionen zum Herunterladen von Bildern zu schreiben, muss er nur eine neue Headerdatei erstellen, die die Deklarationen dieser Funktionen im Namensbereich `WebBrowserStuff` enthält. Die neuen Funktionen sind nun genauso verfügbar und integriert wie die anderen Komfortfunktionen. Dies ist eine weitere Fähigkeit, die Klassen nicht bieten, denn Klassendefinitionen sind gegenüber Erweiterungen von Kunden abgeschlossen. Sicher, die Kunden können neue Klassen ableiten, aber abgeleitete Klassen haben keinen Zugriff auf gekapselte (sprich: private) Datenelemente der Basisklasse. Eine solche »erweiterte Funktionalität« ist also nur zweiter Klasse. Nebenbei bemerkt, sind nicht alle Klassen dazu entworfen, Basisklassen zu sein (siehe Tipp 7).

Was Sie sich merken sollten

- Bevorzugen Sie nicht befreundete Nichtelementfunktionen gegenüber Elementfunktionen. Sie erhöhen somit den Grad der Kapselung, die Kompilierungsflexibilität und die funktionelle Erweiterbarkeit.

4.7 Tipp 24: Deklarieren Sie Nichtelementfunktionen bei Typumwandlungen für alle Parameter

In der Einleitung zu diesem Buch habe ich bemerkt, dass es eine schlechte Idee ist, wenn Klassen implizite Typumwandlungen zulassen. Natürlich gibt es zu dieser Regel auch Ausnahmen und eine der gebräuchlichsten ist die Erstellung numerischer Datentypen. Wenn Sie zum Beispiel eine Klasse für rationale Zahlen erstellen, dann erscheint es nicht unvernünftig, eine implizite Typumwandlung von ganzen in rationale Zahlen zuzulassen. Es ist sicherlich nicht unvernünftiger als die in C++ vorgegebene Typumwandlung von `int` in `double` (und es ist sehr viel vernünftiger als die in C++ vorgegebene Typumwandlung von `double` in `int`). Damit können Sie jetzt Ihre Klasse `Rational` schreiben:

```
class Rational{
public:
   Rational(int numerator = 0,       // Konstruktor ist ganz bewusst
            int denominator = 1);    // nicht explizit; erlaubt
                                     // implizite int-zu-Rational-
                                     // Umwandlungen

   int numerator()const;             // Zugangsfunktionen für Zähler
   int denominator()const;           // und Nenner - siehe Tipp 22
private:
   ...
};
```

Sie wissen, dass Sie arithmetische Operationen wie Addition, Multiplikation usw. anbieten möchten, sind sich aber nicht sicher, ob Sie sie als Elementfunktionen, Nichtelementfunktionen oder vielleicht als befreundete Nichtelementfunktionen implementieren sollen. Ihre Instinkte sagen Ihnen, dass Sie im Zweifel objektorientiert handeln sollten. Sie wissen, dass zum Beispiel die Multiplikation rationaler Zahlen zu der Klasse `Rational` gehört. Es scheint also natürlich zu sein, den `operator*` für rationale Zahlen innerhalb der Klasse `Rational` zu implementieren. Dagegen besagt aber Tipp 23, dass es manchmal *gegen* die objektorientierten Prinzipien ist, Funktionen in eine Klasse zu stecken, mit der diese verbunden sind. Lassen Sie uns das aber erst mal beiseite schieben und uns die Idee, `operator*` zu einer Elementfunktion von `Rational` zu machen, genauer betrachten:

```
class Rational{
public:
   ...
   const Rational operator*(const Rational& rhs)const;
};
```

(Falls Sie unsicher sind, warum diese Funktion so deklariert wurde wie hier – Rückgabe als `const`-Wert, aber Argument als Verweis auf `const` –, dann konsultieren Sie die Tipps 3, 20 und 21.)

Dieser Entwurf erlaubt es auf einfache Art rationale Zahlen zu multiplizieren:

```
Rational oneEighth(1,8);
Rational oneHalf(1,2);
Rational result = oneHalf * oneEighth;      // Schön
result = result * oneEighth;                // Schön
```

Sie sind aber noch nicht zufrieden. Sie möchten auch gemischte Operationen anbieten, mit denen rationale Zahlen mit z. B. Integern multipliziert werden können. Es gibt ja nichts Natürlicheres, als zwei Zahlen miteinander zu multiplizieren, sogar wenn sie zwei unterschiedlichen Zahlengruppen angehören.

Wenn Sie sich an die gemischte Arithmetik heranwagen, werden Sie merken, dass sie nur halb funktioniert:

```
result = oneHalf * 2;                       // Schön
result = 2 * oneHalf;                       // Fehler!
```

Das ist ein schlechtes Zeichen. Wissen Sie doch, Multiplikation ist eine kommutative Operation.

Die Fehlerursache wird deutlich, wenn Sie die beiden letzten Beispiele in ihrer funktionellen Form neu schreiben:

```
result = oneHalf.operator*(2);              // Schön
result = 2.operator*(oneHalf);              // Fehler!
```

Das Objekt `oneHalf` ist ein Exemplar einer Klasse, die eine Funktion `operator*` enthält, also ruft der Compiler diese Funktion auf. Jedoch besitzt `2` keine zugeordnete Klasse und damit keine Elementfunktion `operator*`. Die Compiler suchen also nach Nichtelementfunktionen namens `operator*` (d. h. in Namensbereichen und im globalen Gültigkeitsbereich), die wie folgt aufgerufen werden können:

```
result = operator*(2,oneHalf);             // Fehler!
```

Aber in diesem Beispiel gibt es keine solche Elementfunktion `operator*`, die eine `int`- und eine `Rational`-Variable erwartet. Deshalb schlägt die Suche fehl.

Schauen Sie noch einmal auf den Aufruf, der gelingt. Sie sehen, dass dessen zweiter Parameter der Integer `2` ist, jedoch erwartet `Rational::operator*` als Argument ein Objekt vom Typ `Rational`. Was geht hier vor? Warum klappt es mit `2` an der einen Position und nicht an der anderen?

Was hier vor sich geht, ist implizite Typumwandlung. Die Compiler wissen, dass Sie ein `int` übergeben und dass die Funktion ein `Rational`-Objekt benötigt. Sie wissen aber auch, dass sie sich ein passendes `Rational`-Objekt basteln können, indem sie den Konstruktor von `Rational` mit dem `int` aufrufen. Also tun sie das auch. Das heißt, sie behandeln den Aufruf so, als ob er folgendermaßen geschrieben worden wäre:

```
const Rational temp(2);   // Erstellt ein temporäres Rational-
                          // Objekt mit dem int 2
result = oneHalf*temp;    // Das Gleiche wie oneHalf.operator*(temp);
```

Die Compiler tun dies natürlich nur, weil ein nicht expliziter Konstruktor beteiligt ist. Wäre der Konstruktor von `Rational` hingegen `explicit`, würde keiner der folgenden Ausdrücke kompiliert werden:

```
result = oneHalf*2;     // Fehler! (Mit explizitem Konstruktor)
                        // 2 kann nicht zu Rational konvertiert werden
result = 2*oneHalf;     // Gleicher Fehler, gleiches Problem
```

Das würde die gemischte Arithmetik nicht unterstützen, aber wenigstens wäre das Verhalten beider Ausdrücke konsistent.

Ihr Ziel ist aber sowohl Konsistenz als auch die Unterstützung für gemischte Arithmetik, das heißt ein Entwurf, in dem beide Ausdrücke kompiliert werden. Das bringt uns zurück zu diesen Ausdrücken und der Frage warum der eine kompiliert wird und der andere nicht, auch wenn der Konstruktor von Rational nicht `explicit` ist:

```
result = oneHalf*2;     // Schön (Mit nicht explizitem Konstruktor)
result = 2*oneHalf;     // Fehler! (Sogar mit nicht explizitem Konstruktor
```

Es stellt sich heraus, dass Parameter nur für die implizite Typumwandlung geeignet sind, *wenn sie in der Parameterliste stehen*. Der implizite Parameter, der dem Objekt entspricht, auf das die Elementfunktion angewendet wird – der, auf den `this` zeigt –, ist *niemals* für implizite Typumwandlungen geeignet. Daher wird der erste Ausdruck kompiliert und der zweite nicht. Der erste Fall enthält einen Parameter, der in der Parameterliste aufgeführt ist, doch im zweiten Fall ist der Parameter nicht aufgelistet.

Sie möchten jedoch immer noch gerne gemischte Arithmetik anbieten, und wie Sie dies tun müssen, ist jetzt vielleicht klar geworden: Machen Sie `operator*` zu einer Nichtelementfunktion und erlauben Sie somit den Compilern, die implizite Typumwandlung für *alle* Argumente durchzuführen:

```
class Rational{
  ...                                        // Enthält keinen
};                                           // operator*
const Rational operator*(const Rational& lhs, // Nun eine Nichtelement-
                         const Rational& rhs) // funktion
{
  return Rational(lhs.numerator()*rhs.numerator(),
                  lhs.denominator()*rhs.denominator());
}
Rational oneFourth(1,4);
Rational result;

result = oneFourth * 2;                      // Schön
result = 2 * oneFourth;                      // Hurra, es funktioniert!
```

Das ist sicherlich ein Happyend der Geschichte, aber es bleibt eine kleine Sorge. Sollte der `operator*` mit der Klasse `Rational` befreundet werden?

In diesem Fall lautet die Antwort: Nein, denn `operator*` kann komplett mit den öffentlichen Schnittstellen von `Rational` implementiert werden. Der vorstehende Code zeigt einen Weg, wie es funktioniert. Das führt uns zu einer wichtigen Entdeckung: Das Gegenteil einer Elementfunktion ist eine *Nichtelementfunktion* und nicht eine befreundete Funktion. Zu viele C++-Programmierer glauben, dass eine Funktion, die mit einer Klasse in Beziehung steht und keine Elementfunktion ist (z.B. aufgrund der Notwendigkeit der Typumwandlung für alle Argumente), eine befreundete Funktion ist. Dieses Beispiel zeigt, dass diese Annahme falsch ist. Wann immer Sie können, sollten Sie befreundete Funktionen meiden, denn Freunde sind häufig mehr eine Last als eine Freude – wie im wirklichen Leben ja auch. Manchmal ist Freundschaft natürlich wünschenswert, aber es bleibt dabei: Nur weil eine Funktion keine Elementfunktion ist, muss sie noch lange keine befreundete Funktion werden.

Dieser Tipp enthält die Wahrheit und nichts als die Wahrheit, aber nicht die ganze Wahrheit. Wenn Sie jetzt Parallelen zwischen objektorientiertem C++ und Template-C++ (siehe Tipp 1) ziehen und aus der Klasse `Rational` ein Template `Rational` machen, dann gibt es neue Fragen, die berücksichtigt werden müssen, neue Wege, sie zu beantworten, und einige überraschende Designfolgerungen. Diese Fragen, Antworten und Folgerungen finden Sie im Tipp 46.

Was Sie sich merken sollten

- Sie benötigen Typumwandlungen für alle Parameter einer Funktion (einschließlich des Parameters, auf den `this` zeigt). Diese Funktion muss eine Nichtelementfunktion sein.

4.8 Tipp 25: Unterstützen Sie die ausnahmefreie swap-Funktion

swap ist eine interessante Funktion. Ursprünglich als Teil der STL eingeführt, ist swap seitdem eine Hauptstütze für ausnahmesicheres Programmieren (siehe Tipp 29) und ein gebräuchliches Werkzeug für die Zuweisung zu self geworden (siehe Tipp 11). Da swap so nützlich ist, ist es auch wichtig, sie gründlich zu implementieren. Aber ihre Nützlichkeit wird auch von vielen Problemen begleitet. In diesem Tipp erfahren Sie, welche dies sind und wie Sie mit ihnen umgehen können.

Die Werte zweier Objekte zu tauschen, bedeutet, dass das eine Objekt die Werte des anderen übernimmt und umgekehrt. Standardmäßig wird der Tausch mit dem Standardalgorithmus von swap durchgeführt. Dessen Implementierung sieht genauso aus, wie Sie sich das vielleicht schon gedacht haben, nämlich folgendermaßen:

```
namespace std{
   template<typename T>
   void swap(T& a, T& b)
   {
      T temp(a);
      a = b;
      b = temp;
   }
}
```

Solange Ihre Typen kopiert werden können (per Kopierkonstruktor und Kopierzuweisungsoperator), kann die Standardimplementierung von swap Ihre Objekte vertauschen, ohne dass Sie etwas dazu tun müssen.

Die Standardimplementierung von swap haut Sie aber wahrscheinlich nicht vom Hocker. Sie umfasst das Kopieren von drei Objekten: a zu temp, b zu a und temp zu b. Für einige Typen sind diese Kopien überhaupt nicht notwendig. Bei solchen Typen werden Sie durch die standardmäßige swap-Funktion regelrecht ausgebremst.

Zuallererst seien da die Typen aus einem Zeiger genannt, der auf einen anderen Typ mit den eigentlichen Daten zeigt. Eine gewöhnliche Erscheinungsform eines solchen Entwurfsansatzes stellt das so genannte »Pimpl-Idiom« dar (englische Abkürzung für **p**ointer to **Impl**ementation – Zeiger auf Implementierung). Eine Widget-Klasse, die solch einen Entwurf verwendet, kann folgendermaßen aussehen:

```
class WidgetImpl{               // Klasse für Widget-Daten;
public:                         // Einzelheiten sind unwichtig
   ...
private:
   int a, b, c;                 // Möglicherweise viele Daten -
```

```
   std::vector<double>v;        // schlecht zu kopieren
   ...
};

class Widget{                   // Klasse, die das Pimpl-Idiom benutzt
public:
   Widget(const Widget& rhs);
   Widget& operator=(const Widget& rhs) // Um ein Widget zu kopieren,
   {                                    // wird ein WidgetImpl-Objekt
      ...                               // kopiert. Einzelheiten, wie
      *pImpl = *(rhs.pImpl);            // man operator= implementiert,
      ...                               // lesen Sie in den Tipps
   }                                    // 10, 11 und 12
   ...
private:
   WidgetImpl *pImpl;                   // Zeiger auf das Objekt mit
};                                      // Widget-Daten
```

Um die Werte zweier Widget-Objekte zu tauschen, müssen wir nur deren pImpl-Zeiger tauschen, aber die Standard-swap-Funktion ist dazu nicht in der Lage. Stattdessen würde die swap-Funktion nicht nur drei Widget-Objekte kopieren, sondern auch drei WidgetImpl-Objekte. Sehr ineffizient. Nicht toll.

Wenn Widget-Objekte getauscht werden müssen, möchten wir std::swap gerne mitteilen, dass dies durch Vertauschen der internen pImpl-Zeiger der Widgets realisiert werden soll. Es gibt eine Möglichkeit, genau dies zu sagen: std::swap soll für Widget spezialisiert werden. Es folgt die Grundidee, die aber so nicht kompiliert wird:

```
namespace std{
   template<>                     // Dies ist eine spezialisierte
   void swap<Widget>(Widget& a,   // Version von std::swap, wenn T
                     Widget& b)   // ein Widget ist; wird so nicht
   {                              // kompiliert
      swap(a.pImpl, b.pImpl);     // Um Widgets zu vertauschen, werden
   }                              // einfach deren pImpl-Zeiger vertauscht
}
```

Das »template<>« am Anfang dieser Funktion bedeutet, dass dies eine *totale Template-Spezialisierung* für std::swap ist, und das »<Widget>« hinter dem Namen der Funktion besagt, dass die Spezialisierung gilt, wenn T ein Widget ist. Anders gesagt: Wenn das allgemeine swap-Template auf Widgets angewendet wird, dann ist dies die Implementierung, die verwendet werden soll. Im Allgemeinen sind wir ja nicht befugt, die Inhalte des Namensbereichs std zu ändern, aber wir dürfen eine totale Spezialisierung für Standard-Templates (wie swap) bezüglich eigener Typen durchführen (wie Widget). Das ist genau das, was wir hier tun.

Wie ich schon sagte, wird diese Funktion nicht kompiliert. Das liegt daran, dass sie versucht, Zugriff auf die `pImpl`-Zeiger innerhalb von `a` und `b` zu erlangen, die aber privat sind. Wir könnten unsere Spezialisierung als befreundet erklären, aber die Konvention sieht anders aus: Sie besagt, dass wir in `Widget` eine öffentliche Elementfunktion namens `swap` deklarieren, die den tatsächlichen Tausch vollzieht, und dann die `std::swap`-Version dahingehend spezialisieren, dass sie die Elementfunktion aufruft:

```
class Widget{                    // Das Gleiche wie zuvor, nur zusätzlich
public:                          // mit der Elementfunktion swap
   ...
   void swap(Widget& other)
   {
      using std::swap;           // Warum diese Deklaration gebraucht
                                 // wird, besprechen wir später
      swap(pImpl,other.pImpl);   // Um Widgets zu vertauschen, werden
   }                             // ihre pImpl-Zeiger vertauscht
   ...
};
namespace std{
   template<>                    // Revidierte Spezialisierung von
   void swap<Widget>(Widget& a,  // std::swap
                     Widget& b)
   {
      a.swap(b);                 // Um Widgets zu tauschen, wird ihre
   }                             // Elementfunktion swap aufgerufen
}
```

Dies wird nicht nur kompiliert, es ist sogar konsistent mit den STL-Containern, die sowohl eine öffentliche Elementfunktion `swap` besitzen als auch Spezialisierungen von `std::swap`, die diese Elementfunktion aufrufen.

Nehmen Sie jedoch einmal an, `Widget` und `WidgetImpl` wären keine Klassen, sondern *Klassen-Templates*, weshalb wir den Datentyp, der in `WidgetImpl` gespeichert wird, parametrisieren könnten:

```
template<typname T>
class WidgetImpl{...};
template<typname T>
class Widget{...};
```

Es ist immer noch leicht, in `Widget` (und, wenn wir es brauchen, in `WidgetImpl`) eine Elementfunktion `swap` zu implementieren, aber mit der Spezialisierung von `std::swap` handeln wir uns nun Ärger ein. Folgendes wollen wir schreiben:

```
namespace std{
   tempate<typename T>
   void swap<Widget<T>(Widget<T>& a,  // Fehler! Unzulässiger Code!
```

```
                                   Widget<T>& b)
      {a.swap(b);}
   }
```

Sieht eigentlich perfekt aus, ist aber nicht zulässig. Wir versuchen teilweise, ein Funktions-Template zu spezialisieren (`std::swap`), aber obwohl C++ die teilweise Spezialisierung von Klassen-Templates erlaubt, gestattet es dies nicht bei Funktions-Templates. Dieser Code sollte nicht kompiliert werden können (einige Compiler tun dies fälschlicherweise jedoch).

Wenn Sie ein Funktions-Template »teilweise spezialisieren« wollen, ist die übliche Vorgehensweise die Überladung. Dies sieht etwa so aus:

```
namespace std{
   template<typename T>          // Eine Überladung von std::swap
   void swap(Widget<T>& a,       // (Beachten Sie die fehlenden "<...>"
             Widget<T>& b)       // hinter "swap")
   {a.swap(b);}                  // Warum dies falscher Code ist, lesen
}                                // Sie später im Text
```

Normalerweise ist das Überladen von Funktions-Templates eine feine Sache, aber `std` ist nun einmal ein besonderer Namensbereich und die Regeln dafür sind auch besonders. Es ist in Ordnung, Templates in `std` total zu spezialisieren, es ist aber nicht in Ordnung, *neue* Templates (oder Klassen, Funktionen, oder sonst etwas) hinzuzufügen. Die Inhalte von `std` werden ausschließlich vom C++-Standardisierungskomitee festgelegt, und uns ist es verboten, das zu erweitern, was das Komitee beschlossen hat. Dieses Verbot mag Sie erschrecken. Programme, die dem nicht entsprechen, werden aber fast ausnahmslos kompiliert und ausgeführt, ihr Verhalten ist jedoch unbestimmt. Wenn Sie also Software mit vorhersehbarem Verhalten erstellen wollen, sollten Sie keine neuen Sachen zu `std` hinzufügen.

Was ist also zu tun? Wir suchen immer noch nach einer Möglichkeit dafür, dass die Programmierer `swap` aufrufen und unsere effizientere, templatespezifische Version bekommen. Die Antwort ist einfach. Wir deklarieren immer noch eine Nichtelementfunktion `swap`, die die Elementfunktion `swap` aufruft, aber wir deklarieren die Nichtelementfunktion nicht als Spezialisierung oder Überladung von `std::swap`. Wenn sich zum Beispiel all unsere Funktionalität für `Widget` im Namensbereich `WidgetStuff` befindet, sieht das folgendermaßen aus:

```
namespace WidgetStuff{
   ...                           // WidgetImpl usw. im Template
   template<typename T>          // Wie vorher, inklusive der
   class Widget{...};            // Elementfunktion swap
   ...
```

```
    template<typename T>      // Nichtelementfunktion swap,
    void swap(Widget<T>& a,   // nicht Teil des Namensbereich std
              Widget<T>& b)
    {
      a.swap(b);
    }
}
```

Wenn nun irgendein Code swap für zwei Widget-Objekte aufruft, werden die Regeln zur Namenssuche von C++ (im Besonderen die Regeln der argumentabhängigen Suche oder König-Suche) die Widget-spezifische Version in WidgetStuff finden, was genau das ist, was wir wollen.

Dieser Ansatz funktioniert sowohl für Klassen als auch für Klassen-Templates. Vielleicht sollten wir diesen Ansatz immer benutzen. Unglücklicherweise gibt es einen Grund dafür, std::swap für Klassen zu spezialisieren (ich werde das in Kürze erklären). Deshalb müssen Sie eine Nichtelementversion im gleichen Namensbereich wie Ihre Klasse und eine Spezialisierung von std::swap schreiben, wenn Sie wollen, dass Ihre klassenspezifische Version von swap in so vielen Zusammenhängen wie möglich aufgerufen wird (und das wollen Sie ja).

Nebenbei bemerkt gilt alles Bisherige auch, wenn Sie keine Namensbereiche verwenden (d.h. Sie brauchen immer noch eine Nichtelementfunktion swap, die die Elementfunktion swap aufruft), aber warum verstopfen Sie den globalen Namensbereich mit all Ihren Klassen-, Template-, Funktions-, Aufzählungs-, Enumeranten- und Typedef-Namen? Können Sie nicht Maß halten?

Alles, was ich bisher geschrieben habe, betrifft die Autoren von swap, aber nun betrachten wir die Sache aus der Perspektive eines Kunden. Nehmen Sie an, Sie schreiben ein Funktions-Template, in dem Sie die Werte zweier Objekte vertauschen müssen:

```
template<typename T>
void doSomething(T& obj1, T& obj2)
{
  ...
  swap(obj1, obj2);
  ...
}
```

Welches swap soll aufgerufen werden? Die Standardversion in std, von der Sie wissen, dass sie existiert? Eine Spezialisierung der Standardversion in std, die es vielleicht gibt, vielleicht aber auch nicht? Oder eine T-spezifische Version, die vielleicht oder vielleicht nicht vorhanden ist und sich vielleicht in einem Namensbereich befindet, vielleicht aber auch nicht (aber ganz sicher nicht in std)? Sie wollen eine T-spezifische Version aufrufen, so es sie denn gibt, wollen aber auch auf die Standardversion in std zurückgreifen, wenn die T-spezifische nicht existiert. Ihr Wunsch kann folgendermaßen erfüllt werden:

```
template<typename T>
void doSomething(T& obj1, T& obj2)
{
   using std::swap;  // Macht std::swap in dieser Funktion verfügbar
   ...
   swap(obj1, obj2); // Ruft die passende swap-Version für Objekte
   ...               // vom Typ T auf
}
```

Wenn die Compiler den Aufruf von swap entdecken, suchen sie nach dem passenden swap, um es auszuführen. Die Regeln zur Namenssuche von C++ stellen dann sicher, dass jedwede T-spezifische Version von swap im globalen oder in demselben Namensbereich wie der Typ T gefunden wird. (Wenn zum Beispiel T ein Widget im Namensbereich WidgetStuff ist, dann benutzt der Compiler die argumentabhängige Suche, um swap in WidgetStuff zu finden.) Wenn kein T-spezifisches swap existiert, benutzt der Compiler wegen der using-Anweisung, die std::swap in dieser Funktion sichtbar macht, das swap in std. Aber sogar dann bevorzugt der Compiler eine T-spezifische Version von std::swap gegenüber dem Standard-Template. Wenn also std::swap für T spezialisiert wurde, wird diese spezialisierte Version verwendet.

Den richtigen Aufruf von swap zu bekommen, ist deswegen einfach. Das Einzige, worauf Sie achten sollten, ist, den Aufruf nicht zu qualifizieren, denn das nimmt Einfluss darauf, wie C++ die Funktion bestimmt, die aufgerufen wird. Stellen Sie sich zum Beispiel den Aufruf von swap folgendermaßen vor:

```
std::swap(obj1, obj2);      //Die falsche Art, swap aufzurufen
```

Damit zwingen Sie den Compiler dazu, nur das swap in std zu berücksichtigen (inklusive aller Template-Spezialisierungen). Sie verhindern dadurch, dass eine passendere T-spezifische Version, die irgendwo definiert ist, aufgerufen werden kann. Aber einige fehlgeleitete Programmierer qualifizieren *trotzdem* ihre Aufrufe von swap in dieser Weise. Deswegen ist es so wichtig, dass Sie std::swap für Ihre Klassen total spezialisieren: Für falsch geschriebenen Code wie diesen werden so die typspezifischen Versionen von swap zugänglich. (Solcher Code existiert in einigen Implementierungen der Standardbibliothek. Es ist also in Ihrem Interesse, dabei zu helfen, dass solcher Code so effizient wie möglich arbeiten kann.)

An diesem Punkt haben wir nun die Standardversion, die Elementversion und die Nichtelementversion von swap, die Spezialisierungen von std::swap und die Aufrufe von swap behandelt. Lassen Sie uns also die Situation zusammenfassen:

Erstens: Wenn die Standardimplementierung von swap akzeptable Effizienz für Ihre Klassen oder Klassen-Templates bietet, brauchen Sie gar nichts zu tun. Jeder, der versucht, Objekte Ihres Typs zu tauschen, bekommt die Standardversion, und die funktioniert prima.

Zweitens: Wenn die Standardimplementierung von `swap` nicht effizient genug ist (was fast immer bedeutet, dass Ihre Klasse oder Ihr Template eine Variante des Pimpl-Idioms benutzt), dann tun Sie Folgendes:

4. 1.Bieten Sie eine öffentliche Elementfunktion `swap` an, die effizient die Werte zweier Objekte Ihres Typs vertauscht. Aus Gründen, die ich später erläutern werde, sollte diese Funktion besser niemals eine Ausnahme auslösen.

5. 2.Bieten Sie eine Nichtelementfunktion `swap` in demselben Namensbereich wie Ihre Klasse oder Ihr Template an. Diese soll Ihre Elementfunktion `swap` aufrufen.

6. 3.Wenn Sie eine Klasse schreiben (kein Klassen-Template), dann spezialisieren Sie `std::swap` für Ihre Klasse. Diese Spezialisierung soll ebenfalls Ihre Elementfunktion `swap` aufrufen.

Zu guter Letzt: Wenn Sie `swap` aufrufen, müssen Sie sicherstellen, dass Sie eine `using`-Anweisung verwenden, um `std::swap` in Ihrer Funktion sichtbar zu machen. Rufen Sie dann `swap` ohne Namensbereichsangabe auf.

Zum Schluss ergeht meine Ermahnung, die Elementversion von `swap` niemals eine Ausnahme auslösen zu lassen. Die Klassen (bzw. Klassen-Templates) müssen mit `swap` eine garantiert ausnahmefreie Anwendung anbieten. Tipp 29 enthält diesbezüglich alle Details, die Technik beruht aber auf der Annahme, dass die Elementversion von `swap` niemals eine Ausnahme auslöst. Diese Bedingung gilt aber nur für die Elementversion! Sie kann nicht auf die Nichtelementversion angewendet werden, denn die Standardversion von `swap` basiert auf Kopierkonstruktoren und -zuweisungen, und im Allgemeinen wird beiden erlaubt, Ausnahmen auszulösen. Wenn Sie eine benutzerdefinierte Version von `swap` schreiben, bieten Sie nicht nur eine effiziente Möglichkeit an, Werte zu vertauschen, Sie kreieren sogar eine Version, die keine Ausnahmen auslöst. Als Faustregel sollten Sie sich merken, dass diese beiden Charakteristika zusammengehören, denn hocheffiziente `swap`-Funktionen beruhen fast immer auf Operationen mit integrierten Datentypen (wie zum Beispiel die Zeiger, auf denen das Pimpl-Idiom basiert), und Operationen mit integrierten Datentypen lösen niemals Ausnahmen aus.

Was Sie sich merken sollten

- Bieten Sie eine Elementfunktion `swap` an, wenn `std::swap` für Ihren Datentyp zu ineffizient sein sollte. Stellen Sie sicher, dass Ihr `swap` keine Ausnahmen auslöst.
- Wenn Sie eine Elementfunktion `swap` anbieten, liefern Sie auch eine Nichtelementfunktion `swap`, die die Elementfunktion aufruft. Für Klassen (nicht für Klassen-Templates) spezialisieren Sie auch `std::swap`.

- Wenn Sie `swap` aufrufen, verwenden Sie eine `using`-Deklaration für `std::swap` und rufen dann `swap` ohne Namensbereichsqualifizierung auf.
- Es ist in Ordnung, `std`-Templates für benutzerdefinierte Datentypen total zu spezialisieren, aber versuchen Sie niemals, etwas komplett Neues zu `std` hinzuzufügen.

5 Implementierung

Die Entwicklung geeigneter Definitionen für Klassen (und Klassen-Templates) sowie geeigneter Deklarationen für Funktionen (und Funktions-Templates) stellt meistens den Löwenanteil der Programmierung dar. Sobald Sie das korrekt durchgeführt haben, sind die zugehörigen Implementierungen größtenteils unkompliziert. Doch es gibt noch Dinge zu beachten. Das zu frühe Definieren von Variablen kann eine Leistungsbeeinträchtigung verursachen. Zu häufige Typumwandlungen können zu Code führen, der langsam und schwer zu warten und mit subtilen Fehlern infiziert ist. Handles für interne Daten eines Objekts zurückzugeben kann die Kapselung zunichte machen und Kunden mit ungültigen Handles zurücklassen. Auswirkungen von Ausnahmen zu ignorieren kann Ressourcenlecks und zerstörte Datenstrukturen verursachen. Übereifrige Verwendung von Inline-Funktionen kann zu aufgeblähtem Code führen. Exzessive Kopplung mag unannehmbar lange Aufbauzeiten nach sich ziehen.

Alle diese Probleme sind vermeidbar. In diesem Kapitel erfahren Sie, wie.

5.1 Tipp 26: Schieben Sie die Variablendefinition so lange wie möglich auf

Immer wenn Sie eine Variable eines Typs mit einem Konstruktor oder Destruktor definieren, zahlen Sie für die Konstruktion, wenn die Steuerung die Definition der Variable erreicht, und für die Destruktion, wenn sie den Gültigkeitsbereich verlässt. Mit ungenutzten Variablen sind Kosten verbunden, so dass Sie sie wann immer möglich vermeiden sollten.

Sie denken vermutlich, dass Sie niemals ungenutzte Variablen definieren, doch Sie müssen vielleicht noch einmal nachdenken. Betrachten Sie die folgende Funktion, die eine verschlüsselte Version eines Kennworts zurückgibt, sofern das Kennwort lang genug ist. Ist es zu kurz, sendet die Funktion eine Ausnahme des Typs `logic_error`, der in der Standardbibliothek von C++ definiert ist (siehe Tipp 54):

```
// Diese Funktion definiert die Variable encrypted zu früh
std::string encryptPassword(const std::string& password)
{
```

```
   using namespace std;
   string encrypted;
   if (password.length() < MinimumPasswordLength) {
      throw logic_error("Password is too short");
   }
   ...                        // Tut was immer notwendig ist, um eine
                              // verschlüsselte Version von password
                              // in encrypted zu speichern
   return encrypted;
}
```

Das Objekt encrypted ist in dieser Funktion nicht vollkommen ungenutzt, doch es ist ungenutzt, wenn eine Ausnahme gesendet wird. Das heißt Sie zahlen für die Konstruktion und Zerstörung von encrypted auch dann, wenn encryptPassword eine Ausnahme auslöst. Daher sollten Sie die Definition von encrypted besser hinausschieben, bis Sie *wissen*, dass Sie sie brauchen:

```
// Diese Funktion schiebt die Definition von encrypted hinaus,
// bis sie wirklich erforderlich ist
std::string encryptPassword(const std::string& password)
{
   using namespace std;
   if (password.length() < MinimumPasswordLength) {
      throw logic_error("Password is too short");
   }
   string encrypted;
   ...                        // Tut was immer notwendig ist, um eine
                              // verschlüsselte Version von password
                              // in encrypted zu speichern
   return encrypted;
}
```

Dieser Quelltext ist noch immer nicht so dicht wie er sein könnte, da encrypted ohne jegliche Initialisierungsargumente aufgerufen wird. Das bedeutet, dass sein Standardkonstruktor aufgerufen wird. In vielen Fällen geben Sie einem Objekt als Erstes einen Wert, oftmals über eine Zuweisung. Tipp 4 erläutert, warum die Standardkonstruktion eines Objekts mit anschließender Zuweisung nicht so effizient ist, wie es mit dem Wert zu initialisieren, den es tatsächlich haben soll. Das gilt auch hier. Nehmen Sie z. B. an, der Kernteil von encryptPassword wird in folgender Funktion durchgeführt:

```
void encrypt(std::string& s);      // Verschlüsselt s an Ort und Stelle
```

Dann könnte encryptPassword wie folgt implementiert werden, obwohl es nicht die beste Möglichkeit ist:

```
// Diese Funktion schiebt die Definition von encrypted hinaus, bis
// sie erforderlich ist, doch sie ist immer noch unnötig ineffizient
std::string encryptPassword(const std::string& password)
{
   ...                          // Überprüft die Länge wie oben
   std::string encrypted;       // Standardkonstruktion von encrypted
   encrypted = password;        // Zuweisung an encrypted
   encrypt(encrypted);
   return encrypted;
}
```

Ein besserer Ansatz besteht darin, encrypted mit password zu initialisieren, und somit die zwecklose und möglicherweise teure Standardkonstruktion zu überspringen:

```
// Der beste Weg, encrypted zu definieren und zu initialisieren
std::string encryptPassword(const std::string& password)
{
   ...                                   // Überprüft die Länge
   std::string encrypted(password);      // Definiert und initialisiert
                                         // mit dem Kopierkonstruktor
   encrypt(encrypted);
   return encrypted;
}
```

Das ist die wahre Bedeutung von »so lange wie möglich« in der Überschrift dieses Tipps. Sie sollten die Definition einer Variablen nicht nur bis kurz vor ihrer Verwendung hinauszögern, sondern auch bis Sie Initialisierungsargumente für sie haben. Damit vermeiden Sie die Konstruktion und Zerstörung unbenötigter Objekte und unnötige Standardkonstruktionen. Des Weiteren wird der Zweck der Variablen besser dokumentiert, weil sie in Zusammenhängen initialisiert werden, in denen ihre Bedeutung klar ist.

Doch vielleicht fragen Sie sich: »Was ist mit Schleifen?« Wenn eine Variable nur innerhalb einer Schleife benötigt wird, ist es dann besser, sie außerhalb der Schleife zu definieren und in jedem Schleifendurchlauf eine Zuweisung vorzunehmen, oder sie innerhalb der Schleife zu definieren? Welche der folgenden allgemeinen Strukturen ist besser?

```
// Ansatz A: Definition außerhalb der Schleife
Widget w;
for (int i = 0; i < n; ++i)
   w = ein von i abhängiger Wert;
   ...
}

// Ansatz B: Definition innerhalb der Schleife
```

```
{ for (int i = 0; i < n; ++i) {
    Widget w(ein von i abhängiger Wert);
    ...
}
```

Hier bin ich von einem Objekt des Typs `string` zu einem Objekt des Typs `Widget` übergegangen, um alle Vorurteile über die Kosten einer Konstruktion, Destruktion oder Zuweisung für das Objekt zu vermeiden.

Ausgedrückt mit `Widget`-Operationen ergeben sich die Kosten für diese beiden Ansätze wie folgt:

- Ansatz A: 1 Konstruktor + 1 Destruktor + `n` Zuweisungen
- Ansatz B: `n` Konstruktoren und `n` Destruktoren

Für Klassen, in denen eine Zuweisung weniger kostet als ein Konstruktor-Destruktor-Paar, ist Ansatz A im Allgemeinen effizienter. Das ist insbesondere dann der Fall, wenn `n` groß wird. Ansonsten ist B möglicherweise besser. Darüber hinaus macht A den Namen `w` in einem größeren Gültigkeitsbereich sichtbar (dem, der die Schleife enthält) als Ansatz B, was der Verständlichkeit und Wartungsfreundlichkeit des Programms zuwiderläuft. Sofern Sie also erstens nicht wissen, dass eine Zuweisung günstiger ist als ein Konstruktor-Destruktor-Paar, und Sie zweitens mit einem leistungsempfindlichen Teil Ihres Quelltextes arbeiten, sollten Sie Ansatz B vorziehen.

Was Sie sich merken sollten

- Schieben Sie Variablendefinitionen so lange wie möglich hinaus. Das erhöht die Klarheit des Programms und verbessert seine Leistungsfähigkeit.

5.2 Tipp 27: Minimieren Sie die explizite Typumwandlung

Die Regeln von C++ garantieren, dass Typfehler unmöglich sind. Wenn Ihr Programm sauber kompiliert wird, gilt in der Theorie, dass es nicht versucht, unsichere und sinnlose Operationen an Objekten durchzuführen. Das ist eine wertvolle Garantie. Sie sollten nicht leichtfertig auf sie verzichten.

Leider untergraben explizite Typumwandlungen (Casts) das Typsystem. Das kann zu allen möglichen Problemen führen, von denen einige einfach zu erkennen und andere äußerst tückisch sind. Berücksichtigen Sie das, wenn Sie von C, Java oder C# zu C++ kommen, da die Typumwandlung in diesen Sprachen notwendiger und ungefährlicher ist als in C++. Aber C++ ist weder C noch Java noch C#. In dieser Sprache ist die Typumwandlung eine Eigenschaft, der Sie mit großem Respekt begegnen sollten.

Beginnen wir mit einer Wiederholung der Syntax, da es in der Regel drei verschiedene Möglichkeiten gibt, dieselbe Typumwandlung zu schreiben. C-artige Casts sehen wie folgt aus:

```
(T) expression    // Wandelt expression in den Typ T um
```

Funktionsartige Casts verwenden folgende Syntax:

```
T(expression)     // Wandelt expression in den Typ T um
```

Es gibt keinen Unterschied in der Bedeutung dieser Formen; es geht nur darum, wo Sie die Klammern setzen. Ich nenne diese beiden Formen *Typumwandlungen im alten Stil.*

C++ bietet auch vier neue Formen der Typumwandlung (oftmals *Typumwandlungen im neuen Stil* oder *C++-artige Typumwandlungen* genannt):

```
const_cast<T>(expression)
dynamic_cast<T>(expression)
reinterpret_cast<T>(expression)
static_cast<T>(expression)
```

Jede dient einem bestimmten Zweck:

- `const_cast` wird in der Regel verwendet, um die Konstanz von Objekten umzuwandeln. Es ist die einzige C++-artige Typumwandlung, die das kann.
- `dynamic_cast` wird in erster Linie dazu verwendet, um ein »sicheres Hinuntercasten« durchzuführen, d.h. zu bestimmen, ob ein Objekt in einer Vererbungshierarchie einen bestimmten Typ hat. Es ist die einzige Typumwandlung, die sich nicht mit der alten Syntax erreichen lässt, und auch die einzige, die merkliche Laufzeitkosten nach sich ziehen kann (Einzelheiten dazu später).
- `reinterpret_cast` ist für Typumwandlungen auf niedriger Ebene vorgesehen, die zu implementierungsabhängigen (d.h. nicht portierbaren) Ergebnissen führen, z.B. einen Zeiger in einen `int` umzuwandeln. Solche Casts sollten außerhalb vom Low-Level-Code selten sein. Ich verwende sie in diesem Buch nur einmal, und zwar nur um zu zeigen, wie Sie eine Debugging-Zuweisungsfunktion für Rohspeicher schreiben können (siehe Tipp 50).
- `static_cast` kann eingesetzt werden, um implizite Konvertierungen zu erzwingen (d.h. nicht konstante in konstante Objekte (wie in Tipp 3), `int` in `double` usw.). Es kann auch dazu verwendet werden, die Umkehrung vieler solcher Konvertierungen durchzuführen (z.B. `void*`-Zeiger in Zeiger mit Typ, Zeiger auf Basisobjekte in Zeiger auf abgeleitete Objekte), obwohl es keine konstanten in nicht konstante Objekte umwandeln kann (das kann nur `const_cast`).

Die Typumwandlungen im alten Stil sind weiterhin gültig, doch die neuen Formen sind vorzuziehen. Erstens sind sie im Quelltext viel einfacher zu erkennen (sowohl für Menschen als auch für Werkzeuge wie `grep`), und erleichtern es daher, Codestellen zu finden, in denen das Typsystem untergraben wird. Zweitens erleichtert es der enger umfasste Zweck einer jeden Typumwandlung dem Compiler, Verwendungsfehler festzustellen. Wenn Sie z.B. eine Konstanz mit einem anderen neuen Cast als `const_cast` umwandeln möchten, erhalten Sie einen Kompilierungsfehler.

Eine Typumwandlung im alten Stil setze ich eigentlich nur dann ein, wenn ich einen `explicit`-Konstruktor aufrufe, um ein Objekt an eine Funktion zu übergeben, wie im folgenden Beispiel:

```
class Widget {
public:
   explicit Widget(int size);
   ...
};
void doSomeWork(const Widget& w);
doSomeWork(Widget(15));                  // Erzeugt ein Widget aus int
                                        // mit einem funktionsartigen Cast
doSomeWork(static_cast<Widget>(15));     // Erzeugt ein Widget aus int
                                        // mit einem C++-artigen Cast
```

Irgendwie »fühlt« sich eine bewusste Objekterstellung nicht wie eine Typumwandlung an, so dass ich in diesem Fall vermutlich den funktionsartigen Cast anstelle von `static_cast` verwende. Allerdings fühlt sich Quelltext, der zu einem Kerndump führt, beim Schreiben ziemlich vernünftig an, so dass Sie Gefühle am besten ignorieren und nur noch Typumwandlungen im neuen Stil einsetzen.

Viele Programmierer glauben, dass Casts nichts anderes tun, als dem Compiler mitzuteilen, einen Typ als einen anderen zu behandeln, doch das ist ein Irrtum. Typumwandlungen jeglicher Art (entweder explizit über Casts oder implizit durch Compiler) führen oft zu Code, der zur Laufzeit ausgeführt wird. Betrachten Sie z.B. dieses Codefragment:

```
int x, y;
...
double d = static_cast<double>(x)/y;    // Division von x durch y, doch
                                        // mit Fließkommadivision
```

Der Cast von `int x` in einen `double` erzeugt fast mit Sicherheit Code, da die zugrunde liegende Darstellung eines `int` sich auf den meisten Architekturen von der eines `double` unterscheidet. Das ist vielleicht nicht so überraschend, doch folgendes Beispiel kann Ihre Augen möglicherweise ein wenig öffnen:

```
class Base { ... };
class Derived: public Base { ... };
Derived d;
Base *pb = &d;              // Implizite Konvertierung Derived* => Base*
```

Hier erstellen wir lediglich einen Basisklassenzeiger auf ein Objekt einer abgeleiteten Klasse, doch manchmal sind die beiden Zeigerwerte nicht identisch. Ist das der Fall, wird *zur Laufzeit* ein Offset auf den Zeiger `Derived*` angewendet, um den richtigen Zeigerwert von `Base*` zu erhalten.

Dieses letzte Beispiel zeigt, dass ein einzelnes Objekt (z.B. ein Objekt vom Typ `Derived`) mehr als eine Adresse haben kann (z.B. eine Adresse, wenn ein `Base*`-Zeiger auf es verweist, und eine andere, wenn ein `Derived*`-Zeiger auf es verweist). Das kann in C nicht passieren, ebenso wenig in Java oder C#. Es *passiert* aber in C++. Genauer gesagt passiert es bei Mehrfachvererbung praktisch immer, aber es kann auch bei Einfachvererbung eintreten. Das bedeutet unter anderem, dass Sie im Allgemeinen keine Annahmen darüber machen sollten, wie Dinge in C++ gestaltet sind, und mit Sicherheit keine Typumwandlungen aufgrund solcher Annahmen durchführen sollten. Zum Beispiel führt das Umwandeln von Objektadressen in `char*`-Zeiger und das anschließende Ausführen von Zeigerarithmetik mit ihnen fast sicher zu undefiniertem Verhalten.

Ich habe darauf hingewiesen, dass »manchmal« ein Offset erforderlich ist. Wie Objekte gestaltet sind und wie ihre Adressen berechnet werden, ist von Compiler zu Compiler unterschiedlich. Wenn also Ihre Typumwandlungen nach dem Motto »Ich weiß, wie die Dinge liegen« auf einer Plattform funktionieren, bedeutet das nicht, dass das auch auf anderen Plattformen der Fall ist. Die Welt ist voller trauriger Programmierer, die für diese Lektion Lehrgeld bezahlt haben.

Interessant bei Typumwandlungen ist, dass es einfach ist, etwas zu schreiben, das richtig aussieht (und in anderen Sprachen richtig sein mag), aber falsch ist. Viele Anwendungsframeworks fordern z.B., dass Implementierungen virtueller Elementfunktionen in abgeleiteten Klassen zunächst ihr Gegenstück aus der Basisklasse aufrufen. Angenommen wir haben eine Basisklasse `Window` und eine abgeleitete Klasse `SpecialWindow`, die beide die virtuelle Funktion `onResize` definieren. Nehmen wir des Weiteren an, dass `onResize` von `SpecialWindow` zunächst `onResize` von `Window` aufrufen soll. Die folgende Implementierung sieht richtig aus, ist aber falsch:

```
class Window {                              // Basisklasse
public:
   virtual void onResize() { ... }          // Basisimplemetierung von
                                            // onResize

   ...
};
class SpecialWindow: public Window {        // Abgeleitete Klasse
```

```
public:
   virtual void onResize() {                    // Abgeleitete Impl. von
onResize;
      static_cast<Window>(*this).onResize(); // Umwandeln von *this in
                                                // Window,dann Aufruf
                                                // seines onResize;
                                                // das funktioniert nicht!
      ...                                       // Tut etwas SpecialWindow-
   }                                            // spezifisches
   ...
};
```

Ich habe die Typumwandlung im Quelltext hervorgehoben. (Es ist eine im neuen Stil, doch eine Typumwandlung im alten Stil würde nichts ändern.) Wie Sie erwarten, wandelt der Code `*this` in ein `Window` um. Der sich ergebende Aufruf von `onResize` ruft daher `Window::onResize` auf. Doch Sie erwarten vielleicht nicht, dass diese Funktion nicht bei dem aktuellen Objekt aufgerufen wird! Stattdessen erstellt der Cast eine neue, temporäre *Kopie* des Basisklassenanteils von `*this` und ruft dann `onResize` für die Kopie auf! Der vorstehende Quelltext führt `Window::onResize` nicht an dem aktuellen Objekt aus, um dann `SpecialWindow`-spezifische Aktionen an ihm durchzuführen – er ruft `Window::onResize` für eine *Kopie des Basisklassenanteils* des aktuellen Objekts auf, bevor er `SpecialWindow`-spezifische Aktionen ausführt. Wenn `Window::onResize` das aktuelle Objekt verändert (nicht unwahrscheinlich, da `onResize` eine nicht konstante Elementfunktion ist), wird das aktuelle Objekt nicht verändert, sondern eine *Kopie* davon. Verändert jedoch `SpecialWindow::onResize` das aktuelle Objekt, *wird* das aktuelle Objekt modifiziert, was zu der Aussicht führt, dass der Quelltext das Objekt in einem ungültigen Zustand hinterlässt, indem keine Veränderungen an der Basisklasse, aber an der abgeleiteten Klasse vorgenommen wurden.

Die Lösung besteht darin, die Typumwandlung zu beseitigen und durch das zu ersetzen, was Sie wirklich sagen wollten. Sie möchten Compiler nicht dazu verleiten, `*this` als Basisklassenobjekt zu behandeln, sondern die Basisklassenversion von `onResize` für das aktuelle Objekt aufrufen. Schreiben Sie daher Folgendes:

```
class SpecialWindow: public Window {
public:
   virtual void onResize() {
      Window::onResize();                     // Aufruf von Window::onResize
      ...                                    // für *this
   }
   ...
};
```

Dieses Beispiel zeigt auch, dass Sie wahrscheinlich auf dem falschen Weg sind, wenn Sie eine Typumwandlung durchführen möchten. Das ist insbesondere dann der Fall, wenn Sie `dynamic_cast` einzusetzen wünschen.

Bevor wir uns in die Auswirkungen des Entwurfs von `dynamic_cast` vertiefen, ist es erwähnenswert, dass viele Implementierungen von `dynamic_cast` recht langsam sein können. Zum Beispiel basiert mindestens eine verbreitete Implementierung auf Zeichenkettenvergleichen von Klassennamen. Wenn Sie einen `dynamic_cast` für ein Objekt in einer vier Ebenen tiefen Einzelvererbungshierarchie durchführen, kann jeder `dynamic_cast` einer solchen Implementierung vier Aufrufe von `strcmp` zum Vergleich von Klassennamen kosten. Eine tiefere Hierarchie oder eine mit Mehrfachvererbung wäre noch teurer. Es gibt Gründe dafür, dass einige Implementierungen auf diese Weise funktionieren (sie hängen mit der Unterstützung für dynamisches Linken zusammen). Dennoch sollten Sie gegenüber Casts nicht nur im Allgemeinen argwöhnisch sein, sondern im Besonderen gegenüber `dynamic_cast`s in leistungsrelevantem Code.

Der Bedarf nach `dynamic_cast` entsteht in der Regel daraus, dass Sie Operationen abgeleiteter Klassen an Objekten ausführen möchten, von denen Sie glauben, dass sie aus einer abgeleiteten Klasse stammen, wobei Sie zum Manipulieren des Objekts jedoch nur einen Zeiger oder eine Referenz auf die Basis haben. Es gibt zwei allgemeine Verfahren zur Vermeidung dieses Problems.

Verwenden Sie erstens Container, die Zeiger (oftmals intelligente Zeiger – siehe Tipp 13) auf Objekte abgeleiteter Klassen direkt speichern und daher den Bedarf beseitigen, solche Objekte über Basisklasseninterfaces zu manipulieren. Wenn z.B. in unserer Hierarchie `Window`/`SpecialWindow` nur `SpecialWindow` ein Blinken unterstützt, sollten Sie nicht Folgendes schreiben:

```
class Window { ... };
class SpecialWindow: public Window {
public:
   void blink();
   ...
};
typedef                                              // Siehe Tipp 13 für
                                                     // Informationen
   std::vector<std::tr1::shared_ptr<Window> > VPW;   // über tr1::shared_ptr
VPW winPtrs;
...
for (VPW::iterator iter = winPtrs.begin();           // Unerwünschter Code:
      iter != winPtrs.end();                         // Benutzt dynamic_cast
      ++iter) {
   if (SpecialWindow *psw = dynamic_cast<SpecialWindow*>(iter->get()))
      psw->blink();
}
```

Schreiben Sie stattdessen:

```
typedef std::vector<std::tr1::shared_ptr<SpecialWindow> > VPSW;
VPSW winPtrs;
...
for (VPSW::iterator iter = winPtrs.begin();      // Besserer Code: Verwendet
     iter != winPtrs.end();                      // kein dynamic_cast
     ++iter)
   (*iter)->blink();
```

Natürlich ermöglicht dieser Ansatz nicht, Zeiger auf alle möglichen Ableitungen von `Window` im selben Container zu speichern. Um mit verschiedenen Fenstertypen zu arbeiten, benötigen Sie möglicherweise mehrer typsichere Container.

Eine Alternative, die das Manipulieren aller möglichen Ableitungen von `Window` durch ein Basisklasseninterface ermöglicht, besteht darin, in der Basisklasse virtuelle Funktionen zur Verfügung zu stellen, mit denen Sie das Gewünschte erreichen. Obwohl nur `SpecialWindow` blinken kann, hat es vielleicht Sinn, die Funktion in der Basisklasse zu deklarieren und eine Standardimplementierung anzubieten, die nichts macht:

```
class Window {
public:
   virtual void blink() {}                    // Standardimpl. ohne Funktion;
   ...                                        // siehe Tipp 34, warum eine
};                                            // Standardimplementierung
                                              // schlecht sein kann
class SpecialWindow: public Window {
public:
   virtual void blink() { ... }               // In dieser Klasse
   ...                                        // macht blink etwas
};
typedef std::vector<std::tr1::shared_ptr<Window> > VPW;
VPW winPtrs;                                  // Container enthält
                                              // (Zeiger auf) alle möglichen
...                                           // Window-Typen
for (VPW::iterator iter = winPtrs.begin();
     iter != winPtrs.end();
     ++iter)                                  // Beachten Sie das Fehlen
   (*iter)->blink();                          // des dynamic_cast
```

Keiner dieser Ansätze – die Verwendung typsicherer Container oder das Verschieben virtueller Funktionen in der Hierarchie nach oben – ist universell einsetzbar, doch in vielen Fällen bieten sie eine gute Alternative zu Typumwandlungen über `dynamic_cast`. Ist das der Fall, sollten Sie sie ergreifen.

Was Sie mit Sicherheit vermeiden möchten, sind Designs mit kaskadierenden `dynamic_cast`s, d.h. etwas, das wie folgt aussieht:

```
class Window { ... };
...                                   // Abgeleitete Klassen sind hier
                                      // definiert
typedef std::vector<std::tr1::shared_ptr<Window> > VPW;
VPW winPtrs;
...
for (VPW::iterator iter = winPtrs.begin(); iter != winPtrs.end(); ++iter)
{
if (SpecialWindow1 *psw1 =
dynamic_cast<SpecialWindow1*>(iter->get())) { ... }
else if (SpecialWindow2 *psw2 =
dynamic_cast<SpecialWindow2*>(iter->get())) { ... }
else if (SpecialWindow3 *psw3 =
dynamic_cast<SpecialWindow3*>(iter->get())) { ... }
...
}
```

Ein solcher C++-Quelltext führt zu umfangreichem und langsamem Code, der zudem spröde ist, da bei jeder Änderung der `Window`-Klassenhierarchie überprüft werden muss, ob der Code aktualisiert werden muss. (Wird z.B. eine neue abgeleitete Klasse hinzugefügt, muss möglicherweise ein neuer Bedingungszweig in die Kaskade aufgenommen werden.) Ein Quelltext, der so aussieht, sollte fast immer auf der Grundlage virtueller Funktionsaufrufe ersetzt werden.

Gutes C++ nutzt nur sehr wenige Typumwandlungen, doch es ist im Allgemeinen nicht möglich, alle loszuwerden. Die Umwandlung von `int` in `double` zu Anfang dieses Tipps ist z.B. eine vernünftige Verwendung eines Casts, obwohl sie nicht unbedingt notwendig ist. (Der Code könnte neu geschrieben werden, um eine neue Variable vom Typ `double` zu deklarieren, die mit dem Wert von `x` initialisiert wird.) Wie die meisten verdächtigen Konstrukte sollten Typumwandlungen so weit wie möglich isoliert und in der Regel in Funktionen versteckt werden, deren Schnittstellen die innen ausgeführte schmuddelige Arbeit abschirmen.

Was Sie sich merken sollten

- Vermeiden Sie Typumwandlungen, wann immer möglich, insbesondere `dynamic_cast` in leistungsrelevantem Quelltext. Wenn ein Design eine Typumwandlung erfordert, versuchen Sie eine von Typumwandlungen freie Alternative zu entwickeln.
- Wenn Typumwandlungen erforderlich sind, versuchen Sie, sie in einer Funktion zu verstecken. Kunden können dann diese Funktion aufrufen, anstatt Casts in ihrem eigenen Quelltext durchzuführen.
- Ziehen Sie den C++-artigen Stil dem alten Stil vor. Er ist einfacher zu erkennen und zeigt präziser an, was Sie tun.

5.3 Tipp 28: Geben Sie keine »Handles« für interne Daten eines Objekts zurück

Angenommen, Sie arbeiten an einer Anwendung, die sich mit Rechtecken befasst. Jedes Rechteck kann durch seine obere linke und untere rechte Ecke dargestellt werden. Um ein Rectangle-Objekt klein zu halten, können Sie festlegen, dass die Punkte, die seine Ausdehnung angeben, nicht in Rectangle selbst, sondern lieber in einer Hilfsstruktur gespeichert werden sollten, auf die Rectangle zeigt:

```
class Point {                          // Klasse zur Darstellung von Punkten
public:
   Point(int x, int y);
   ...
   void setX(int newVal);
   void setY(int newVal);
   ...
};
struct RectData {                      // Punktdaten für ein Rechteck
   Point ulhc;                         // ulhc = "upper left-hand corner"
                                       // (untere linke Ecke)
   Point lrhc;                         // lrhc = "lower right-hand corner"
                                       // (obere rechte Ecke)
};
class Rectangle {
   ...
private:
   std::tr1::shared_ptr<RectData> pData; // Siehe Tipp 13 für Informationen
};                                       // über tr1::shared_ptr
```

Da Kunden von Rectangle in der Lage sein müssen, die Ausdehnung eines Rechtecks zu bestimmen, enthält die Klasse die Funktionen upperLeft und lowerRight. Point ist jedoch ein benutzerdefinierter Typ, so dass diese Funktionen – mit der Beobachtung aus Tipp 20 im Hinterkopf, dass die Übergabe benutzerdefinierter Typen als Verweis normalerweise effizienter ist als die Rückgabe als Wert – Verweise auf die zugrunde liegenden Point-Objekte zurückgeben:

```
class Rectangle {
public:
   ...
   Point& upperLeft() const { return pData->ulhc; }
   Point& lowerRight() const { return pData->lrhc; }
...
};
```

Dieser Entwurf wird kompiliert, doch er ist falsch. Tatsächlich widerspricht er sich selbst. Einerseits sind upperLeft und lowerRight als konstante Elementfunktionen deklariert, da sie nur dazu entworfen wurden, Kunden eine Möglichkeit zu bieten, die Position der Rechteckpunkte zu bestimmen, aber nicht um ihnen zu erlauben, das Rechteck zu verändern (siehe Tipp 3). Andererseits geben beide Funktionen Verweise auf private interne Daten zurück – Verweise, die Aufrufer verwenden können, um diese internen Daten zu verändern! Betrachten Sie dazu folgendes Beispiel:

```
Point coord1(0, 0);
Point coord2(100, 100);
const Rectangle rec(coord1, coord2); // rec ist ein konstantes Rechteck von
                                     // (0, 0) bis (100, 100)
rec.upperLeft().setX(50);              // Nun geht rec von
                                     // (50, 0) bis (100, 100)!
```

Beachten Sie hier, wie der Aufruf an `upperLeft` den zurückgegebenen Verweis auf eines von `rec`s internen `Point`-Datenelementen dazu verwenden kann, dieses Element zu modifizieren. Aber `rec` soll konstant sein!

Hieraus lernen wir sofort zwei Dinge. Erstens: Ein Datenelement ist nur so weit gekapselt wie die zugänglichste Funktion, die einen Verweis darauf zurückgibt. In diesem Fall sind `ulhc` und `lrhc` letztlich öffentlich, obwohl sie als `private` deklariert sind, da die öffentlichen Funktionen `upperLeft` und `lowerRight` Verweise auf sie zurückgeben. Zweitens: Wenn eine konstante Elementfunktion eine Referenz auf Daten zurückgibt, die mit einem außerhalb des Objekts selbst gespeicherten Objekt verknüpft sind, kann der Aufrufer der Funktion diese Daten verändern. (Das ist lediglich eine Auswirkung der Beschränkungen der bitweisen Konstanz – siehe Tipp 3.)

An allem, was wir getan haben, waren Elementfunktionen beteiligt, die Verweise zurückgeben, doch wenn Sie Zeiger oder Iteratoren zurückgeben würden, gäbe es dieselben Probleme aus denselben Gründen. Verweise, Zeiger und Iteratoren sind *Handles* (Möglichkeiten, um an andere Objekte zu gelangen), und die Rückgabe eines Handles an die Interna eines Objekts birgt immer die Gefahr, die Kapselung dieses Objekts zu gefährden. Wie wir gesehen haben, kann dies auch dazu führen, dass konstante Elementfunktionen es erlauben, den Zustand eines Objekts zu verändern.

Im Allgemeinen stellen wir uns die »Interna« eines Objekts als seine Datenelemente vor, doch Elementfunktionen, die für die allgemeine Öffentlichkeit nicht zugänglich sind (d.h., die `protected` oder `private` sind), sind auch Teile dieser Interna. Daher ist es wichtig, keine Handles auf sie zurückzugeben. Das bedeutet, dass Sie niemals zulassen dürfen, dass eine Elementfunktion einen Zeiger auf eine weniger zugängliche Elementfunktion zurückgibt. Tun Sie es doch, ist die effektive Zugriffsebene die der stärker zugänglichen Funktion, da Kunden einen Zeiger auf die weniger zugängliche Funktion erhalten und diese Funktion dann über den Zeiger aufrufen können.

Funktionen, die Zeiger auf Elementfunktionen zurückgeben, sind jedoch ungewöhnlich, so dass wir unsere Aufmerksamkeit wieder der Klasse `Rectangle` und ihren Elementfunktionen upperLeft und lowerRight widmen. Beide erkannten Probleme können gelöst werden, indem wir einfach die Rückgabewerte als const zurückgeben:

```
class Rectangle {
public:
   ...
   const Point& upperLeft() const { return pData->ulhc; }
   const Point& lowerRight() const { return pData->lrhc; }
   ...
};
```

Mit diesem geänderten Design können Kunden die Points lesen, die ein Rechteck definieren, sie aber nicht verändern. Das bedeutet, dass es keine Lüge mehr ist, upperLeft und lowerRight als const zu deklarieren, da sie keinem Aufrufer mehr gestatten, den Zustand des Objekts zu verändern. Was das Kapselungsproblem betrifft, haben wir immer beabsichtigt, dass Kunden die Punkte eines Rechtecks sehen können, so dass das eine bewusste Lockerung der Kapselung ist. Noch wichtiger, es ist eine *beschränkte* Kapselung: Diese Funktionen erlauben nur den Lesezugriff. Ein Schreibzugriff ist weiterhin verboten.

Trotzdem geben upperLeft und lowerRight immer noch Handles auf die Interna eines Objekts zurück, und das kann auf andere Weise problematisch sein. Insbesondere kann es zu *ungültigen Handles* führen: Handles, die auf Teile eines Objekts verweisen, das es nicht mehr gibt. Die am weitesten verbreitete Quelle solcher verschwindender Objekte sind Funktionsrückgabewerte. Betrachten Sie z.B. eine Funktion, die den umschließenden Rahmen eines GUI-Objekts in Form eines Rechtecks zurückgibt:

```
class GUIObject { ... };
const Rectangle                       // Gibt ein Rechteck als Wert
   boundingBox(const GUIObject& obj);  // zurück; siehe Tipp 3, warum der
                                      // Rückgabetyp konstant ist
```

Nun betrachten Sie, wie ein Kunde diese Funktion einsetzen mag:

```
GUIObject *pgo;                       // Lässt pgo auf ein
...                                   // GUIObject zeigen
const Point *pUpperLeft =             // Erhält einen Zeiger auf
   &(boundingBox(*pgo).upperLeft());   // die obere linke Ecke seines
                                      // umschließenden Rahmens
```

Der Aufruf an boundingBox gibt ein neues, temporäres Rectangle-Objekt zurück. Dieses Objekt hat keinen Namen, lassen Sie es uns daher *temp* nennen. upperLeft wird dann für *temp* aufgerufen und dieser Aufruf gibt einen Verweis auf einen internen Teil von *temp* zurück, insbesondere auf einen der Points, die es bilden. pUpperLeft zeigt dann auf dieses Point-Objekt. So weit, so gut, doch wir sind noch nicht fertig, weil am Ende der Anweisung der Rückgabewert von boundingBox – *temp* – zerstört wird, und das führt indirekt zur Zerstörung der `Points` von *temp*. Das wiederum lässt `pUpperLeft` auf ein Objekt zeigen, das nicht mehr existiert; `pUpperLeft` zeigt am Ende der Anweisung, die es erstellt hat, auf ein ungültiges Objekt!

Das ist der Grund, weshalb jede Funktion, die ein Handle auf einen internen Teil eines Objekts zurückgibt, gefährlich ist. Es ist egal, ob das Handle ein Zeiger, ein Verweis oder ein Iterator ist. Es ist egal, ob es mit `const` eingeschränkt wurde. Es ist egal, ob die Elementfunktion, die das Handle zurückgibt, selbst konstant ist. Es zählt nur, dass ein Handle zurückgegeben wird, denn sobald das geschehen ist, laufen Sie Gefahr, dass das Handle das Objekt überlebt, auf das es verweist.

Das bedeutet nicht, dass Sie *niemals* eine Elementfunktion haben sollten, die ein Handle zurückgibt. Manchmal müssen Sie das tun. Zum Beispiel ermöglicht `operator[]`, einzelne Elemente aus Strings und Vektoren herauszuziehen, und diese `operator[]` funktionieren, indem sie Verweise auf die Daten in den Containern zurückgeben (siehe Tipp 3) – Daten, die zusammen mit den Containern zerstört werden. Solche Funktionen sind weiterhin die Ausnahme, nicht die Regel.

Was Sie sich merken sollten

- Geben Sie keine Handles (Verweise, Zeiger oder Iteratoren) für interne Daten eines Objekts zurück. Diese Maßnahme erhöht die Kapselung, hilft konstanten Elementfunktion, konstant zu bleiben, und minimiert das Risiko ungültiger Handles.

5.4 Tipp 29: Streben Sie ausnahmesicheren Code an

Ausnahmesicherheit ist ähnlich wie Schwangerschaft ... Doch halten Sie diesen Gedanken noch einen Augenblick zurück. Wir können nicht über Fortpflanzung reden, bevor wir niemandem den Hof gemacht haben.

Angenommen, wir haben eine Klasse, die GUI-Menüs mit Hintergrundbildern darstellt. Sie ist für Thread-Umgebungen gedacht, so dass sie einen Mutex zur Steuerung der Parallelverarbeitung hat:

```
class PrettyMenu {
public:
   ...
   void changeBackground(std::istream& imgSrc); // Hintergrundbild
   ...                                          // ändern
private:
   Mutex mutex;             // Mutex für dieses Objekt
   Image *bgImage;          // Aktuelles Hintergrundbild
   int imageChanges;        // Anzahl der Veränderungen des Bilds
};
```

Betrachten Sie folgende mögliche Implementierung der Funktion changeBackground von PrettyMenu:

```
void PrettyMenu::changeBackground(std::istream& imgSrc)
{
   lock(&mutex);                    // Mutex erwerben (wie in Tipp 14)
   delete bgImage;                  // Alten Hintergrund loswerden
   ++imageChanges;                  // Bildänderungszähler aktualisieren
   bgImage = new Image(imgSrc);     // Neuen Hintergrund installieren
   unlock(&mutex);                  // Mutex freigeben
}
```

Aus der Sicht der Ausnahmesicherheit ist diese Funktion so schlecht wie möglich. Es gibt zwei Anforderungen für die Ausnahmesicherheit und sie erfüllt keine.

Wenn eine Ausnahme ausgelöst wird, gilt für ausnahmesichere Funktionen:

- **Sie haben keine Ressourcenlecks:** Der vorstehende Quelltext besteht diesen Test nicht, da der Ausdruck new Image(imgSrc) zu einer Ausnahme führt, der Aufruf an unlock niemals ausgeführt wird und der Mutex für ewig bestehen bleibt.
- **Sie bringen Datenstrukturen nicht in einen inkonsistenten Zustand:** Wenn new Image(imgSrc) eine Ausnahme auslöst, zeigt bgImage auf ein gelöschtes Objekt. Zusätzlich wurde imageChanges erhöht, obwohl es nicht stimmt, dass ein neues Hintergrundbild installiert wurde. (Andererseits wurde das alte Bild definitiv entfernt, so dass Sie argumentieren können, dass das Bild »geändert« wurde.)

Es ist einfach, das Ressourcenleck zu stopfen, denn Tipp 13 erläutert, wie Objekte zur Ressourcenverwaltung eingesetzt werden, und Tipp 14 führt die Klasse Lock als eine Möglichkeit ein, um sicherzustellen, dass Mutexe nach einer angemessenen Zeit freigegeben werden:

```
void PrettyMenu::changeBackground(std::istream& imgSrc)
{
   Lock ml(&mutex);                 // Aus Tipp 14: Erwirbt Mutex und
                                    // stellt die spätere Freigabe sicher
   delete bgImage;
   ++imageChanges;
   bgImage = new Image(imgSrc);
}
```

Einer der besten Aspekte von Klassen zur Ressourcenverwaltung wie Lock besteht darin, dass sie Funktionen normalerweise kürzer machen. Sehen Sie, dass der Aufruf an unlock nicht mehr benötigt wird? Als allgemeine Regel gilt, dass weniger Quelltext besserer Quelltext ist, da bei Änderungen weniger schief gehen und weniger missverstanden werden kann.

Da wir das Ressourcenleck erledigt haben, können wir uns dem Problem der Datenstrukturzerstörung widmen. Hier haben wir eine Wahl, doch bevor wir wählen können, müssen wir die Terminologie kennen lernen, die unsere Auswahl definiert.

Ausnahmesichere Funktionen bieten eine von drei Garantien:

- Funktionen, die die **grundlegende Garantie** bieten, versprechen, dass beim Auslösen einer Ausnahme alles im Programm in einem gültigen Zustand verbleibt. Es werden keine Objekte oder Datenstrukturen zerstört, und alle Objekte sind intern in einem konsistenten Zustand (d.h. alle Klasseninvarianten sind erfüllt). Der genaue Zustand des Programms kann jedoch nicht vorhersehbar sein. Wir könnten `changeBackground` z.B. so schreiben, dass beim Senden einer Ausnahme das Objekt `PrettyMenu` weiterhin das alte Hintergrundbild oder ein Standardhintergrundbild hat, doch die Kunden können das Ergebnis nicht vorhersagen. (Um es herauszufinden, müssten sie vermutlich eine Elementfunktion aufrufen, die ihnen sagt, was das aktuelle Hintergrundbild war.)
- Funktionen, die die **starke Garantie** bieten, versprechen, dass beim Auslösen einer Ausnahme der Zustand des Programms unverändert bleibt. Aufrufe an solche Funktionen sind im folgenden Sinn *elementar*: Wenn sie erfolgreich sind, sind sie vollständig erfolgreich, und wenn sie fehlschlagen, ist der Zustand des Programms so, als wären sie niemals aufgerufen worden.

  Es ist einfacher, mit Funktionen zu arbeiten, die die starke Garantie bieten, als mit denen, die nur die Basisgarantie aufweisen, da es nach dem Aufruf Ersterer nur zwei mögliche Programmzustände gibt: den Zustand, der nach dem erfolgreichen Ausführen der Funktion erwartet wird, oder den, der vor dem Aufruf vorhanden war. Wenn im Gegensatz dazu der Aufruf einer Funktion, die nur die Basisgarantie bietet, eine Ausnahme auslöst, kann das Programm in *jedem* gültigen Zustand sein.
- Funktionen, die die **Nichtauslösegarantie (nothrow-Garantie)** bieten, garantieren, dass sie niemals Ausnahmen auslösen, weil sie immer das tun, was sie versprechen. Alle Operationen an integrierten Typen (z.B. Integer, Zeiger usw.) bieten die Nichtauslösegarantie. Das ist ein entscheidender Baustein für ausnahmesicheren Quelltext.

  Es scheint vernünftig anzunehmen, dass Funktionen mit leeren Ausnahmespezifikationen die Nichtsauslösegarantie bieten, doch das trifft nicht notwendigerweise zu. Betrachten Sie z.B. die folgende Funktion:

```
int doSomething() throw();    // Beachten Sie die leere
                              // Ausnahmespezifikation
```

  Das besagt nicht, dass `doSomething` niemals eine Ausnahme sendet; es besagt, das es sich um einen ernsten Fehler handelt, *wenn* `doSomething` eine Ausnahme sendet und die Funktion unexpected aufgerufen werden sollte.[1] Tatsächlich gibt doSomething möglicherweise gar keine Ausnahmegarantie. Die Deklaration einer Funktion (einschließlich ihrer Ausnahmespezifikation, wenn sie eine hat) sagt nicht, ob sie korrekt oder portierbar oder effizient ist, und auch nicht, ob sie irgendeine Ausnahmegarantie bietet. Alle diese Eigenschaften bestimmt die Implementierung der Funktion, nicht ihre Deklaration.

Ausnahmesicherer Quelltext muss eine der drei oben genannten Garantien bereitstellen. Falls nicht, ist er nicht ausnahmesicher. Die Wahl besteht dann darin, welche Garantie Sie für jede Ihrer Funktionen anbieten. Wenn Sie sich nicht mit ausnahmeunsicherem veralteten Quelltext befassen (den wir später in diesem Tipp behandeln), sollten Sie nur dann keine Ausnahmesicherheitsgarantie vorsehen, wenn Ihr Superteam aus Anforderungsanalytikern für Ihre Anwendung die Notwendigkeit erkannt hat, dass sie mit Ressourcenlecks und zerstörten Datenstrukturen ausgeführt werden muss.

Als allgemeine Regel sollten Sie die stärkste Garantie bieten, die praktisch anwendbar ist. Aus der Sicht der Ausnahmesicherheit sind Funktionen mit Nichtauslösegarantie wunderbar, doch es ist schwer, den C-Teil von C++ zu verlassen, ohne Funktionen aufzurufen, die Ausnahmen senden können. Alles, was dynamisch zugewiesenen Speicher verwendet (z. B. alle STL-Container), löst normalerweise eine bad_alloc-Ausnahme aus, wenn es nicht genügend Speicher finden kann, um eine Anforderung zu erfüllen (siehe Tipp 49). Bieten Sie die Nichtauslösegarantie an, wenn Sie können, doch bei den meisten Funktionen besteht die Wahl zwischen der grundlegenden und der starken Garantie.

Im Fall von changeBackground ist es nicht schwer, die starke Garantie *beinahe* anzubieten. Als Erstes ändern wir den Typ des Datenelements bgImage von PrettyMenu von einem eingebauten Image*-Zeiger in einen der intelligenten ressourcenverwaltenden Zeiger, die in Tipp 13 beschrieben werden. Offen gestanden ist das nur für den Zweck eine gute Idee, Ressourcenlecks zu verhindern. Die Tatsache, dass es uns dabei hilft, die starke Ausnahmesicherheitsgarantie anzubieten, verstärkt einfach das Argument aus Tipp 13, dass die Verwendung von Objekten (wie z. B. intelligenten Zeigern) zur Ressourcenverwaltung grundlegend für ein gutes Design ist. Im folgenden Quelltext zeige ich die Verwendung von tr1::shared_ptr, da ihm sein intuitiveres Verhalten beim Kopieren den Vorrang vor auto_ptr gibt.

Als Zweites ordnen wir die Reihenfolge der Anweisungen in changeBackground so an, dass wir imageChanges nicht erhöhen, bis das Bild verändert wurde. Es ist allgemein eine gute Richtlinie, den Status eines Objekts, das anzeigen soll, dass sich etwas geändert hat, nicht anzufassen, bis die Änderung tatsächlich durchgeführt wurde.

---

1 Informationen zur Funktion unexpected erhalten Sie über Ihre Lieblingssuchmaschine oder in einem umfassenden C++-Handbuch. (Sie haben vermutlich mehr Glück bei der Suche nach set_unexpected, die Funktion, die die Funktion unexpected angibt.)

Schließlich erhalten wir diesen Quelltext:

```
class PrettyMenu {
   ...
   std::tr1::shared_ptr<Image> bgImage;
   ...
};
void PrettyMenu::changeBackground(std::istream& imgSrc)
{
   Lock ml(&mutex);
   bgImage.reset(new Image(imgSrc)); // Ersetzt den internen Zeiger von
                                     // bgImage durch das Ergebnis des
                                     // Ausdrucks new Image
   ++imageChanges;
}
```

Beachten Sie, dass es nicht mehr erforderlich ist, das alte Bild manuell zu löschen, da der intelligente Zeiger das intern handhabt. Des Weiteren findet die Löschung nur dann statt, wenn das neue Bild erfolgreich erstellt wird. Genauer gesagt, wird die Funktion `tr1::shared_ptr::reset` nur dann aufgerufen, wenn ihr Parameter (das Ergebnis von `new Image(imgSrc)`) erfolgreich erstellt wird. `delete` wird nur in dem Aufruf an `reset` eingesetzt, so dass es nicht verwendet wird, wenn die Funktion nie betreten wird. Beachten Sie auch, dass die Verwendung eines Objekts (`tr1::shared_ptr`) zur Verwaltung einer Ressource (des dynamisch zugewiesenen `Image`) `changeBackground` wiederum verkürzt hat.

Wie ich sagte, reichen diese beiden Änderungen *beinahe* dazu aus, dass `changeBackground` die starke Ausnahmesicherheitsgarantie bietet. Was ist das Haar in der Suppe? Der Parameter `imgSrc`. Wenn der Konstruktor `Image` eine Ausnahme auslöst, ist es möglich, dass der Lesezeiger des Eingabestroms bewegt wurde, und eine solche Bewegung wäre eine für den Rest des Programms sichtbare Zustandsänderung. Bis `changeBackground` sich diesem Problem zuwendet, bietet die Funktion nur die grundlegende Garantie für die Ausnahmesicherheit.

Lassen Sie uns das jedoch beiseite legen und so tun, als ob `changeBackground` die starke Garantie bietet. (Ich bin zuversichtlich, dass Sie eine Möglichkeit dafür finden, vielleicht indem Sie ihren Parametertyp von einem `istream` in den Namen der Datei ändern, die die Bilddaten enthält.) Es gibt eine allgemeine Designstrategie, die normalerweise zur starken Garantie führt, und es ist wichtig, sie zu kennen. Diese Strategie ist als »Kopieren und Tauschen« bekannt und im Prinzip sehr einfach. Machen Sie eine Kopie des Objekts, das Sie ändern möchten, und führen Sie dann alle benötigten Änderungen an der Kopie aus. Wenn irgendeiner der Änderungsvorgänge eine Ausnahme auslöst, bleiben die ursprünglichen Objekte unverändert. Nachdem alle Änderungen erfolgreich beendet wurden, tauschen Sie das veränderte Objekt in einer ausnahmefreien Operation gegen das Original aus.

Das wird in der Regel implementiert, indem alle Daten aus dem »realen« Objekt in ein getrenntes Implementierungsobjekt gestellt werden und das reale Objekt einen Zeiger auf sein Implementierungsobjekt erhält. Das wird oft als »Pimpl-Idiom« bezeichnet, und Tipp 31 beschreibt es in einer gewissen Ausführlichkeit. Für PrettyMenu sähe es in der Regel wie folgt aus:

```
struct PMImpl {                               // PMImpl = "PrettyMenu
   std::tr1::shared_ptr<Image> bgImage;      // Impl."; siehe nachfolgend,
warum
   int imageChanges;                         // es ein struct ist
};
class PrettyMenu {
   ...
private:
   Mutex mutex;
   std::tr1::shared_ptr<PMImpl> pImpl;
};
void PrettyMenu::changeBackground(std::istream& imgSrc)
{
   using std::swap;                          // Siehe Tipp 25
   Lock ml(&mutex);                          // Erwirbt Mutex
   std::tr1::shared_ptr<PMImpl>              // Kopiert Objektdaten
     pNew(new PMImpl(*pImpl));
   pNew->bgImage.reset(new Image(imgSrc)); // Ändert die Kopie
   ++pNew->imageChanges;
   swap(pImpl, pNew);                        // Tauscht die neuen
                                             // Daten
}                                            // Gibt Mutex frei
```

In diesem Beispiel habe ich für PMImpl eine Struktur anstelle einer Klasse gewählt, da die Kapselung der PMImpl-Daten dadurch gesichert wird, dass pImpl privat ist. PMImpl zu einer Klasse zu machen, wäre genauso gut, wenn auch etwas unbequemer. (Es hielte auch die objektorientierten Puristen in Schach.) Wenn gewünscht, könnte PMImpl in PrettyMenu verschachtelt sein, doch Paketprobleme wie diese sind unabhängig vom Schreiben ausnahmesicheren Codes, was hier unser Ziel ist.

Die Strategie »Kopieren und Tauschen« ist ein hervorragendes Verfahren, alle oder keine Veränderungen am Zustand eines Objekts durchzuführen, doch es garantiert im Allgemeinen nicht, dass die Gesamtfunktion stark ausnahmesicher ist. Um zu sehen warum, betrachten wir someFunc, eine Abstraktion von changeBackground, die »Kopieren und Tauschen« verwendet, aber Aufrufe zweier anderer Funktionen f1 und f2 enthält:

```
void someFunc()
{
   ...                                  // Kopiert lokalen Zustand
```

```
    f1();
    f2();
    ...                          // Tauscht modifizierten Zustand
}
```

Es sollte klar sein, dass es für someFunc schwer wird, stark ausnahmesicher zu sein, wenn f1 oder f2 weniger als das sind. Nehmen Sie z.B. an, dass f1 nur die grundlegende Garantie liefert. Damit someFunc die starke Garantie bieten kann, wäre Code erforderlich, der den Zustand des gesamten Programms vor dem Aufruf von f1 bestimmt, alle Ausnahmen von f1 empfängt und dann den ursprünglichen Zustand wiederherstellt.

Die Dinge liegen nicht besser, wenn sowohl f1 als auch f2 stark ausnahmesicher *sind*. Schließlich kann sich der Zustand des Programms auf beliebige Weise geändert haben, wenn f1 fertig gestellt ist, so dass der Zustand an dem Punkt, an dem f2 eine Ausnahme sendet, nicht derselbe ist wie beim Aufruf von someFunc, obwohl f2 nichts verändert hat.

Das Problem sind die Nebeneffekte. Solange Funktionen nur am lokalen Zustand operieren (z.B. beeinflusst someFunc nur den Zustand des Objekts, für das es aufgerufen wurde) ist es relativ einfach, die starke Garantie anzubieten. Wenn Funktionen Nebeneffekte für nicht lokale Daten haben, ist es viel schwieriger. Wenn z.B. ein Nebeneffekt des Aufrufs von f1 in der Modifikation einer Datenbank besteht, ist es schwierig, someFunc stark ausnahmesicher zu machen. Es gibt im Allgemeinen kein Verfahren, eine Datenbankänderung zurückzunehmen, für die bereits eine Zuweisung ausgeführt wurde; andere Datenbankclients können den neuen Zustand der Datenbank bereits gesehen haben.

Probleme wie diese können Sie davon abhalten, die starke Garantie für eine Funktion anzubieten, obwohl Sie es gerne möchten. Ein anderes Problem ist die Leistungsfähigkeit. Der springende Punkt bei »Kopieren und Tauschen« ist die Idee, die Daten eines Objekts zu kopieren, und dann die veränderten Daten mit den Originaldaten in einer ausnahmefreien Operation zu tauschen. Das erfordert das Erstellen einer Kopie von jedem zu ändernden Objekt, was Zeit und Speicher kostet, den Sie nicht haben oder nur ungern freigeben. Die starke Garantie ist höchst wünschenswert und Sie sollten sie anbieten, wenn es durchführbar ist, aber das ist nicht in 100 Prozent der Fälle möglich.

Ist es nicht möglich, müssen Sie die grundlegende Garantie anbieten. In der Praxis werden Sie vermutlich feststellen, dass einige Funktionen die starke Garantie erfüllen können, doch die Kosten für die Effizienz oder Komplexität macht sie für viele andere unhaltbar. Solange Sie eine angemessene Anstrengung unternommen haben, die starke Garantie wo immer möglich einzusetzen, sollte niemand Sie kritisieren, wenn Sie nur die grundlegende Garantie verwenden. Sie ist für viele Funktionen eine vollkommen vernünftige Wahl.

Die Dinge liegen anders, wenn Sie eine Funktion schreiben, die überhaupt keine Ausnahmesicherheitsgarantie anbietet, da es in diesem Fall berechtigt ist anzunehmen, dass Sie schuldig sind, bis das Gegenteil bewiesen ist. Sie *sollten* ausnahmesicheren Code schreiben. Doch Sie können eine zwingende Rechtfertigung haben, es nicht zu tun. Betrachten Sie noch einmal die Implementierung von `someFunc`, die die Funktionen `f1` und `f2` aufruft. Angenommen, `f2` gibt überhaupt keine Ausnahmesicherheit, nicht einmal die grundlegende Garantie. Das bedeutet, dass das Programm ein Ressourcenleck in `f2` haben kann, falls `f2` eine Ausnahme auslöst. Es bedeutet, dass `f2` defekte Datenstrukturen haben kann, z.B. dass sortierte Arrays nicht mehr sortiert sind, von einer zu einer anderen Datenstruktur überführte Objekte verloren gehen usw. `someFunc` kann diese Probleme nicht beheben. Wenn die Funktionen, die `someFunc` aufruft, keine Ausnahmesicherheitsgarantien liefern, kann `someFunc` es auch nicht.

Was mich wieder auf die Schwangerschaft bringt. Eine Frau ist entweder schwanger oder nicht schwanger. Es ist nicht möglich, ein bisschen schwanger zu sein. Ebenso ist ein Softwaresystem entweder ausnahmesicher oder nicht. Es gibt kein teilweise ausnahmesicheres System. Enthält ein System auch nur eine einzige Funktion, die nicht ausnahmesicher ist, ist es das System als Ganzes nicht, da Aufrufe dieser einen Funktion zu Ressourcenlecks und defekten Datenstrukturen führen können. Leider wurde viel alter C++-Quelltext ohne Rücksicht auf Ausnahmesicherheit geschrieben, so dass viele Systeme heute nicht ausnahmesicher sind. Sie enthalten Code, der auf eine ausnahmeunsichere Art geschrieben wurde.

Es gibt keinen Grund, diesen Zustand fortzusetzen. Denken Sie darüber nach, wie sie ihren Code ausnahmesicher machen, wenn Sie neuen Quelltext schreiben oder älteren ändern. Fangen Sie damit an, Objekte zur Ressourcenverwaltung einzusetzen (siehe wiederum Tipp 13). Das verhindert Ressourcenlecks. Bestimmen Sie dann für jede Ihrer Funktionen, welche der drei Ausnahmesicherheitsgarantien die stärkste ist, die Sie tatsächlich anbieten können, und finden Sie sich nur dann ohne eine Garantie ab, wenn Aufrufe von altem Code keine andere Wahl lassen. Dokumentieren Sie Ihre Entscheidungen, sowohl für die Kunden Ihrer Funktionen als auch für zukünftige Wartungsprogrammierer. Die Ausnahmesicherheitsgarantie einer Funktion ist ein sichtbarer Teil Ihrer Schnittstelle, so dass Sie sie so besonnen wählen sollten, wie Sie alle anderen Aspekte einer Funktionsschnittstelle auswählen.

Vor vierzig Jahren wurde mit `goto`-Anweisungen überladener Quelltext als vollkommen normale Praxis angesehen. Nun streben wir nach strukturierten Steuerungsflüssen. Vor zwanzig Jahren wurden global sichtbare Daten als vollkommen normale Praxis angesehen. Nun streben wir nach gekapselten Daten. Vor zehn Jahren war es Praxis, Funktionen zu schreiben, ohne über die Auswirkungen von Ausnahmen nachzudenken. Nun streben wir danach, ausnahmesicheren Quelltext zu schreiben.

Die Zeit läuft weiter. Wir leben. Wir lernen.

Was Sie sich merken sollten

- Ausnahmesichere Funktionen haben keine Speicherlecks und verhindern eine Beschädigung von Datenstrukturen, auch wenn Ausnahmen ausgelöst werden. Solche Funktionen bieten die grundlegende, die starke oder die Nichtauslösegarantie an.
- Die starke Garantie kann oft über »Kopieren und Tauschen« implementiert werden, ist aber nicht für alle Funktionen praktikabel.
- Eine Funktion kann in der Regel keine stärkere Garantie anbieten als die schwächste Garantie der von ihr aufgerufenen Funktionen.

5.5 Tipp 30: Lernen Sie die Einzelheiten von Inline-Funktionen kennen

Inline-Funktionen – welch *wunderbare* Idee! Sie sehen wie Funktionen aus, verhalten sich wie Funktionen, sie sind um so vieles besser als Makros (siehe Tipp 2) und Sie können sie ohne den Overhead eines Funktionsaufrufs aufrufen. Was brauchen Sie mehr?

Sie bekommen tatsächlich mehr als Sie glauben mögen, weil die Vermeidung der Kosten eines Funktionsaufrufs nur ein Teil der Wahrheit ist. Compileroptimierungen sind in der Regel für Codeabschnitte entworfen, in denen es keine Funktionsaufrufe gibt. Wenn Sie also Inline-Funktionen verwenden, können Sie Compilern ermöglichen, dass kontextspezifische Optimieren des Funktionsrumpfs durchzuführen. Die meisten Compiler führen solche Optimierungen niemals für »Outline«-Funktionen durch.

Bei der Programmierung gibt es jedoch ebenso wenig etwas umsonst wie im wahren Leben, und Inline-Funktionen bilden da keine Ausnahme. Die Idee hinter einer Inline-Funktion besteht darin, jeden Funktionsaufruf durch seinen Coderumpf zu ersetzen, und Sie benötigen keinen Doktortitel in Statistik, um zu sehen, dass das wahrscheinlich die Größe Ihres Objektcodes erhöht. Auf Rechnern mit beschränktem Speicher kann übereifriges Inlining zu Programmen führen, die zu groß für den verfügbaren Speicher sind. Sogar mit virtuellem Speicher kann eine Quelltextaufblähung durch Inlining zu zusätzlicher Auslagerung, einer verringerten Trefferrate für den Anweisungscache und den Leistungsproblemen führen, die diese Dinge begleiten.

Wenn andererseits der Rumpf einer Inline-Funktion *sehr* kurz ist, kann der dafür erzeugte Code kleiner sein als der für einen Funktionsaufruf. Ist das der Fall, kann das »Inlinen« der Funktion tatsächlich einen *kleineren* Objektcode und eine höhere Trefferrate für den Anweisungscache hervorrufen!

Behalten Sie im Gedächtnis, dass `inline` eine *Anfrage* an den Compiler ist, kein Befehl. Die Anfrage kann implizit oder explizit gegeben werden. Der implizite Weg besteht darin, eine Funktion innerhalb einer Klassendefinition zu definieren:

```
class Person {
public:
   ...
   int age() const { return theAge; } // Eine implizite Inline-Anfrage:
                                      // age ist in einer
   ...                                // Klassendefinition definiert
private:
   int theAge;
};
```

Solche Funktionen sind meistens Elementfunktionen, doch Tipp 46 erläutert, dass auch befreundete Funktionen innerhalb von Klassen definiert werden können. Ist das der Fall, sind sie auch implizit als inline deklariert.

Die explizite Deklaration einer Inline-Funktion erfolgt durch Voranstellen des Schlüsselwortes `inline` vor ihrer Definition. Als Beispiel folgt eine oftmals implementierte Version des standardmäßigen `max`-Templates:

```
template<typename T>                               // Eine explizite Inline-
inline const T& std::max(const T& a, const T& b) // Anforderung:
                                                   // std::max ist
{ return a < b ? b : a; }                          // "inline" vorangestellt
```

Die Tatsache, dass `max` ein Template ist, führt zu der Beobachtung, dass sowohl Inline-Funktionen als auch Templates normalerweise in Headerdateien definiert sind. Das führt einige Programmierer zu dem Schluss, dass Funktions-Templates inline sein müssen. Dieser Schluss ist sowohl ungültig als auch unter Umständen schädlich, so dass wir ihn uns ein wenig anschauen sollten.

Inline-Funktionen müssen sich charakteristischerweise in Headerdateien befinden, da die meisten Entwicklungsumgebungen das Inlining während des Kompilierungsvorgangs durchführen. Um einen Funktionsaufruf durch den Rumpf der aufgerufenen Funktion zu ersetzen, müssen Compiler wissen, wie die Funktion aussieht. (Einige Entwicklungsumgebungen können das Inlining während des Linkens durchführen und einige wenige – z.B. verwaltete Umgebungen, die auf der .NET-CLI (Common Language Infrastructure) beruhen – können es tatsächlich während der Laufzeit. Solche Umgebungen sind jedoch die Ausnahme, nicht die Regel. In den meisten C++-Programmen findet Inlining zur Kompilierungszeit statt.)

Templates befinden sich normalerweise in Headerdateien, da Compiler wissen müssen, wie ein Template aussieht, um es zu instanziieren, wenn es verwendet wird. (Das ist wiederum nicht allgemein gültig. Einige Entwicklungsumgebungen führen die Template-Instanziierungen während des Linkens durch, obwohl das nicht üblich ist.)

Die Template-Instanziierung ist unabhängig vom Inlining. Wenn Sie ein Template schreiben und glauben, dass alle vom Template instanziierten Funktionen inline sein sollten, deklarieren Sie das Template als `inline`, wie es in der vorstehenden Implementierung von `std::max` der Fall ist. Doch wenn Sie ein Template für Funktionen schreiben, die Sie nicht inline haben möchten, vermeiden Sie es, das Template inline zu deklarieren (weder explizit noch implizit). Inlining hat Kosten, die Sie nicht ohne Weitblick auf sich laden sollten. Wir haben bereits erwähnt, wie es zu einer Aufblähung des Quelltextes führen kann (eine insbesondere für Template-Autoren wichtige Überlegung – siehe Tipp 44), aber es gibt auch andere Kosten, die wir gleich erörtern.

Vorher führen wir jedoch den Gedanken zu Ende, dass `inline` eine Anfrage ist, die Compiler ignorieren können. Die meisten Compiler verweigern das Inlining von Funktionen, die sie als zu kompliziert erachten (z.B. Funktionen, die Schleifen enthalten oder rekursiv sind), und alle Aufrufe von virtuellen Funktionen, bis auf die trivialsten, widersetzen sich dem Inlining. Diese letztere Beobachtung sollte keine Überraschung sein. `virtual` bedeutet »warte bis zur Laufzeit, um herauszufinden, welche Funktion aufzurufen ist«, und `inline` bedeutet »ersetzte den Aufruf vor der Ausführung durch die aufgerufene Funktion«. Wenn ein Compiler nicht weiß, welche Funktion aufgerufen wird, können Sie ihm kaum einen Vorwurf machen, wenn er das Inlining des Funktionsrumpfs verweigert.

Alles lässt sich wie folgt zusammenfassen: Ob eine gegebene Inline-Funktion wirklich inline ist, hängt von der verwendeten Entwicklungsumgebung ab – in erster Linie vom Compiler. Glücklicherweise haben die meisten Compiler eine Diagnoseebene, die eine Warnung ausgibt (siehe Tipp 53), wenn das angeforderte Inlining einer Funktion fehlschlägt.

Manchmal erstellen Compiler einen Funktionsrumpf für eine Inline-Funktion, auch wenn sie vollkommen bereit sind, für diese Funktion ein Inlining durchzuführen. Wenn Ihr Programm z.B. die Adresse einer Inline-Funktion übernimmt, müssen Compiler in der Regel einen Outline-Funktionsrumpf für sie erzeugen. Wie können Sie einen Zeiger auf eine Funktion präsentieren, die gar nicht existiert? Verbunden mit der Tatsache, dass Compiler normalerweise kein Inlining über Aufrufe durch Funktionszeiger durchführen, bedeutet das, dass für Aufrufe an eine Inline-Funktion ein Inlining durchgeführt werden kann oder nicht, je nachdem, wie die Aufrufe erfolgen:

```
inline void f() {...} // Angenommen, Compiler sind bereit, für Aufrufe
                      // an f ein Inlining durchzuführen
void (*pf )() = f;    // pf zeigt auf f
...
f();                  // Für diesen Aufruf erfolgt ein Inlining,
```

```
                        // da es ein "normaler" Aufruf ist
pf();                   // Für diesen vermutlich nicht, da er durch
                        // einen Funktionszeiger erfolgt
```

Das Gespenst von Inline-Funktionen ohne Inlining kann Sie auch dann verfolgen, wenn Sie niemals Funktionszeiger einsetzen, da Programmierer nicht notwendigerweise die einzigen sind, die nach Zeigern auf Funktionen fragen. Manchmal generieren Compiler außer der Reihe Kopien von Konstruktoren und Destruktoren, so dass sie Zeiger auf diese Funktionen erhalten, die sie während der Konstruktion und Destruktion von Objekten in Arrays verwenden.

In der Tat sind Konstruktoren und Destruktoren oftmals schlechtere Kandidaten für ein Inlining, als eine beiläufige Untersuchung ergeben würde. Betrachten Sie z.B. den Konstruktor für die unten angegebene Klasse `Derived`:

```
class Base {
public:
   ...
private:
   std::string bm1, bm2;       // Basiselement 1 und 2
};
class Derived: public Base {
public:
   Derived() {}                 // Der Konstruktor von Derived ist leer –
                               // oder nicht?
   ...
private:
   std::string dm1, dm2, dm3; // Abgeleitete Elemente 1-3
};
```

Dieser Konstruktor sieht wie ein hervorragender Kandidat eines Inlining aus, da er keinen Quelltext enthält. Aber das Aussehen kann täuschen.

C++ erteilt verschiedene Garantien über das, was geschieht, wenn Objekte erstellt oder zerstört werden. Wenn Sie z.B. `new` verwenden, werden Ihre dynamisch erstellten Objekte automatisch durch ihre Konstruktoren initialisiert, und wenn Sie `delete` verwenden, werden die entsprechenden Destruktoren aufgerufen. Wenn Sie ein Objekt erstellen, wird automatisch jede Basisklasse und jedes Datenelement dieses Objekts erstellt, und der umgekehrte Vorgang erfolgt automatisch bei der Zerstörung des Objekts. Wird während der Konstruktion eine Ausnahme ausgelöst, werden alle bereits vollständig erstellten Teile des Objekts automatisch zerstört. In all diesen Szenarien gibt C++ an, *was* geschehen muss, sagt aber nicht *wie*. Das liegt in der Hand der Compilerhersteller, doch es sollte klar sein, dass dies nicht von selbst geschieht. Es muss in Ihrem Programm einen Quelltext dafür geben und dieser Quelltext – geschrieben von Compilern und während der Übersetzung in Ihr Programm eingefügt – muss irgendwohin. Manchmal landet er in Konstruktoren und Destruktoren, so dass wir uns Implementierungen vorstellen können, die einen Code wie den folgenden für den angeblich leeren, zuvor gesehenen Konstruktor Derived erstellen:

```
Derived::Derived()                    // Konzeptuelle Implementierung des
{                                     // "leeren" Konstruktors Derived
   Base::Base();                      // Initialisierung des Basisteils
   try { dm1.std::string::string(); } // Versuch, dm1 zu erstellen
   catch (...) {                      // Löst es eine Ausnahme aus, wird
      Base::~Base();                  // der Basisklassenanteil zerstört
      throw;                          // und die Ausnahme weitergeleitet
   }
   try { dm2.std::string::string(); } // Versuch, dm2 zu erstellen
   catch(...) {                       // Löst es eine Ausnahme aus,
      dm1.std::string::~string();     // werden dm1 und der
      Base::~Base();                  // Basisklassenanteil zerstört
      throw;                          // und die Ausnahme weitergeleitet
   }
   try { dm3.std::string::string(); } // Erstellt dm3
   catch(...) {                       // Löst es eine Ausnahme aus,
      dm2.std::string::~string();     // werden dm2, dm1 und der
      dm1.std::string::~string();     // Basisklassenanteil
      Base::~Base();                  // zerstört und die Ausnahme
      throw;                          // weitergeleitet
   }
}
```

Dieser Quelltext ist nicht repräsentativ dafür, was echte Compiler ausgeben, da sie Ausnahmen auf eine anspruchsvollere Weise behandeln. Dennoch stellt er zutreffend das Verhalten dar, das der »leere« Konstruktor von Derived anbieten muss. Egal wie anspruchsvoll die Ausnahmeimplementierung eines Compilers ist, muss der Konstruktor von Derived zumindest Konstruktoren für seine Datenelemente und Basisklassen aufrufen, und diese Aufrufe (die selbst inline sein können) können seine Attraktivität für das Inlining beeinflussen.

Dieselbe Begründung gilt für den Konstruktor Base. Ist er inline, wird der gesamte in ihm eingefügte Quelltext auch in den Konstruktor Derived eingefügt (über den Aufruf von Derived an Base). Wenn der Konstruktor string auch zufällig inline ist, erhält der Konstruktor Derived *fünf Kopien* des Quelltextes dieser Funktion, eine für jeden der fünf Strings in einem Derived-Objekt (die zwei, die er erbt, plus die drei, die er selbst deklariert). Vielleicht ist jetzt klar, warum es keine willkürliche Entscheidung ist, ob für den Konstruktor von Derived ein Inlining durchgeführt werden soll oder nicht. Ähnliche Überlegungen gelten für den Destruktor von Derived, der irgendwie sehen muss, dass alle vom Konstruktor initialisierten Objekte sauber zerstört werden.

Bibliotheksdesigner müssen die Auswirkungen davon beurteilen, Funktionen als `inline` zu deklarieren, da es unmöglich ist, binäre Aktualisierungen der für den Kunden sichtbaren Inline-Funktionen einer Bibliothek zur Verfügung zu stellen. Mit anderen Worten: Ist `f` eine Inline-Funktion in einer Bibliothek, kompilieren Kunden der Bibliothek den Rumpf von `f` in ihren Anwendungen. Wenn ein Bibliotheksentwickler `f` später ändert, müssen alle Kunden, die `f` verwendet haben, neu kompilieren. Das ist oftmals nicht wünschenswert. Ist `f` andererseits keine Inline-Funktion, erfordert eine Modifikation von `f` lediglich, dass die Kunden neu linken. Das ist eine wesentlich weniger lästige Hürde als neu zu kompilieren und kann, wenn die Bibliothek, die die Funktion enthält, dynamisch verlinkt ist, völlig unsichtbar für die Kunden durchgeführt werden.

Für die Zwecke der Programmentwicklung ist es wichtig, alle diese Betrachtungen im Gedächtnis zu behalten, doch von einem praktischen Standpunkt aus dominiert während der Quelltexterstellung eine Tatsache alle anderen: Die meisten Debugger haben Probleme mit Inline-Funktionen. Das sollte keine große Offenbarung sein. Wie setzen Sie einen Haltepunkt in einer Funktion, die gar nicht da ist? Obwohl einige Entwicklungsumgebungen es schaffen, das Debugging von Inline-Funktionen zu unterstützen, deaktivieren viele Umgebungen einfach das Inlining für Debugbuilds.

Das führt zu einer logischen Strategie, mit der Sie bestimmen, welche Funktionen als inline deklariert werden sollten und welche nicht. Führen Sie zunächst gar kein Inlining durch oder beschränken Sie es zumindest auf solche Funktionen, die inline sein müssen (siehe Tipp 46) oder die tatsächlich trivial sind (wie z.B. `Person::age` am Anfang dieses Tipps). Wenn Sie Inline-Funktionen vorsichtig einsetzen, erleichtern Sie den Einsatz eines Debuggers, aber Sie geben dem Inlining auch seine richtige Bedeutung: als eine von Hand durchgeführte Optimierung. Vergessen Sie nicht die empirisch bestimmte 80-20-Regel, die besagt, dass ein typisches Programm 80 % seiner Zeit damit verbringt, nur 20 % des Codes auszuführen. Das ist eine wichtige Regel, da sie Sie daran erinnert, dass Ihr Ziel als Softwareentwickler darin besteht, die 20 % des Quelltextes zu erkennen, die die Gesamtleistung Ihres Programms erhöhen können. Sie können Ihre Funktionen als inline deklarieren oder auf andere Weise optimieren, bis der Arzt kommt, doch ist die Anstrengung vergeblich, wenn Sie sich nicht auf die *richtigen* Funktionen konzentrieren.

Was Sie sich merken sollten

- Beschränken Sie das Inlining auf kleine, häufig aufgerufene Funktionen. Das erleichtert das Debuggen, verbessert die binäre Aktualisierbarkeit, minimiert ein mögliches Aufblähen des Codes und maximiert die Chancen auf eine höhere Programmgeschwindigkeit.
- Deklarieren Sie keine Funktions-Templates als `inline`, nur weil sie in Headerdateien auftreten.

5.6 Tipp 31: Minimieren Sie die Kompilierungsabhängigkeiten zwischen Dateien

Stellen Sie sich vor, Sie bearbeiten Ihr C++-Programm und machen eine geringfügige Änderung in der Implementierung einer Klasse. Wohlgemerkt nicht am Klasseninterface, nur in der Implementierung, nur privates Zeug. Dann erstellen Sie das Programm neu und rechnen damit, dass diese Übung nur wenige Sekunden dauern sollte. Schließlich wurde nur eine Klasse geändert. Sie klicken auf ERSTELLEN oder geben make ein (oder etwas Ähnliches) und sind zunächst erstaunt und dann genervt, wenn Sie feststellen, dass die ganze *Welt* neu kompiliert und gelinkt wird! *Hassen* Sie es nicht, wenn so etwas passiert?

Das Problem besteht darin, dass C++ nicht sehr gut darin ist, Schnittstellen von Implementierungen zu unterscheiden. Eine Klassendefinition gibt nicht nur eine Klassenschnittstelle an, sondern auch eine beträchtliche Anzahl von Implementierungsdetails:

```
class Person {
public:
   Person(const std::string& name, const Date& birthday,
          const Address& addr);
   std::string name() const;
   std::string birthDate() const;
   std::string address() const;
   ...
private:
   std::string theName;              // Implementierungsdetail
   Date theBirthDate;                // Implementierungsdetail
   Address theAddress;               // Implementierungsdetail
};
```

Hier kann die Klasse Person nicht ohne den Zugriff auf Definitionen für die Klassen kompiliert werden, die die Person-Implementierung verwenden, nämlich string, date und address. Solche Definitionen werden normalerweise über #include-Anweisungen bereitgestellt, so dass Sie in der Datei, die die Klasse Person definiert, wahrscheinlich etwas finden wie:

```
#include <string>
#include "date.h"
#include "address.h"
```

Das stellt leider eine Kompilierungsabhängigkeit zwischen der Datei, die Person definiert, und diesen Headerdateien auf. Wird eine dieser Headerdateien geändert oder ändert sich eine der Headerdateien, von denen *sie* abhängen, muss die Datei, die die Klasse Person enthält, neu kompiliert werden, wie alle Dateien, die Person verwenden.

Solche kaskadierenden Kompilierungsabhängigkeiten haben in vielen Projekten unzähligen Kummer bereitet.

Sie fragen sich vielleicht, warum C++ darauf besteht, die Implementierungsdetails einer Klasse in die Klassendefinition zu stellen. Warum können Sie z.B. Person nicht wie folgt definieren, indem Sie die Implementierungsdetails der Klasse gesondert angeben?

```
namespace std {
   class string;                    // forward-Deklaration (unkorrekt -
}                                   // siehe nachfolgend)
class Date;                         // forward-Deklaration
class Address;                      // forward-Deklaration
class Person {
public:
   Person(const std::string& name, const Date& birthday,
          const Address& addr);
   std::string name() const;
   std::string birthDate() const;
   std::string address() const;
   ...
};
```

Wenn das möglich wäre, müssten Kunden von Person nur dann neu kompilieren, wenn sich die Schnittstelle der Klasse ändert.

Bei dieser Idee gibt es zwei Probleme. Erstens ist string keine Klasse, es ist eine Typdefinition (für basic_string<char>). Daher ist die forward-Deklaration für string unkorrekt. Die ordnungsgemäße forward-Deklaration ist wesentlich komplexer, da sie zusätzliche Templates umfasst. Das macht jedoch nichts, da Sie nicht versuchen sollten, Teile der Standardbibliothek manuell zu deklarieren. Verwenden Sie stattdessen einfach die geeigneten #includes und Sie sind fertig. Es ist unwahrscheinlich, dass Standardheader einen Engpass für die Kompilierung darstellen, insbesondere wenn Ihre Entwicklungsumgebung es erlaubt, die Vorteile vorkompilierter Header zu nutzen. Wenn das Parsen von Standardheadern wirklich ein Problem ist, müssen Sie eventuell Ihr Schnittstellendesign ändern, um den Einsatz von Teilen der Standardbibliothek zu vermeiden, die zu den unerwünschten #includes führen.

Die zweite (und wichtigere) Schwierigkeit bei der universellen forward-Deklaration hat damit zu tun, dass Compiler während der Kompilierung die Größe von Objekten kennen müssen. Betrachten Sie Folgendes:

```
int main()
{
   int x;                              // Definiert ein int
   Person p( params );                 // Definiert ein Person-Objekt
   ...
}
```

Wenn Compiler die Definition von `x` sehen, wissen sie, dass sie genügend Speicher zuweisen müssen (normalerweise im Stack), um ein `int` zu halten. Kein Problem. Jeder Compiler weiß, wie groß ein `int` ist. Wenn Compiler die Definition von `p` sehen, wissen sie, dass sie genügend Speicher für eine `Person` zuweisen müssen, aber woher wissen sie, wie groß ein `Person`-Objekt ist? Die einzige Möglichkeit, wie sie an diese Information gelangen können, besteht darin, die Klassendefinition zu befragen, doch woher sollten Compiler wissen, wie viel Speicher sie zuweisen müssen, wenn es für eine Klassendefinition legitim wäre, die Implementierungsdetails wegzulassen?

Diese Frage tritt in Sprachen wie Smalltalk und Java nicht auf, da Compiler bei einer Objektdefinition in solchen Sprachen nur Speicher für einen *Zeiger* auf das Objekt zuteilen. Das heißt sie behandeln den vorstehenden Quelltext, als wäre er wie folgt geschrieben:

```
int main()
{
   int x;                        // Definiert ein int
   Person *p;                    // Definiert einen Zeiger auf eine Person
   ...
}
```

Das ist natürlich gültiges C++, so dass Sie das Spiel »verstecke die Objektimplementierung hinter einem Zeiger« selbst spielen können. Für `Person` gibt es eine Möglichkeit, die Klasse in zwei Teile zu trennen, von denen der eine nur eine Schnittstelle bereitstellt, während der andere diese Schnittstelle implementiert. Wenn die Implementierungsklasse `PersonImpl` heißt, würde `Person` wie folgt definiert werden:

```
#include <string>       // Komponenten der Standardbibliothek
                        // sollten für tr1::shared_ptr nicht
#include <memory>       // vorausdeklariert werden; siehe nachfolgend
class PersonImpl;       // forward-Deklaration der Impl.-Klasse für Person
class Date;             // forward-Deklaration von Klassen, die in der
class Address;          // Schnittstelle von Person verwendet werden
class Person {
public:
   Person(const std::string& name, const Date& birthday,
   const Address& addr);
   std::string name() const;
   std::string birthDate() const;
   std::string address() const;
   ...
private:                                   // Zeiger auf Implementierung;
   std::tr1::shared_ptr<PersonImpl> pImpl; // siehe Tipp 13 für Infos
};                                         // über std::tr1::shared_ptr
```

Hier enthält die Hauptklasse (`Person`) als Datenelement nichts außer einem Zeiger (hier ein `tr1::shared_ptr` – siehe Tipp 13) auf ihre Implementierungsklasse (`PersonImpl`). Von einem solchen Design wird oftmals gesagt, dass es das *Pimpl-Idiom* (**p**ointer to **impl**ementation, Zeiger auf die Implementierung) nutzt. Innerhalb solcher Klassen ist der Name des Zeigers oftmals `pImpl`, wie oben.

Mit diesem Design sind Kunden von `Person` losgelöst von den Einzelheiten von Daten, Adressen und Personen. Die Implementierungen dieser Klassen können nach Belieben modifiziert werden, aber Kunden von `Person` müssen nicht neu kompilieren. Da sie die Einzelheiten der Implementierung von `Person` nicht sehen können, ist es darüber hinaus unwahrscheinlich, dass sie Code schreiben, der irgendwie von diesen Einzelheiten abhängt. Das ist eine wirkliche Trennung von Schnittstelle und Implementierung.

Der Schlüssel zu dieser Trennung besteht darin, Abhängigkeiten von *Definitionen* durch Abhängigkeiten von *Deklarationen* zu ersetzen. Das ist der wesentliche Punkt bei der Minimierung von Kompilierungsabhängigkeiten: Machen Sie, wann immer es möglich ist, Ihre Headerdateien unabhängig, und ist das nicht der Fall, machen Sie sie von Deklarationen in anderen Dateien, nicht von Definitionen, abhängig. Alles andere entspringt dieser einfachen Designstrategie. Daher gilt:

- **Vermeiden Sie die Verwendung von Objekten, wenn Objektverweise und Zeiger ausreichen.** Sie können Verweise und Zeiger auf einen Typ mit lediglich einer Deklaration für diesen Typ definieren. Das Definieren von *Objekten* eines Typs erfordert die Anwesenheit der Typdefinition.

- **Bevorzugen Sie wann immer möglich die Abhängigkeit von Klassendeklarationen statt von Klassendefinitionen.** Beachten Sie, dass Sie *niemals* eine Klassendefinition benötigen, um eine Funktion zu deklarieren, die diese Klasse verwendet, nicht einmal, wenn die Funktion den Klassentyp als Wert übergibt oder zurückgibt:

```
class Date;                      // Klassendeklaration
Date today();                    // Gut - keine Definition
void clearAppointments(Date d);  // von Date benötigt
```

  Natürlich ist die Übergabe als Wert im Allgemeinen keine gute Idee (siehe Tipp 20), doch wenn Sie sie aus einem bestimmten Grund verwenden, gibt es immer noch keine Rechtfertigung für die Einführung unnötiger Kompilierungsabhängigkeiten.

  Die Fähigkeit, `today` und `clearAppointments` ohne Definition von `Date` zu deklarieren, mag Sie überraschen, doch es ist nicht so seltsam, wie es scheint. Wenn jemand diese Funktionen *aufruft*, muss die Definition von `Date` vor dem Aufruf zu sehen gewesen sein. Fragen Sie sich, warum man sich damit plagt, Funktionen zu deklarieren, die niemand aufruft? Ganz einfach: Es ist nicht so, dass *niemand* sie aufruft, sondern *nicht jeder* ruft sie auf. Wenn Sie eine Bibliothek haben, die Dutzende Funktionsdeklarationen enthält, ist es unwahrscheinlich, dass jeder Kunde jede Funktion aufruft. Indem Sie die Last, eine Klassendefinition bereitzustellen, aus Ihrer Headerdatei mit Funktions*deklarationen* in Kundendateien mit Funktions*aufrufen* verschieben, entfernen Sie künstliche Kundenabhängigkeiten von Typdefinitionen, die sie nicht wirklich benötigen.

- **Sehen Sie für Deklarationen und Definitionen getrennte Headerdateien vor.** Damit Sie die oben genannten Richtlinien leichter befolgen können, müssen Headerdateien paarweise auftreten: eine für Deklarationen, die andere für Definitionen. Diese Dateien müssen natürlich konsistent gehalten werden. Wird eine Deklaration an einer Stelle geändert, muss die Änderung an beiden Stellen durchgeführt werden. Daher sollten Kunden der Bibliothek stets ein `#include` für eine Deklarationsdatei angeben, anstatt selbst etwas vorauszudeklarieren, und Bibliotheksautoren sollten beide Headerdateien liefern. Zum Beispiel sollte der `Date`-Kunde, der `today` und `clearAppointments` deklarieren möchte, `Date` nicht wie bereits gezeigt manuell vorausdeklarieren. Eher sollte es ein `#include` für den geeigneten Deklarationsheader enthalten:

```
#include "datefwd.h"            // Die Headerdatei deklariert die
                                // Klasse Date (definiert sie aber nicht)
Date today();                   // Wie zuvor
void clearAppointments(Date d);
```

Der Name der reinen Deklarationsdatei `datefwd.h` basiert auf dem Header `<iosfwd>` der Standardbibliothek von C++ (siehe Tipp 54). `<iosfwd>` enthält Deklarationen von `iostream`-Komponenten, deren entsprechende Definitionen sich in mehreren verschiedenen Headern befinden, darunter `<sstream>`, `<streambuf>`, `<fstream>` und `<iostream>`.

`<iosfwd>` ist aus einem anderen Grund lehrreich, und zwar um deutlich zu machen, dass die Ratschläge dieses Tipps genauso gut für Templates wie für Nicht-Templates gelten. Obwohl Tipp 30 erläutert, dass Templates in vielen Entwicklungsumgebungen normalerweise in Headerdateien zu finden sind, ermöglichen einige Entwicklungsumgebungen Template-Definitionen in Nichtheaderdateien, so dass es weiterhin sinnvoll ist, Header nur mit Definitionen für Templates bereitzustellen. `<iosfwd>` ist ein solcher Header.

C++ bietet auch das Schlüsselwort `export`, um die Trennung zwischen Template-Deklarationen und -Definitionen zu ermöglichen. Compiler unterstützen `export` leider nur unzureichend und die Praxiserfahrungen mit `export` sind noch unzureichender. Daher ist es heute zu früh, um die Rolle zu benennen, die `export` in der effektiven C++-Programmierung spielen wird.

Klassen wie Person, die das »Pimpl-Idiom« einsetzen, werden oft *Handleklassen* genannt. Falls Sie sich fragen, wie solche Klassen tatsächlich etwas tun: Eine Möglichkeit besteht darin, alle ihre Funktionsaufrufe an die entsprechenden Implementierungsklassen weiterzuleiten, so dass diese die tatsächliche Arbeit ausführen können. Das folgende Beispiel zeigt, wie zwei der Elementfunktionen von Person implementiert werden können:

```
#include "Person.h"        // Wir implementieren die Klasse Person, so dass
                           // wir ihre Klassendef. mit #include einbinden
                           // müssen
#include "PersonImpl.h"    // Wir müssen auch die Klassendef. von PersonImpl
                           // mit #include einbinden, da wir sonst ihre
                           // Elementfunktionen nicht aufrufen könnten;
                           // beachten Sie, dass PersonImpl genau die
                           // gleichen Elementfunktionen wie Person hat -
                           // ihre Schnittstellen sind identisch
Person::Person(const std::string& name, const Date& birthday,
               const Address& addr)
: pImpl(new PersonImpl(name, birthday, addr))
{}
std::string Person::name() const
{
   return pImpl->name();
}
```

Beachten Sie, wie der Konstruktor von Person den Konstruktor PersonImpl aufruft (unter Verwendung von new – siehe Tipp 16) und wie Person::name wiederum PersonImpl::name aufruft. Das ist wichtig. Person zu einer Handleklasse zu machen, ändert nicht das, was Person tut, sondern nur die Art, auf die es getan wird.

Eine Alternative zum Handleklassenansatz besteht darin, Person zu einer besonderen Art einer abstrakten Basisklasse, einer *Interfaceklasse*, zu machen. Der Zweck einer solchen Klasse besteht darin, eine Schnittstelle für abgeleitete Klassen anzugeben (siehe Tipp 34). Daher enthält sie charakteristischerweise keine Datenelemente, keine Konstruktoren, einen virtuellen Destruktor (siehe Tipp 7) und einen Satz rein virtueller Funktionen, die die Schnittstelle angeben.

Interfaceklassen sind den Interfaces von Java und .NET sehr ähnlich, aber C++ erlegt ihnen nicht die Einschränkungen auf, die in Java oder .NET für Interfaces gelten. Weder Java noch .NET erlauben z.B. Datenelemente oder Funktionsimplementierungen in Interfaces, aber C++ verbietet keins von beidem. Die größere Flexibilität von C++ kann nützlich sein. Wie Tipp 36 erläutert, sollte die Implementierung nicht virtueller Funktionen für alle Klassen einer Hierarchie gleich sein, so dass es sinnvoll ist, solche Funktionen als Teil der Interfaceklasse zu implementieren, die sie deklariert.

Eine Interfaceklasse für Person könnte wie folgt aussehen:

```
class Person {
public:
   virtual ~Person();
   virtual std::string name() const = 0;
   virtual std::string birthDate() const = 0;
   virtual std::string address() const = 0;
   ...
};
```

Kunden dieser Klasse müssen in Form von Person-Zeigern und -Verweisen programmieren, da es nicht möglich ist, Klassen zu instanziieren, die rein virtuelle Funktionen enthalten. (Es ist jedoch möglich, Klassen zu instanziieren, die von Person *abgeleitet* sind – siehe unten.) Wie Kunden von Handleklassen brauchen Kunden von Interfaceklassen nicht neu zu kompilieren, sofern nicht die Schnittstelle der Interfaceklasse modifiziert wurde.

Kunden einer Interfaceklasse müssen eine Möglichkeit haben, neue Objekte zu erstellen. Normalerweise rufen sie dazu eine Funktion auf, die die Rolle des Konstruktors für die tatsächlich instanziierten abgeleiteten Klassen spielt. Solche Funktionen heißen üblicherweise Fabrik-Funktionen (siehe Tipp 13) oder *virtuelle Konstruktoren*. Sie geben Zeiger (vorzugsweise intelligente Zeiger – siehe Tipp 18) auf dynamisch zugewiesene Objekte zurück, die die Schnittstelle der Interfaceklasse unterstützen. Solche Funktionen werden innerhalb der Interfaceklasse oftmals als static deklariert:

```
class Person {
public:
   ...
   static std::tr1::shared_ptr<Person> // Gibt einen tr1::shared_ptr auf
                                       // eine neue Person zurück,
      create(const std::string& name,  // initialisiert mit den gegebenen
             const Date& birthday,     // Parametern; siehe Tipp 18,
             const Address& addr);     // warum ein tr1::shared_ptr
                                       // zurückgegeben wird
   ...
};
```

Kunden verwenden sie wie folgt:

```
std::string name;
Date dateOfBirth;
Address address;
...
// Erstellt ein Objekt, das das Person-Interface unterstützt
```

```
std::tr1::shared_ptr<Person> pp(Person::create(name, dateOfBirth,
address));
...
std::cout << pp->name()                // Verwendet das Objekt über das
          << " was born on "           // Person-Interface
          << pp->birthDate()
          << " and now lives at "
          << pp->address();
...                                   // Das Objekt wird automatisch
                                      // zerstört, wenn pp den Gültigkeits-
                                      // bereich verlässt - siehe Tipp 13
```

Irgendwo müssen natürlich konkrete Klassen definiert werden, die die Schnittstelle der Interfaceklasse unterstützen, und es müssen reale Konstruktoren aufgerufen werden. Das geschieht alles hinter den Kulissen in den Dateien, die die Implementierungen der virtuellen Konstruktoren enthalten. Zum Beispiel kann die Interfaceklasse `Person` eine konkrete abgeleitete Klasse `RealPerson` haben, die Implementierungen für die rein virtuellen Funktionen bereitstellt, die sie erbt:

```
class RealPerson: public Person {
public:
  RealPerson(const std::string& name, const Date& birthday,
             const Address& addr)
  : theName(name), theBirthDate(birthday), theAddress(addr)
  {}
  virtual ~RealPerson() {}
  std::string name() const;        // Implementierungen dieser Funktionen
  std::string birthDate() const;   // werden nicht gezeigt, sind
  std::string address() const;     // aber einfach vorstellbar
private:
  std::string theName;
  Date theBirthDate;
  Address theAddress;
};
```

Ist `RealPerson` gegeben, ist es in der Tat trivial, `Person::create` zu schreiben:

```
std::tr1::shared_ptr<Person> Person::create(const std::string& name,
                                            const Date& birthday,
                                            const Address& addr)
{
  return std::tr1::shared_ptr<Person>(new RealPerson(name, birthday,
                                                     addr));
}
```

Eine realistischere Implementierung von `Person::create` würde verschiedene Typen von Objekten abgeleiteter Klassen definieren, abhängig z.B. von den Werten zusätzlicher Funktionsparameter, aus einer Datei oder einer Datenbank gelesener Daten, Umgebungsvariablen usw.

`RealPerson` zeigt eines der beiden am weitesten verbreiteten Verfahren zur Implementierung einer Interfaceklasse: Sie erbt ihre Schnittstellenspezifikation von der Interfaceklasse (`Person`) und implementiert dann die Funktionen der Schnittstelle. Eine zweite Möglichkeit zur Implementierung einer Interfaceklasse bringt Mehrfachvererbung mit sich, ein Thema, das in Tipp 40 erläutert wird.

Handle- und Interfaceklassen koppeln Schnittstellen von Implementierungen ab und verringern daher Kompilierungsabhängigkeiten zwischen Dateien. Misstrauisch wie Sie sind, warten Sie wahrscheinlich auf das Kleingedruckte. »Was kostet mich all dieser Hokuspokus?«, fragen Sie. Die Antwort lautet wie in der Informatik üblich: Es kostet etwas Geschwindigkeit zur Laufzeit plus etwas zusätzlichen Speicher pro Objekt.

Im Fall von Handleklassen müssen Elementfunktionen dem Implementierungszeiger folgen, um an die Daten des Objekts zu gelangen. Das fügt pro Zugriff eine Indirektionsebene hinzu. Außerdem müssen Sie die Größe dieses Implementierungszeigers zu dem Speicherbetrag addieren, der für jedes Objekt erforderlich ist. Schließlich muss der Implementierungszeiger initialisiert werden (in den Konstruktoren der Handleklasse), um auf ein dynamisch zugewiesenes Implementierungsobjekt zu zeigen, so dass Sie in den Overhead der dynamischen Speicherzuweisung (und der folgenden Freigabe) sowie der Möglichkeit von Ausnahmen vom Typ `bad_alloc` geraten.

Für Interfaceklassen ist jeder Funktionsaufruf virtuell, so dass Sie dabei für jeden Funktionsaufruf die Kosten eines indirekten Sprungs zahlen (siehe Tipp 7). Auch müssen von der Interfaceklasse abgeleitete Objekte einen virtuellen Tabellenzeiger enthalten (siehe wiederum Tipp 7). Dieser Zeiger kann den benötigten Speicher für ein Objekt erhöhen, je nachdem, ob die Interfaceklasse die ausschließliche Quelle virtueller Funktionen für das Objekt ist.

Schließlich können weder Handle- noch Interfaceklassen einen großen Nutzen aus Inline-Funktionen ziehen. Tipp 30 erläutert, warum Funktionsrümpfe für das Inlining normalerweise in Headerdateien liegen müssen, aber Handle- und Interfaceklassen eigens dazu entworfen sind, Implementierungsdetails wie Funktionsrümpfe zu verbergen.

Es wäre jedoch ein schwerer Fehler, Handle- und Interfaceklassen einfach abzulehnen, weil Kosten mit ihnen verbunden sind. So ist es auch mit virtuellen Funktionen und Sie möchten nicht auf sie verzichten, oder? (Falls ja, lesen Sie das falsche Buch.) Betrachten Sie diese Techniken stattdessen aus der Perspektive des Entwicklungsvorgangs. Verwenden Sie Handle- und Interfaceklassen während der Entwicklung, um die Auswirkungen auf Kunden zu minimieren, wenn sich die Implementierungen ändern. Ersetzen Sie sie zur Verwendung in der Produktion durch konkrete Klassen, wenn gezeigt werden kann, dass der Unterschied in Geschwindigkeit oder Größe deutlich genug ist, um die erhöhte Kopplung zwischen Klassen zu rechtfertigen.

Was Sie sich merken sollten

- Die allgemeine Idee hinter der Minimierung von Kompilierungsabhängigkeiten besteht darin, die Abhängigkeit von Deklarationen statt von Definitionen zu bevorzugen. Zwei auf dieser Idee beruhende Ansätze sind Handle- und Interfaceklassen.
- Headerdateien von Bibliotheken sollten in einer vollständigen Form und in einer reinen Deklarationsform vorliegen. Das gilt unabhängig davon, ob Templates beteiligt sind.

6 Vererbung und objektorientiertes Design

Objektorientierte Programmierung ist nun seit fast zwei Jahrzehnten der letzte Schrei. Es ist also gut möglich, dass Sie ein wenig Erfahrung mit den Ideen der Vererbung, der Ableitung und der virtuellen Funktionen haben. Auch wenn Sie bisher nur in C programmiert haben, konnten Sie dennoch nicht dem großen Tamtam um OOP entgehen.

Dennoch ist OOP in C++ vielleicht etwas anders, als Sie es gewohnt sind. Vererbung kann einfach oder mehrfach sein und jede Vererbungsverbindung wiederum öffentlich (`public`), geschützt (`protected`) oder privat (`private`). Jede Verbindung kann auch virtuell oder nicht virtuell sein. Dann gibt es da die Möglichkeiten für Elementfunktionen. Virtuell? Nicht virtuell? Rein virtuell? Und die Wechselwirkungen mit anderen Spracheigenschaften: Wie beeinflussen Standardparameter virtuelle Funktionen? Welchen Effekt hat die Vererbung auf die Regeln zur Namenssuche von C++? Und was ist mit den Designoptionen? Wenn das Verhalten einer Klasse veränderbar sein soll, ist dann eine virtuelle Funktion der beste Weg, dies zu realisieren?

Dieses Kapitel umfasst all diese Themen. Des Weiteren werde ich Ihnen erklären, was die verschiedenen Eigenschaften in C++ *bedeuten* – was Sie wirklich *ausdrücken*, wenn Sie ein bestimmtes Konstrukt verwenden. Zum Beispiel bedeutet öffentliche Vererbung »ist ein«, und wenn Sie versuchen, es irgendetwas anderes bedeuten zu lassen, werden Sie sich Ärger einhandeln. Gleichermaßen bedeutet eine virtuelle Funktion »Schnittstelle muss geerbt sein«, eine nicht virtuelle Funktion dagegen »sowohl Schnittstelle als auch Implementierung muss geerbt sein«. C++-Programmierer, die nicht zwischen diesen Bedeutungen unterscheiden konnten, haben erhebliche Schwierigkeiten bekommen.

Wenn Sie die Bedeutungen der verschiedenen Eigenschaften von C++ verstehen, werden Sie entdecken, dass Sie OOP von einer anderen Warte sehen. Früher war es das Wichtigste, zwischen den Spracheigenschaften unterscheiden zu können, bald wird es Ihnen darum gehen zu bestimmen, was Sie über Ihr Softwaresystem aussagen wollen. Wenn Sie wissen, was Sie sagen wollen, wird Ihnen die Übersetzung in C++ nicht mehr schwer fallen.

6.1 Tipp 32: Modellieren Sie bei der öffentlichen Vererbung die Beziehung »ist ein«

In seinem Buch »*Some Must Watch While Some Must Sleep*« (W.H. Freeman and Company, 1974) erzählt William Dement die Geschichte, wie er versucht, seinen Studenten die wichtigste Lektion seines Kurses im Kopf zu verankern. Es wird behauptet, sagte er seinem Kurs, dass sich das durchschnittliche britische Schulkind an wenig mehr Geschichte erinnert, als dass die Schlacht von Hastings 1066 stattfand. Wenn ein Kind sich schon an wenig erinnert, unterstrich Dement, dann doch wenigstens an das Datum 1066. Für die Studenten in *seinem* Kurs, fuhr Dement fort, gebe es lediglich einige wenige zentrale Aussagen, die sie sich merken sollten. Darunter die interessante Tatsache, dass Schlaftabletten Schlaflosigkeit verursachen können. Er flehte seine Studenten an, doch bitte diese entscheidenden Tatsachen zu behalten, selbst wenn Sie alles andere, was in dem Kurs besprochen wurde, vergessen würden, und kam während des Semesters immer wieder auf diese besagten Aussagen zurück.

Am Ende des Kurses lautete die letzte Frage in der Abschlussklausur wie folgt: »Schreiben Sie das auf, an das Sie sich in diesem Kurs für den Rest Ihres Lebens auf jeden Fall erinnern werden.« Als Dement die Klausuren korrigierte, war er sehr erstaunt. Nahezu jeder Student schrieb »1066« auf.

Deshalb verkünde ich Ihnen hiermit mit großem Zittern die wichtigste Regel von allen in der objektorientierten Programmierung: Öffentliche Vererbung bedeutet die Beziehung »ist ein«. Speichern Sie diese Regel in Ihrem Gedächtnis.

Wenn Sie angeben, dass Klasse `D` (derived – abgeleitet) öffentlich von der Klasse `B` (Basis) abgeleitet wird, sagen Sie dem C++-Compiler (und auch den menschlichen Lesern Ihres Codes), dass jedes Objekt vom Typ `D` auch ein Objekt vom Typ `B` ist, aber *nicht umgekehrt*. Sie sagen, dass `B` ein allgemeineres Konzept als `D` widerspiegelt. Sie behaupten, dass sich überall, wo ein Objekt vom Typ `B` benutzt werden kann, auch ein Objekt vom Typ `D` verwenden lässt, da jedes Objekt vom Typ `D` ein Objekt vom Typ `B` *ist*. Andererseits ist ein Objekt vom Typ `B` nicht brauchbar, wenn Sie ein Objekt vom Typ `D` benötigen: jedes `D` »ist ein« `B`, aber nicht umgekehrt.

C++ erzwingt diese Interpretation der öffentlichen Vererbung. Betrachten Sie folgendes Beispiel:

```
class Person{...};
class Student:public Person{...};
```

Die Erfahrung sagt uns, dass jeder Student eine Person ist, aber nicht jede Person ein Student. Das ist genau das, was diese Hierarchie aussagt. Wir akzeptieren, dass alles, was auf eine Person zutrifft – zum Beispiel, dass sie ein Geburtsdatum hat –, auch für Studenten gilt. Wir akzeptieren aber nicht, dass alles, was auf Studenten zutrifft – zum

Beispiel, dass sie an einer bestimmten Universität eingeschrieben sind –, auch auf Personen im Allgemeinen zutrifft. Der Begriff der Person ist allgemeiner gefasst als der des Studenten. Studenten sind spezielle Typen von Personen.

In C++ akzeptiert jede Funktion, die ein Argument des Typs `Person` erwartet (oder einen Zeiger oder Verweis auf `Person`), auch ein Objekt vom Typ `Student` (oder einen Zeiger oder Verweis auf `Student`):

```
void eat(const Person& p);    // Jeder kann essen
void study(const Student& s); // Nur Studenten studieren

Person p;                     // p ist eine Person
Student s;                    // s ist ein Student

eat(p);                       // In Ordnung, p ist eine Person
eat(s);                       // In Ordnung, s ist ein Student
                              // und ein Student »ist eine« Person
study(s);                     // In Ordnung
study(p);                     // Fehler! p ist kein Student
```

Das stimmt nur für die *öffentliche* Vererbung. C++ wird sich nur wie beschrieben verhalten, wenn `Student` öffentlich von `Person` abgeleitet wurde. Private Vererbung bedeutet etwas komplett anderes (siehe Tipp 39) und geschützte Vererbung bedeutet etwas, das sich meinem Verständnis bis heute entzieht.

Die Äquivalenz zwischen der öffentlichen Vererbung und der Beziehung »ist ein« klingt einfach, aber manchmal kann Ihre Intuition Sie in die Irre führen. Zum Beispiel ist es eine Tatsache, dass ein Pinguin ein Vogel ist, während es auch eine Tatsache ist, dass Vögel fliegen können. Wenn wir das unvoreingenommen in C++ ausdrücken wollen, sieht das folgendermaßen aus:

```
class Bird{
public:
  virtual void fly();       // Vögel können fliegen
  ...
};
class Penguin:public Bird{  // Pinguine sind Vögel
  ...
};
```

Da haben wir den Salat. Die Hierarchie besagt, dass Pinguine fliegen können. Wir wissen aber, dass das nicht wahr ist. Was ist geschehen?

In diesem Fall sind wir Opfer einer ungenauen Sprache geworden: Deutsch. Wenn wir sagen, dass Vögel fliegen können, meinen wir damit nicht, dass *alle* Arten von Vögeln fliegen können, nur dass Vögel im Allgemeinen die Fähigkeit haben, fliegen zu können. Wenn wir uns präziser ausgedrückt hätten, wäre uns aufgefallen, dass es einige Arten von nicht fliegenden Vögeln gibt. Das hätte uns zu folgender Hierarchie veranlasst, die die Realität viel besser widerspiegelt:

```
class Bird{
   ...                         // Keine Flugfunktion deklariert
};
class FlyingBird:public Bird{
public:
   virtual void fly();
   ...
};
class Penguin:public Bird{
   ...                         // Keine Flugfunktion deklariert
};
```

Diese Hierarchie ist sehr viel sinngetreuer, als es das ursprüngliche Design war.

Jedoch sind wir noch nicht fertig mit dem Geflügel, denn für einige Softwaresysteme mag es nicht vonnöten sein, zwischen fliegenden und nicht fliegenden Vögeln unterscheiden zu können. Wenn Ihre Anwendung mehr mit Schnäbeln und Flügeln und nichts mit dem Fliegen zu tun hat, kann die ursprüngliche Zweiklassenhierarchie ausreichend sein. Das ist die einfache Konsequenz der Tatsache, dass es kein ideales Design für alle Softwaresysteme gibt. Welches das beste Design ist, hängt davon ab, was es leisten soll, jetzt und in der Zukunft. Wenn Ihre Anwendung keine Ahnung vom Fliegen hat und auch niemals zu haben braucht, dann mag es eine zulässige Designentscheidung sein, dass sie nicht zwischen flugfähigen und -unfähigen Vögeln unterscheiden kann. Tatsächlich mag solch ein Design dem Entwurf vorzuziehen sein, der die Vögel zu unterscheiden vermag, da solch eine Unterscheidung zu abwegig für die Welt sein kann, die Sie zu modellieren versuchen.

Es gibt noch einen weiteren Gedanken, wie dieses Problem gelöst werden kann, das ich gerne das »Alle Vögel können fliegen; Pinguine sind Vögel; Pinguine können nicht fliegen, oh oh«-Problem nenne. Die Lösung besteht darin, die Funktion `fly` so umzuschreiben, dass sie einen Laufzeitfehler verursacht:

```
void error(const std::string& msg);     // Irgendwo anders definiert
class Penguin:public Bird{
public:
   virtual void fly(){error("Es wird versucht, einen Pinguin zum Fliegen "
                            "zu bringen!");}
   ...
};
```

Es ist wichtig, dass Sie erkennen, dass dies etwas anderes aussagt, als Sie wahrscheinlich vermuten. Dies besagt *nicht*: »Pinguine können nicht fliegen.« Es sagt: »Pinguine können zwar fliegen, aber es wäre ein Fehler, wenn sie es tatsächlich versuchen würden.«

Wie können Sie den Unterschied erkennen? Anhand des Zeitpunkts, an dem der Fehler entdeckt wird. Die Verfügung »Pinguine können nicht fliegen« kann vom Compiler durchgesetzt werden, aber Verletzungen der Regel »Es wäre ein Fehler, wenn die Pinguine tatsächlich versuchen würden zu fliegen« lassen sich nur zur Laufzeit entdecken.

Um die Beschränkung »Pinguine können nicht fliegen – basta!« auszudrücken, stellen Sie sicher, dass solch eine Funktion für `Pinguin`-Objekte nicht definiert ist:

```
class Bird{                    // Keine Flugfunktion wird deklariert
   ...
};
class Penguin:public Bird{
   ...                         // Keine Flugfunktion wird deklariert
};
```

Wenn Sie nun versuchen, einen Pinguin zum Fliegen zu bringen, wird der Compiler Sie für Ihren Verstoß rügen:

```
Penguin p;
p.fly();                       // Fehler!
```

Dieses Verhalten unterscheidet sich stark von dem aus dem Ansatz, Laufzeitfehler hervorzurufen. Bei der Methode würde der Compiler beim Aufruf von `p.fly` kein Wort sagen. In Tipp 18 wird erläutert, wie gute Schnittstellen verhindern, dass ungültiger Code kompiliert wird. Sie sollten also den Entwurf bevorzugen, der den Pinguinflug schon während der Kompilierung entdeckt und nicht den, der dies erst zur Laufzeit vermag.

Sie werden vielleicht eingestehen müssen, dass Ihr ornithologisches Fachwissen Lücken aufweist, aber auf Ihre Geometriekenntnisse können Sie sich verlassen, oder? Ich meine, wie schwierig zu verstehen können Rechtecke und Quadrate schon sein?

Nun, beantworten Sie mir folgende einfache Frage: Sollte die Klasse `Square` (für Quadrate) öffentlich von der Klasse `Rectangle` (für Rechtecke) abgeleitet werden?

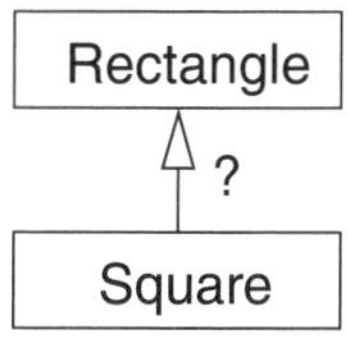

»Was für eine Frage!«, werden Sie sagen. »Natürlich sollte sie! Jeder weiß doch, dass ein Quadrat ein Rechteck ist, aber im Allgemeinen nicht umgekehrt.« Das ist schon richtig, zumindest in der Schule. Aber ich glaube, wir sind nun nicht mehr in der Schule.

Betrachten Sie diesen Code:

```
class Rectangle{
public:
   virtual void setHeight(int newHeight);
   virtual void setWidth(int newWidth);
   virtual int height()const;            // Gibt die gegenwärtigen
   virtual int width()const;             // Werte zurück
   ...
};
void makeBigger(Rectangle& r)            // Funktion, um die Fläche
{                                        // von r zu vergrößern
   int oldHeight = r.height();
   r.setWidth(r.width() + 10);           // Zur Breite von r wird 10 addiert
   assert(r.height() == oldHeight);      // Bestätigt, dass Höhe von
}                                        // r unverändert bleibt
```

Natürlich sollte das `assert` niemals fehlschlagen. `makeBigger` verändert lediglich die Breite von `r`. Die Höhe wird nicht angetastet.

Betrachten Sie nun folgenden Code, der öffentliche Vererbung benutzt, um Quadrate wie Rechtecke behandeln zu können:

```
class Square:public Rectangle{...};
Square s;
...
assert(s.width() == s.height());      // Dies muss für alle Quadrate
                                      // true sein

makeBigger(s);                        // Wegen der Vererbung ist s ein
                                      // Rechteck, also können wir
                                      // dessen Bereich vergrößern

assert(s.width() == s.height());      // Dies muss immer noch für alle
                                      // Quadrate true sein
```

Es ist natürlich klar, dass die zweite Bestätigung auch niemals fehlschlagen sollte. Per Definition ist die Breite eines Quadrats gleich seiner Höhe.

Aber nun haben wir ein Problem. Wie können wir folgende Aussagen in Einklang bringen?

- Vor dem Aufruf von `makeBigger` ist die Höhe von `s` gleich dessen Breite.
- Innerhalb von `makeBigger` wird die Breite von `s` verändert, die Höhe aber nicht.

- Nach der Rückkehr aus `makeBigger` ist die Höhe von `s` immer noch gleich dessen Breite. (Beachten Sie, dass `s` an `makeBigger` als Verweis übergeben wird, weswegen `makeBigger` `s` selbst verändert und nicht etwa eine Kopie davon.)

Nun?

Willkommen in der wunderbaren Welt der öffentlichen Vererbung, in der die Kenntnisse, die Sie sich in anderen Wissensbereichen angeeignet haben – inklusive Mathematik – Ihnen nicht so sehr von Nutzen sind, wie Sie es sich erhofft hatten. Die grundlegende Schwierigkeit in diesem Fall besteht darin, dass etwas auf ein Rechteck anwendbar ist (seine Breite kann unabhängig von seiner Höhe verändert werden), nicht aber auf ein Quadrat (seine Höhe und Breite müssen gleich sein), während die öffentliche Vererbung geltend macht, dass alles, was für Objekte der Basisklasse gilt, auch auf Objekte der abgeleiteten Klasse angewendet werden kann – *alles*. Im Fall der Rechtecke und Quadrate (wie auch im Fall von Mengen und Listen aus Tipp 38) hält diese Forderung nicht stand. Deswegen ist die öffentliche Vererbung ungeeignet, die Beziehung dieser Formen untereinander zu modellieren. Der Compiler lässt es zu, aber wie Sie gesehen haben, ist dies keine Garantie dafür, dass der Code sich richtig verhält. Das muss jeder Programmierer lernen (einige häufiger als andere): Nur weil ein Programm kompiliert wird, muss es noch lange nicht funktionieren.

Ärgern Sie sich nicht, dass das Gefühl für Software, das Sie über die Jahre hinweg entwickelt haben, Sie nun bei Ihrer Annäherung an die Objektorientierung täuscht. Dieses Wissen ist immer noch wertvoll, aber nun, da Sie Vererbung in Ihr Repertoire aufgenommen haben, müssen Sie Ihr Wissen mit den neuen Einsichten anreichern, um die Vererbung richtig einsetzen zu können. Nach einer Weile wird Ihnen der Gedanke, `Penguin` von `Bird` oder `Square` von `Rectangle` abzuleiten, ein genauso komisches Gefühl bereiten, wie Sie es bekommen, wenn Ihnen jemand eine seitenlange Funktion zeigt. Es *könnte* die richtige Lösung sein, höchstwahrscheinlich ist sie das aber nicht.

Die Beziehung »ist ein« ist nicht die einzige, die zwischen Klassen existieren kann. Zwei weitere gebräuchliche Beziehungen zwischen Klassen sind »hat ein« und »ist implementiert in Form von«. Diese Beziehungen werden in den Tipps 38 und 39 besprochen. Es ist nicht ungewöhnlich, dass C++-Entwürfe schief laufen, weil eine dieser anderen wichtigen Beziehungen fälschlicherweise als eine »ist ein«-Beziehung modelliert wurde. Sie sollten also die Unterschiede zwischen diesen Beziehungen genau verstehen und wissen, wie sie jeweils in C++ modelliert werden.

Was Sie sich merken sollten

- Öffentliche Vererbung bedeutet »ist ein«. Alles, was auf die Basisklasse zutrifft, muss auch auf die abgeleiteten Klassen zutreffen, da jedes Objekt einer abgeleiteten Klasse ein Objekt der Basisklasse *ist*.

6.2 Tipp 33: Verdecken Sie keine geerbten Namen

Shakespeare hatte es mit Namen. »Was ist ein Name?«, fragte er. »Was uns Rose heißt. Wie es auch hieße, würde lieblich duften.« (Romeo und Julia, 2. Akt, 2. Szene) Der Dichter schrieb auch: »Wer den guten Namen mir entwendet, der raubt mir das, was ihn nicht reich macht, mich aber bettelarm.« (Othello, 3. Akt, 3. Szene). Richtig. Das führt uns zu geerbten Namen in C++.

Diese Sache hat eigentlich nichts mit Vererbung zu tun. Es geht hier um Gültigkeitsbereiche. Wir kennen alle Code wie folgenden:

```
int x;              // Globale Variable
void someFunc()
{
   double x;        // Lokale Variable
   std::cin>>x;     // Liest einen neuen Wert für das lokale x ein
}
```

Der Ausdruck, der in x einen Wert einliest, bezieht sich auf die lokale Variable x und nicht auf die globale Variable x, weil Namen in inneren Gültigkeitsbereichen diejenigen in äußeren überdecken (überschatten). Wir können die Situation der Gültigkeitsbereiche auf folgende Weise veranschaulichen:

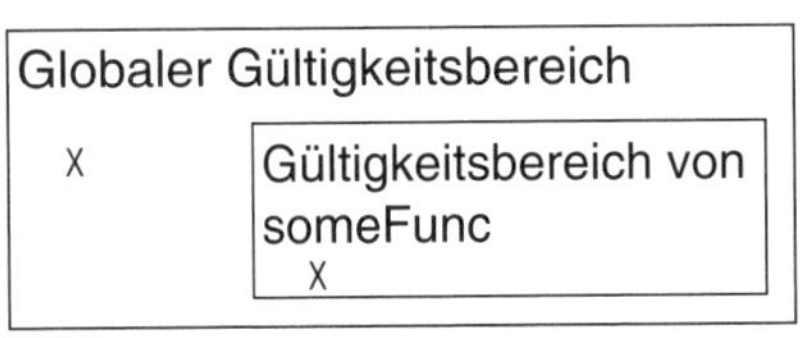

Wenn sich der Compiler im Gültigkeitsbereich von someFunc befindet und auf den Namen x stößt, sucht er im lokalen Gültigkeitsbereich nach etwas, das diesen Namen trägt. Weil sich dort etwas Derartiges befindet, sieht der Compiler auch nicht in einem anderen Gültigkeitsbereich nach. In diesem Fall ist die Variable x der Funktion someFunc vom Typ double und die des globalen Gültigkeitsbereichs vom Typ int. Das macht aber nichts. Die Regeln zur Namensverbergung von C++ tun genau das, was ihre Beziehung besagt: Sie verdecken *Namen*. Ob die Namen dem gleichen oder einem anderen Typ entsprechen, ist unerheblich. In diesem Fall verdeckt eine double-Variable namens x eine int-Variable namens x.

Kommen wir zur Vererbung. Wenn wir uns in einer Elementfunktion einer abgeleiteten Klasse befinden und uns auf etwas aus der Basisklasse beziehen (z. B. eine Elementfunktion, eine Typdefinition oder ein Datenelement), kann der Compiler dieses Etwas finden, denn abgeleitete Klassen erben die Dinge, die in der Basisklasse deklariert wurden. Tatsächlich ist der Gültigkeitsbereich der abgeleiteten Klasse in den Gültigkeitsbereich der Basisklasse eingebettet. Betrachten Sie folgendes Beispiel:

```
class Base{
private:
   int x;
public:
   virtual void mf1() = 0;
   virtual void mf2();
   void mf3();
   ...
};
class Derived:public Base{
public:
   virtual void mf1();
   void mf4();
   ...
};
```

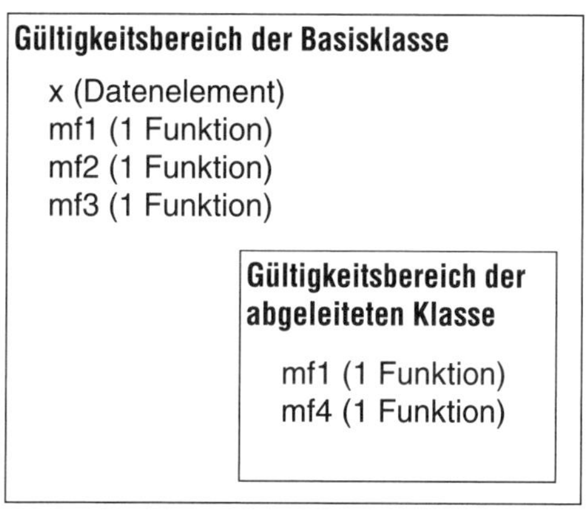

Dieses Beispiel enthält eine Mischung aus öffentlichen und privaten Namen wie auch Namen von Datenelementen und Elementfunktionen. Die Elementfunktionen sind rein virtuell, einfach (nicht rein) virtuell und nicht virtuell, und zwar weil ich betonen möchte, dass es um *Namen* geht. Das Beispiel hätte auch Namen von z.B. Aufzählungen, eingebetteten Klassen und Typdefinitionen enthalten können. Das Einzige, was in dieser Erörterung zählt, ist die Tatsache, dass es sich um Namen handelt. Namen *wovon* ist irrelevant. Das Beispiel verwendet einfache Vererbung, aber wenn Sie einmal verstanden haben, was bei der einfachen Vererbung geschieht, können Sie das Verhalten von C++ bei der Mehrfachvererbung schon vorausahnen.

Stellen Sie sich vor, mf4 in der abgeleiteten Klasse ist teilweise wie folgt implementiert:

```
void Derived::mf4()
{
  ...
  mf2();
  ...
}
```

Wenn der Compiler hier den Namen mf2 sieht, muss er herausfinden, worauf sich der Name bezieht. Dazu sucht er in den Gültigkeitsbereichen nach einer Deklaration von etwas mit dem Namen mf2. Als Erstes sucht er im lokalen Gültigkeitsbereich (dem von mf4), aber dort findet er keine Deklaration mit dem Namen mf2. Dann sucht er im übergeordneten Gültigkeitsbereich, dem der Klasse Derived. Da findet er immer noch nichts mit dem Namen mf2, also geht er weiter zum nächsten übergeordneten Gültigkeitsbereich, dem der Basisklasse. Dort findet er etwas mit dem Namen mf2 und beendet seine Suche. Würde es in der Klasse Base auch kein mf2 geben, würde die Suche fortgesetzt, zuerst in den Namensbereichen, in denen sich Base befindet, so es denn welche gibt, zum Schluss im globalen Gültigkeitsbereich.

Der Prozess, den ich grade beschrieben habe, ist zwar korrekt, aber keine umfassende Beschreibung davon, wie Namen in C++ gefunden werden. Jedoch ist es nicht unser Ziel, genug über die Regeln zur Namenssuche zu wissen, um Compiler schreiben zu können. Unser Ziel besteht darin, genug zu wissen, um unliebsame Überraschungen zu vermeiden, und für diese Aufgabe haben wir schon genügend Wissen angesammelt.

Betrachten Sie das vorherige Beispiel noch einmal, nur lassen Sie uns diesmal mf1 und mf3 überladen und eine Version von mf3 zu Derived hinzufügen. (In Tipp 36 wird erklärt, dass das Überladen von mf3 – einer geerbten, nicht virtuellen Funktion – in Derived dieses Design sofort verdächtig macht. Aber im Interesse des Lernvorgangs zur Namenssichtbarkeit bei Vererbung sehen wir einmal darüber hinweg.)

```
class Base{
private:
  int x;
public:
  virtual void mf1() = 0;
  virtual void mf1(int);
  virtual void mf2()
  void mf3();
  void mf3(double);
  ...
};
class Derived:public Base{
public:
```

```
    virtual void mf1();
    void mf3();
    void mf4();
    ...
};
```

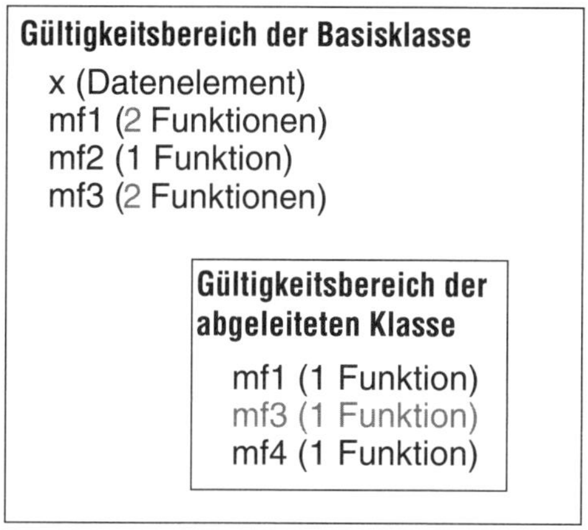

Das Verhalten dieses Codes überrascht jeden C++-Programmierer, der das erste Mal darauf trifft. Die den Gültigkeitsbereich betreffende Regel zur Namensverbergung hat sich nicht geändert, also sind *alle* Funktionen namens `mf1` und `mf3` in der Basisklasse durch die gleichnamigen Funktionen der abgeleiteten Klasse verdeckt. Vom Standpunkt der Namenssuche aus gesehen werden `Base::mf1` und `Base::mf3` nicht mehr von `Derived` geerbt!

```
Derived d;
int x;
...
d.mf1();    // Prima, ruft Derived::mf1 auf
d.mf1(x);   // Fehler! Base::mf1 wird von Derived::mf1 verborgen
d.mf2();    // Prima, ruft Base::mf2 auf
d.mf3();    // Prima, ruft Derived::mf3 auf
d.mf3(x);   // Fehler! Base::mf3 wird von Derived::mf3 verborgen
```

Wie Sie sehen, wird die Verdeckung angewendet, auch wenn die Funktionen in der Basis- und in der abgeleiteten Klasse verschiedene Parametertypen erwarten, auch ohne Rücksicht darauf, ob die Funktionen virtuell oder nicht virtuell sind. Genauso wie am Anfang des Kapitels die `double`-Variable `x` in der Funktion `someFunc` die `int`-Variable `x` des globalen Gültigkeitsbereichs verdeckte, tut dies hier die Funktion `mf3` der Klasse `Derived` mit der gleichnamigen Funktion (die von einem anderen Typ ist) der Klasse `Base`.

Dieses Verhalten soll Sie davor bewahren, versehentlich überladene Funktionen von fernen Basisklassen zu erben, wenn Sie eine neue abgeleitete Klasse für eine Bibliothek oder Anwendung schreiben. Unglücklicherweise *wollen* Sie aber gewöhnlich diese Überladungen erben. Wenn Sie die öffentliche Vererbung verwenden und die Überladungen nicht miterben, verletzen Sie tatsächlich die »ist ein«-Beziehung zwischen Basis- und abgeleiteter Klasse, von der in Tipp 32 erklärt wurde, dass sie für die öffentliche Vererbung fundamental wichtig ist. Damit sind Sie fast immer dazu gezwungen, das standardmäßige Verdecken von ererbten Namen von C++ zu umgehen.

Dies tun Sie mit der `using`-Deklaration:

```
class Base{
private:
   int x;
public:
   virtual void mf1() = 0;
   virtual void mf1(int);
   virtual void mf2();
   void mf3();
   void mf3(double);
   ...
};
class Derived:public Base{
public:
   using Base::mf1;            // Macht alles aus Base mit Namen mf1
   using Base::mf3;            // und mf3 im Gültigkeitsbereich von
                              // Derived sichtbar (und öffentlich)
   virtual void mf1();
   void mf3();
   void mf4();
   ...
};
```

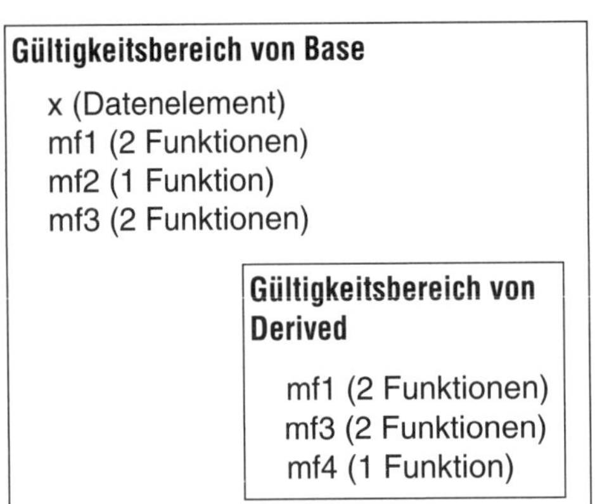

Nun wird die Vererbung wie erwartet funktionieren:

```
Derived d;
int x;
...
d.mf1();    // Immer noch prima, ruft immer noch Derived::mf1 auf
d.mf1(x);   // Jetzt in Ordnung, ruft Base::mf1 auf
d.mf2();    // Immer noch prima, ruft immer noch Base::mf2 auf
d.mf3();    // Prima, ruft Derived::mf3 auf
d.mf3(x);   // Jetzt in Ordnung, ruft Base::mf3 auf
```

Wenn Sie von einer Klasse mit überladenen Funktionen erben und Sie einige von diesen neu definieren oder übergehen wollen, bedeutet dies, dass Sie für jeden Namen, den Sie sonst verdecken würden, eine `using`-Deklaration anwenden müssen. Tun Sie dies nicht, werden einige Namen, die Sie gern verwenden würden, verdeckt.

Es ist absehbar, dass Sie manchmal nicht alle Funktionen aus der Basisklasse erben wollen. Ich wiederhole, dass dies bei der öffentlichen Vererbung niemals der Fall sein sollte, da es die »ist ein«-Beziehung zwischen Basis- und abgeleiteter Klasse verletzt. (Das ist auch der Grund, warum im vorangegangenen Beispiel die `using`-Deklarationen im öffentlichen Teil der abgeleiteten Klasse auftauchen: Namen, die in der Basisklasse öffentlich sind, sollten dies auch in der öffentlich abgeleiteten Klasse sein.) Bei der privaten Vererbung (siehe Tipp 39) kann es jedoch Sinn ergeben. Nehmen Sie zum Beispiel an, `Derived` erbt privat von `Base`, und die einzige Version von `mf1`, die `Derived` erben will, ist diejenige, die Parameter erwartet. Eine `using`-Deklaration würde da nicht funktionieren, denn sie macht alle ererbten Funktionen eines Namens in der abgeleiteten Klasse sichtbar. Nein, dies ist ein Fall für eine andere Technik, nämlich für eine einfache Weiterleitungsfunktion:

```
class Base{
public:
  virtual void mf1() = 0;
  virtual void mf1(int);
  ...                          // Wie vorher
};
class Derived:private Base{
public:
  virtual void mf1()           // Weiterleitungsfunktion; implizite
  {Base::mf1();}               // Inline-Funktion (siehe Tipp 30)
  ...
};
...
Derived d;
int x;
d.mf();                        // Prima, ruft Derived::mf1 auf
d.mf1(x);                      // Fehler! Base::mf1() ist verdeckt
```

Eine weitere Einsatzmöglichkeit für Inline-Weiterleitungsfunktionen besteht in ihrer Verwendung für ältere Compiler, die die `using`-Deklaration zum Import von ererbten Namen in den Gültigkeitsbereich einer abgeleiteten Klasse (fälschlicherweise) nicht unterstützen.

Das ist alles, was es an dieser Stelle über Vererbung und Namensverdeckung zu sagen gibt. Aber wenn Vererbung mit Templates kombiniert wird, ergibt sich ein ganz neuer Aspekt des Problems »Ererbte Namen sind verdeckt«. Nähere Einzelheiten dazu finden Sie im Tipp 43.

Was Sie sich merken sollten

- Namen in abgeleiteten Klassen verdecken Namen in Basisklassen. Bei öffentlicher Vererbung ist dies niemals wünschenswert.
- Um verdeckte Namen wieder sichtbar zu machen, benutzen Sie `using`-Deklarationen oder Weiterleitungsfunktionen.

6.3 Tipp 34: Unterscheiden Sie zwischen der Vererbung der Schnittstelle und der Implementierung

Der scheinbar einfache Gedanke der (öffentlichen) Vererbung besteht bei näherer Betrachtung aus zwei verschiedenen Teilen: Vererbung von Funktionsschnittstellen und Vererbung von Funktionsimplementierungen. Der Unterschied zwischen diesen beiden Arten der Vererbung deckt sich mit dem zwischen Funktionsdeklarationen und -definitionen, den ich Ihnen in der Einleitung des Buchs erläutert hatte.

Sie als Klassenentwickler wollen manchmal, dass abgeleitete Klassen lediglich die Schnittstelle (die Deklaration) einer Elementfunktion erben. Mitunter möchten Sie, dass abgeleitete Klassen sowohl die Funktionsschnittstelle als auch die -implementierung erben, aber auch, dass die Klassen die ererbten Implementierungen überschreiben dürfen. Und bisweilen wollen Sie, dass abgeleitete Klassen zwar Funktionsschnittstelle und -implementierung erben, sie aber nichts überschreiben dürfen.

Um ein besseres Gefühl für die Unterschiede dieser Möglichkeiten zu bekommen, schauen Sie sich folgendes Beispiel an, in dem eine Klassenhierarchie erstellt wird, die geometrische Formen in einer Grafikanwendung darstellt:

```
class Shape{
public:
   virtual void draw() const = 0;
   virtual void error(const std::string& msg);
   int objectID()const;
```

```
    ...
};
class Rectangle:public Shape{...};
class Ellipse:public Shape{...};
```

Shape ist eine abstrakte Klasse; ihre rein virtuelle Funktion draw zeichnet sie als solche aus. Dadurch können die Kunden keine Exemplare der Klasse Shape erzeugen; das können Sie nur von den von ihr abgeleiteten Klassen. Nichtsdestoweniger übt Shape aus folgendem Grund einen starken Einfluss auf alle Klassen aus, die von ihr (öffentlich) abgeleitet werden:

- *Schnittstellen von Elementfunktionen werden immer vererbt.* Wie in Tipp 32 erklärt, bedeutet öffentliche Vererbung »ist ein«, also trifft alles, was auf die Basisklasse zutrifft, auch auf die abgeleitete Klasse zu. Infolgedessen gehört eine Funktion auch zu den abgeleiteten Klassen, wenn sie zur Basisklasse gehört.

Drei Funktionen werden in der Klasse Shape deklariert. Die erste, draw, zeichnet das gegenwärtige Objekt auf einem impliziten Bildschirm. Die zweite, error, wird von den Elementfunktionen aufgerufen, wenn diese einen Fehler zu melden haben. Die dritte, objectID, gibt für das gegenwärtige Objekt einen Integer als eindeutige Identifizierungsnummer zurück. Jede Funktion ist auf eine andere Weise deklariert worden: draw ist eine rein virtuelle Funktion, error ist eine einfache (unreine?) virtuelle Funktion, und objectID eine nicht virtuelle. Was sind die Folgen dieser verschiedenen Deklarationen?

Betrachten wir die erste, rein virtuelle Funktion draw:

```
class Shape{
public:
    virtual void draw()const = 0;
    ...
};
```

Die zwei hervorstechenden Eigenschaften von rein virtuellen Funktionen sind einmal, dass sie durch eine konkrete Klasse, die sie erbt, redeklariert werden *müssen*, und dass sie zum anderen normalerweise keine Definition in abstrakten Klassen besitzen. Nehmen Sie diese beiden Eigenschaften zusammen, so werden Sie Folgendes bemerken:

- Der Grund, rein virtuelle Funktionen zu deklarieren, besteht darin, abgeleitete Klassen *nur eine Funktionsschnittstelle* erben zu lassen.

Dies ergibt zwar für die Funktion Shape::draw Sinn, da es eine berechtigte Forderung ist, dass alle Shape-Objekte gezeichnet werden können, aber die Klasse Shape liefert keine vernünftige Standardimplementierung für diese Funktion. Der Algorithmus zum Zeichnen einer Ellipse unterscheidet sich zum Beispiel grundlegend von dem zum Zeichnen eines Rechtecks. Die Deklaration von Shape::draw sagt den Entwicklern einer konkreten abgeleiteten Klasse: »Sie müssen eine draw-Funktion schreiben, aber ich habe keine Ahnung, wie Sie das implementieren sollen.«

Übrigens ist es *doch* möglich, eine Definition für eine rein virtuelle Funktion anzugeben. Sie können eine Implementierung für Shape::draw angeben worüber sich C++ nicht beschweren wird. Die einzige Möglichkeit, die Funktion aufzurufen, besteht dann darin, den Aufruf mit dem Klassennamen zu qualifizieren:

```
Shape *ps = new Shape;        // Fehler! Shape ist abstrakt
Shape *ps1 = new Rectangle;   // Prima
ps1->draw();                  // Ruft Rectangle::draw auf
Shape *ps2 = new Ellipse;     // Prima
ps2->draw();                  // Ruft Ellipse::draw auf
ps1->Shape::draw();            // Ruft Shape::draw auf
ps2->Shape::draw();            // Ruft Shape::draw auf
```

Neben dem Eindruck, den Sie bei anderen Programmierern auf Partys schinden können, bietet Ihnen das Wissen um diese Eigenschaft gewöhnlich wenig Nutzen. Wie Sie jedoch bald sehen werden, kann dieser Mechanismus dazu genutzt werden, eine etwas sicherere Standardimplementierung für einfache virtuelle Funktionen zu liefern.

Mit den einfachen virtuellen Funktionen verhält es sich etwas anders als mit den rein virtuellen. Wie gewohnt erben die abgeleiteten Klassen die Schnittstelle der Funktion, aber einfache virtuelle Funktionen besitzen eine Implementierung, die abgeleitete Klassen überschreiben dürfen. Wenn Sie darüber etwas genauer nachdenken, werden Sie Folgendes bemerken:

- Der Sinn, eine einfache virtuelle Funktion zu deklarieren, besteht darin, dass abgeleitete Klassen *sowohl eine Funktionsschnittstelle als auch eine Standardimplementierung* erben können.

Betrachten Sie den Fall von Shape::error:

```
class Shape{
public:
   vitual void error(const std::string& msg);
   ...
};
```

Die Schnittstelle besagt, dass jede Klasse eine Funktion haben muss, die aufgerufen werden kann, wenn ein Fehler auftritt, aber jeder Klasse ist es freigestellt, wie sie mit Fehlern umgehen will. Wenn eine Klasse nichts Besonderes tun will, kann sie einfach auf die Standardfehlerbehandlung aus der Klasse Shape zurückgreifen. Das heißt die Deklaration von Shape::error sagt den Entwicklern von abgeleiteten Klassen: »Sie müssen eine Funktion error anbieten. Wenn Sie aber keine eigene schreiben wollen, können Sie auch auf die Standardversion der Klasse Shape zurückgreifen.«

Es zeigt sich, dass es gefährlich sein kann, einfachen virtuellen Funktionen die Spezifizierung einer Funktionsschnittstelle und einer Standardimplementierung zu gestatten. Damit das deutlich wird, sehen Sie sich eine Hierarchie von Flugzeugen für die Fluggesellschaft XYZ an. XYZ besitzt lediglich zwei Arten von Flugzeugen: das Modell A und das Modell B. Beide Modelle werden auf die gleiche Weise geflogen. Daher entwirft XYZ folgende Hierarchie:

```
class Airport{...};              // Steht für Flughäfen
class Airplane{
public:
   virtual void fly(const Airport& destination);
   ...
};
void Airplane::fly(const Airport& destination)
{
   Standardcode, um ein Flugzeug zum gegebenen Flughafen zu fliegen
}
class ModelA:public Airplane{...};
class ModelB:public Airplane{...};
```

Um auszudrücken, dass alle Flugzeuge eine `fly`-Funktion haben müssen, und in Anbetracht der Tatsache, dass verschiedene Modelle von Flugzeugen im Prinzip verschiedene Implementierungen dieser Funktion benötigen, ist `Airplane::fly` als virtuell deklariert. Um sich jedoch die Mühe zu sparen, identischen Code für die Klassen `ModelA` und `ModelB` schreiben zu müssen, wird das standardmäßige Flugverhalten durch die Funktion `Airplane::fly` angeboten, welche beide Klassen erben.

Das ist klassisches objektorientiertes Design. Zwei Klassen teilen sich eine gemeinsame Eigenschaft (die Implementierung von `fly`), weswegen diese in der Basisklasse deklariert wird und dadurch von den beiden Klassen geerbt werden kann. Dieses Design macht gemeinsame Eigenschaften explizit, verhindert Codeverdoppelung, ermöglicht spätere Verbesserungen und vereinfacht langfristige Wartung – all das, wofür die objektorientierte Technik so gelobt wird. Die Fluggesellschaft XYZ kann stolz sein.

Stellen Sie sich nun vor, dass XYZ sich entschließt, einen neuen Flugzeugtyp anzuschaffen – die Geschäfte laufen recht gut –, nämlich das Modell C. Das Modell C unterscheidet sich etwas von den Modellen A und B. Im Besonderen wird es anders geflogen.

Die Programmierer von XYZ fügen der Hierarchie die Klasse für das Modell C hinzu, aber in ihrer Eile vergessen sie, das neue Modell in Betrieb zu nehmen: Sie vergessen, die Funktion `fly` neu zu definieren:

```
class ModelC:public Airplane{
   ...
};                             // Keine Flugfunktion deklariert
```

In ihrem Code haben sie dann etwas Ähnliches wie das Folgende:

```
Airport PDX(...);            // PDX ist der Flughafen meiner Heimat
Airplane *pa = new ModelC;
...
pa->fly(PDX);                // Ruft Airplane::fly auf!
```

Das ist eine Katastrophe: Es wird versucht, ein Objekt von `ModelC` so zu fliegen, als ob es ein Objekt von `ModelA` oder `ModelB` wäre. Dieses Verhalten erhöht nicht gerade das Vertrauen in die Fluggesellschaft.

Das Problem besteht hier nicht darin, dass `Airplane::fly` das standardmäßige Verhalten bietet, sondern darin, dass `ModelC` erlaubt wurde, dieses Verhalten zu erben, ohne dass die Klasse ausdrücklich danach verlangt. Glücklicherweise ist es einfach, abgeleiteten Klassen das Standardverhalten anzubieten, es ihnen aber nicht zu geben, solange sie nicht danach gefragt haben. Der Trick besteht darin, die Verbindung zwischen der *Schnittstelle* der virtuellen Funktion und ihrer standardmäßigen *Implementierung* zu unterbrechen. Im Folgenden finden Sie eine Möglichkeit, dies zu tun:

```
class Airplane{
public:
   virtual void fly(const Airport& destination) = 0;
   ...
protected:
   void defaultFly(const Airport& destination);
};
void Airplane::defaultFly(const Airport& destination)
{
   Standardcode, um ein Flugzeug zum gegebenen Flughafen zu fliegen
}
```

Beachten Sie, wie `Airplane::fly` in eine *rein* virtuelle Funktion verwandelt wurde. Diese liefert die Schnittstelle zum Fliegen. Die Standardimplementierung ist auch in der Klasse `Airplane` präsent, aber nun in der Form der unabhängigen Funktion `defaultFly`. Klassen wie `ModelA` und `ModelB`, die das Standardverhalten verwenden wollen, benutzen einfach einen Inline-Aufruf, um `defaultFly` innerhalb des Funktionskörpers von `fly` aufzurufen (aber beachten Sie die Informationen über Inline-Aufrufe und virtuelle Funktionen in Tipp 30):

```
class ModelA:public Airplane{
public:
   virtual void fly(const Airport& destination)
   {defaultFly(destination);}
   ...
};
class ModelB:public Airplane{
```

```
public:
   virtual void fly(const Airport& destination)
   {defaultFly(destination);}
   ...
};
```

Für die Klasse ModelC besteht keine Gefahr, dass sie aus Versehen die inkorrekte Implementierung von fly erbt, weil die rein virtuelle Funktion in Airplane sie dazu zwingt, ihre eigene Version von fly bereitzustellen.

```
class ModelC:public Airplane{
public:
   virtual void fly(const Airport& destination);
   ...
};
void ModelC::fly(const Airport& destination)
{
   Code, um ein ModelC-Flugzeug zum gegebenen Flughafen zu fliegen
}
```

Dieses Schema ist nicht idiotensicher (die Programmierer können sich immer noch mit »Kopieren und Einsetzen« in Schwierigkeiten bringen), aber es ist verlässlicher als der ursprüngliche Entwurf. Die Funktion Airplane::defaultFly ist geschützt, da sie wirklich ein Implementierungsdetail der Klasse Airplane und seiner abgeleiteten Klassen ist. Kunden, die Objekte der Klasse Airplane benutzen, sollten sich nur darum kümmern, dass sie geflogen werden können, und nicht darum, wie dies implementiert wurde.

Es ist auch wichtig, dass Airplane::defaultFly eine nicht virtuelle Funktion ist. Das liegt daran, dass keine abgeleitete Klasse diese Funktion neu definieren sollte – eine Tatsache, mit der sich Tipp 36 beschäftigt. Wenn defaultFly virtuell wäre, hätten Sie einen Teufelskreis: Was wäre, wenn eine abgeleitete Klasse vergessen würde, defaultFly neu zu definieren, obwohl es von ihr erwartet wird?

Einige Programmierer protestieren gegen den Gedanken, separate Funktionen für die Schnittstelle und die Standardimplementierung zu haben, wie zum Beispiel fly und defaultFly im vorstehenden Beispiel. Sie merken an, dass es den Namensbereich mit der starken Zunahme von eng verwandten Funktionsnamen verschmutzt. Jedoch stimmen sie zu, dass die Schnittstelle und die Standardimplementierung getrennt sein sollten. Wie lösen sie den scheinbaren Widerspruch auf? Durch die Tatsache, dass rein virtuelle Funktionen in konkreten abgeleiteten Klassen neu deklariert werden müssen, aber auch eigene Implementierungen besitzen dürfen. Wie die Hierarchie von Airplane aus der Fähigkeit, eine reine virtuelle Funktion definieren zu können, einen Nutzen zieht, sehen Sie hier:

```
class Airplane{
public:
   virtual void fly(const Airport& destination) = 0;
   ...
};
void Airplane::fly(const Airport& destination) // Eine Implementierung
                                               // einer rein
{                                              // virtuellen Funktion
   Standardcode, um ein Flugzeug zum gegebenen Flughafen zu fliegen
}
class ModelA:public Airplane{
public:
   virtual void fly(const Airport& destination)
   {Airplane::fly(destination);}
   ...
};
class ModelB public Airplane{
public:
   virtual void fly(const Airport& destination)
   {Airplane::fly(destination);}
   ...
};
class ModelC:public Airplane{
public:
   virtual void fly(const Airport& destination);
   ...
};
void ModelC::fly(const Airport& destination)
{
   Code, um ein ModelC-Flugzeug zum gegebenen Flughafen zu fliegen
}
```

Das ist fast genau das gleiche Design wie vorher, außer dass der Funktionsrumpf der rein virtuellen Funktion `Airplane::fly` den Platz der unabhängigen Funktion `Airplane::defaultFly` einnimmt. Im Wesentlichen wurde `fly` in seine zwei grundlegenden Komponenten aufgeteilt. Ihre Deklaration beschreibt ihre Schnittstelle (die die abgeleiteten Klassen benutzen *müssen*), während ihre Definition ihr Standardverhalten beschreibt (das die abgeleiteten Klassen verwenden *dürfen*, aber nur, wenn sie es ausdrücklich anfordern). Durch den Zusammenschluss von `fly` und `defaultFly` haben Sie jedoch die Möglichkeit verloren, beide Funktionen unterschiedlichen Schutzebenen zuzuordnen: Der Code, der früher geschützt (`protected`) war (da er in `defaultFly` stand), ist nun öffentlich (`public`) (weil er in `fly` steht).

Zum Schluss kommen wir zur nicht virtuellen Funktion von `Shape`, und zwar zu `objectID`:

```
class Shape {
public:
   int objectID() const;
   ...
};
```

Wenn eine Elementfunktion nicht virtuell ist, wird von ihr nicht erwartet, dass sie sich in verschiedenen Klassen anders verhält. Tatsächlich spezifiziert eine nicht virtuelle Elementfunktion eine *Invariante für die Spezialisierung*, denn sie legt ein Verhalten fest, das sich nicht ändert, egal wie spezialisiert eine abgeleitete Klasse auch sein mag. Daraus folgt:

- Der Sinn, eine nicht virtuelle Elementfunktion zu deklarieren, besteht darin, dass abgeleitete Klassen *sowohl eine Funktionsschnittstelle als auch eine verbindliche Implementierung* erben.

Sie können sich die Deklaration von `Shape::objectID` so vorstellen, als ob Sie sagen würden: »Jedes `Shape`-Objekt besitzt eine Funktion, die eine Identifizierungsnummer zurückgibt, und diese Nummer wird immer auf die gleiche Weise berechnet. Wie das geschieht, wird in der Definition von `Shape::objectID` bestimmt, und keine abgeleitete Klasse sollte dies ändern.« Weil eine nicht virtuelle Elementfunktion eine Invariante der Spezialisierung festlegt, sollte sie in einer abgeleiteten Klasse niemals neu definiert werden – ein Punkt, der im Tipp 36 näher besprochen wird.

Die Unterschiede der Deklaration von rein virtuellen, einfachen virtuellen und nicht virtuellen Funktionen ermöglichen es Ihnen, genau zu bestimmen, was die abgeleiteten Klassen erben dürfen: nur die Schnittstelle, die Schnittstelle und eine Standardimplementierung oder die Schnittstelle und eine verbindliche Implementierung. Da diese verschiedenen Typen der Deklaration jeweils etwas grundlegend anderes bedeuten, müssen Sie sorgfältig unter ihnen auswählen, wenn Sie Ihre Elementfunktionen deklarieren. Vermeiden Sie dabei aber tunlichst die zwei häufigsten Fehler von unerfahrenen Klassenentwicklern.

Der erste Fehler besteht darin, alle Funktionen als nicht virtuell zu deklarieren. Das lässt keinen Raum für Spezialisierungen in abgeleiteten Klassen; nicht virtuelle Destruktoren sind besonders problematisch (siehe Tipp 7). Natürlich kann es Sinn ergeben, wenn Sie eine Klasse entwerfen, die nie als Basisklasse gedacht ist. In diesem Fall wären einige exklusive nicht virtuelle Elementfunktionen angebracht. Zu oft werden solche Klassen jedoch aus Unwissenheit über die Unterschiede zwischen virtuellen und nicht virtuellen Funktionen oder aus unbegründeter Sorge um die Leistungskosten von virtuellen Funktionen geschrieben. Tatsache ist aber, dass so gut wie jede Klasse, die als Basisklasse entworfen wird, virtuelle Funktionen besitzt (siehe Tipp 7).

Wenn Sie sich um die Kosten der virtuellen Funktionen Sorgen machen, dann erlauben Sie mir, die empirisch belegte 80/20-Regel zu erwähnen (siehe auch Tipp 30), die besagt, dass 80 Prozent der Laufzeit darauf verwendet wird, lediglich 20 Prozent des Codes auszuführen. Diese Regel ist wichtig, denn sie besagt, dass 80 Prozent Ihrer Funktionsaufrufe ruhig virtuell sein können, ohne dass auch nur der leiseste Effekt auf die Leistung des Programms zu spüren ist. Bevor Sie sich graue Haare über die Entscheidung wachsen lassen, ob Sie sich die Kosten von virtuellen Funktionen leisten können, konzentrieren Sie sich lieber auf die übrigen 20 Prozent Ihres Programms, denn dort können Sie wirklich Leistung einsparen.

Das andere häufige Problem besteht darin, dass *alle* Elementfunktionen als virtuell deklariert werden. Manchmal ist das auch richtig so – betrachten Sie dazu die Interfaceklassen aus Tipp 31. Andererseits jedoch kann es ein Anzeichen für einen Klassendesigner sein, dem das Rückgrat fehlt, klar Stellung zu beziehen. Einige Funktionen sollten in abgeleiteten Klassen *nicht* neu definierbar sein. Wann immer dies der Fall ist, sollten Sie dies auch ausdrücken, indem Sie diese Funktionen nicht virtuell machen. Es nützt niemandem, wenn Sie vorgeben, dass Ihre Klasse alles für alle Leute sein kann, wenn die sich nur die Zeit nehmen, all Ihre Funktionen neu zu definieren. Wenn Sie eine Invariante für die Spezialisierung haben, dann zögern Sie nicht, dies zu sagen!

Was Sie sich merken sollten

- Vererbung der Schnittstelle unterscheidet sich von der Vererbung der Implementierung. Bei der öffentlichen Vererbung erben die abgeleiteten Klassen immer die Schnittstelle der Basisklasse.
- Rein virtuelle Funktionen spezifizieren lediglich die Vererbung der Schnittstelle.
- Einfache virtuelle Funktionen spezifizieren die Vererbung der Schnittstelle und zusätzlich die Vererbung einer Standardimplementierung.
- Nicht virtuelle Funktionen spezifizieren die Vererbung der Schnittstelle und zusätzlich die Vererbung einer verbindlichen Standardimplementierung.

6.4 Tipp 35: Verwenden Sie Alternativen zu virtuellen Funktionen

Sie arbeiten also an einem Computerspiel und entwerfen eine Hierarchie für die Charaktere. Ihr Spiel ist eines von diesen Egoshootern und da ist es nicht ungewöhnlich für die Charaktere, verletzt oder anderweitig gesundheitlich angeschlagen zu sein. Sie entschließen sich deshalb, eine Elementfunktion `healthValue` zu schreiben, die einen Integer dafür zurückgibt, wie gesund die Spielfigur ist. Weil verschiedene Charaktere ihren Gesundheitswert wahrscheinlich auf verschiedene Arten ausrechnen, scheint es sinnvoll zu sein, `healthValue` als virtuelle Funktion zu deklarieren:

```
class GameCharacter{
public:
   virtual int healthValue()const;  // Gibt den Gesundheitszustand
                                    // des Charakters zurück
   ...                              // Abgeleitete Klassen können
                                    // dies neu definieren
};
```

Die Tatsache, dass `healthValue` nicht als rein virtuelle Funktion deklariert wurde, deutet darauf hin, dass es einen Standardalgorithmus zur Berechnung des Gesundheitszustands geben mag (siehe Tipp 34).

Dies ist in der Tat der offensichtliche Weg des Entwurfs und in mancher Hinsicht ist dies auch eine Schwäche. Weil dieser Entwurf so offensichtlich ist, widmen Sie den Alternativen möglicherweise nicht die Aufmerksamkeit, die sie verdienen. Um einmal die eingefahrenen Pfade des objektorientierten Designs zu verlassen, lassen Sie uns ein paar andere Wege betrachten, die dieses Problem lösen können.

Verwenden des Musters »Template-Methode« über das NVI-Idiom

Wir beginnen mit einem interessanten Gedanken, der besagt, dass virtuelle Funktionen fast immer privat sein sollten. Anhänger dieses Gedankens schlagen vor, dass ein besseres Design `healthValue` als öffentliche Elementfunktion behielte, sie aber als nicht virtuell definieren und dafür sorgen würde, dass sie eine private virtuelle Funktion aufruft, die die eigentliche Arbeit verrichtet. Nennen wir diese Funktion `doHealthValue`:

```
class GameCharacter{
public:
   int healthValue()const             // Abgeleitete Klassen definieren
{                                     // dies nicht neu - siehe Tipp 36
   ...                                // Dinge, die vorher erledigt
                                      // werden - siehe nachfolgend
   int retVal = doHealthValue();      // Das Wesentliche wird erledigt
   ...                                // Dinge, die nachher erledigt
                                      // werden - siehe nachfolgend
   return retVal;
}
...
private:
   virtual int doHealthValue()const // Abgeleitete Klassen dürfen
   {                                  // dies neu definieren
      ...                             // Standardalgorithmus zur
   }                                  // Berechnung der Figurengesundheit
};
```

In diesem Code (und im weiteren Verlauf dieses Tipps) zeige ich die Funktionsrümpfe der Elementfunktionen in Klassendefinitionen. Wie in Tipp 30 erklärt, deklariert dies die Funktionen als `inline`. Ich zeige den Code auf diese Weise, um deutlicher herauszustellen, um was es geht. Die Entwürfe, die ich beschreibe, sind unabhängig davon, ob Funktionen als Inline-Funktionen definiert werden. Glauben Sie also nicht, dass es bedeutsam ist, dass die Funktionen innerhalb der Klasse definiert werden – das ist es nicht.

Der ursprüngliche Entwurf – die Kunden rufen die privaten virtuellen Funktionen durch öffentliche nicht virtuelle Elementfunktionen auf – ist unter dem Namen »*NVI-Idiom*« bekannt (nicht virtuelles Interface/Schnittstelle). Es ist eine besondere Erscheinungsform des allgemeineren Entwurfspatterns namens »Template-Methode« (ein Muster, das unglücklicherweise nichts mit C++-Templates zu tun hat). Ich nenne die nicht virtuelle Funktion (z.B. `healthValue`) den *Wrapper* der virtuellen Funktion.

Ein Vorteil des NVI-Idioms wird durch »Dinge, die vorher bzw. nachher erledigt werden« angedeutet, wie es im Kommentar des obigen Codes heißt. Diese Kommentare markieren Codesegmente, die auf jeden Fall vor und nach der virtuellen Funktion aufgerufen werden, die die eigentliche Arbeit leistet. Dadurch stellt der Wrapper sicher, dass der richtige Kontext vor dem Aufruf der virtuellen Funktion hergestellt und nach dem Aufruf wieder bereinigt wird. Zum Beispiel könnten die »Vorher«-Dinge das Sperren eines Mutex enthalten, einen Protokolleintrag oder eine Überprüfung darauf, dass Klasseninvarianten und Funktionsvorbedingungen eingehalten werden usw. Bei den »Nachher«-Dingen kann es sich um das Entsperren eines Mutex oder die Überprüfung darauf handeln, dass Funktionsnachbedingungen gelten bzw. Klasseninvarianten immer noch eingehalten werden usw. Es gibt keinen wirklich guten Weg, dies zu tun, wenn Sie den Kunden erlauben, virtuelle Funktionen direkt aufzurufen.

Es mag Ihnen schon in den Sinn gekommen sein, dass beim NVI-Idiom abgeleitete Klassen private virtuelle Funktionen neu definieren – und zwar Funktionen, die sie nicht aufrufen können! Es gibt hierbei keinen Widerspruch im Entwurf. Die Neudefinition einer virtuellen Funktion gibt an, *wie* etwas getan werden soll, der Aufruf einer virtuellen Funktion hingegen, *wann* es getan werden soll. Diese Angelegenheiten sind unabhängig voneinander. Das NVI-Idiom erlaubt abgeleiteten Klassen, virtuelle Funktionen neu zu definieren, und gibt ihnen damit die Kontrolle darüber, wie diese »wie«-Funktionalität implementiert wird. Die Basisklasse behält sich aber das Recht vor, zu sagen *wann* die Funktion aufgerufen werden soll. Das mag auf den ersten Blick etwas sonderbar erscheinen, aber die C++-Regel, dass abgeleitete Klassen privat ererbte virtuelle Funktionen neu definieren dürfen, ist sehr vernünftig.

Beim NVI-Idiom ist es nicht unbedingt notwendig, dass die virtuellen Funktionen privat sind. In manchen Klassenhierarchien wird erwartet, dass die Implementierungen einer virtuellen Funktion in einer abgeleiteten Klasse den entsprechenden Gegenpart aus der Basisklasse aufrufen. Damit solche Aufrufe erlaubt sind, müssen die virtuellen Funktionen geschützt und nicht privat sein. Manchmal muss eine virtuelle Funktion sogar öffentlich sein (z.B. Destruktoren in polymorphen Basisklassen – siehe Tipp 7), aber dann kann das NVI-Idiom nicht gut angewendet werden.

Verwenden des Strategie-Musters über Funktionszeiger

Das NVI-Idiom ist eine interessante Alternative zu öffentlichen virtuellen Funktionen, aber aus der Entwurfssicht ist es nichts weiter als Blendwerk. Alles in allem benutzen wir immer noch virtuelle Funktionen, um den Gesundheitszustand der Charaktere zu berechnen. Eine drastischere Designaussage wäre es, zu sagen, dass der Gesundheitszustand der Charaktere unabhängig von deren Typ zu berechnen ist, oder dass diese Berechnung überhaupt nicht Teil des Charakters sein soll. Zum Beispiel könnten wir fordern, dass jedem Konstruktor der Charaktere ein Zeiger auf eine Funktion zur Gesundheitsberechnung übergeben wird, und dass diese Funktion dann die tatsächliche Berechnung durchführt:

```
class GameCharacter;              // forward-Deklaration
// Funktion zur standardmäßigen Berechnung des
// Gesundheitszustands der Charaktere
int defaultHealthCalc(const GameCharacter& gc);
class GameCharacter {
public:
   typedef int (*HealthCalcFunc)(const GameCharacter&);
   explicit GameCharacter(HealthCalcFunc hcf = defaultHealthCalc)
   : healthFunc(hcf )
   {}
   int healthValue() const
   {return healthFunc(*this);}
   ...
private:
   HealthCalcFunc healthFunc;
};
```

Dieser Ansatz ist eine einfache Anwendung eines weiteren gebräuchlichen Entwurfsmusters, nämlich des Strategie-Musters. Verglichen mit den Ansätzen, die auf virtuellen Funktionen in der Hierarchie der Charaktere beruhen, bietet dieser eine interessante Flexibilität:

- Verschiedene Objekte des gleichen Charaktertyps können verschiedene Funktionen zur Gesundheitsberechnung aufweisen, zum Beispiel wie folgt:

```
class EvilBadGuy:public GameCharacter{
public:
   explicit EvilBadGuy(HealthCalcFunc hcf = defaultHealthCalc)
```

```
    : GameCharacter(hcf )
    {...}
    ...
};
int loseHealthQuickly(const GameCharacter&); // Funktionen z.
int loseHealthSlowly(const GameCharacter&);  // Gesundheits-
                                             // berechn. mit
                                             // unterschiedl.
                                             // Verhalten
EvilBadGuy ebg1(loseHealthQuickly);          // Charaktere
EvilBadGuy ebg2(loseHealthSlowly);           // gleichen Typs,
                                             // aber mit
                                             // unterschiedl.
                                             // Berechn. der
                                             // Gesundheit
```

- Die Funktionen zur Gesundheitsberechnung für einen bestimmten Charakter können zur Programmlaufzeit geändert werden. Die Klasse `GameCharacter` könnte zum Beispiel eine Elementfunktion `setHealthCalculator` besitzen, die die gegenwärtige Funktion zur Gesundheitsberechnung bestimmen kann.

Dass die Funktion zur Gesundheitsberechnung keine Elementfunktion der Hierarchie von `GameCharacter` mehr ist, bedeutet auf der anderen Seite, dass sie keinen speziellen Zugriff mehr auf die internen Daten der Objekte hat, deren Gesundheit sie berechnen soll. Zum Beispiel besitzt `defaultHealthCalc` keinen Zugriff auf die nicht öffentlichen Teile von `EvilBadGuy`. Wenn der Gesundheitszustand des Charakters auch aufgrund der Informationen berechnet werden kann, die durch seine öffentliche Schnittstelle zugänglich sind, ist dies kein Problem. Wenn aber die Gesundheitsberechnung nicht öffentliche Daten benötigt, ist es sehr wohl eins. In der Tat stellt es ein potenzielles Problem dar, wenn Sie Funktionalität innerhalb einer Klasse (z. B. eine Elementfunktion) mit gleichwertiger Funktionalität außerhalb der Klasse ersetzen (z. B. durch eine nicht befreundete Nichtelementfunktion oder eine nicht befreundete Elementfunktion einer anderen Klasse). Dieses Problem bleibt uns für den Rest dieses Tipps, denn all die anderen Designalternativen, die wir noch besprechen werden, umfassen die Verwendung von Funktionen außerhalb der Hierarchie von `GameCharakter`.

Die einzige Möglichkeit, mit Nichtelementfunktionen Zugriff auf nicht öffentliche Teile einer Klasse zu bekommen, besteht darin, die Kapselung der Klasse zu schwächen. Zum Beispiel könnte die Klasse die Nichtelementfunktionen als befreundet deklarieren oder öffentliche Zugangsfunktionen enthalten, die Zugang zu sonst versteckten Daten ermöglichen. Ob die Vorteile der Verwendung eines Funktionszeigers statt einer virtuellen Funktion (z. B. die Möglichkeit, verschiedene Funktionen zur Gesundheitsberechnung für jedes einzelne Objekt zu haben oder solche Funktionen zur Laufzeit auswechseln zu können) die mögliche Notwendigkeit aufwiegen, die Kapselung von `GameCharacter` zu schwächen, müssen Sie von Fall zu Fall neu entscheiden.

Verwenden des Strategie-Musters mit Hilfe von tr1::function

Wenn Sie sich einmal an Templates und ihre impliziten Schnittstellen (siehe Tipp 41) gewöhnt haben, erscheint Ihnen der Ansatz, der auf Funktionszeigern basiert, recht starr zu sein. Warum muss die Gesundheitsberechnung unbedingt eine Funktion sein und nicht etwas, das sich *wie* eine Funktion verhält (z.B. ein Funktionsobjekt)? Wenn es schon eine Funktion sein muss, warum dann keine Elementfunktion? Und warum muss ein Integer zurückgegeben werden und nicht etwas, das in `int` *konvertierbar* ist?

Diese Beschränkungen lösen sich in nichts auf, wenn wir den Funktionszeiger (wie z.B. `healthFunc`) durch ein Objekt vom Typ `tr1::function` ersetzen. Wie in Tipp 54 erklärt, können solche Objekte *jedwede aufrufbare Dateneinheit* enthalten (d.h. Funktionszeiger, Funktionsobjekt oder Zeiger auf Elementfunktion), dessen Signatur kompatibel mit dem ist, was erwartet wird. Hier ist der Entwurf, den wir gerade eben besprochen haben; nun jedoch verwenden wir `tr1::function`:

```
class GameCharacter;                               // Wie vorher
int defaultHealthCalc(const GameCharacter& gc);    // Wie vorher
class GameCharacter {
public:
   // HealthCalcFunc ist eine beliebige aufrufbare Dateneinheit,
   // die mit allem aufgerufen werden kann, was mit GameCharacter
   // kompatibel ist und etwas zurückgibt, was mit int
   // kompatibel ist. Details siehe unten.
   typedef std::tr1::function<int (const GameCharacter&)>HealthCalcFunc;
   explicit GameCharacter(HealthCalcFunc hcf = defaultHealthCalc)
   : healthFunc(hcf )
   {}
   int healthValue() const
   {return healthFunc(*this);}
   ...
private:
   HealthCalcFunc healthFunc;
};
```

Wie Sie sehen, ist `HealthCalcFunc` eine Typdefinition für eine `tr1::function`-Instanziierung, das heißt es verhält sich wie ein allgemeiner Funktionszeigertyp. Sehen Sie sich einmal genauer an, was für einen Typ `HealthCalcFunc` definiert:

```
std::tr1::function<int (const GameCharacter&)>
```

Ich habe hier die »Zielsignatur« dieser `tr1::function`-Instanziierung hervorgehoben. Sie ist eine »Funktion, die einen Verweis an `const GameCharacter` erwartet und ein `int` zurückgibt«. Ein Objekt dieses `tr1::function`-Typs (z.B. vom Typ `HealthCalcFunc`) kann jedwede aufrufbare Dateneinheit enthalten, die kompatibel mit der Zielsignatur ist. Kompatibel bedeutet hier, dass die Parameter der Dateneinheit implizit in `const GameCharacter&` und ihr Rückgabewert implizit in `int` konvertiert werden können.

Verglichen mit dem letzten Design (in dem GameCharacter einen Zeiger auf eine Funktion enthielt), ist dieses hier fast identisch. Der einzige Unterschied besteht darin, dass GameCharacter ein tr1::function-Objekt enthält – einen verallgemeinerten Zeiger auf eine Funktion. Diese Veränderung ist so gering, dass ich sie belanglos nennen möchte, wenn den Kunden nun nicht eine erstaunlich größere Flexibilität zur Spezifizierung der Funktionen zur Gesundheitsberechnung zur Verfügung stehen würde:

```
short calcHealth(const GameCharacter&);          // Funktion zur
                                                 // Gesundheitsberechnung
                                                 // Beachten Sie: Rückgabe-
                                                 // wert nicht vom Typ int
struct HealthCalculator{                         // Klasse für Objekte von
   int operator()(const GameCharacter&) const    // Funktionen zur
                                                 // Gesundheitsberechnung
   {...}
};
class GameLevel{
public:
   float health(const GameCharacter&) const;     // Elementfunktion zur
   ...                                           // Gesundheitsberechnung
};                                               // Beachten Sie: Rückgabe-
                                                 // wert nicht vom Typ int
class EvilBadGuy:public GameCharacter{           // Wie vorher
   ...
};
class EyeCandyCharacter:public GameCharacter{    // Ein weiterer Charakter-
   ...                                           // Typ; gleicher Konstruktor
};                                               // wie EvilBadGuy

EvilBadGuy ebg1(calcHealth);                     // Charakter, der eine Fkt.
                                                 // zur Gesundheits-
                                                 // berechnung verwendet

EyeCandyCharacter ecc1(HealthCalculator());      // Charakter, der ein Fkt.-
                                                 // Objekt zur Gesundheits-
                                                 // berechnung verwendet

GameLevel currentLevel;
...
EvilBadGuy ebg2(                                 // Charakter, der eine
   std::tr1::bind(&GameLevel::health,            // Elementfunktion zur
                  currentLevel,                  // Gesundheitsberechnung
                  _1)                            // verwendet;
                                                 // Details s. nachfolgend
);
```

Persönlich bin ich ganz begeistert davon, was man mit tr1::function alles anstellen kann. Falls Sie noch nicht so begeistert sind, liegt das wahrscheinlich daran, dass Sie auf die Definition von `ebg2` starren und sich fragen, was mit dem Aufruf von `tr1::bind` los ist. Erlauben Sie mir, dies zu erklären.

Wir wollen, dass die Elementfunktion `health` in der Klasse `GameLevel` den Gesundheitszustand von `ebg2` berechnet. Nun ist `GameLevel::health` eine Funktion, die einen Parameter erwartet (einen Verweis auf `GameCharacter`), aber in Wirklichkeit zwei nimmt, denn sie bekommt auch noch einen impliziten `GameLevel`-Parameter – den, auf den `this` zeigt. Funktionen zur Gesundheitsberechnung von Charakteren brauchen jedoch nur einen Parameter: den `GameCharacter`, für den der Gesundheitszustand berechnet werden soll. Wenn wir `GameLevel::health` zur Berechnung der Gesundheit von `ebg2` benutzen wollen, müssen wir die Funktion irgendwie »anpassen«, damit sie statt zwei Parametern (einem `GameCharacter` und einem `GameLevel`) nur noch einen akzeptiert (einen `GameCharacter`). In diesem Beispiel wollen wir immer `currentLevel` als das `GameLevel`-Objekt zur Berechnung der Gesundheit von `ebg2` verwenden. Wir »verpflichten« also `currentLevel` dazu, das `GameLevel`-Objekt zu sein, das verwendet wird, wann immer `GameLevel::health` zur Berechnung der Gesundheit von `ebg2` aufgerufen wird. Das ist genau das, was der Aufruf von `tr1::bind` tut: Er gibt an, dass die Funktion zur Berechnung des Gesundheitszustands von `ebg2` immer `currentLevel` als `GameLevel`-Objekt verwenden soll.

Ich lasse nun ein Heer von Details einfach mal unter den Tisch fallen, zum Beispiel warum »_1« bedeutet: »Benutze `currentLevel` als `GameLevel`-Objekt, wenn `GameLevel::health` für `ebg2` aufgerufen wird.«. Solche Feinheiten wären nicht sehr erhellend und würden nur vom Wesentlichen ablenken – nämlich davon, dass die Kunden durch die Verwendung von `tr1::function` statt eines Funktionszeigers nun die Möglichkeit haben, zur Berechnung des Gesundheitszustands eines Charakters *jede kompatible aufrufbare Dateneinheit* zu benutzen.

Das »klassische« Strategie-Muster

Wenn Sie es mehr mit Entwurfsmustern haben als mit geschickten C++-Tricks, besteht ein konventionellerer Ansatz darin, die Funktion zur Gesundheitsberechnung zu einer virtuellen Elementfunktion innerhalb einer eigenen Hierarchie zur Gesundheitsberechnung zu machen. Die entsprechende Hierarchie sähe in etwa so aus:

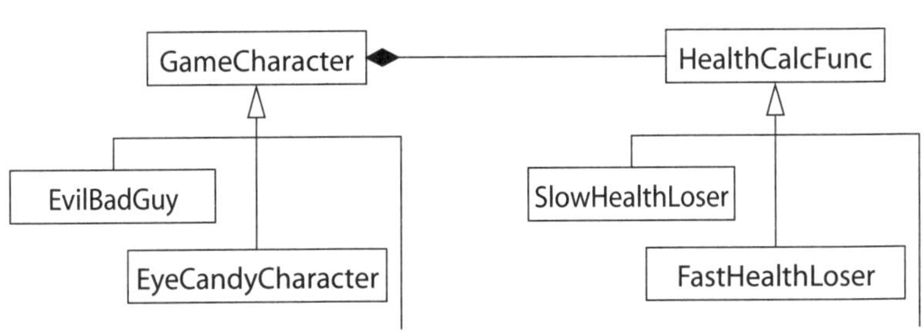

Wenn Sie es nicht so mit der UML-Notation haben, will ich Ihnen das näher erläutern: Die Grafik besagt, dass GameCharacter die Basis einer Vererbungshierarchie ist, in der EvilBadGuy und EyeCandyCharacter abgeleitete Klassen sind. HealthCalcFunc ist die Basis einer Vererbungshierarchie mit den abgeleiteten Klassen SlowHealthLoser und FastHealthLoser. Jedes Objekt vom Typ GameCharacter enthält einen Zeiger auf ein Objekt aus der HealthCalcFunc-Hierarchie.

Es folgt das entsprechende Codegerüst:

```
class GameCharacter;                // forward-Deklaration
class HealthCalcFunc{
public:
   ...
   virtual int calc(const GameCharacter& gc) const
   {...}
   ...
};
HealthCalcFunc defaultHealthCalc;
class GameCharacter {
public:
   explicit GameCharacter(HealthCalcFunc *phcf = &defaultHealthCalc)
   : pHealthCalc(phcf )
   {}
   int healthValue() const
   {return pHealthCalc->calc(*this);}
   ...
private:
   HealthCalcFunc *pHealthCalc;
};
```

Dieser Ansatz ist leicht erkennbar für Personen, die mit der »Standard«-Implementierung des Strategie-Musters vertraut sind, und bietet zusätzlich die Möglichkeit, einen existierenden Algorithmus zur Gesundheitsberechnung zu optimieren, indem man eine abgeleitete Klasse in die HealthCalcFunc-Hierarchie einfügt.

Zusammenfassung

Der grundlegende Ratschlag dieses Tipps lautet, Alternativen zu virtuellen Funktionen in Betracht zu ziehen, wenn Sie nach einem Entwurf zur Lösung eines Problems suchen. Hier ist eine schnelle Wiederholung, welche Alternativen sich bieten:

- Benutzen Sie das **NVI-Idiom** (nicht virtuelle Schnittstelle); eine Form des Musters Template-Methode, das öffentliche nicht virtuelle Elementfunktionen um weniger zugängliche virtuelle Funktionen hüllt.
- Ersetzen Sie virtuelle Funktionen durch **Funktionszeiger-Datenelemente**. Dies ist eine vereinfachte Form des Strategie-Musters.

- Ersetzen Sie virtuelle Funktionen durch das Datenelement **tr1::function**. Damit erlauben Sie die Verwendung aller Dateneinheiten, deren Signatur kompatibel mit dem ist, was Sie benötigen. Dies ist auch eine Form des Strategie-Musters.
- Ersetzen Sie virtuelle Funktionen in einer Hierarchie mit **virtuellen Funktionen aus einer anderen Hierarchie**. Dies ist die konventionelle Implementierung des Strategie-Musters.

Dies ist keine ausführliche Liste der Alternativen zu virtuellen Funktionen, sie sollte aber ausreichen, um Sie zu überzeugen, dass es Alternativen *gibt*. Darüber hinaus sollten deren Vor- und Nachteile klarstellen, dass Sie sie in Betracht ziehen *sollten*.

Um einmal die eingefahrenen Pfade des objektorientierten Designs zu verlassen, ist es manchmal gut, das Lenkrad herumzureißen. Es gibt eine Menge anderer Wege. Es lohnt sich, sie sich etwas genauer anzusehen.

Was Sie sich merken sollten

- Alternativen zu virtuellen Funktionen sind das NVI-Idiom und verschiedene Formen des Strategie-Musters. Das NVI-Idiom selbst ist ein Beispiel für das Muster Template-Methode.
- Ein Nachteil der Verlagerung der Funktionalität einer Elementfunktion in eine Nichtelementfunktion außerhalb der Klasse besteht darin, dass die Nichtelementfunktion keinen Zugriff auf die nicht öffentlichen Datenelemente der Klasse hat.
- `tr1::function`-Objekte verhalten sich wie verallgemeinerte Funktionszeiger. Solche Objekte unterstützen alle aufrufbaren Dateneinheiten, deren Signatur kompatibel mit einer gegebenen Zielsignatur ist.

6.5 Tipp 36: Definieren Sie geerbte nicht virtuelle Funktionen nicht neu

Stellen Sie sich vor, dass eine Klasse `D` öffentlich von einer Klasse `B` abgeleitet wurde und dass es in der Klasse `B` eine öffentliche Elementfunktion `mf` gibt. Die Parameter und der Typ des Rückgabewertes von `mf` sind unwichtig. Lassen Sie uns also annehmen, dass beide `void` wären. Mit anderen Worten, es gilt Folgendes:

```
class B {
public:
   void mf();
   ...
};
class D: public B {...};
```

Wir wissen nichts über `B`, `D` und `mf` und geben uns ein Objekt `x` der Klasse `D` vor:

```
D x;                         // x ist ein Objekt vom Typ D
```

Sie wären wahrscheinlich erstaunt, wenn sich dies ...

```
B *pB = &x;                  // Holt den Zeiger auf x
pB->mf();                    // Ruft mf über Zeiger auf
```

... anders verhalten würde als das Folgende:

```
D *pD = &x;                  // Holt den Zeiger auf x
pD->mf();                    // Ruft mf über Zeiger auf
```

Das liegt daran, dass Sie in beiden Fällen die Elementfunktion `mf` auf das Objekt `x` angewendet haben. Weil es in beiden Fällen dieselbe Funktion und dasselbe Objekt ist, sollte der Code sich doch auch gleich verhalten, richtig?

Richtig, sollte er. Aber er könnte es auch nicht tun. Im Besonderen wird er es nicht tun, wenn `mf` nicht virtuell ist und `D` seine eigene Version von `mf` definiert hat:

```
class D: public B {
public:
   void mf();                // Versteckt B::mf; siehe Tipp 33
   ...
};
pB->mf();                    // Ruft B::mf auf
pD->mf();                    // Ruft D::mf auf
```

Der Grund für dieses gespaltene Verhalten liegt darin, dass *nicht virtuelle* Funktionen wie `B::mf` und `D::mf` statisch gebunden sind (siehe Tipp 37). Das bedeutet: Weil `pB` als Zeiger auf `B` deklariert wurde, werden durch `pB` immer die nicht virtuellen Funktionen der Klasse `B` aufgerufen, auch wenn `pB` auf ein Objekt einer Klasse zeigt, die von `B` abgeleitet wurde, was in diesem Beispiel der Fall ist.

Auf der anderen Seite sind *virtuelle* Funktionen dynamisch gebunden (siehe auch hier Tipp 37), weshalb sie nicht unter diesem Problem leiden. Wenn `mf` eine virtuelle Funktion wäre, würde ein Aufruf von `mf` entweder durch `pB` oder `pD` in einem Aufruf von `D::mf` resultieren, denn worauf `pB` und `pD` *wirklich* zeigen, ist ein Objekt vom Typ `D`.

Wenn Sie die Klasse `D` schreiben und eine nicht virtuelle Elementfunktion `mf`, die Sie von der Klasse `B` erben, neu definieren, werden die `D`-Objekte inkonsistentes Verhalten an den Tag legen. Im Besonderen kann sich jedes beliebige `D`-Objekt entweder wie ein `B` oder ein `D` verhalten, wenn `mf` aufgerufen wird, wobei der bestimmende Faktor nichts mit dem Objekt zu tun hat, aber mit dem Typ des Zeigers, der auf das Objekt zeigt. Verweise legen das gleiche täuschende Verhalten an den Tag wie Zeiger.

Aber das ist nur ein pragmatisches Argument. Ich weiß, was Sie wirklich wollen: nämlich eine theoretische Begründung, warum Sie geerbte nicht virtuelle Funktionen nicht neu definieren sollen. Stets zu Diensten.

In Tipp 32 wird erklärt, dass öffentliche Vererbung »ist ein« bedeutet, und Tipp 34 beschreibt, warum die Deklaration einer nicht virtuellen Funktion in einer Klasse eine Invariante für die Spezialisierung dieser Klasse bildet. Wenn Sie diese Erkenntnisse auf die Klassen `B` und `D` und auf die nicht virtuelle Elementfunktion `mf` anwenden, dann geschieht Folgendes:

- Alles, was für `B`-Objekte gilt, gilt auch für `D`-Objekte, denn jedes `D`-Objekt »ist ein« `B`-Objekt.
- Klassen, die von `B` abgeleitet sind, müssen sowohl die Schnittstelle als auch die Implementierung von `mf` erben, denn `mf` ist in `B` nicht virtuell.

Wenn `D` nun also `mf` neu definiert, gibt es einen Widerspruch in Ihrem Entwurf. Wenn `D` *wirklich* `mf` anders als in `B` implementieren muss und jedes `B`-Objekt – egal wie spezialisiert auch immer – *wirklich* die Implementierung von `mf` aus `B` verwenden muss, dann stimmt es einfach nicht, dass jedes `D`-Objekt ein `B`-Objekt ist. In diesem Fall sollte `D` nicht öffentlich von `B` abgeleitet werden. Wenn andererseits `D` *wirklich* von `B` öffentlich abgeleitet werden muss und `D` *wirklich* `mf` anders als in `B` implementieren muss, dann stimmt es einfach nicht, dass `mf` eine Invariante für die Spezialisierung von `B` darstellt. In diesem Fall sollte `mf` virtuell sein. Wenn schließlich `D` *wirklich* ein `B` ist und `mf` *wirklich* eine Invariante vor der Spezialisierung für `B` darstellt, dann braucht `D` gar nicht `mf` neu zu definieren, und sollte es auch nicht tun.

Egal welches Argument zutrifft, es muss irgendeine Voraussetzung gegeben werden, aber unter keinen Umständen das Verbot, geerbte nicht virtuelle Funktionen neu zu definieren.

Wenn die Lektüre dieses Tipps Ihnen das Gefühl eines Déjà-vu gibt, dann liegt das wahrscheinlich daran, dass Sie Tipp 7 schon gelesen haben, in dem erklärt wird, warum Destruktoren in polymorphen Basisklassen virtuell sein sollten. Sollten Sie jene Richtlinie verletzen (sollten Sie also einen nicht virtuellen Destruktor in einer polymorphen Basisklasse deklarieren), dann verletzen Sie auch die Richtlinie in diesem Tipp, denn abgeleitete Klassen definieren ausnahmslos eine geerbte nicht virtuelle Funktion neu: den Basisklassendestruktor. Das trifft auch auf abgeleitete Klassen zu, die gar keinen Destruktor deklarieren, denn der Destruktor ist eine der Elementfunktionen, die der Compiler für Sie erzeugt – wie in Tipp 5 erklärt wird –, wenn Sie es nicht selbst tun. Im Wesentlichen ist Tipp 7 nicht mehr als ein Spezialfall dieses Tipps, obwohl er wichtig genug ist, um ihm einen eigenen Tipp zu widmen.

Was Sie sich merken sollten

- Definieren Sie geerbte nicht virtuelle Funktionen nicht neu.

6.6 Tipp 37: Definieren Sie den geerbten Standardparameterwert einer Funktion nicht neu

Lassen Sie uns diese Erörterung gleich zu Beginn etwas vereinfachen. Es gibt lediglich zwei Arten von Funktionen, die Sie erben können: virtuelle und nicht virtuelle. Jedoch ist es immer ein Fehler, eine geerbte nicht virtuelle Funktion neu zu definieren (siehe Tipp 36). Wir können uns hier auf die Fälle beschränken, in denen Sie eine virtuelle Funktion mit einem Standardparameterwert erben.

Damit wird die Begründung für diesen Tipp recht einfach: Virtuelle Funktionen sind dynamisch gebunden, Standardparameterwerte aber statisch.

Wie bitte? Sie sagen, der Unterschied zwischen statischer und dynamischer Bindung ist Ihnen gerade entfallen? (Für das Protokoll: Statische Bindung ist auch als *frühe Bindung* bekannt und dynamische Bindung als *späte Bindung*.) Lassen Sie es uns also wiederholen.

Der *statische Typ* eines Objekts ist der Typ, den Sie im Programmtext deklarieren. Betrachten Sie folgende Klassenhierarchie:

```
//Eine Klasse für geometrische Formen
class Shape {
public:
   enum ShapeColor { Red, Green, Blue };
   // Alle Formen müssen eine Funktion aufweisen,
   // um sich selbst zu zeichnen
   virtual void draw(ShapeColor color = Red) const = 0;
   ...
};
class Rectangle:public Shape {
public:
   // Beachten Sie den unterschiedlichen Standardparameterwert - schlecht
   virtual void draw(ShapeColor color = Green) const;
   ...
};
class Circle:public Shape {
public:
   virtual void draw(ShapeColor color) const;
   ...
};
```

Grafisch sieht das wie folgt aus:

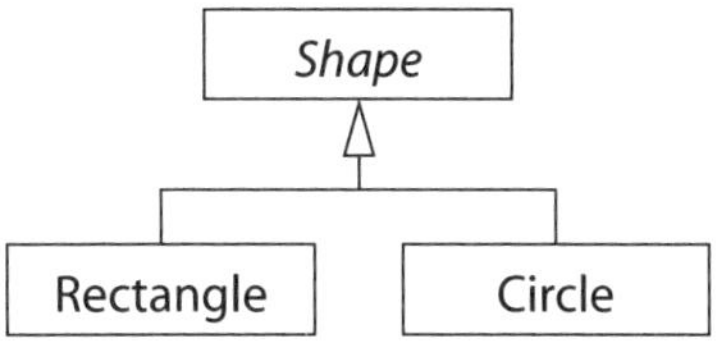

Betrachten Sie nun folgende Zeiger:

```
Shape *ps;                    // Statischer Typ = Shape*
Shape *pc = new Circle;       // Statischer Typ = Shape*
Shape *pr = new Rectangle     // Statischer Typ = Shape*
```

In diesem Beispiel sind `ps`, `pc` und `pr` alle als Typ Zeiger-auf-`Shape` deklariert und haben somit alle diesen statischen Typ. Beachten Sie, dass es absolut keinen Unterschied macht, worauf sie wirklich zeigen – ungeachtet dessen ist ihr statischer Typ `Shape*`.

Der *dynamische Typ* eines Objekts wird durch den Typ des Objekts bestimmt, auf den gegenwärtig gezeigt wird. Das heißt der dynamische Typ gibt an, wie sich das Objekt verhalten wird. In dem vorigen Beispiel ist `Circle*`der dynamische Typ von `pc` und `Rectangle*`der von `pr`. `ps` hat keinen richtigen dynamischen Typ, denn es zeigt auf kein Objekt (noch nicht).

Wie ihr Name schon sagt, können sich dynamische Typen während der Programmlaufzeit ändern, gewöhnlich durch Zuweisungen:

```
ps = pc;              // Der dynamische Typ von ps ist nun Circle*
ps = pr;              // Der dynamische Typ von ps ist nun Rectangle*
```

Dass virtuelle Funktionen dynamisch gebunden sind, bedeutet nun, dass die jeweils aufgerufene Funktion durch den dynamischen Typ des aufrufenden Objekts bestimmt wird:

```
pc->draw(Shape::Red);     // Ruft Circle::draw(Shape::Red) auf
pr->draw(Shape::Red);     // Ruft Rectangle::draw(Shape::Red) auf
```

Das ist ein alter Hut, ich weiß. Sie kennen ja virtuelle Funktionen. Der Ärger kommt erst, wenn Sie sich virtuelle Funktionen mit Standardparameterwerten vorstellen. Denn wie ich schon sagte sind virtuelle Funktionen dynamisch gebunden, Standardparameterwerte aber statisch gebunden. Das bedeutet, dass Sie in eine Situation gelangen können, in der Sie eine virtuelle Funktion aufrufen, die in einer *abgeleiteten Klasse* definiert ist, aber einen Standardparameterwert aus einer *Basisklasse* verwendet:

```
pr->draw();               // Ruft Rectangle::draw(Shape::Red) auf!
```

In diesem Fall ist Rectangle*der dynamische Typ von pr, also wird die virtuelle Funktion von Rectangle aufgerufen, wie Sie es erwartet haben. In Rectangle::draw ist der Standardparameterwert Green. Da der statische Typ von pr jedoch Shape* ist, wird der Standardparameterwert für diesen Funktionsaufruf von der Klasse Shape übernommen, nicht von der Klasse Rectangle! Das Resultat ist ein Aufruf, der aus einer seltsamen und sicherlich unerwarteten Kombination der Deklarationen von draw aus der Klasse Shape und aus der Klasse Rectangle besteht.

Die Tatsache, dass ps, pc und pr Zeiger sind, hat keinen Einfluss auf diese Angelegenheit. Wären sie Verweise, würde das Problem bestehen bleiben. Das einzig Wichtige ist, dass draw eine virtuelle Funktion ist und einer ihrer Standardparameterwerte in einer abgeleiteten Klasse neu definiert wird.

Warum besteht C++ auf diesem perversen Verhalten? Die Antwort hat etwas mit Laufzeiteffektivität zu tun. Wenn Standardparameterwerte dynamisch gebunden wären, müsste sich der Compiler damit herumschlagen, die treffenden Standardparameterwerte von virtuellen Funktionen zur Laufzeit zu bestimmen, was langsamer und komplizierter wäre als die jetzige Vorgehensweise, die Standardparameterwerte zur Kompilierungszeit zu bestimmen. Die Entscheidung fiel zugunsten von Geschwindigkeit und Einfachheit der Implementierung. Als Resultat erfreuen Sie sich nun an effizienter Ausführung, ärgern sich aber über die Verwirrung, die entsteht, wenn Sie den Ratschlag dieses Tipps nicht beachten.

Das ist zwar schön und gut, aber sehen Sie, was passiert, wenn Sie versuchen, diese Regeln zu befolgen und auch Standardparameterwerte für Benutzer beider Klassen – der abgeleiteten und der Basisklasse – anzubieten:

```
class Shape {
public:
   enum ShapeColor { Red, Green, Blue };
   virtual void draw(ShapeColor color = Red) const = 0;
   ...
};
class Rectangle: public Shape {
public:
   virtual void draw(ShapeColor color = Red) const;
   ...
};
```

O nein! Codeduplizierung! Schlimmer noch, Codeduplizierung mit Abhängigkeiten: Wenn der Standardparameterwert in Shape geändert wird, müssen alle Klassen, die ihn wiederholen, auch geändert werden. Ansonsten definieren sie einen geerbten Standardparameterwert neu. Was ist zu tun?

Wenn Sie Schwierigkeiten haben, eine virtuelle Funktion das tun zu lassen, was Sie wollen, ist es klug, sich alternative Entwürfe anzusehen, und Tipp 35 ist voll davon. Eine dieser Alternativen ist das NVI-Idiom (nicht virtuelle Schnittstelle): Eine öffentliche nicht virtuelle Funktion in einer Basisklasse ruft eine private virtuelle Funktion auf, die abgeleitete Klassen neu definieren dürfen. Hier spezifiziert die nicht virtuelle Funktion den Standardparameterwert, während die virtuelle Funktion die eigentliche Arbeit verrichtet:

```
class Shape {
public:
   enum ShapeColor { Red, Green, Blue };
   void draw(ShapeColor color = Red) const      // Nun nicht virtuell
   {
      doDraw(color);                            // Ruft eine virtuelle
   }                                            // Funktion auf
   ...
private:
   virtual void doDraw(ShapeColor color) const = 0;  // Die eigentliche
};                                                   // Arbeit wird in
                                                     // dieser Funktion
                                                     // verrichtet
class Rectangle: public Shape {
public:
   ...
private:
   virtual void doDraw(ShapeColor color) const;      // Beachten Sie, dass
                                                     // der Standard-
   ...                                               // parameterwert fehlt
};
```

Weil nicht virtuelle Funktionen niemals von abgeleiteten Klassen überschrieben werden sollten (siehe Tipp 36), stellt dieses Design klar, dass der Standard für den color-Parameter von draw immer Red sein sollte.

Was Sie sich merken sollten

- Definieren Sie niemals einen geerbten Standardparameterwert neu, denn Standardparameterwerte sind statisch gebunden, während virtuelle Funktionen – die einzigen Funktionen, die Sie überschreiben dürfen – dynamisch gebunden sind.

6.7 Tipp 38: Modellieren Sie die Beziehungen »hat ein« und »ist implementiert in Form von« durch Komposition

Komposition ist die Beziehung zwischen Typen, die auftritt, wenn Objekte eines Typs Objekte eines anderen Typs enthalten. Betrachten Sie dazu folgendes Beispiel:

```
class Address { ... };      // Wo jemand lebt
class PhoneNumber {...};
class Person {
public:
...
private:
   std::string name;         // Zusammengesetztes Objekt
   Address address;          // dito
   PhoneNumber voiceNumber;  // dito
   PhoneNumber faxNumber;    // dito
};
```

In diesem Beispiel sind die `Person`-Objekte aus Strings, `Address`-Objekten und `PhoneNumber`-Objekten zusammengesetzt. Unter Programmierern hat der Begriff *Komposition* viele Synonyme. Er ist auch unter den Namen *Schichtung*, *Aggregation* und *Einbettung* bekannt.

In Tipp 32 wird erklärt, dass öffentliche Vererbung »ist ein« bedeutet. Komposition hat auch eine Bedeutung; eigentlich zwei. Sie bedeutet entweder »hat ein« oder »ist implementiert in Form von«. Deshalb arbeiten Sie in Ihrer Software in zwei Bereichen. Einige Objekte in Ihrem Programm spiegeln Dinge aus der realen Welt wider, die Sie modellieren wollen, z.B. Personen, Fahrzeuge, Videobilder usw. Solche Objekte sind Teil des *Anwendungsbereichs*. Andere Objekte sind reine Gegenstände der Implementierung, z.B. Buffer, Mutexe, Suchbäume usw. Sie sind Teil des *Implementierungsbereichs*. Wenn Komposition zwischen Objekten des Anwendungsbereichs auftritt, drückt sie eine »hat ein«-Beziehung aus, im Implementierungsbereich dagegen eine »ist implementiert in Form von«-Beziehung.

Die Klasse `Person` im vorigen Beispiel zeigt eine »hat ein«-Beziehung. Ein `Person`-Objekt hat einen Namen, eine Adresse, eine Telefon- und eine Faxnummer. Sie würden nicht sagen, dass eine Person ein Name oder eine Adresse *ist*, sondern dass sie einen Namen und eine Adresse *hat*. Die meisten haben wenig Schwierigkeiten mit dieser Unterscheidung, weshalb Verwechslungen zwischen »ist ein« und »hat ein« recht selten vorkommen.

Etwas kniffliger ist da der Unterschied zwischen »ist ein« und »ist implementiert in Form von«. Stellen Sie sich zum Beispiel vor, Sie brauchen ein Template für Klassen, die recht kleine Mengen von Objekten repräsentieren sollen, d.h. Sammlungen ohne Duplikate. Da Wiederverwendung eine so gute Sache ist, ist Ihr erster Gedanke, das

Template `set` der Standardbibliothek zu verwenden. Warum ein neues Template schreiben, wenn man doch auf eines zurückgreifen kann, das schon geschrieben wurde?

Unglücklicherweise ziehen die `set`-Implementierungen einen Overhead von drei Zeigern pro Element mit sich. Das kommt daher, dass Sets gewöhnlich als ausgeglichene Suchbäume implementiert sind, wodurch man in ihnen zeitsparende Suchen, Einsetzungen und Löschungen durchführen kann. Wenn Geschwindigkeit wichtiger ist als Speicherplatz, ist dies ein vernünftiger Entwurf. Aber es stellt sich heraus, dass für Ihre Anwendung der Speicherplatz wichtiger ist. Die `set`-Implementierung der Standardbibliothek ist also nicht angemessen für Sie. Es scheint, als müssten Sie Ihr eigenes Template schreiben.

Wiederverwendung ist aber dennoch eine gute Sache. Der Datenstrukturkenner, der Sie ja sind, weiß, dass die beste Alternative zur Implementierung von Sets verkettete Listen verwendet. Sie wissen auch, dass die Standardbibliothek von C++ ein `list`-Template enthält, also (wieder-)verwenden Sie es.

Genauer gesagt entscheiden Sie sich, dass Ihr entstehendes `Set`-Template von `list` erben soll, das heißt `Set<T>` erbt von `list<T>`. Alles in allem wird ein `Set`-Objekt in Ihrer Implementierung ein `list`-Objekt sein. Sie deklarieren Ihr `Set`-Template also wie folgt:

```
template<typename T>                // Der falsche Weg, list für Set
class Set:public std::list<T>{...}; // zu verwenden
```

An diesem Punkt mag alles in Ordnung erscheinen, aber tatsächlich ist etwas falsch. Wie in Tipp 32 erklärt, trifft alles, was auf `B` zutrifft, auch auf `D` zu, wenn `D` ein `B` ist. Ein `list`-Objekt kann jedoch auch Duplikate enthalten. Wenn also der Wert 3051 zweimal in `list<T>` eingetragen wird, dann enthält diese Liste zwei Kopien des Werts 3051. Im Gegensatz dazu darf in `Set` kein Duplikat vorhanden sein. Wenn also in `Set<int>` der Wert 3051 zweimal eingesetzt wird, dann enthält dieses `Set` lediglich einmal diesen Wert. Daher stimmt es nicht, dass `Set` ein `list-Objekt` ist, denn einige der Dinge, die auf `list`-Objekte zutreffen, treffen nicht auf `Set`-Objekte zu.

Da die Beziehung zwischen diesen beiden Klassen keine »ist ein«-Beziehung ist, ist die öffentliche Vererbung der falsche Weg, sie zu realisieren. Der richtige Weg besteht darin, zu erkennen, dass ein `Set`-Objekt »implementiert ist in Form von« einem `list`-Objekt:

```
template<class T>       // Der richtige Weg, list für Set zu verwenden
class Set {
public:
   bool member(const T& item) const;
   void insert(const T& item);
   void remove(const T& item);
```

```
    std::size_t size() const;
private:
    std::list<T> rep;    // Darstellung der Set-Daten
};
```

Die Elementfunktionen von Set können sich sehr auf die Funktionalität stützen, die schon von list und anderen Teilen der Standardbibliothek angeboten wird. Die Implementierung ist also recht einfach, wenn Sie mit den Grundlagen der STL-Programmierung vertraut sind:

```
template<typename T>
bool Set<T>::member(const T& item) const
{
    return std::find(rep.begin(), rep.end(), item) != rep.end();
}
template<typename T>
void Set<T>::insert(const T& item)
{
    if (!member(item)) rep.push_back(item);
}
template<typename T>
void Set<T>::remove(const T& item)
{
    typename std::list<T>::iterator it =        // Informationen über
        std::find(rep.begin(), rep.end(), item); // typename siehe Tipp 42
    if (it != rep.end()) rep.erase(it);
}
template<typename T>
std::size_t Set<T>::size() const
{
    return rep.size();
}
```

Diese Funktionen sind simpel genug, um Kandidaten für Inline-Funktionen zu sein, obwohl ich weiß, dass Sie lieber Tipp 30 noch einmal wiederholen möchten, bevor Sie harte Inlining-Entscheidungen treffen.

Man könnte argumentieren, dass die Schnittstelle von Set mehr dem Ratschlag aus Tipp 18 entspräche, nach dem Schnittstellen einfach korrekt und schwierig inkorrekt zu verwenden sein sollen, wenn es den Konventionen für STL-Container folgen würde. Dann müsste man aber eine ganze Menge zu Set hinzufügen, was wiederum die Beziehung zwischen Set und list verwässern würde. Da diese Beziehung der Kern dieses Tipps ist, behandeln wir die STL-Kompatibilität aus Gründen der pädagogischen Klarheit nicht. Nebenbei bemerkt sollten Spitzfindigkeiten über die Schnittstelle von Set nicht das überschatten, was an Set unbestreitbar richtig ist: die Beziehung zwischen ihm und list. Diese Beziehung ist keine »ist ein«-Beziehung, es ist eine »ist implementiert in Form von«-Beziehung.

Was Sie sich merken sollten

- Komposition hat eine Bedeutung, die komplett anders ist als die der öffentlichen Vererbung.
- Im Anwendungsbereich bedeutet Komposition »hat ein«, im Implementierungsbereich »ist implementiert in Form von«.

6.8 Tipp 39: Seien Sie bei der privaten Vererbung vorsichtig

Tipp 32 zeigt, dass C++ die öffentliche Vererbung als eine »ist ein«-Beziehung behandelt. Dort wird gezeigt, dass der Compiler in einer Hierarchie, in der eine Klasse `Student` öffentlich von einer Klasse `Person` abgeleitet wurde, die `Student`-Objekte implizit in `Person`-Objekte konvertiert, wenn dies für einen Funktionsaufruf notwendig ist. Es lohnt sich, etwas von diesem Tipp zu wiederholen, nämlich die Verwendung privater anstelle von öffentlicher Vererbung:

```
class Person { ... };
class Student: private Person { ... }; // Vererbung ist nun privat
void eat(const Person& p);             // Jeder kann essen
void study(const Student& s);          // Nur Studenten studieren
Person p;                              // p ist eine Person
Student s;                             // s ist ein Student
eat(p);                                // Prima, p ist eine Person
eat(s);                                // Fehler! Ein Student ist
                                       // keine Person
```

Natürlich bedeutet private Vererbung nicht »ist ein«. Aber was bedeutet es dann?

»Halt! Halt!«, werden Sie sagen. »Bevor wir zur Bedeutung kommen, wollen wir erst einmal etwas über das Verhalten hören. Wie verhält sich private Vererbung?« Nun, die erste Regel für die private Vererbung haben Sie gerade in Aktion gesehen: Im Gegensatz zur öffentlichen Vererbung konvertiert der Compiler gewöhnlich *nicht* das Objekt einer abgeleiteten Klasse (wie `Student`) in das einer Basisklasse (wie `Person`), wenn die Vererbung privat war. Das ist der Grund, warum der Aufruf von `eat` für das Objekt `s` fehlschlägt. Die zweite Regel besagt, dass die Elemente, die von einer Basisklasse privat vererbt werden, zu privaten Elementen der abgeleiteten Klasse werden, auch wenn die Elemente in der Basisklasse geschützt oder öffentlich waren.

So viel zum Verhalten. Das bringt uns zur Bedeutung. Private Vererbung bedeutet »ist implementiert in Form von«. Wenn Sie eine Klasse `D` privat von einer Klasse `B` ableiten, tun Sie dies, weil Sie sich Vorteile von den Eigenschaften der Klasse `B` erhoffen, und nicht weil es irgendwelche konzeptionellen Beziehungen zwischen den Objekten der zwei Klassen gibt. Als solche ist die private Vererbung eine reine Implementierungstechnik. (Daher wird auch alles, was Sie von einer privaten Basisklasse erben, in Ihrer

Klasse privat: Es ist einfach nur ein Implementierungsdetail.) In der Sprache von Tipp 34 bedeutet private Vererbung, dass *nur* die Implementierung geerbt werden soll – die Schnittstelle wird ignoriert. Wenn `D` privat von `B` erbt, bedeutet dies, dass `D`-Objekte in Form von `B`-Objekten implementiert sind, sonst nichts. Private Vererbung bedeutet während des Software*designs* nichts, nur während der Software*implementierung*.

Die Tatsache, dass private Vererbung »ist implementiert in Form von« bedeutet, ist etwas irritierend, denn Tipp 38 stellt heraus, dass Komposition das Gleiche bedeutet. Wie sollen Sie dann zwischen beiden wählen? Die Antwort ist einfach: Benutzen Sie Komposition, wann immer Sie können, und private Vererbung, wann immer Sie müssen. Wann müssen Sie? In erster Linie wenn geschützte Elemente oder virtuelle Funktionen die Bühne betreten, obwohl es einen Grenzfall gibt, bei dem Speicherplatzfragen den Ausschlag für die private Vererbung geben. Über diesen Grenzfall machen wir uns später Sorgen. Alles in allem ist es schließlich nur ein Grenzfall.

Nehmen Sie an, wir arbeiten an einer Anwendung, die `Widgets` enthält, und müssen verstehen, wie `Widgets` verwendet werden. Zum Beispiel wollen wir nicht nur wissen, wie oft Elementfunktionen von `Widget` aufgerufen werden, sondern auch, wie sich die Aufrufrate mit der Zeit verändert. Programme mit verschiedenen Ausführungsphasen weisen vermutlich unterschiedliche Verhaltensprofile während der einzelnen Phasen auf. Die Funktionen, die während der Phase der Syntaxanalyse des Compilers verwendet werden, sind zum Beispiel sehr verschieden von denen, die während der Phase der Optimierung und Codeerzeugung verwendet werden.

Wir entschließen uns, die Klasse `Widget` dahingehend zu modifizieren, dass wir beobachten können, wie oft eine Elementfunktion aufgerufen wird. Zur Laufzeit werden wir diese Information in regelmäßigen Abständen abfragen, möglicherweise zusammen mit den Werten jedes `Widgets` und mit irgendwelchen Daten, die uns nützlich erscheinen. Um das zu bewerkstelligen, brauchen wir eine Art Taktgeber, damit wir wissen, wann es Zeit ist, die Daten zu sammeln.

Da wir es vorziehen, bereits vorhandenen Code wiederzuverwenden, kramen wir in unserer Werkzeugkiste und finden folgende Klasse:

```
class Timer {
public:
   explicit Timer(int tickFrequency);
   virtual void onTick() const; // Wird automatisch zu jedem Takt
   ...                          // aufgerufen
};
```

Das ist genau das, wonach wir suchen. Ein `Timer`-Objekt kann so konfiguriert werden, dass es mit jeder Frequenz tickt, die wir brauchen, und bei jedem Ticken eine virtuelle Funktion aufruft. Wir können diese virtuelle Funktion neu definieren, so dass sie die gegenwärtigen Umstände der `Widget`-Welt untersucht. Perfekt!

Damit Widget in Timer eine virtuelle Funktion neu definieren kann, muss Widget von Timer erben. Aber öffentliche Vererbung ist in diesen Fall unangebracht, denn es stimmt nicht, dass Widget ein Timer ist. Die Kunden von Widget sollten nicht in der Lage sein, onTick auf ein Widget anzuwenden, weil das nicht Teil des Konzepts für die Widget-Schnittstelle ist. Wenn sie solch einen Aufruf tätigen könnten, würde dies den Kunden leicht machen, die Widget-Schnittstelle inkorrekt zu verwenden – ein klarer Verstoß gegen den Ratschlag von Tipp 18, der besagt, dass eine Schnittstelle leicht korrekt und schwierig inkorrekt zu verwenden sein soll. Öffentliche Vererbung ist hier also keine gültige Option.

Wir vererben daher privat:

```
class Widget: private Timer {
private:
   virtual void onTick() const; // Sieht nach den Daten von Widget
   ...
};
```

Durch private Vererbung wird die öffentliche Funktion onTick von Timer in Widget privat, und dort behalten wir sie, wenn wir sie neu deklarieren. Noch einmal: Wäre onTick in der öffentlichen Schnittstelle, würden die Kunden fälschlicherweise glauben, sie könnten die Funktion aufrufen, und das würde Tipp 18 verletzen.

Das ist ein schönes Design, aber es lohnt sich, zu erwähnen, dass private Vererbung nicht unbedingt notwendig ist. Wenn wir entschlossen wären, stattdessen die Komposition zu verwenden, könnten wir das tun. Wir müssten lediglich eine verschachtelte private Klasse innerhalb von Widget deklarieren, die öffentlich von Timer erbt. Dort würden wir dann onTick neu definieren und ein Objekt dieser neuen Klasse innerhalb von Widget erzeugen. Hier ist ein Abriss dieses Ansatzes:

```
class Widget {
private:
   class WidgetTimer: public Timer {
   public:
   virtual void onTick() const;
   ...
   };
   WidgetTimer timer;
   ...
};
```

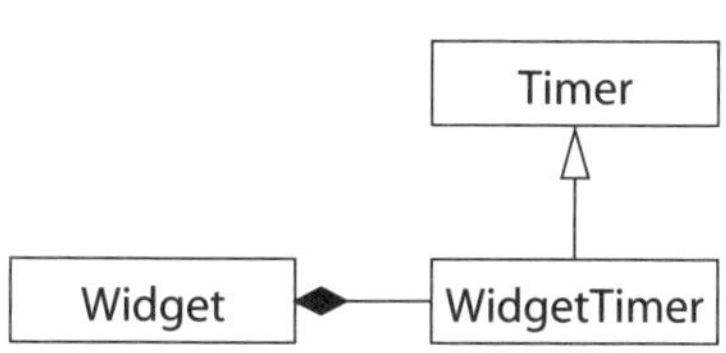

Dieses Design ist komplizierter als jenes, das nur die private Vererbung benutzt, denn es enthält sowohl (öffentliche) Vererbung und Komposition als auch die Einführung einer neuen Klasse (`WidgetTimer`). Um ehrlich zu sein: Ich zeige Ihnen dies nur, um Ihnen klar zu machen, dass es meistens mehr als einen Weg gibt, ein Problem zu lösen, und weil es sich lohnt, sich darauf zu trainieren, mehrere Ansätze in Betracht zu ziehen (siehe auch Tipp 35). Nichtsdestoweniger fallen mir gleich zwei Gründe ein, warum Sie die öffentliche Vererbung mit Komposition der privaten Vererbung vorziehen sollten.

Erstens wollen Sie `Widget` entwerfen, um abgeleitete Klassen zu erlauben, aber gleichzeitig wollen Sie verhindern, dass abgeleitete Klassen `onTick` neu definieren. Wenn `Widget` von `Timer` erbt, ist dies nicht möglich, nicht einmal, wenn die Vererbung privat ist. (Denken Sie daran, dass abgeleitete Klassen laut Tipp 35 virtuelle Funktionen neu definieren dürfen, selbst wenn sie sie nicht aufrufen können.) Wenn aber `WidgetTimer` in `Widget` privat ist und von `Timer` erbt, haben von `Widget` abgeleitete Klassen keinen Zugriff auf `WidgetTimer` und können daher nicht davon erben oder seine virtuellen Funktionen neu definieren. Falls Sie schon einmal in Java oder C# programmiert haben und die Möglichkeit vermissen, abgeleitete Klassen an der Neudefinition virtueller Funktionen zu hindern (d.h. die `final`-Methoden von Java und die `sealed`-Methoden von C#), haben Sie nun eine Vorstellung davon, wie Sie sich diesem Verhalten in C++ annähern können.

Zweitens wollen Sie die Kompilierungsabhängigkeiten von `Widget` minimieren. Wenn `Widget` von `Timer` erbt, dann müssen die Definitionen von `Timer` zur Kompilierungszeit von `Widget` zur Verfügung stehen, weshalb die Datei, in der `Widget` definiert wird, den Ausdruck `#include Timer.h` enthalten muss. Wenn `WidgetTimer` andererseits aus `Widget` verschoben wird und `Widget` lediglich einen Zeiger auf einen `WidgetTimer` enthält, dann kommt `Widget` mit einer simplen Deklaration der `Widget`-Klasse davon und braucht kein `#include` für die `Timer`-Klasse einzufügen. Für große Systeme können solche Entkoppelungen wichtig werden. (Details über die Minimierung der Kompilierungsabhängigkeiten finden Sie in Tipp 31.)

Ich habe früher schon angemerkt, dass die private Vererbung nützlich ist, wenn eine abgeleitete Klasse in spe Zugriff auf die geschützten Teile einer Basisklasse in spe erlangen oder eine oder mehrere von deren virtuellen Funktionen neu definieren will, die konzeptionelle Beziehung zwischen beiden aber »ist implementiert in Form von« statt »ist ein« lautet. Jedoch erwähnte ich auch einen Grenzfall, bei dem es mehr auf den Speicherplatz ankommt und der Ihnen einen Stoß in Richtung privater Vererbung und weg von der Komposition geben wird.

Dieser Grenzfall ist in der Tat grenzwertig: Er trifft nur zu, wenn Sie mit einer Klasse zu tun haben, die keine Daten enthält. Solche Klassen besitzen keine nicht statischen Datenelemente, keine virtuellen Funktionen (denn die Existenz solcher Funktionen fügt jedem Objekt ein vptr hinzu – siehe Tipp 7) und keine virtuellen Basisklassen (denn solche Klassen bringen einen Größenoverhead mit sich – siehe Tipp 40). Eigentlich sollten Objekte solch leerer Klassen keinen Speicherplatz benötigen, denn es gibt keine Daten, die in einem Objekt gespeichert werden sollen. Es gibt jedoch technische Gründe, warum C++ beschließt, das frei stehende Objekte eine von null verschiedene Größe haben müssen. Betrachten Sie Folgendes:

```
class Empty {};          // Enthält keine Daten, deshalb sollten
                         // die Objekte keinen Speicherplatz verbrauchen
class HoldsAnInt {       // Sollte nur Platz für einen int brauchen
private:
   int x;
   Empty e;              // Sollte keinen Speicherplatz benötigen
};
```

Hierbei werden Sie entdecken, dass sizeof(HoldsAnInt) größer ist als sizeof(int), dass also ein Datenelement von Empty Speicherplatz belegt. Bei den meisten Compilern ist sizeof(Empty) gleich 1, denn das Edikt von C++ gegen frei stehende Objekte der Größe null ist gewöhnlich dadurch erfüllt, dass im Hintergrund ein char in die leeren Objekte eingefügt wird. Jedoch können Ausrichtungsanforderungen (siehe Tipp 50) die Compiler dazu bringen, noch mehr Füllmaterial in Klassen wie HoldsAnInt zu packen, weshalb es wahrscheinlich ist, dass Objekte von HoldsAnInt nicht nur die Größe eines char bekommen, sondern derart anwachsen, dass sie auch einen zweiten int enthalten könnten. (Bei allen Compilern, die ich getestet habe, ist genau dies geschehen.)

Ihnen ist wahrscheinlich aufgefallen, dass ich vorsichtig war und gesagt habe »frei stehende« Objekte müssten eine von null verschiedene Größe haben. Diese Einschränkung gilt nicht für Teile der Basisklasse aus Objekten einer abgeleiteten Klasse, denn die sind nicht frei stehend. Wenn Sie von Empty erben, anstatt ein Objekt dieses Typs zu haben, dann finden Sie heraus, dass sizeof(HoldsAnInt) gleich sizeof(int) ist:

```
class HoldsAnInt: private Empty {
private:
   int x;
};
```

Dies ist als die Leere-Basis-Optimierung (EBO – **Empty Base Optimization**) bekannt und in allen Compilern, die ich getestet habe, implementiert. Wenn Sie ein Entwickler von Bibliotheken sind, dessen Kunden Wert auf Speicherplatzersparnis legen, dann sollten Sie die EBO kennen. Wissen sollten Sie auch, dass die EBO nur bei einfacher Vererbung realisierbar ist. Die Regeln, die den Objektaufbau von C++ bestimmen, besagen normalerweise, dass die EBO nicht auf abgeleitete Klassen angewendet werden kann, die mehr als eine Basis haben.

In der Praxis sind »leere« Klassen in Wahrheit nicht leer. Obwohl sie niemals nicht statische Datenelemente besitzen, enthalten sie oftmals Typdefinitionen, Aufzählungen, statische Datenelemente oder nicht virtuelle Funktionen. Die STL umfasst viele technisch leere Klassen, die nützliche Elemente enthalten (gewöhnlich Typdefinitionen), inklusive der Basisklassen `unary_function` und `binary_function`, von denen Klassen für benutzerdefinierte Funktionsobjekte gewöhnlich erben. Dank der weit gestreuten Implementierung von EBO erhöhen solche Vererbungen wirklich die Größe der erbenden Klassen.

Lassen Sie uns aber zu den Grundlagen zurückkommen. Die meisten Klassen sind nicht leer und deshalb ist die EBO keine legitime Rechtfertigung für die private Vererbung. Des Weiteren entsprechen die meisten Vererbungen eher der »ist ein«-Beziehung, was ein Job für die öffentliche Vererbung ist, nicht für die private. Sowohl die Komposition als auch die private Vererbung bedeuten »ist implementiert in Form von«, aber die Komposition ist leichter zu verstehen, weshalb Sie sie wann immer möglich verwenden sollten.

Die private Vererbung ist am ehesten eine legitime Designstrategie, wenn Sie es mit zwei Klassen zu tun haben, die nicht durch »ist ein« in Beziehung stehen und bei denen die eine Klasse Zugang zu den geschützten Elementen der anderen benötigt oder eine oder mehrere ihrer virtuellen Funktionen neu definieren muss. Sogar in diesem Fall haben wir gesehen, dass eine Mischung aus öffentlicher Vererbung und Komposition häufig das Verhalten liefern kann, das Sie benötigen, wenn auch mit größerer Designkomplexität. Die *vernünftige* Verwendung der privaten Vererbung bedeutet, sie anzuwenden, wenn sie – nachdem alle Alternativen überprüft worden sind – der beste Weg ist, die Beziehung zwischen den Klassen in Ihrer Software auszudrücken.

Was Sie sich merken sollten

- Private Vererbung bedeutet »ist implementiert in Form von«. Sie ist normalerweise der Komposition unterlegen, ergibt aber Sinn, wenn eine abgeleitete Klasse Zugang zu den geschützten Elementen der Basisklasse benötigt oder ererbte virtuelle Funktionen neu definieren muss.

- Anders als die Komposition kann die private Vererbung die EBO ermöglichen. Dies kann für Entwickler von Bibliotheken wichtig sein, die danach streben, die Größe der Objekte zu minimieren.

6.9 Tipp 40: Seien Sie bei der mehrfachen Vererbung vorsichtig

Beim Thema mehrfache Vererbung (MV) spaltet sich die C++-Gemeinschaft in zwei Lager. Das eine Lager glaubt, wenn einfache Vererbung (EV) gut ist, dann ist mehrfache Vererbung besser. Das andere Lager behauptet, dass einfache Vererbung gut ist, aber mehrfache Vererbung den Aufwand nicht wert sei. In diesem Tipp ist es unser Hauptziel, die Standpunkte dieser beiden Lager zu verstehen.

Einer der ersten Umstände, die zu bemerken sind, ist die Tatsache, dass die mehrfache Vererbung es ermöglicht, den gleichen Namen (z.B. eine Funktion, eine Typdefinition usw.) von mehr als einer Basisklasse zu erben. Das liefert Gelegenheiten für Mehrdeutigkeiten. Hier ein Beispiel:

```
class BorrowableItem {          // Etwas, das man in einer
public:                         // Bibliothek ausleihen kann
   void checkOut();             // Trägt das Etwas aus der Bibliothek aus
   ...
};
class ElectronicGadget {
private:
   bool checkOut() const;       // Führt Selbsttest durch und gibt
   ...                          // zurück, ob Test gelungen ist
};
class MP3Player:                // Beachten Sie hier die MV
   public BorrowableItem,        // (einige Bibliotheken verleihen MP3-Player)
   public ElectronicGadget
{ ... };                        // Klassendefinition ist unwichtig
MP3Player mp;
mp.checkOut();                  // Mehrdeutig! Welches checkOut?
```

Beachten Sie, dass in diesem Beispiel der Aufruf von `checkOut` mehrdeutig ist, auch wenn nur eine der beiden Funktionen zugänglich ist. (`checkOut` ist öffentlich in `BorrowableItem`, aber privat in `ElectronicGadget`.) Das ist im Einklang mit den Regeln von C++ zur Auflösung von Aufrufen überladener Funktionen: Bevor geprüft wird, ob eine Funktion zugänglich ist, identifiziert C++ zuerst die Funktion, die am ehesten mit dem Aufruf übereinstimmt. Erst nachdem die am besten übereinstimmende Funktion gefunden wurde, wird die Zugänglichkeit geprüft. In diesem Fall sind beide `checkOut`-Funktionen gleich gute Übereinstimmungen, es gibt also keine beste Übereinstimmung. Die Zugänglichkeit von `ElectronicGadget::checkOut` wird also nie überprüft.

Um die Mehrdeutigkeit aufzulösen, müssen Sie angeben, welche Funktion der Basisklassen aufgerufen werden soll:

```
mp.BorrowableItem::checkOut();          // Aha, dieses checkOut...
```

Sie könnten natürlich versuchen, auch ElectronicGadget::checkOut explizit aufzurufen, aber dann würde der Mehrdeutigkeitsfehler durch einen »Sie versuchen, eine private Elementfunktion aufzurufen«-Fehler ersetzt werden.

Mehrfache Vererbung bedeutet einfach, von mehr als einer Basisklasse zu erben, aber für die mehrfache Vererbung ist es nicht ungewöhnlich, wenn sie in Hierarchien auftaucht, die auch höher gelegene Basisklassen haben. Das kann zum so genannten »tödlichen MV-Karo« führen:

```
class File {...};
class InputFile: public File { ... };
class OutputFile: public File { ... };
class IOFile: public InputFile,
              public OutputFile
{ ... };
```

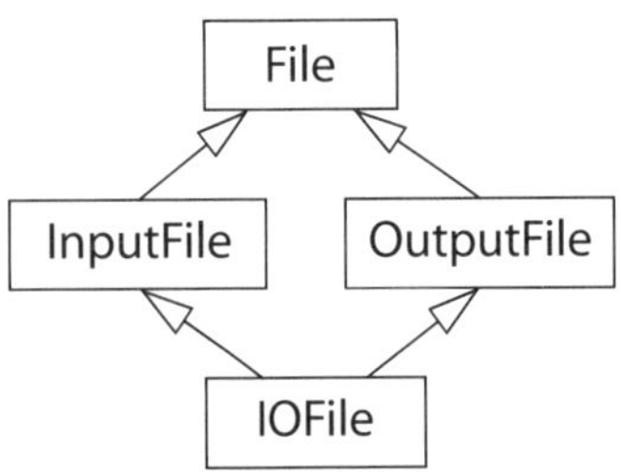

Jedes Mal, wenn Sie eine Vererbungshierarchie mit mehr als einem Pfad zwischen der Basisklasse und der abgeleiteten Klasse haben (wie zwischen File und IOFile, wo die Pfade einmal über InputFile und einmal über OutputFile führen), müssen Sie sich mit der Frage auseinander setzen, ob Sie die Datenelemente der Basisklasse für jeden Pfad replizieren lassen wollen. Nehmen Sie zum Beispiel an, dass die Klasse File ein Datenelement fileName besitzt. Wie viele Kopien davon soll IOFile haben? Auf der einen Seite erbt die Klasse eine Kopie aus jeder seiner Basisklassen, was glauben lässt, dass IOFile zwei Datenelemente fileName besitzen soll. Andererseits besagt einfache Logik, dass ein IOFile-Objekt nur einen fileName haben kann, weshalb der fileName-Eintrag, der von den beiden Basisklassen geerbt wird, nicht repliziert werden sollte.

C++ bezieht in dieser Frage keine Stellung, sondern unterstützt beide Optionen, obwohl standardmäßig die Replizierung ausgeführt wird. Wenn Sie das nicht wollen, müssen Sie die Klasse mit den Daten (d.h. File) zu einer *virtuellen Basisklasse* machen. Tun Sie dies, dann benutzen augenblicklich alle Klassen, die von der virtuellen Basisklasse erben, die *virtuelle Vererbung*:

```
class File { ... };
class InputFile: virtual public File { ... };
class OutputFile: virtual public File { ... };
```

```
class IOFile: public InputFile,
              public OutputFile
{ ... };
```

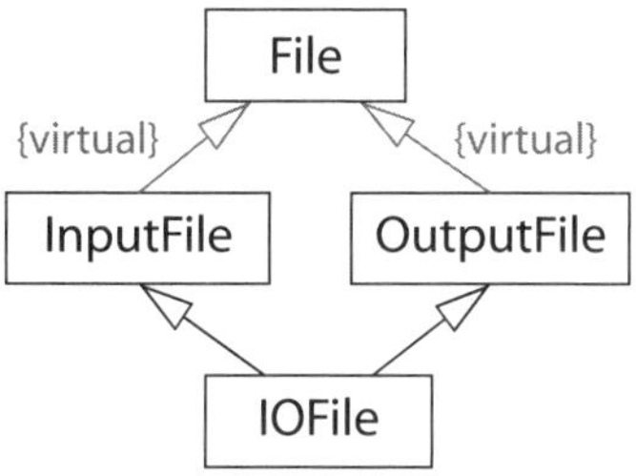

Die Standardbibliothek von C++ enthält eine MV-Hierarchie, die genauso ist wie diese hier, außer dass die Klassen Klassen-Templates sind und die Namen `basic_ios`, `basic_istream`, `basic_ostream` und `basic_iostream` statt `File`, `InputFile`, `OutputFile` und `IOFile` lauten.

Für ein korrektes Verhalten sollte die öffentliche Vererbung stets virtuell sein. Wenn das jedoch der einzige Aspekt wäre, wäre die Regel einfach: Jedes Mal, wenn Sie öffentliche Vererbung einsetzen, benutzen Sie die virtuelle Variante. Leider ist korrektes Verhalten nicht die einzige Sichtweise. Die Vermeidung der Replizierung von geerbten Einträgen verlangt einiges an Fingerfertigkeit bezüglich der Compiler, und als Ergebnis sind Objekte, die von virtuell abgeleiteten Klassen erzeugt werden, gewöhnlich etwas größer, als wenn sie ohne virtuelle Vererbung erstellt worden wären. Der Zugang zu Datenelementen in virtuellen Basisklassen ist auch langsamer als zu solchen in nicht virtuellen Basisklassen. Die Einzelheiten unterscheiden sich von Compiler zu Compiler, aber die Kernaussage bleibt: Virtuelle Vererbung ist teuer.

Sie verursacht auch auf andere Weise Kosten. Die Regeln, die die Initialisierung von virtuellen Basisklassen bestimmen, sind komplizierter und weniger intuitiv als diejenigen für nicht virtuelle Basisklassen. Die Verantwortung für die Initialisierung einer virtuellen Basisklasse liegt bei der *am weitesten abgeleiteten Klasse* in der Hierarchie. Diese Regel hat folgende Auswirkungen:

7. Klassen, die von zu initialisierenden virtuellen Basisklassen abgeleitet wurden, müssen sich ihrer virtuellen Basisklassen bewusst sein. Und:

8. Wenn eine neu abgeleitete Klasse zur Hierarchie hinzugefügt wird, muss sie die Verantwortung für die Initialisierung ihrer virtuellen Basisklasse übernehmen (sowohl direkt als auch indirekt).

Mein Ratschlag bezüglich virtueller Basisklassen (d.h. bezüglich virtueller Vererbung) ist einfach. Erstens: Verwenden Sie keine virtuelle Vererbung, wenn Sie sie nicht brauchen, sondern standardmäßig die nicht virtuelle Vererbung. Zweitens: Wenn Sie virtuelle Basisklassen benutzen müssen, dann vermeiden Sie es, Daten in ihnen zu speichern. So müssen Sie sich nicht mit Merkwürdigkeiten der Initialisierungsregeln (und, wie es sich herausstellt, der Zuweisung) für solche Klassen herumärgern. Es ist bemerkenswert, dass die Schnittstellen in Java und .NET, die in vielerlei Hinsicht mit virtuellen Basisklassen in C++ vergleichbar sind, überhaupt keine Daten enthalten dürfen.

Lassen Sie uns nun zu folgender Interfaceklasse von C++ zur Beschreibung von Personen kommen:

```
class IPerson {
public:
   virtual ~IPerson();
   virtual std::string name() const = 0;
   virtual std::string birthDate() const = 0;
};
```

Die Kunden von `IPerson` müssen Code in Form von `IPerson`-Zeigern und -Verweisen schreiben, denn abstrakte Klassen lassen sich nicht instanziieren. Um Objekte zu erzeugen, die wie `IPerson`-Objekte behandelt werden können, benutzen Kunden Fabrik-Funktionen (siehe auch hier Tipp 31), um konkrete Klassen zu instanziieren, die von `IPerson` abgeleitet wurden:

```
// Fabrik-Funktion, um ein Person-Objekt
// aufgrund einer eindeutigen Datenbank-ID zu erzeugen
// Warum der Rückgabetyp kein Rohzeiger ist,
// erfahren Sie in Tipp 18
std::tr1::shared_ptr<IPerson> makePerson(DatabaseID personIdentifier);
//Funktion, um eine Datenbank-ID vom Benutzer zu bekommen
DatabaseID askUserForDatabaseID();
DatabaseID id(askUserForDatabaseID());
std::tr1::shared_ptr<IPerson> pp(makePerson(id)); // Erzeugt ein
                                                  // Objekt, das die
                                                  // Schnittstelle von
                                                  // IPerson unter-
                                                  // stützt
...                                               // Verändert *pp
                                                  // durch die
                                                  // Elementfunktion
                                                  // von IPerson
```

Aber wie erzeugt `makePerson` die Objekte, auf die es Zeiger zurückgibt? Natürlich muss es eine konkrete Klasse geben, die von `IPerson` abgeleitet wurde und die `makePerson` dann instanziieren kann.

Nehmen Sie an, diese Klasse heißt `CPerson`. Als konkrete Klasse muss `CPerson` Implementierungen für die rein virtuellen Funktionen haben, die die Klasse von `IPerson` erbt. Wir könnten diese von Grund auf neu schreiben, aber es ist besser, Vorteil aus bestehenden Komponenten zu ziehen, die das meiste erledigen, was nötig ist. Stellen Sie sich zum Beispiel vor, eine alte, datenbankbasierte Klasse `PersonInfo` bietet das Wesentliche dessen, was `CPerson` braucht:

```
class PersonInfo {
public:
   explicit PersonInfo(DatabaseID pid);
   virtual ~PersonInfo();
   virtual const char * theName() const;
   virtual const char * theBirthDate() const;
   ...
private:
   virtual const char * valueDelimOpen() const;    // Siehe nachfolgend
   virtual const char * valueDelimClose() const;
   ...
};
```

Daran, dass die Elementfunktionen `const char*`- statt `string`-Objekte zurückgeben, können Sie erkennen, dass dies eine alte Klasse ist. Aber warum den Schuh nicht tragen, wenn er noch passt? Die Namen der Elementfunktionen dieser Klasse lassen darauf schließen, dass das Resultat wahrscheinlich sehr angenehm sein wird.

Sie entdecken, dass `PersonInfo` dazu gedacht war, das Ausdrucken der Datenbankinhalte in verschiedenen Formaten zu ermöglichen. Sie sehen das daran, dass die Feldwerte durch besondere Strings abgegrenzt werden. Standardmäßig sind die öffnenden und schließenden Begrenzungen für Feldwerte eckige Klammern. Also wird der Feldwert »Ringelschwanzlemur« wie folgt formatiert:

```
[Ringelschwanzlemur]
```

In Anbetracht der Tatsache, dass eckige Klammern von den Kunden von `PersonInfo` nicht immer erwünscht sind, ermöglichen die virtuellen Funktionen `valueDelimOpen` und `valueDelimClose` den abgeleiteten Klassen, ihre eigenen öffnenden und schließenden Begrenzungsstrings anzugeben. Die Implementierungen der Elementfunktionen von `PersonInfo` rufen diese virtuellen Funktionen auf, um so passende Begrenzungsstrings zu den Werten hinzuzufügen, die sie zurückgeben. Wenn wir `PersonInfo::theName` als Beispiel nehmen, sieht der Code wie folgt aus:

```
const char * PersonInfo::valueDelimOpen() const
{
   return "[";                 // Standardmäßiger öffnender Begrenzer
}
```

```
const char * PersonInfo::valueDelimClose() const
{
   return "]";              // Standardmäßiger schließender Begrenzer
}
const char * PersonInfo::theName() const
{
   // Reservepuffer für den Rückgabewert; da dies
   // statisch ist, wird alles automatisch mit null
   // initialisiert
   static char value[Max_Formatted_Field_Value_Length];
   // Schreibt öffnenden Begrenzer
   std::strcpy(value, valueDelimOpen());
   Hänge an den String in value das Namensfeld dieses Objekts an
   (Vorsicht vor Pufferüberläufen!)
   // Schreibt schließenden Begrenzer
   std::strcat(value, valueDelimClose());
   return value;
}
```

Man mag das antiquierte Design von `PersonInfo::theName` in Frage stellen (besonders die Verwendung eines statischen Puffers mit fester Größe, der für Überläufe und Threading-Probleme prädestiniert ist – siehe dazu auch Tipp 21), aber stellen Sie Ihre Zweifel beiseite und konzentrieren Sie sich hierauf: `theName` ruft `valueDelimOpen` auf, um den öffnenden Begrenzer des Strings, den `theName` zurückgeben wird, zu erzeugen. Dann generiert die Funktion den Namen selbst und ruft anschließend `valueDelimClose` auf. Weil `valueDelimOpen` und `valueDelimClose` virtuelle Funktionen sind, hängt das Resultat von `theName` nicht nur von `PersonInfo` ab, sondern auch von den Klassen, die von `PersonInfo` abgeleitet wurden.

Für Sie als Entwickler von `CPerson` sind das gute Neuigkeiten, denn beim genauen Durchsehen des Kleingedruckten der Dokumentation von `IPerson` entdecken Sie, dass `name` und `birthDate` nur ungeschmückte Werte zurückgeben dürfen, dass also keine Begrenzungsstrings erlaubt sind. Wenn eine Person Homer heißt, dann bedeutet das, dass ein Aufruf der Funktion `name` »Homer« zurückgeben sollte und nicht »[Homer]«.

Die Beziehung zwischen `CPerson` und `PersonInfo` besteht darin, dass `PersonInfo` über einige Funktionen verfügt, die es einfacher machen, `CPerson` zu implementieren. Das ist alles. Ihre Beziehung ist also eine »ist implementiert in Form von«-Beziehung, von der wir wissen, dass sie auf zwei Arten repräsentiert werden kann: durch Komposition (siehe Tipp 38) und durch private Vererbung (siehe Tipp 39). In Tipp 39 wird klargestellt, dass die Komposition gewöhnlich vorzuziehen, die private Vererbung aber notwendig ist, wenn virtuelle Funktionen neu definiert werden müssen. In diesem Fall muss `CPerson` aber `valueDelimOpen` und `valueDelimClose` neu definieren, also nützt die einfache Komposition hier nichts. Die einfachste Lösung besteht darin, `CPerson` privat von `PersonInfo` erben zu lassen, obwohl in Tipp 39 erklärt wird, dass `CPerson` mit etwas mehr Arbeit auch eine Kombination aus Komposition und Vererbung benutzen könnte, um die virtuellen Funktionen von `PersonInfo` effektiv neu zu definieren. Hier benutzen wir private Vererbung.

Aber `CPerson` muss auch noch die Schnittstelle von `IPerson` implementieren, und das schreit nach öffentlicher Vererbung. Das führt uns zu einer vernünftigen Anwendung der mehrfachen Vererbung: Kombinieren Sie die öffentliche Vererbung einer Schnittstelle mit der privaten Vererbung einer Implementierung:

```
class IPerson {                              // Diese Klasse gibt die
                                             // Schnittstelle an, die
public:                                      // implementiert werden muss
   virtual ~IPerson();
   virtual std::string name() const = 0;
   virtual std::string birthDate() const = 0;
};
class DatabaseID { ... };                    // Wird unten verwendet,
                                             // Details sind unwichtig
class PersonInfo {                           // Diese Klasse besitzt
                                             // Funktionen, die nützlich
public:                                      // sind zur Implementierung
   explicit PersonInfo(DatabaseID pid);      // der Schnittstelle von IPerson
   virtual ~PersonInfo();
   virtual const char * theName() const;
   virtual const char * theBirthDate() const;
   virtual const char * valueDelimOpen() const;
   virtual const char * valueDelimClose() const;
   ...
};
class CPerson: public IPerson, private PersonInfo { // Beachten Sie den
                                                    // Gebrauch der MV
public:
   explicit CPerson(DatabaseID pid): PersonInfo(pid) {}
   virtual std::string name() const          // Implementierung
   { return PersonInfo::theName(); }         // der benötigten
                                             // IPerson-Elementfunktionen
   virtual std::string birthDate() const
   { return PersonInfo::theBirthDate(); }
private:                                              // Neudef. der
   const char * valueDelimOpen() const { return ""; } // geerbten virt.
   const char * valueDelimClose() const { return ""; } // Begrenzungs-
};                                                    // funktionen
```

In UML sieht dieses Design wie folgt aus:

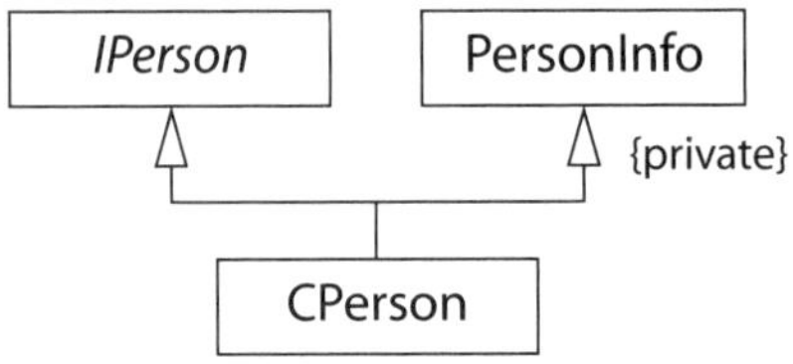

Dieses Beispiel zeigt, dass die mehrfache Vererbung sowohl nützlich als auch verständlich sein kann.

Alles in allem ist die mehrfache Vererbung nur ein weiteres Werkzeug in der objektorientierten Werkzeugkiste. Verglichen mit der einfachen Vererbung ist sie natürlich komplizierter zu verwenden und zu verstehen. Wenn Sie also ein Design auf Grundlage der einfachen Vererbung haben und eines, das auf der mehrfachen basiert, und beide Designs äquivalent sind, dann ist das mit der einfachen Vererbung fast sicher vorzuziehen. Falls das einzige Design, das Ihnen zur Verfügung steht, eines mit mehrfacher Vererbung ist, dann denken Sie noch etwas intensiver nach, ob sich nicht doch eines mit einfacher Vererbung finden lässt – meistens gibt es eines. Gleichzeitig ist die mehrfache Vererbung manchmal der klarste, der wartungsfreundlichste und vernünftigste Weg, etwas zu erledigen. Wenn das der Fall ist, scheuen Sie nicht davor zurück, diesen Weg zu gehen. Stellen Sie nur sicher, dass Sie ihn mit Bedacht gehen.

Was Sie sich merken sollten

- Mehrfache Vererbung ist komplexer als die einfache Vererbung. Sie kann zu neuen Mehrdeutigkeitsproblemen führen und zur Notwendigkeit von virtueller Vererbung.
- Virtuelle Vererbung bringt Kosten an Speicherplatz, Geschwindigkeit und Komplexität der Initialisierung und Zuweisung mit sich. Am praktischsten ist es, wenn virtuelle Basisklassen keine Daten enthalten.
- Für die mehrfache Vererbung gibt es sinnvolle Anwendungsbereiche. Eine mögliche Situation ist die Kombination aus öffentlicher Vererbung von einer Interfaceklasse und privater Vererbung von einer Klasse, die bei der Implementierung hilft.

7 Templates und generische Programmierung

Die ursprüngliche Motivation für C++-Templates war schlicht und einfach: Man wollte es ermöglichen, typsichere Container wie `vector`, `list` und `map` zu erstellen. Je mehr Personen mit Templates arbeiteten, umso größer wurde allerdings die Vielfalt dessen, was man mit ihnen anstellen kann. Container waren gut, doch generische Programmierung – also die Möglichkeit, Code zu schreiben, der von den zu manipulierenden Objekttypen unabhängig ist – war noch besser. STL-Algorithmen wie `for_each`, `find` und `merge` sind Beispiele solcher Programmierung. Schließlich wurde festgestellt, dass der C++-Template-Mechanismus selbst turingvollständig ist: Er kann benutzt werden, um jeden berechenbaren Wert zu berechnen. Dies führte zur Template-Metaprogrammierung: der Erstellung von Programmen, die in C++-Compilern ausgeführt werden und aufhören zu laufen, wenn die Kompilierung abgeschlossen ist. Heutzutage sind Container nicht mehr als ein kleines Stück vom C++-Template-Kuchen. Trotz der breit gefächerten Möglichkeiten von Template-Anwendungen baut jede auf Templates basierende Programmierung auf einer Reihe von Kernideen auf. Diese Ideen sind das Thema dieses Kapitels.

Dieses Kapitel wird aus Ihnen keinen ausgezeichneten, aber einen besseren Template-Programmierer machen. Es liefert Ihnen auch Informationen, die Sie benötigen, um Ihre Grenzen in der Template-Programmierung so weit auszudehnen, wie Sie es wollen.

7.1 Tipp 41: Machen Sie sich mit impliziten Schnittstellen und Polymorphismus zur Kompilierungszeit vertraut

In der Welt der objektorientierten Programmierung dreht sich alles um *explizite* Schnittstellen und *Laufzeit*-Polymorphismus. Beispielsweise können wir bei der folgenden (sinnlosen) Klasse ...

```
class Widget {
public:
   Widget();
```

```
    virtual ~Widget();
    virtual std::size_t size() const;
    virtual void normalize();
    void swap(Widget& other); // siehe Tipp 25
    ...
};
```

... und dieser (ebenfalls sinnlosen) Funktion ...

```
void doProcessing(Widget& w)
{
    if (w.size() > 10 && w != someNastyWidget) {
        Widget temp(w);
        temp.normalize();
        temp.swap(w);
    }
}
```

... Folgendes über `w` in `doProcessing` sagen:

- Da `w` als Typ `Widget` deklariert wurde, muss `w` die `Widget`-Schnittstelle unterstützen. Wir können diese Schnittstelle im Quellcode (z.B. aus der `.h`-Datei für `Widget`) heraussuchen, um sie uns genau anzusehen. Ich nenne das daher eine *explizite Schnittstelle* – eine, die im Quellcode explizit sichtbar ist.
- Da einige Elementfunktionen von `Widget` virtuell sind, weisen `w`'s Aufrufe dieser Funktionen einen *Laufzeit-Polymorphismus* auf: Die jeweils aufzurufende Funktion wird zur Laufzeit auf der Grundlage des dynamischen Typs von `w` (siehe Tipp 37) bestimmt.

Die Welt der Templates und der generischen Programmierung unterscheidet sich grundlegend. In dieser Welt bleiben explizite Schnittstellen und Laufzeit-Polymorphismus bestehen, sind aber von geringerer Bedeutung. Stattdessen gelangen *implizite Schnittstellen* und *Polymorphismus zur Kompilierungszeit* in den Vordergrund. Um das zu verstehen, betrachten wir, was passiert, wenn wir `doProcessing` von einer Funktion in ein Funktions-Template umwandeln:

```
template<typename T>
void doProcessing(T& w)
{
    if (w.size() > 10 && w != someNastyWidget) {
        T temp(w);
        temp.normalize();
        temp.swap(w);
    }
}
```

Was können wir jetzt über `w` in `doProcessing` sagen?

- Die Schnittstelle, die `w` unterstützen muss, wird von den Operationen bestimmt, die im Template an `w` ausgeführt werden. In diesem Beispiel scheint es, dass der Typ von `w` (`T`) die Elementfunktionen `size`, `normalize` und `swap` unterstützen muss, und darüber hinaus die Kopierkonstruktion (um `temp` zu erstellen) und einen Vergleich auf Ungleichheit (zum Vergleich mit `someNastyWidget`). Wir werden bald sehen, dass das nicht ganz richtig ist; vorläufig wollen wir es aber gelten lassen. Wichtig ist, dass die Menge der Ausdrücke, die gültig sein müssen, damit das Template kompiliert wird, die *implizite Schnittstelle* ist, die `T` unterstützen muss.
- Die Aufrufe von Funktionen, die `w` betreffen, wie beispielsweise `operator>` und `operator!=`, können die Instanziierung von Templates umfassen, damit sie gelingen. Eine solche Instanziierung findet während der Kompilierung statt. Da die Instanziierung von Funktions-Templates mit unterschiedlichen Template-Parametern zum Aufruf unterschiedlicher Funktionen führt, bezeichnet man dies als *Kompilierungszeit-Polymorphismus*.

Auch wenn Sie noch nie Templates benutzt haben, sollten Sie mit dem Unterschied zwischen Laufzeit- und Kompilierungszeit-Polymorphismus vertraut sein, weil er dem Unterschied zwischen der Feststellung ähnelt, welche Funktion aus einer Menge überladener Funktionen aufgerufen werden sollte (was während der Kompilierung geschieht) und der dynamischen Bindung virtueller Funktionsaufrufe (die zur Laufzeit geschieht).

Eine explizite Schnittstelle besteht normalerweise aus Funktionssignaturen, d.h. Funktionsnamen, Parametertypen, Rückgabetypen usw. Die öffentliche (`public`) Schnittstelle der `Widget`-Klasse, also ...

```
class Widget {
public:
   Widget();
   virtual ~Widget();
   virtual std::size_t size() const;
   virtual void normalize();
   void swap(Widget& other);
};
```

... besteht beispielsweise aus einem Konstruktor, einem Destruktor und den Funktionen `size`, `normalize` und `swap`. Ferner verfügt sie über die Parametertypen, Rückgabetypen und Konstanten dieser Funktionen. (Darüber hinaus enthält sie den vom Compiler generierten Kopierkonstruktor und Kopierzuweisungsoperator – siehe Tipp 5.) Sie könnte auch Typdefinitionen und Datenelemente umfassen, falls Sie den Rat von Tipp 22, Datenelemente als privat zu deklarieren, in den Wind schlagen würden. Letzteres trifft in diesem Fall aber nicht zu.

Eine implizite Schnittstelle ist ganz anders. Sie basiert nicht auf Funktionssignaturen, sondern besteht aus gültigen *Ausdrücken*. Wir betrachten wieder die Bedingung am Anfang des doProcessing-Templates:

```
template<typename T>
void doProcessing(T& w)
{
   if (w.size() > 10 && w != someNastyWidget) {
   ...
```

Die implizite Schnittstelle für T (Typ von w) scheint folgende Einschränkungen aufzuweisen:

- Sie muss eine Elementfunktion namens size bieten, die einen Integerwert zurückgibt.
- Sie muss eine operator!=-Funktion unterstützen, die zwei Objekte vom Typ T vergleicht. (Hier nehmen wir an, dass someNastyWidget vom Typ T ist.)

Dank der Möglichkeit der Operatorüberladung muss keine dieser Einschränkungen erfüllt werden. Ja, T muss eine Elementfunktion size unterstützen, obwohl die Funktion von einer Basisklasse geerbt werden kann. Diese Elementfunktion muss aber keinen Integertyp zurückgeben, nicht einmal einen numerischen Typ. Eigentlich muss sie nicht einmal einen Typ zurückgeben, für den operator> definiert wurde, sondern lediglich ein Objekt irgendeines Typs X, damit es einen operator> gibt, der mit einem Objekt vom Typ X und einem int (weil 10 vom Typ int ist) aufgerufen werden kann. Der operator> braucht keinen Parameter vom Typ X anzunehmen, weil er einen Parameter vom Typ Y annehmen kann, und das ist in Ordnung, solange es eine implizite Konvertierung von Objekten vom Typ X in Objekte vom Typ Y gibt!

Ebenso besteht keine Notwendigkeit, dass T den operator!= unterstützt, weil es für operator!= genauso gut akzeptabel wäre, ein Objekt vom Typ X und eines vom Typ Y anzunehmen. Solange T in X und der Typ von someNastyWidget in Y konvertiert werden können, ist der Aufruf von operator!= gültig.

(Als Einschub sei hier angemerkt, dass diese Analyse nicht die Möglichkeit berücksichtigt, dass operator&& überladen werden kann, wodurch sich die Bedeutung des obigen Ausdrucks möglicherweise von einer Konjunktion in etwas völlig anderes ändern würde.)

Die meisten Entwickler bekommen Kopfschmerzen, wenn sie sich erstmals auf diese Weise mit impliziten Schnittstellen befassen. Im Grunde besteht aber kein Bedarf für Aspirin. Implizite Schnittstellen setzen sich einfach aus einer Menge gültiger Ausdrücke zusammen. Die Ausdrücke selbst mögen zwar kompliziert aussehen, die von ihnen auferlegten Einschränkungen sind aber recht einfach. Beispielsweise lässt sich bei der Bedingung schwerlich etwas über die Einschränkungen für die Funktionen `size`, `operator>`, `operator&&` oder `operator!=` sagen:

```
if (w.size() > 10 && w != someNastyWidget) ...
```

Es ist aber leicht, die Einschränkung auf den Ausdruck als Ganzes zu identifizieren. Der Bedingungsteil einer `if`-Anweisung muss ein Boole'scher Ausdruck sein. Das heißt also, dass ungeachtet dessen, welche Typen genau beteiligt sind, das was »`w.size() > 10 && w != someNastyWidget`« ergibt, auf jeden Fall mit `bool` kompatibel sein muss. Dies ist Teil der impliziten Schnittstellen, die das Template `doProcessing` seinem Typparameter `T` auferlegt. Der Rest der von `doProcessing` benötigten Schnittstelle besagt, dass Aufrufe des Kopierkonstruktors sowie von `normalize` und `swap` für Objekte vom Typ `T` gültig sein müssen.

Die den Parametern eines Templates auferlegten impliziten Schnittstellen sind genauso real wie die expliziten Schnittstellen, die den Objekten einer Klasse auferlegt werden, und beide werden während der Kompilierung geprüft. Genauso wenig wie Sie ein Objekt auf eine Art benutzen können, die der expliziten Schnittstelle seiner Klasse zuwiderläuft (der Code würde nicht kompiliert werden), können Sie auch ein Objekt in einem Template nur benutzen, wenn dieses Objekt die implizite Schnittstelle unterstützt, die das Template benötigt (wiederum würde der Code nicht kompiliert werden).

Was Sie sich merken sollten

- Sowohl Klassen als auch Templates unterstützen Schnittstellen und Polymorphismus.
- Für Klassen sind Schnittstellen explizit und konzentrieren sich auf Funktionssignaturen. Polymorphismus tritt zur Laufzeit durch virtuelle Funktionen auf.
- Für Template-Parameter sind Schnittstellen implizit und beruhen auf gültigen Ausdrücken. Polymorphismus tritt während der Kompilierung durch Template-Instanziierung und Funktionsüberladung auf.

7.2 Tipp 42: Lernen Sie die zwei Bedeutungen von typename kennen

Frage: Welcher Unterschied besteht zwischen `class` und `typename` in den folgenden Template-Deklarationen?

```
template<class T> class Widget;        // Benutzt "class"
template<typename T> class Widget;     // Benutzt "typename"
```

Antwort: keiner. Wird ein Template-Typparameter deklariert, bedeuten `class` und `typename` genau das Gleiche. Einige Programmierer bevorzugen immer `class`, weil es sich leichter tippen lässt. Andere (mich inbegriffen) bevorzugen `typename`, weil es andeutet, dass der Parameter kein Klassentyp sein muss. Einige Entwickler verwenden `typename`, wenn jeder Typ zulässig ist, und halten `class` ausschließlich für Fälle zurück, in denen nur benutzerdefinierte Typen akzeptabel sind. Aus C++-Sicht bedeuten `class` und `typename` aber genau das Gleiche, wenn sie als Template-Parameter deklariert werden.

C++ betrachtet `class` und `typename` aber nicht immer als gleichwertig. Manchmal muss man `typename` benutzen. Um zu verstehen wann, müssen wir uns mit zwei Arten von Namen befassen, die man in einem Template referenzieren kann.

Angenommen, wir haben ein Template für eine Funktion, die einen STL-kompatiblen Container mit Objekten annimmt, die `int` zugewiesen werden können. Des Weiteren sei gegeben, dass diese Funktion einfach den Wert ihres zweiten Elements ausgibt. Es ist eine blödsinnige Funktion, die auf blödsinnige Art implementiert wird; und so wie ich sie nachfolgend geschrieben habe, dürfte sie nicht einmal kompiliert werden. Aber bitte übersehen Sie diese Feinheiten – dieser Wahnsinn hat Methode:

```
template<typename C>                                // Druckt 2. Element in
void print2nd(const C& container)                   // Container;
        {                                           // das ist kein
                                                    // gültiges C++!
   if (container.size() >= 2) {
      C::const_iterator iter(container.begin());    // Holt Iterator
                                                    // auf 1. Element
      ++iter;                                       // Verschiebt Iterator
                                                    // auf 2. Element
      int value = *iter;                            // Kopiert dieses Element
                                                    // in einen int
      std::cout << value;                           // Druckt den int
   }
}
```

Ich habe die beiden lokalen Variablen in dieser Funktion – `iter` und `value` – hervorgehoben. Der Typ von `iter` ist `C::const_iterator` – ein Typ, der vom Template-Parameter `C` abhängt. Namen in einem Template, die von einem Template-Parameter abhängen, werden als *abhängige Namen* bezeichnet. Wenn ein abhängiger Name in einer Klasse verschachtelt wird, bezeichne ich das als *verschachtelten abhängigen Namen*. `C::const_iterator` ist ein verschachtelter abhängiger Name. Tatsächlich handelt es sich um einen *verschachtelten abhängigen Typnamen*, d.h. einen verschachtelten abhängigen Namen, der einen Typ referenziert.

Die andere lokale Variable in `print2nd`, `value`, ist vom Typ `int`. `int` ist ein Name, der nicht von einem Template-Parameter abhängt. Solche Namen werden als *unabhängige Namen* bezeichnet.

Verschachtelte abhängige Namen können zu Schwierigkeiten beim Parsen führen. Nehmen wir beispielsweise an, wir legen `print2nd` noch blödsinniger aus, indem wir wie folgt beginnen:

```
template<typename C>
void print2nd(const C& container)
{
   C::const_iterator * x;
   ...
}
```

Das sieht aus, als würden wir `x` als lokale Variable deklarieren, die einen Zeiger auf `C::const_iterator` hat. Es sieht aber nur so aus, weil wir »wissen«, dass `C::const_iterator` ein Typ ist. Was aber, wenn `C::const_iterator` kein Typ wäre? Was wäre, wenn `C` ein statisches Datenelement hätte, das zufällig `const_iterator` hieße, oder wenn `x` zufällig der Name einer globalen Variablen wäre? In diesem Fall würde der obige Code keine lokale Variable deklarieren, sondern wäre eine Multiplikation von `C::const_iterator` mit `x`! Zugegeben, das hört sich verrückt an, wäre aber *möglich*. Programmierer, die C++-Parser schreiben, müssen sich um alle nur erdenklichen Eingaben, auch verrückte, Gedanken machen.

Solange `C` nicht bekannt ist, besteht keine Möglichkeit zu wissen, ob `C::const_iterator` ein Typ ist oder nicht, und `C` ist beim Parsen des Templates `print2nd` nicht bekannt. C++ verfügt über eine Regel, um diese Zweideutigkeit zu lösen: Wenn der Parser in einem Template auf einen verschachtelten abhängigen Namen stößt, nimmt er an, dass der Name kein Typ ist, es sei denn, man überzeugt ihn vom Gegenteil. Dem Standard zufolge sind verschachtelte abhängige Namen keine Typen. (Von dieser Regel gibt es eine Ausnahme, die ich in Kürze behandeln werde.)

Vor diesem Hintergrund sehen Sie sich den Anfang von `print2nd` noch einmal an:

```
template<typename C>
void print2nd(const C& container)
{
   if (container.size() >= 2) {
      C::const_iterator iter(container.begin());   // Dieser Name wird nicht
      ...                                           // als Typ angesehen
```

Spätestens jetzt sollte klar sein, warum das kein gültiges C++ ist. Die Deklaration von `iter` ist nur sinnvoll, wenn `C::const_iterator` ein Typ ist. Wir haben das C++ aber nicht mitgeteilt, so dass C++ annimmt, dass es keiner ist. Um die Lage richtig zu stellen, müssen wir C++ sagen, dass `C::const_iterator` ein Typ ist. Wir tun das, indem wir `typename` unmittelbar davor stellen:

```
template<typename C>                          // Das ist gültiges C++
void print2nd(const C& container)
{
   if (container.size() >= 2) {
      typename C::const_iterator iter(container.begin());
      ...
   }
}
```

Die allgemeine Regel ist einfach: Jedes Mal, wenn Sie einen verschachtelten abhängigen Typnamen in einem Template referenzieren, müssen Sie ihm unmittelbar das Wort `typename` voranstellen. (Wiederum werde ich eine Ausnahme in Kürze beschreiben.)

`typename` sollte nur benutzt werden, um verschachtelte abhängige Typnamen zu identifizieren, aber nicht für andere Namen. Beispielsweise nimmt das folgende Funktions-Template sowohl einen Container als auch einen Iterator auf diesen Container an:

```
template<typename C>             // typename zulässig (wie "class")
void f(const C& container,       // typename nicht zulässig
   typename C::iterator iter);    // typename erforderlich
```

`C` ist kein verschachtelter abhängiger Typname (es ist nicht in etwas verschachtelt, das von einem Template-Parameter abhängt). Wir müssen ihm also kein `typename` voranstellen, wenn wir den Container deklarieren. Demgegenüber ist `C::iterator` ein verschachtelter abhängiger Typname und erfordert somit ein vorangestelltes `typename`.

Die Ausnahme von der Regel, dass verschachtelten abhängigen Typnamen ein `typename` vorangestellt werden muss, besteht darin, dass `typename` verschachtelten abhängigen Typnamen in einer Basisklassenliste oder als Basisklassenidentifizierer in einer Elementinitialisierungsliste *nicht* vorangestellt werden muss. Betrachten Sie dazu das folgende Beispiel:

```
template<typename T>
class Derived: public Base<T>::Nested {  // Basisklassenliste: typename
public:                                  // nicht zulässig
   explicit Derived(int x)
   : Base<T>::Nested(x)                   // Basisklassenidentifizierer in
                                         // Elementinitialisierungsliste:
                                         // typename nicht zulässig
      typename Base<T>::Nested temp;      // Verwendung eines
                                         // verschachtelten abhängigen
      ...                                // Typnamens nicht in einer
                                         // Basisklassenliste
   }                                     // oder als Basisklassen-
```

```
                                          // identifizierer in
    ...                                   // Elementinitialisierungsliste:
                                          // typename erforderlich
  };
```

Eine solche Inkonsistenz ist zwar lästig, doch mit ein bisschen mehr Erfahrung wird sie Ihnen nicht mehr auffallen.

Wir sehen uns nun ein letztes `typename`-Beispiel an, weil es repräsentativ für etwas ist, das Sie in echtem Code sehen werden. Angenommen, wir schreiben ein Funktions-Template, das einen Iterator annimmt. Wir wollen eine lokale Kopie `temp` des Objekts erstellen, auf das der Iterator zeigt. Das können wir wie folgt machen:

```
template<typename IterT>
void workWithIterator(IterT iter)
{
   typename std::iterator_traits<IterT>::value_type temp(*iter);
   ...
}
```

Lassen Sie sich von `std::iterator_traits<IterT>::value_type` nicht irritieren. Hier wird lediglich eine Traits-Standardklasse (siehe Tipp 47) verwendet, um auf C++-Art zu sagen: »Der Typ von etwas, auf das Objekte vom Typ `IterT` zeigen.« Die Anweisung deklariert eine lokale Variable (`temp`) gleichen Typs wie der, auf den `IterT`-Objekte zeigen. Er initialisiert `temp` mit dem Objekt, auf das `iter` zeigt. Ist `IterT` ein `vector<int>::iterator`, dann ist `temp` vom Typ `int`. Wenn `IterT` ein `list<string>::iterator` ist, dann ist `temp` vom Typ `string`. Da `std::iterator_traits<IterT>::value_type` ein verschachtelter abhängiger Typname ist (`value_type` ist in `iterator_traits<IterT>` verschachtelt, und `IterT` ist ein Template-Parameter), müssen wir ihm `typename` voranstellen.

Wenn es Ihnen schon unbequem vorkommt, etwas wie `std::iterator_traits<IterT>::value_type` zu lesen, dann stellen Sie sich vor, wie es ist, wenn man es tippen muss. Wahrscheinlich finden Sie wie die meisten Programmierer den bloßen Gedanken daran, es mehrmals eingeben zu müssen, entsetzlich; deshalb sollten Sie eine Typdefinition erstellen. Für Traits-Elementnamen wie `value_type` (siehe wiederum Tipp 47, um mehr über Traits zu erfahren) gilt die übliche Konvention, dass der Name der Typdefinition mit dem des Traits-Mitglieds identisch sein muss, so dass eine lokale Typdefinition oft wie folgt definiert wird:

```
template<typename IterT>
void workWithIterator(IterT iter)
{
   typedef typename std::iterator_traits<IterT>::value_type value_type;
   value_type temp(*iter);
   ...
}
```

Viele Programmierer finden anfangs, dass sich das Nebeneinander von `typedef` und `typename` beißt. Es ist aber ein logisches Nebenprodukt der Regeln für die Referenzierung verschachtelter abhängiger Typnamen. Sie werden sich recht schnell daran gewöhnen, denn schließlich sind Sie ja motiviert. Wie oft wollen Sie `typename std::iterator_traits<IterT>::value_type` tippen?

Als abschließende Bemerkung möchte ich erwähnen, dass die Durchsetzung der Regeln rund um `typename` je nach Compiler unterschiedlich ist. Einige Compiler akzeptieren Code, in dem `typename` erforderlich ist, aber fehlt; einige akzeptieren Code, in dem `typename` zwar vorhanden, aber nicht zulässig ist; und einige wenige (meist ältere) verwerfen `typename`, wo es vorhanden und erforderlich ist. Das bedeutet, dass die Interaktion von `typename` mit verschachtelten abhängigen Typnamen zu leichten Portabilitätsproblemen führen kann.

Was Sie sich merken sollten

- Bei der Deklaration von Template-Parametern sind `class` und `typename` austauschbar.
- Verwenden Sie `typename` zur Identifizierung verschachtelter abhängiger Typnamen, ausgenommen in Basisklassenlisten oder als Basisklassenidentifizierer in einer Elementinitialisierungsliste.

7.3 Tipp 43: Lernen Sie den Zugriff auf Namen in Template-Basisklassen

Angenommen wir wollen eine Anwendung schreiben, die Nachrichten an mehrere verschiedene Firmen senden kann, wobei die Nachrichten entweder verschlüsselt oder im Klartext (unverschlüsselt) verschickt werden können. Wenn wir während der Kompilierung über ausreichend Informationen verfügen, um festzustellen, welche Nachrichten an welche Firmen gehen, können wir eine auf einem Template beruhende Lösung anwenden:

```
class CompanyA {
public:
   ...
   void sendCleartext(const std::string& msg);
   void sendEncrypted(const std::string& msg);
   ...
};
class CompanyB {
public:
   ...
```

```
    void sendCleartext(const std::string& msg);
    void sendEncrypted(const std::string& msg);
    ...
};
...                                     // Klassen für andere Firmen
class MsgInfo { ... };                  // Klassen zur Aufnahme von
                                        // Informationen, die zum
                                        // Erstellen einer Nachricht
                                        // benutzt werden.

template<typename Company>
class MsgSender {
public:
    ...                                 // Kon-, Destruktoren usw.
    void sendClear(const MsgInfo& info)
    {
        std::string msg;
        Erstelle Nachricht aus Informaionen;
        Company c;
        c.sendCleartext(msg);
    }
    void sendSecret(const MsgInfo& info) // Ähnelt sendClear, ruft
    { ... }                              // aber c.sendEncrypted auf.
};
```

Das klappt alles wunderbar. Nehmen wir aber an, wir möchten jedes Mal, wenn wir eine Nachricht senden, bestimmte Informationen protokollieren. Eine abgeleitete Klasse kann diese Fähigkeit leicht hinzufügen, und das scheint auch eine vernünftige Art zu sein, dies umzusetzen:

```
template<typename Company>
class LoggingMsgSender: public MsgSender<Company> {
public:
    ...                             // Konstruktoren, Destruktoren usw.
    void sendClearMsg(const MsgInfo& info)
    {
        Schreibe Prä-Sende-Informationen ins Protokoll;
        sendClear(info);            // Ruft Basisklassenfunktion auf;
                                    // dieser Code wird nicht kompiliert!
        Schreibe Post-Sende-Informationen ins Protokoll;
    }
    ...
};
```

Beachten Sie, dass die Funktion zum Senden von Nachrichten in der abgeleiteten Klasse einen anderen Namen (`sendClearMsg`) hat als die in ihrer Basisklasse (dort heißt sie `sendClear`). Das ist gutes Design, weil es die Probleme mit dem Verbergen geerbter Namen (siehe Tipp 33) und der Neudefinition einer geerbten nicht virtuellen Funktion (siehe Tipp 36) umgeht. Der obige Code wird aber nicht kompiliert, zumindest nicht mit konformen Compilern. Solche Compiler würden sich beschweren, dass `sendClear` nicht existiert. Wir können sehen, dass `sendClear` in der Basisklasse steht; dort suchen Compiler aber nicht danach. Wir müssen verstehen, warum das so ist.

Das Problem besteht darin, dass Compiler, wenn sie auf die Definition für das Klassen-Template `LoggingMsgSender` stoßen, nicht wissen, von welcher Klasse es erbt. Gewiss, es ist `MsgSender<Company>`, aber `Company` ist ein Template-Parameter, und zwar einer, der erst später (wenn `LoggingMsgSender` instanziiert wird) bekannt wird. Ohne Kenntnis darüber, was `Company` ist, gibt es keine Möglichkeit zu wissen, wie die Klasse `MsgSender<Company>` aussieht. Insbesondere gibt es keine Möglichkeit zu wissen, ob sie eine `sendClear`-Funktion hat.

Um das Problem zu konkretisieren, nehmen wir an, dass wir eine Klasse `CompanyZ` haben, die auf verschlüsselte Kommunikation besteht:

```
class CompanyZ {                          // Diese Klasse bietet keine
public:                                   // sendCleartext-Funktion
   ...
   void sendEncrypted(const std::string& msg);
   ...
};
```

Das allgemeine `MsgSender`-Template ist für `CompanyZ` ungeeignet, weil es eine `sendClear`-Funktion bietet, die für `CompanyZ`-Objekte keinen Sinn ergibt. Um dieses Problem zu beheben, können wir eine spezialisierte Version von `MsgSender` für `CompanyZ` erstellen:

```
template<>                               // Eine totale Spezialisierung
class MsgSender<CompanyZ> {               // von MsgSender; wie das
public:                                  // allgemeine Template, außer dass
   ...                                   // sendCleartext weggelassen wird
   void sendSecret(const MsgInfo& info)
   { ... }
};
```

Beachten Sie die Syntax »`template<>`« am Anfang dieser Klassendefinition. Sie bedeutet, dass es sich weder um ein Template noch um eine eigenständige Klasse handelt. Vielmehr ist es eine spezialisierte Version des `MsgSender`-Templates, die benutzt wird, wenn das Template-Argument `CompanyZ` lautet. Das wird als *totale Template-Spezialisierung* bezeichnet: Das Template `MsgSender` wird für den Typ `CompanyZ` spezialisiert und die Spezialisierung ist *total*, d.h. nachdem der Typparameter als `CompanyZ` definiert wurde, kann sich kein anderer Aspekt der Template-Parameter mehr ändern.

Angesichts der Tatsache, dass `MsgSender` für `CompanyZ` spezialisiert wurde, sehen wir uns die abgeleitete Klasse `LoggingMsgSender` wieder an:

```
template<typename Company>
class LoggingMsgSender: public MsgSender<Company> {
public:
   ...
   void sendClearMsg(const MsgInfo& info)
   {
      Schreibe Prä-Sende-Informationen ins Protokoll;
      sendClear(info);                  // Falls Company == CompanyZ,
                                        // existiert diese Funktion nicht!
      Schreibe Post-Sende-Informationen ins Protokoll;
   }
   ...
};
```

Wie im Kommentar angemerkt, ergibt dieser Code keinen Sinn, wenn die Basisklasse `MsgSender<CompanyZ>` ist, weil diese Klasse keine `sendClear`-Funktion bietet. Aus diesem Grund verwirft C++ den Aufruf: Es erkennt, dass Basisklassen-Templates spezialisiert sein können und dass solche Spezialisierungen möglicherweise nicht die gleiche Schnittstelle wie das allgemeine Template bieten. Folglich weigert es sich generell, in Template-Basisklassen nach vererbten Namen zu suchen. In gewissem Sinne ist das so, als ob die Vererbung nicht mehr funktioniert, wenn wir von objektorientiertem C++ zu Template-C++ (siehe Tipp 1) übergehen.

Um sie erneut zu starten, müssen wir das Verhalten von C++, also »Sieh nicht in Template-Basisklassen nach!«, irgendwie ausschalten. Hierfür gibt es drei Möglichkeiten. Erstens können wir Aufrufen von Basisklassenfunktionen ein »`this->`« voranstellen:

```
template<typename Company>
class LoggingMsgSender: public MsgSender<Company> {
public:
   ...
   void sendClearMsg(const MsgInfo& info)
   {
   Schreibe Prä-Sende-Informationen ins Protokoll;
   this->sendClear(info);                    // Geht davon aus, dass
                                             // sendClear vererbt wird
   Schreibe Post-Sende-Informationen ins Protokoll;
   }
   ...
};
```

Zweitens können Sie eine `using`-Deklaration anwenden. Diese Lösung sollte Ihnen bekannt vorkommen, wenn Sie Tipp 33 gelesen haben. Dort wurde erklärt, wie `using`-Deklarationen verborgene Basisklassennamen in den Bereich einer abgeleiteten Klasse befördern. Wir können daher `sendClearMsg` wie folgt schreiben:

```
template<typename Company>
class LoggingMsgSender: public MsgSender<Company> {
public:
   using MsgSender<Company>::sendClear;  // Weist Compiler an, anzunehmen,
   ...                                  // dass sendClear in der
                                        // Basisklasse ist
   void sendClearMsg(const MsgInfo& info)
   {
   ...
   sendClear(info);                     // Nimmt an, dass
   ...                                  // sendClear vererbt wird
   }
   ...
};
```

(Obwohl eine using-Deklaration sowohl hier als auch in Tipp 33 funktioniert, unterscheiden sich die zu lösenden Probleme. Hier ist es nicht so, dass Basisklassennamen durch abgeleitete Klassennamen verborgen sind, sondern dass Compiler nur dann in Basisklassenbereichen suchen, wenn sie dazu angewiesen werden.)

Bei der dritten Möglichkeit wird explizit angegeben, dass sich die aufzurufende Funktion in der Basisklasse befindet:

```
template<typename Company>
class LoggingMsgSender: public MsgSender<Company> {
public:
   ...
   void sendClearMsg(const MsgInfo& info)
   {
   ...
   MsgSender<Company>::sendClear(info);        // Nimmt an, dass
   ...                                        // sendClear vererbt wird
   }
   ...
};
```

Diese dritte ist im Allgemeinen die am wenigsten wünschenswerte Möglichkeit, das Problem zu lösen, denn wenn die aufzurufende Funktion virtuell ist, wird das virtuelle Bindungsverhalten durch die explizite Qualifizierung ausgeschaltet.

Vom Standpunkt der Sichtbarkeit von Namen aus betrachtet bewirkt jeder dieser drei Ansätze das Gleiche: Er verspricht Compilern, dass eventuell nachfolgende Spezialisierungen des Basisklassen-Templates die Schnittstelle unterstützen, die vom allgemeinen Template geboten wird. Ein solches Versprechen ist alles, was Compiler brauchen, wenn sie ein abgeleitetes Klassen-Template wie LoggingMsgSender parsen. Sollte sich das Versprechen aber als unbegründet erweisen, kommt die Wahrheit im weiteren Verlauf der Kompilierung ans Licht. Wenn der Quellcode später z.B. Folgendes enthält, wird der Aufruf von sendClearMsg nicht kompiliert:

```
LoggingMsgSender<CompanyZ> zMsgSender;
MsgInfo msgData;
...                                    // Legt Info in msgData ab
zMsgSender.sendClearMsg(msgData);       // Fehler! Wird nicht kompiliert
```

Dies ist so, weil Compiler an diesem Punkt wissen, dass die Basisklasse die Template-Spezialisierung MsgSender<CompanyZ> ist und dass diese Klasse die Funktion sendClear, die sendClearMsg aufzurufen versucht, nicht bietet.

Grundsätzlich geht es darum, ob Compiler ungültige Referenzen auf Basisklassenelemente früher (wenn abgeleitete Template-Klassendefinitionen geparst werden) oder später (wenn diese Templates mit spezifischen Template-Argumenten instanziiert werden) diagnostizieren. C++ bevorzugt frühzeitige Diagnosen. Deshalb nimmt es an, dass es nichts über die Inhalte von Basisklassen weiß, wenn diese Klassen von Templates aus instanziiert werden.

Was Sie sich merken sollten

- Verwenden Sie das Präfix »this->« oder using-Deklarationen bzw. eine explizite Basisklassenqualifizierung, um Namen aus Basisklassen-Templates in abgeleiteten Klassen-Templates zu referenzieren.

7.4 Tipp 44: Entfernen Sie parameterunabhängigen Code aus Templates

Templates bieten eine fantastische Möglichkeit, Zeit zu sparen und Codeverdopplung zu vermeiden. Statt 20 gleich geartete Klassen mit je 15 Elementfunktionen schreiben Sie nur ein Klassen-Template und lassen den Compiler die 20 spezifischen Klassen und 300 benötigten Funktionen instanziieren. (Elementfunktionen von Klassen-Templates werden nur dann implizit instanziiert, wenn sie gebraucht werden. Sie erhalten die gesamten 300 Elementfunktionen also nur, wenn sie alle tatsächlich verwendet werden.) Funktions-Templates sind ähnlich attraktiv. Statt vieler Funktionen schreiben Sie lediglich ein Funktions-Template und lassen den Compiler den Rest für Sie erledigen. Ist fortschrittliche Technologie nicht großartig?

Na ja ... manchmal. Wenn Sie nicht aufpassen, können Templates den *Code aufblähen*: Binärdateien mit verdoppeltem (oder fast verdoppeltem) Code, redundanten Daten oder beidem. Das kann dazu führen, dass der Quellcode zwar fit und knackig, der Objektcode aber fett und schwammig aussieht. Letzteres ist selten in Mode; deshalb müssen Sie wissen, wie Sie derartigen binären Schwulst vermeiden.

Das Hauptwerkzeug trägt die eindrucksvolle Bezeichnung *Gemeinsamkeits- und Variabilitätsanalyse*, während die Grundidee nichts Eindrucksvolles aufweist. Auch wenn Sie nie im Leben ein Template geschrieben haben, führen Sie ständig solche Analysen durch.

Was machen Sie, wenn Sie eine Funktion schreiben und dann feststellen, dass die Implementierung der Funktion teilweise mit der einer anderen identisch ist? Den Code einfach wiederholen? Natürlich nicht. Sie entfernen den gemeinsamen Code der beiden Funktionen, stellen ihn in einer dritten Funktion ab und lassen die beiden Funktionen die neue aufrufen. Das heißt Sie analysieren die beiden Funktionen, um die Teile auszumachen, die gleich sind, und jene, die sich unterscheiden. Dann verschieben Sie die gemeinsamen Teile in eine neue Funktion und behalten die unterschiedlichen Teile in den ursprünglichen Funktionen. Ebenso verfahren Sie, wenn Sie eine Klasse schreiben und feststellen, dass einige Teile der Klasse die gleichen sind wie Teile einer anderen Klasse. Sie wiederholen die identischen Teile nicht, sondern verschieben sie in eine neue Klasse, dann wenden Sie Vererbung oder Komposition (siehe Tipps 32, 38 und 39) an, um den ursprünglichen Klassen den Zugriff auf die gemeinsamen Merkmale zu gewähren. Die Teile der ursprünglichen Klassen, die sich unterscheiden, verbleiben an ihren Plätzen.

Wenn Sie Templates schreiben, führen Sie die gleiche Analyse durch und vermeiden Verdopplungen auf die gleiche Weise. Hier gilt es aber, einen Dreh zu beachten. In Nicht-Template-Code ist die Redundanz explizit: Sie können *sehen*, dass in zwei Funktionen oder Klassen duplizierter Code vorhanden ist. In Template-Code ist die Redundanz implizit: Es gibt nur ein Exemplar des Template-Quellcodes, so dass Sie ein Gespür für eine eventuelle Wiederholung bei der mehrfachen Instanziierung eines Templates entwickeln müssen.

Nehmen wir beispielsweise an, Sie möchten ein Template für Quadratmatrizen mit fester Größe schreiben, das unter anderem die Matrixinversion unterstützt.

```
template<typename T,          // Template für nxn-Matrizen aus
         std::size_t n>       // Objekten vom Typ T; siehe Info
class SquareMatrix {          // über den size_t-Parameter nachfolgend
public:
  ...
  void invert();              // Invertiert die Matrix
};
```

Dieses Template nimmt einen Typparameter `T` an, aber auch einen Parameter vom Typ `size_t` – einen *typlosen Parameter*. Typlose Parameter sind weniger üblich als Typparameter, aber absolut zulässig, und können recht natürlich sein, wie in diesem Beispiel.

Sehen Sie sich jetzt diesen Code an:

```
SquareMatrix<double, 5> sm1;
...
sm1.invert();                    // Ruft SquareMatrix<double, 5>::invert auf
SquareMatrix<double, 10> sm2;
...
sm2.invert();                    // Ruft SquareMatrix<double, 10>::invert auf
```

Hier werden zwei Exemplare von `invert` instanziiert. Die Funktionen sind nicht identisch, weil eine mit 5×5- und die andere mit 10×10-Matrizen arbeitet, doch abgesehen von der Konstante 5 bzw. 10 sind sie gleich. Das ist eine klassische Art, auf die ein Template den Code aufblähen kann.

Was tun Sie, wenn Sie zwei Funktionen sehen, die Zeichen für Zeichen identisch sind, außer dass in einer 5 und in der anderen 10 benutzt wird? Instinktiv werden Sie eine Version der Funktion erstellen, die einen Wert als Parameter annimmt; dann werden Sie die parametrisierte Funktion mit 5 oder 10 aufrufen, statt den Code zu replizieren. Ihr Instinkt hätte Sie nicht getrogen! Nachfolgend ein erster Versuch, dies für `SquareMatrix` umzusetzen:

```
template<typename T>                        // Größenunabhängige Basisklasse
class SquareMatrixBase {                    // für Quadratmatrizen
protected:
   ...
   void invert(std::size_t matrixSize);     // Invertiert die Matrix mit der
                                            // angegebenen Größe
   ...
};
template<typename T, std::size_t n>
class SquareMatrix: private SquareMatrixBase<T> {
private:
   using SquareMatrixBase<T>::invert;       // Vermeidet, die Basisversion
                                            // von invert zu verbergen
public:                                     // Siehe Tipp 33
   ...
   void invert() { this->invert(n); }       // Führt Inline-Aufruf der
};                                          // Basisklassenversion von invert
                                            // durch; siehe nachfolgend, warum
                                            // "this->" hier steht
```

Wie Sie sehen, befindet sich die parametrisierte Version von `invert` in der Basisklasse `SquareMatrixBase`. Wie `SquareMatrix` ist auch `SquareMatrixBase` ein Template, im Gegensatz dazu ist es aber nur auf den Typ von Objekten in der Matrix und nicht auf die Größe der Matrix ausgelegt. Folglich haben alle Matrizen, die einen bestimmten Objekttyp enthalten, ein und dieselbe Klasse, nämlich `SquareMatrixBase`. Sie nutzen also gemeinsam ein einziges Exemplar der `invert`-Version dieser Klasse.

SquareMatrixBase::invert dient lediglich als Möglichkeit für abgeleitete Klassen, Codeverdopplung zu vermeiden; daher ist es protected statt public. Durch den Aufruf sollte sich kein zusätzlicher Aufwand ergeben, weil das invert der abgeleiteten Klassen die Basisklassenversion mit Hilfe von Inline-Funktionen aufruft (wobei inline implizit ist – siehe Tipp 30). Diese Funktionen verwenden die Schreibweise mit »this->«, weil Funktionsnamen in Template-Basisklassen (wie z.B. SquareMatrixBase<T>) andernfalls vor abgeleiteten Klassen verborgen werden, wie in Tipp 43 erklärt wurde. Beachten Sie auch, dass die Vererbung zwischen SquareMatrix und SquareMatrixBase privat ist. Das spiegelt exakt die Tatsache wider, dass die Basisklasse einzig dazu da ist, die Implementierungen abgeleiteter Klassen zu vereinfachen. Sie soll keine konzeptuelle »ist ein«-Beziehung zwischen SquareMatrix und SquareMatrixBase ausdrücken. (Informationen über die private Vererbung finden Sie in Tipp 39.)

So weit, so gut, aber es gibt ein vertracktes Problem, das noch nicht angesprochen wurde. Woher weiß SquareMatrixBase::invert, an welchen Daten es operieren soll? Es kennt die Größe der Matrix durch die Parameter. Doch woher weiß es, wo sich die Daten für eine bestimmte Matrix befinden? Vermutlich weiß das nur die abgeleitete Klasse. Wie teilt sie das der Basisklasse mit, damit Letztere die Inversion durchführen kann?

Eine Möglichkeit besteht darin, zu SquareMatrixBase::invert einen weiteren Parameter hinzuzufügen – vielleicht auch einen Zeiger auf den Anfang eines Speicherblocks, in dem sich die Matrixdaten befinden. Das würde zwar funktionieren, aller Wahrscheinlichkeit nach ist invert aber nicht die einzige Funktion in SquareMatrix, die größenunabhängig geschrieben wurde und in SquareMatrixBase verschoben werden kann. Falls mehrere solche Funktionen vorhanden sind, brauchen alle eine Möglichkeit, den Speicher zu finden, der die Matrixwerte enthält. Wir könnten in alle einen zusätzlichen Parameter einfügen, würden SquareMatrixBase dann aber die gleichen Informationen wiederholt mitteilen. Das hört sich nicht gut an.

Eine Alternative besteht darin, SquareMatrixBase einen Zeiger auf den Speicher mit den Matrixwerten speichern zu lassen. Da es schon einmal etwas speichert, kann es auch die Matrixgröße speichern. Das resultierende Design sieht wie folgt aus:

```
template<typename T>
class SquareMatrixBase {
protected:
   SquareMatrixBase(std::size_t n, T *pMem)   // Speichert die Matrixgröße
   : size(n), pData(pMem) {}                 // und einen Zeiger
                                            // auf Matrixwerte
   void setDataPtr(T *ptr) { pData = ptr; }   // Weist pData neu zu
   ...
private:
   std::size_t size;                          // Größe der Matrix
   T *pData;                                  // Zeiger auf Matrixwerte
};
```

Dadurch können abgeleitete Klassen entscheiden, wie sie den Speicher zuteilen wollen. Einige Implementierungen entscheiden sich vielleicht dafür, die Matrixdaten direkt im SquareMatrix-Objekt zu speichern:

```
template<typename T, std::size_t n>
class SquareMatrix: private SquareMatrixBase<T> {
public:
   SquareMatrix()                            // Sendet Matrixgröße und
   : SquareMatrixBase<T>(n, data) {}          // Datenzeiger an Basisklasse
   ...
private:
   T data[n*n];
};
```

Objekte solcher Typen brauchen keine dynamische Speicherzuteilung, sie selbst können aber sehr groß sein. Eine Alternative besteht, die Daten für jede Matrix auf den Heap zu legen:

```
template<typename T, std::size_t n>
class SquareMatrix: private SquareMatrixBase<T> {
public:
   SquareMatrix()                           // Setzt Datenzeiger der Basisklasse
   : SquareMatrixBase<T>(n, 0),              // auf NULL, teilt Speicher für
     pData(new T[n*n])                      // Matrixwerte zu, speichert Zeiger
   { this->setDataPtr(pData.get()); }        // auf den Speicher und übergibt
   ...                                      // der Basisklasse eine Kopie
private:
   boost::scoped_array<T> pData;             // Siehe Tipp 13 für Infos
};                                          // zu boost::scoped_array
```

Ungeachtet dessen, wo die Daten gespeichert werden, ist das wichtigste Ergebnis in Bezug auf aufgeblähten Code, dass jetzt viele – vielleicht sogar alle – Elementfunktionen von SquareMatrix einfache Inline-Aufrufe der Basisklassenversionen sein können, die von allen anderen Matrizen gemeinsam genutzt werden, in denen sich ungeachtet ihrer Größe der gleiche Datentyp befindet. Gleichzeitig haben SquareMatrix-Objekte je nach Größe verschiedene Typen. Das heißt, sogar wenn z.B. SquareMatrix<double, 5>- und SquareMatrix<double, 10>-Objekte die gleichen Elementfunktionen aus SquareMatrixBase<double> verwenden, ist es ausgeschlossen, dass ein SquareMatrix<double, 5>-Objekt an eine Funktion weitergegeben wird, die ein SquareMatrix<double, 10>-Objekt erwartet. Schön, nicht wahr?

Das ist zwar schön, aber nicht ohne Preis. Die invert-Versionen, in denen die Matrixgrößen fest verdrahtet sind, dürften aller Wahrscheinlichkeit nach besseren Code erzeugen als die gemeinsam genutzte Version, bei der die Größe als Funktionsparameter weitergegeben oder im Objekt gespeichert wird. Die Größen in den größenspezifischen Versionen wären z.B. Konstanten zur Kompilierungszeit. Daher kämen sie für

Optimierungen wie die Konstantenweiterleitung in Frage und können auch als unmittelbare Operanden in die erzeugten Instruktionen einbezogen werden. Das ist bei der größenunabhängigen Version nicht möglich.

Andererseits wird der Umfang der ausführbaren Dateien reduziert, weil es nur eine `invert`-Version für mehrere Matrixgrößen gibt. Dadurch wird der Arbeitssatz des Programms verkleinert und der lokale Bezug von Referenzen im Anweisungscache verbessert, wodurch das Programm schneller laufen und eventuell durch die größenspezifischen `invert`-Versionen verlorene Optimierungen wieder wettmachen kann. Welche Wirkung wird vorherrschen? Dies lässt sich nur dadurch feststellen, dass man beide Möglichkeiten ausprobiert und das Verhalten auf der jeweiligen Plattform mit repräsentativen Datenmengen beobachtet.

Eine weitere Überlegung zur Effizienz betrifft die Größe von Objekten. Wenn Sie nicht aufpassen, kann sich durch das Verschieben größenunabhängiger Funktionsversionen in eine Basisklasse die Größe jedes Objekts insgesamt erhöhen. Beispielsweise verfügt jedes `SquareMatrix`-Objekt in dem Code, den ich gerade vorgestellt habe, über einen Zeiger auf die Daten in der `SquareMatrixBase`-Klasse, obwohl jede abgeleitete Klasse bereits eine Möglichkeit hat, diese Daten abzurufen. Das vergrößert jedes `SquareMatrix`-Objekt mindestens um den Umfang eines Zeigers. Sie können das Design so ändern, dass Sie diese Zeiger nicht mehr brauchen, aber auch in dem Fall sind Kompromisse nötig. Lässt man z. B. die Basisklasse einen `protected`-Zeiger auf die Matrixdaten speichern, führt dies zum Verlust der unter Tipp 22 beschriebenen Kapselung. Es kann auch die Ressourcenverwaltung erschweren: Wie lässt sich bestimmen, ob der Zeiger gelöscht werden soll, wenn die Basisklasse einen Zeiger auf die Matrixdaten speichert, diese Daten aber entweder dynamisch zugeteilt oder physisch im abgeleiteten Klassenobjekt gespeichert sind (wie wir gesehen haben)? Auf solche Fragen gibt es Antworten. Je ausgeklügelter man sie aber angeht, umso komplizierter werden die Dinge. An einem gewissen Punkt käme uns ein bisschen Codeverdopplung wie ein Segen vor.

In diesem Tipp wurde bisher nur besprochen, dass typlose Template-Parameter zu aufgeblähtem Code führen können; Typparameter können aber die gleiche Wirkung haben. Beispielsweise haben `int` und `long` auf vielen Plattformen die gleiche Binärdarstellung, so dass die Elementfunktionen für z. B. `vector<int>` und `vector<long>` wahrscheinlich identisch sind – und das ist nicht genau das, was wir unter einem aufgeblähtem Code verstehen. Einige Linker mischen identische Funktionsimplementierungen, andere aber nicht. Außerdem können einige mit `int` *und* `long` instanziierte Templates den Code in bestimmten Umgebungen aufblähen. Ebenso haben alle Zeigertypen auf den meisten Plattformen die gleiche Binärdarstellung. Das bedeutet, dass Templates, die Zeigertypen (z. B. `list<int*>`, `list<const int*>`, `list<SquareMatrix<long, 3>*>` usw.) enthalten, oft in der Lage sind, eine einzige zugrunde liegende Implementierung für jede Elementfunktion zu nutzen. Normalerweise heißt das, dass man Elementfunktionen, die mit stark typisierten Zeigern (d.h. `T*`-Zeigern) arbeiten, so implementiert, dass sie Funktionen aufrufen, die mit nicht typisierten Zeigern (d.h. `void*`-Zeigern) arbeiten. Einige Implementierungen der C++-Standardbibliothek machen das bei Templates wie `vector`, `deque` und `list`. Wenn Sie über aufgeblähten Code in Ihren Templates besorgt sind, sollten Sie Templates entwickeln, die genau das tun.

Was Sie sich merken sollten

- Templates generieren mehrere Klassen und mehrere Funktionen, so dass jeder Template-Code, der nicht von einem Template-Parameter abhängt, unnötig aufgebläht wird.
- Eine Aufblähung aufgrund typloser Template-Parameter kann oft dadurch vermieden werden, dass man Template-Parameter durch Funktionsparameter oder Klassendatenelemente ersetzt.
- Eine Aufblähung aufgrund von Typparametern kann dadurch verringert werden, dass man für Instanziierungstypen mit identischen Binärdarstellungen gemeinsame Implementierungen nutzt.

7.5 Tipp 45: Verwenden Sie Elementfunktions-Templates für »alle kompatiblen Typen«

Intelligente Zeiger sind Objekte, die sich wie Zeiger verhalten, jedoch zusätzliche Funktionalität bieten. Beispielsweise wurde in Tipp 13 erklärt, wie die Standardzeiger `auto_ptr` und `tr1::shared_ptr` benutzt werden können, um automatisch zur richtigen Zeit heapbasierte Ressourcen zu löschen. Iteratoren auf STL-Container sind fast immer intelligente Zeiger. Sicherlich kann man nicht erwarten, durch Verwendung von »++« innerhalb einer verketteten Liste einen integrierten Zeiger von einem Knoten auf den nächsten zu verschieben. Dennoch geht das mit `list::iterators`.

Echte Zeiger sind unter anderem sehr gut darin, implizite Umwandlungen zu unterstützen. Abgeleitete Klassenzeiger werden implizit in Basisklassenzeiger umgewandelt, Zeiger auf Nicht-`const`-Objekte werden in Zeiger auf `const`-Objekte umgewandelt usw. Betrachten Sie z.B. einige Umwandlungen, die in einer dreistufigen Hierarchie vorkommen können:

```
class Top { ... };
class Middle: public Top { ... };
class Bottom: public Middle { ... };
Top *pt1 = new Middle;                 // Wandelt Middle* in Top* um
Top *pt2 = new Bottom;                 // Wandelt Bottom* in Top* um
const Top *pct2 = pt1;                 // Wandelt Top* in const Top* um
```

Solche Umwandlungen in benutzerdefinierten intelligenten Zeigerklassen zu emulieren ist knifflig. Wir müssten es schaffen, dass der folgende Code kompiliert wird:

```
template<typename T>
class SmartPtr {
public:                               // Intelligente Zeiger werden oft von
   explicit SmartPtr(T *realPtr);     // integrierten Zeigern initialisiert
   ...
};
SmartPtr<Top> pt1 =                   // Wandelt SmartPtr<Middle> in
   SmartPtr<Middle>(new Middle);      // SmartPtr<Top> um
SmartPtr<Top> pt2 =                   // Wandelt SmartPtr<Bottom> in
   SmartPtr<Bottom>(new Bottom);      // SmartPtr<Top> um
SmartPtr<const Top> pct2 = pt1;       // Wandelt SmartPtr<Top> in
                                      // SmartPtr<const Top> um
```

Es gibt keine inhärente Beziehung zwischen unterschiedlichen Instanziierungen desselben Templates. Deshalb betrachten Compiler `SmartPtr<Middle>` und `SmartPtr<Top>` als völlig verschiedene Klassen, die keine engere Beziehung haben als z.B. `vector<float>` und `Widget`. Um die gewünschten Konvertierungen zwischen `SmartPtr`-Klassen zu erhalten, müssen wir sie explizit programmieren.

In dem vorigen Codebeispiel mit intelligenten Zeigern erzeugt jede Anweisung ein neues `SmartPtr`-Objekt. Vorläufig wollen wir uns also darauf konzentrieren, wie man intelligente Zeiger-Konstruktoren schreibt, die sich auf die gewünschte Art und Weise verhalten. An dieser Stelle eine wichtige Anmerkung: Es gibt keine Möglichkeit, alle benötigten Konstruktoren voll auszuschreiben. In der obigen Hierarchie können wir zwar einen `SmartPtr<Top>` aus einem `SmartPtr<Middle>` oder einem `SmartPtr<Bottom>` konstruieren. Falls die Hierarchie aber künftig erweitert wird, müssen `SmartPtr<Top>`-Objekte aus anderen `SmartPtr`-Typen konstruierbar sein. Nehmen wir an, wir wollen später Folgendes hinzufügen:

```
class BelowBottom: public Bottom { ... };
```

Wir müssten in dem Fall die Erstellung von `SmartPtr<Top>`-Objekten aus `SmartPtr<BelowBottom>`-Objekten unterstützen, und sicherlich werden wir deswegen nicht das `SmartPtr`-Template modifizieren wollen.

Im Prinzip ist die Anzahl der Konstruktoren, die wir benötigen, unbegrenzt. Da ein Template instanziiert werden kann, um eine unbegrenzte Anzahl von Funktionen zu erzeugen, sieht es so aus, als ob wir für `SmartPtr` keine Konstruktor-*Funktion*, sondern ein Konstruktor-*Template* brauchen. Solche Templates sind Beispiele von *Elementfunktions-Templates* (meist kurz als *Element-Templates* bezeichnet), also Templates, die Elementfunktionen einer Klasse erzeugen:

```
template<typename T>
class SmartPtr {
public:
   template<typename U>                        // Element-Template
   SmartPtr(const SmartPtr<U>& other);          // für einen "generalisierten
   ...                                         // Kopierkonstruktor"
};
```

Das bedeutet, dass aus einem `SmartPtr<U>` für jeden Typ `T` und jeden Typ `U` ein `SmartPtr<T>` erstellt werden kann, weil `SmartPtr<T>` über einen Konstruktor verfügt, der einen `SmartPtr<U>`-Parameter annimmt. Konstruktoren wie diese – also solche, die ein Objekt aus einem anderen erstellen, dessen Typ eine andere Instanziierung desselben Templates ist (z.B. der Konstruktor zum Erstellen eines `SmartPtr<T>` aus einem `SmartPtr<U>`) – werden auch als *generalisierte Kopierkonstruktoren* bezeichnet.

Der obige generalisierte Kopierkonstruktor wurde nicht als `explicit` deklariert, und zwar mit Absicht. Typumwandlungen zwischen integrierten Zeigertypen (z.B. von Zeigern abgeleiteter Klassen in Basisklassenzeiger) sind implizit und müssen nicht ausdrücklich gefordert werden. Deshalb ist es für intelligente Zeiger vernünftig, dieses Verhalten zu emulieren. Genau das bewirkt das Weglassen von `explicit` beim Template-Konstruktor.

Gemäß Deklaration bietet der generalisierte Kopierkonstruktor für `SmartPtr` mehr, als wir brauchen. Ja, wir wollen einen `SmartPtr<Top>` aus einem `SmartPtr<Bottom>` erstellen. Wir wollen aber umgekehrt keinen `SmartPtr<Bottom>` aus einem `SmartPtr<Top>` erstellen, weil das dem Sinn öffentlicher (`public`) Vererbung (siehe Tipp 32) zuwiderläuft. Wir wollen auch keinen `SmartPtr<int>` aus einem `SmartPtr<double>` erstellen, weil es keine entsprechende implizite Umwandlung von `int*` in `double*` gibt. Irgendwie müssen wir eine Auslese aus der Menge an Elementfunktionen treffen, die dieses Element-Template generiert.

Unter der Annahme, dass `SmartPtr` dem Beispiel von `auto_ptr` und `tr1::shared_ptr` folgt und eine Elementfunktion `get` bietet, die eine Kopie des eingebauten Zeigers aus dem `SmartPtr`-Objekt (siehe Tipp 15) zurückgibt, können wir die Implementierung des Konstruktor-Templates nutzen, um die Konvertierungen auf die gewünschten einzuschränken:

```
template<typename T>
class SmartPtr {
public:
   template<typename U>
   SmartPtr(const SmartPtr<U>& other)       // Initialisiert diesen
   : heldPtr(other.get()) { ... }           // heldPtr mit dem
   T* get() const { return heldPtr; }        // anderen heldPtr
   ...
private:                                    // Integrierter Zeiger
```

```
    T *heldPtr;                           // in SmartPtr
};
```

Wir verwenden die Elementinitialisierungsliste, um das SmartPtr<T>-Datenelement vom Typ T* mit dem SmartPtr<U>-Datenelement vom Typ U* zu initialisieren. Das wird nur dann kompiliert, wenn es eine implizite Umwandlung von einem U*- in einen T*-Zeiger gibt, und das ist genau das, was wir wollen. Der Endeffekt besteht darin, dass SmartPtr<T> jetzt einen generalisierten Kopierkonstruktor hat, der nur kompiliert wird, falls ihm ein Parameter mit einem kompatiblen Typ übergeben wird.

Die Nützlichkeit von Elementfunktions-Templates ist nicht auf Konstruktoren beschränkt. Eine weitere übliche Rolle von ihnen ist die Unterstützung von Zuweisungen. Beispielsweise unterstützt shared_ptr von TR1 (siehe wiederum Tipp 13) die Konstruktion aus allen kompatiblen integrierten Zeigern, also tr1::shared_ptr, auto_ptr und tr1::weak_ptr (siehe Tipp 54) sowie Zuweisungen aus allen genannten, mit Ausnahme von tr1::weak_ptr. Nachfolgend sehen Sie einen Auszug aus der TR1-Spezifikation für tr1::shared_ptr, einschließlich des Gegenstücks für die Verwendung von class statt typename bei der Deklaration von Template-Parametern. (Wie in Tipp 42 erklärt wurde, ist ihre Bedeutung in diesem Zusammenhang genau gleich.)

```
template<class T> class shared_ptr {
public:
   template<class Y>                                  // Konstruktion aus
      explicit shared_ptr(Y * p);                     // bel. kompatiblen
   template<class Y>                                  // integr. Zeiger,
      shared_ptr(shared_ptr<Y> const& r);             // shared_ptr,
   template<class Y>                                  // weak_ptr oder
      explicit shared_ptr(weak_ptr<Y> const& r);      // auto_ptr
   template<class Y>
      explicit shared_ptr(auto_ptr<Y>& r);
   template<class Y>                                  // Zuweisung
      shared_ptr& operator=(shared_ptr<Y> const& r);  // aus beliebigem
   template<class Y>                                  // shared_ptr oder
      shared_ptr& operator=(auto_ptr<Y>& r);          // auto_ptr
   ...
};
```

Diese Konstruktoren sind allesamt explicit, mit Ausnahme des generalisierten Kopierkonstruktors. Das heißt, dass die implizite Konvertierung eines Typs von shared_ptr in einen anderen zulässig ist, während die *implizite* Umwandlung von einem integrierten Zeiger oder einem anderen intelligenten Zeigertyp nicht gestattet ist (die *explizite* Konvertierung, z.B. mit cast, ist aber in Ordnung). Bemerkenswert ist außerdem, wie auto_ptr an tr1::shared_ptr-Konstruktoren übergeben wird, und dass Zuweisungsoperatoren nicht als const deklariert werden. Das steht im Gegensatz dazu, wie tr1::shared_ptr und tr1::weak_ptr übergeben werden. Das ist eine Folge der Tatsache, dass jeder `auto_ptr` beim Kopieren allein für sich modifiziert wird (siehe Tipp 13).

Elementfunktions-Templates sind handlich, ändern aber nicht die grundlegenden Regeln der Sprache. In Tipp 5 wird erklärt, dass zwei der vier Elementfunktionen, die unter Umständen vom Compiler generiert werden, der Kopierkonstruktor und der Kopierzuweisungsoperator sind. `tr1::shared_ptr` deklariert einen generalisierten Kopierkonstruktor. Wenn die Typen `T` und `Y` gleich sind, kann der generalisierte Kopierkonstruktor so instanziiert werden, dass er den »normalen« Kopierkonstrutor erstellt. Die Frage lautet also: Werden Compiler einen Kopierkonstruktor für `tr1::shared_ptr` generieren oder das generalisierte Kopierkonstruktor-Template instanziieren, wenn ein `tr1::shared_ptr`-Objekt aus einem anderen `tr1::shared_ptr`-Objekt gleichen Typs konstruiert wird?

Wie gesagt, ändern Element-Templates nicht die Regeln der Sprache, und die Regeln besagen: Wenn ein Kopierkonstruktor benötigt wird und Sie keinen deklarieren, wird automatisch einer generiert. Die Deklaration eines generalisierten Kopierkonstruktors (eines Element-Templates) in einer Klasse hält den Compiler nicht davon ab, seinen eigenen Kopierkonstruktor (einen Nicht-Template-Konstruktor) zu generieren. Wenn Sie also alle Aspekte der Kopierkonstruktion steuern wollen, müssen Sie sowohl einen generalisierten als auch den »normalen« Kopierkonstruktor deklarieren. Das Gleiche gilt für Zuweisungen. Nachfolgend finden Sie einen Auszug aus einer `tr1::shared_ptr`-Definition als Beispiel:

```
template<class T> class shared_ptr {
public:
  shared_ptr(shared_ptr const& r);                    // Kopierkonstruktor
  template<class Y>                                   // Generalisierter
    shared_ptr(shared_ptr<Y> const& r);               // Kopierkonstruktor
  shared_ptr& operator=(shared_ptr const& r);         // Kopierzuweisung
  template<class Y>                                   // Generalisierte
    shared_ptr& operator=(shared_ptr<Y> const& r);    // Kopierzuweisung
  ...
};
```

Was Sie sich merken sollten

- Verwenden Sie Elementfunktions-Templates, um Funktionen zu generieren, die alle kompatiblen Typen akzeptieren.
- Auch wenn Sie Element-Templates zur generalisierten Kopierkonstruktion oder zur generalisierten Zuweisung deklarieren, müssen Sie den normalen Kopierkonstruktor und den Kopierzuweisungsoperator deklarieren.

7.6 Tipp 46: Definieren Sie bei erforderlichen Typumwandlungen Nichtelementfunktionen innerhalb von Templates

In Tipp 24 wurde erklärt, warum nur Nichtelementfunktionen für implizite Typumwandlungen bei allen Argumenten in Frage kommen. In demselben Tipp wird auch ein Beispiel der Funktion `operator*` für die Klasse `Rational` angeführt. Ich empfehle Ihnen, sich mit diesem Beispiel vertraut zu machen, bevor Sie fortfahren, weil wir jetzt mit einer scheinbar harmlosen Modifizierung des Beispiels von Tipp 24 fortfahren: Wir verwenden in diesem Tipp sowohl `Rational` als auch `operator*` als Template:

```
template<typename T>
class Rational {
public:
   Rational(const T& numerator = 0,      // S. Tipp 20, warum Parameter
            const T& denominator = 1);  // als Verweis übergeben werden
   const T numerator() const;           // S. Tipp 28, warum Rückgabewerte
   const T denominator() const;         // immer noch als Wert
   ...                                 // übergeben werden
};                                     // S. Tipp 3, warum sie const sind
template<typename T>
const Rational<T> operator*(const Rational<T>& lhs,
                            const Rational<T>& rhs)
{ ... }
```

Wie in Tipp 24 wollen wir hier gemischte Arithmetik unterstützen, weshalb der nachfolgende Code kompiliert werden soll. Wir erwarten, dass dies geschieht, weil wir den gleichen Code verwenden, der in Tipp 24 funktioniert hatte. Der einzige Unterschied besteht darin, dass `Rational` und `operator*` jetzt Templates sind:

```
Rational<int> oneHalf(1, 2);          // Beispiel aus Tipp 24, nur ist
                                      // Rational jetzt ein Template
Rational<int> result = oneHalf * 2;   // Fehler! Wird nicht kompiliert
```

Die Tatsache, dass diese Kompilierung fehlschlägt, lässt vermuten, dass das Template-`Rational` etwas an sich hat, wodurch es sich von der Nicht-Template-Version unterscheidet. Das ist richtig. In Tipp 24 weiß der Compiler, welche Funktion wir aufzurufen versuchen (`operator*`, der zwei `Rational` annimmt), doch hier weiß er dies *nicht*. Er versucht vielmehr *herauszufinden*, welche Funktion aus dem Template namens `operator*` instanziiert (d.h. erstellt) werden soll. Ihm ist klar, dass er eine Funktion namens `operator*` instanziieren soll, die zwei Parameter vom Typ `Rational<T>` annimmt. Um die Instanziierung aber durchzuführen, muss er herausfinden, was `T` ist. Das Problem ist, dass er das nicht kann.

In dem Versuch, `T` herzuleiten, sieht er sich die Argumenttypen an, die in dem Aufruf an `operator*` übergeben werden. In diesem Fall sind es die Typen `Rational<int>` (der Typ von `oneHalf`) und `int` (der Typ von 2). Jeder Parameter wird getrennt betrachtet.

Die Herleitung für `oneHalf` ist leicht. Der erste Parameter von `operator*` ist als Typ `Rational<T>` deklariert, und das erste an `operator*` (`oneHalf`) übergebene Argument ist vom Typ `Rational<int>`; `T` muss folglich `int` sein. Leider ist die Herleitung für den anderen Parameter nicht so einfach. Der zweite Parameter von `operator*` ist zwar auch als Typ `Rational<T>` deklariert, aber das zweite an `operator*` (2) übergebene Argument ist vom Typ `int`. Wie können Compiler herausfinden, was `T` in diesem Fall ist? Sie erwarten vielleicht, dass sie den nicht expliziten Konstruktor von `Rational<int>` verwenden, um 2 in ein `Rational<int>` umzuwandeln und so herleiten zu können, dass `T` ein `int` ist. Compiler tun das aber nicht, weil implizite Typumwandlungsfunktionen *nie* zur Herleitung von Template-Argumenten herangezogen werden. Niemals. Solche Umwandlungen werden zwar in Funktionsaufrufen benutzt, doch bevor Sie eine Funktion aufrufen können, müssen Sie wissen, welche Funktionen existieren. Um das wissen zu können, müssen Sie Parametertypen für die relevanten Funktions-Templates herleiten (damit Sie die entsprechenden Funktionen instanziieren können). Die implizite Typumwandlung mit Konstruktoraufrufen wird aber bei der Herleitung von Template-Argumenten nicht berücksichtigt. In Tipp 24 werden Templates nicht berücksichtigt; deshalb ist die Template-Argumentherleitung keine Frage. Nun, da wir uns im Template-Teil von C++ (siehe Tipp 1) befinden, ist das ein vorrangiges Thema.

Wir können Compiler von der Bürde der Template-Argumentherleitung befreien, indem wir uns die Tatsache zunutze machen, dass eine `friend`-Deklaration in einer Template-Klasse eine spezifische Funktion referenzieren kann. Das bedeutet, dass die Klasse `Rational<T>` ein `operator*` als `friend`-Funktion für `Rational<T>` deklarieren kann. Klassen-Templates sind nicht auf die Template-Argumentherleitung angewiesen (dieser Prozess ist nur für Funktions-Templates erforderlich). `T` ist also zu der Zeit, in der die Klasse `Rational<T>` instanziiert wird, immer bekannt. Das vereinfacht es der Klasse `Rational<T>`, die entsprechende `operator*`-Funktion als `friend` zu deklarieren:

```
template<typename T>
class Rational {
public:
   ...
friend                                          // Deklariert
   const Rational operator*(const Rational& lhs,    // operator*-Fkt.
                            const Rational& rhs);  //(Details s.
Folgendes)
};
template<typename T>                            // Definiert
const Rational<T> operator*(const Rational<T>& lhs, // operator*-Fkt.
      const Rational<T>& rhs)
{ ... }
```

Unsere gemischten Aufrufe von operator* werden jetzt kompiliert, denn wenn das Objekt oneHalf als Typ Rational<int> deklariert ist, wird die Klasse Rational<int> instanziiert. Als Teil dieses Vorgangs wird die friend-Funktion operator*, die Rational<int>-Parameter annimmt, automatisch deklariert. Als deklarierte *Funktion* (nicht als Funktions-*Template*) können Compiler beim Aufrufen implizite Konvertierungsfunktionen (z.B. den nicht expliziten Konstruktor von Rational) benutzen. So kann der gemischte Aufruf erfolgreich ablaufen.

»Erfolgreich« hat in diesem Zusammenhang allerdings einen ironischen Beigeschmack, denn obwohl der Code kompiliert wird, schlägt das Linken fehl. Wir kommen gleich zu diesem Problem. Zuerst möchte ich die Syntax kommentieren, die benutzt wird, um operator* innerhalb von Rational zu deklarieren.

Innerhalb eines Klassen-Templates kann der Name des Templates als Kürzel für das Template und seine Parameter benutzt werden. Wir können innerhalb von Rational<T> also einfach Rational statt Rational<T> schreiben. Das spart uns bei diesem Beispiel nur ein paar Zeichen, verkürzt bei vielen Parametern oder langen Parameternamen aber die Tippzeit und macht den resultierenden Code übersichtlicher. Ich erwähne das, weil operator* so deklariert wurde, dass jeweils Rational statt Rational<T> angenommen und zurückgegeben wird. Genauso gültig wäre es, wenn wir operator* wie folgt deklarierten:

```
template<typename T>
class Rational {
public:
   ...
friend
   const Rational<T> operator*(const Rational<T>& lhs,
                               const Rational<T>& rhs);
   ...
};
```

Allerdings ist es einfacher (und üblicher), die Kurzform anzuwenden.

Wir kommen nun zurück zum Linkproblem. Der gemischte Code wird kompiliert, weil der Compiler weiß, dass wir eine spezifische Funktion aufrufen wollen (operator* nimmt ein Rational<int> und ein Rational<int> an). Diese Funktion ist aber innerhalb von Rational nur *deklariert*, aber nicht *definiert*. Wir beabsichtigen, das operator*-Template diese Definition außerhalb der Klasse bereitstellen zu lassen. Leider funktioniert das nicht so. Wenn wir eine Funktion selbst deklarieren (was wir innerhalb des Rational-Templates ja tun), sind wir auch für ihre Definition verantwortlich. In diesem Fall stellen wir nie eine Definition bereit; deshalb können Linker keine finden.

Bei der einfachsten Lösung, die möglicherweise funktioniert, mischen wir den Rumpf von operator* in seine Deklaration ein:

```
template<typename T>
class Rational {
public:
   ...
friend const Rational operator*(const Rational& lhs, const Rational& rhs)
{
   return Rational( lhs.numerator() * rhs.numerator(),   // Gleiche Impl.
      lhs.denominator() * rhs.denominator());            // wie in
}                                                        // Tipp 24
};
```

Das funktioniert tatsächlich wie geplant: Gemischte Aufrufe von `operator*` werden kompiliert, verlinkt und laufen jetzt. Hurra!

Interessant an dieser Technik ist, dass die Verwendung von `friend` nichts mit der Notwendigkeit zu tun hat, auf nicht öffentliche Teile der Klasse zuzugreifen. Um Typumwandlungen für alle Argumente zu ermöglichen, brauchen wir eine Nichtelementfunktion (Tipp 24 gilt noch immer). Damit die entsprechende Funktion automatisch instanziiert wird, müssen wir die Funktion innerhalb der Klasse deklarieren. Die einzige Möglichkeit, eine Nichtelementfunktion in einer Klasse zu deklarieren, besteht darin, sie zu einem Freund zu machen. Das tun wir also. Unkonventionell? Ja. Effektiv? Zweifellos.

Wie in Tipp 30 erklärt wurde, werden innerhalb einer Klasse definierte Funktionen, implizit als `inline` deklariert; das schließt auch `friend`-Funktionen wie `operator*` ein. Sie können die Auswirkung solcher `inline`-Deklarationen dadurch minimieren, dass Sie `operator*` nichts anderes tun lassen, als eine Hilfsfunktion aufzurufen, die außerhalb der Klasse definiert ist. In dem Beispiel in diesem Tipp ist es nicht sinnvoll, das zu tun, weil `operator*` bereits als einzeilige Funktion implementiert ist. Für komplexere Funktionsrümpfe kann das aber wünschenswert sein. Es lohnt sich allemal ein Blick auf den Ansatz: »Lasse den Freund einen Helfer aufrufen.«

Die Tatsache, dass `Rational` ein Template ist, bedeutet, dass die Hilfsfunktion normalerweise auch ein Template ist. Der Code in der Headerdatei, in der `Rational` definiert ist, sieht in der Regel also etwa wie folgt aus:

```
template<typename T> class Rational;                    // Deklariert
                                                       // Rational-
                                                       // Template
template<typename T>                                    // Deklariert
const Rational<T> doMultiply( const Rational<T>& lhs,   // Hilfs-
                              const Rational<T>& rhs);  // Template
template<typename T>
class Rational {
public:
   ...
```

```
friend
   const Rational<T> operator*(const Rational<T>& lhs,
      const Rational<T>& rhs)                            // Lässt friend den
   { return doMultiply(lhs, rhs); }                      // Helfer aufrufen
   ...
};
```

Viele Compiler zwingen uns im Wesentlichen dazu, alle Template-Definitionen in Headerdateien abzulegen. Deshalb müssen wir `doMultiply` eventuell auch im Header definieren. (Wie in Tipp 30 erklärt wurde, brauchen solche Templates nicht `inline` zu sein.) Das könnte wie folgt aussehen:

```
template<typename T>                                       // Definiert
const Rational<T> doMultiply(const Rational<T>& lhs,        // Hilfs-
   const Rational<T>& rhs)                                 // Template in
{                                                          // Headerdatei,
   return Rational<T>(lhs.numerator() * rhs.numerator(),    // falls nötig
                      lhs.denominator() * rhs.denominator());
}
```

Als Template unterstützt `doMultiply` natürlich keine gemischte Multiplikation, braucht es aber auch nicht. Es wird nur von `operator*` aufgerufen, wobei `operator*` gemischte Operationen *unterstützt*! Im Wesentlichen unterstützt der *Funktions*-`operator*` alle nötigen Typumwandlungen, um sicherzustellen, dass zwei `Rational`-Objekte multipliziert werden. Dann gibt er diese beiden Objekte an eine entsprechende Instanziierung des `doMultiply`-*Templates* weiter, das die eigentliche Multiplizierung durchführt. Das nennt man Synergieeffekte nutzen!

Was Sie sich merken sollten

- Beim Schreiben eines Klassen-Templates, dessen Funktionen implizite Typumwandlungen für alle Parameter unterstützen, definieren Sie diese Funktionen als `friend` innerhalb des Klassen-Templates.

7.7 Tipp 47: Verwenden Sie Traits-Klassen für Informationen über Typen

Die STL setzt sich hauptsächlich aus Templates für Container, Iteratoren und Algorithmen zusammen, verfügt aber auch über einige Utility-Templates. Eines davon heißt `advance` und verschiebt einen festgelegten Iterator um eine festgelegte Entfernung:

```
template<typename IterT, typename DistT>   // Schiebt iter um d Einheiten
void advance(IterT& iter, DistT d);        // vorwärts bzw.
                                           // rückwärts, wenn d < 0
```

Im Prinzip bewirkt `advance` das Gleiche wie `iter += d`, kann aber nicht auf diese Weise implementiert werden, weil nur Random-Access-Iteratoren (Iteratoren mit wahlfreiem Zugriff auf den Container) die +=-Operation unterstützen. Weniger leistungsstarke Iterator-Typen müssen `advance` dadurch implementieren, dass sie `d` Mal ++ oder `--` anwenden.

Oh, Sie haben die STL-Iteratorkategorien vergessen? Kein Problem, hier ist eine Kurzübersicht: Es gibt fünf Iteratorkategorien, die den Operationen entsprechen, die der jeweilige Iterator unterstützt. *Input-Iteratoren* können nur jeweils um einen Schritt vorwärts schreiten und nur einmal das lesen, worauf sie zeigen. Sie werden als Lesezeiger für eine Eingabedatei modelliert. Der `istream_iterator` aus der C++-Bibliothek ist repräsentativ für diese Kategorie. *Output-Iteratoren* sind ähnlich, dienen aber für Ausgaben: Sie gehen nur jeweils um einen Schritt vorwärts und können nur einmal das schreiben, worauf sie zeigen. Sie werden als Schreibzeiger für eine Ausgabedatei modelliert. Der `ostream_iterator` spiegelt diese Kategorie wider. Das sind die beiden schwächsten Iteratorkategorien. Da sich Input- und Output-Iteratoren nur vorwärts bewegen und nur das, worauf sie zeigen, höchstens einmal lesen bzw. schreiben können, eignen sie sich für Algorithmen mit einem Durchgang.

Eine leistungsfähigere Kategorie ist die der *Forward-Iteratoren*. Solche Iteratoren können alles, was Ein- und Ausgabeiteratoren können; zusätzlich können sie das, worauf sie zeigen, mehrmals lesen bzw. schreiben. Dadurch eignen sie sich für Algorithmen mit mehreren Durchgängen. Die STL bietet keine einfach verkettete Liste, aber einige Bibliotheken stellen eine bereit (die meist als `slist` bezeichnet wird), wobei sich als Iteratoren für solche Container die Forward-Iteratoren eignen. Iteratoren auf Hash-Container von TR1 (siehe Tipp 54) können ebenfalls aus der Forward-Kategorie sein.

Bidirectional-Iteratoren erweitern Forward-Iteratoren um die Fähigkeit, vorwärts *und* rückwärts zu schreiten. Die Iteratoren für `list` aus der STL fallen in diese Kategorie, ebenso wie Iteratoren für `set`, `multiset`, `map` und `multimap`.

Die leistungsfähigste Kategorie enthält die *Random-Access-Iteratoren*. Sie erweitern die Bidirectional-Iteratoren um die Fähigkeit, »Iteratorarithmetik« durchzuführen, also über eine beliebige Entfernung in konstanter Zeit vorwärts oder rückwärts zu springen. Diese Arithmetik entspricht der Zeigerarithmetik, was nicht überrascht, denn Random-Access-Iteratoren werden als integrierte Zeiger modelliert, und integrierte Zeiger können als Random-Access-Iteratoren fungieren. Iteratoren für `vector`, `deque` und `string` fallen in diese Kategorie.

Für jede dieser fünf Iteratorkategorien verfügt C++ über ein »Tag-`struct`« in der Standardbibliothek, das zur Identifizierung der Kategorie dient:

```
struct input_iterator_tag {};
struct output_iterator_tag {};
```

```
struct forward_iterator_tag: public input_iterator_tag {};
struct bidirectional_iterator_tag: public forward_iterator_tag {};
struct random_access_iterator_tag: public bidirectional_iterator_tag {};
```

Die Vererbungsbeziehungen zwischen diesen Tag-`structs` sind gültige »ist ein«-Beziehungen (siehe Tipp 32): Es stimmt, dass alle Forward-Iteratoren auch Eingabeiteratoren sind usw. Wir werden uns in Kürze mit der Nützlichkeit dieser Vererbung befassen.

Doch zurück zu `advance`. Angesichts der unterschiedlichen Iteratorfähigkeiten könnte man als mögliche Implementierung von `advance` eine Strategie des kleinsten gemeinsamen Nenners anwenden: eine Schleife, die den Iterator iterativ inkrementiert oder dekrementiert. Allerdings ist der Zeitbedarf dieses Ansatzes linear. Wahlfreie Iteratoren unterstützen Iteratorarithmetik in konstanter Zeit, und wir wollen diese Fähigkeit nutzen, wenn sie sich anbietet.

Tatsächlich wollen wir `advance` im Wesentlichen so implementieren:

```
template<typename IterT, typename DistT>
void advance(IterT& iter, DistT d)
{
   if (iter ist ein wahlfreier Iterator) {
      iter += d;                          // Benutzt Iteratorarithmetik
   }                                      // für wahlfreie Iteratoren
   else {
      if (d >= 0) { while (d--) ++iter; } // Benutzt iterative Aufrufe von
      else { while (d++) --iter; }        // ++ oder -- für andere
   }    // Iteratorkategorien
}
```

Das setzt voraus, dass sich feststellen lässt, ob `iter` ein wahlfreier Iterator ist, was bedeutet, dass man weiß, ob sein Typ `IterT` ein Typ für wahlfreie Iteratoren ist. Anders ausgedrückt, wir benötigen Informationen über den Typ. Genau dafür sind *Traits* geeignet: Sie erlauben uns, Informationen über einen Typ während der Kompilierung einzuholen.

Traits sind in C++ kein Schlüsselwort oder vordefiniertes Konstrukt, sondern eine Technik und eine Konvention, die von C++-Programmierern eingehalten wird. An die Technik wird unter anderem der Anspruch gestellt, dass sie für integrierte Typen ebenso gut funktioniert wie für benutzerdefinierte. Wird `advance` z.B. mit einem Zeiger (wie etwa `const char*`) und einem `int` aufgerufen, muss `advance` funktionieren. Das heißt aber, dass die Traits-Technik auf integrierte Typen wie Zeiger anwendbar sein muss.

Die Tatsache, dass Traits bei integrierten Typen funktionieren müssen, bedeutet, dass verschiedene Dinge, wie z.B. die Verschachtelung von Informationen innerhalb von Typen, nicht machbar sind, weil es keine Möglichkeit gibt, Informationen innerhalb von Zeigern zu verschachteln. Die Traits-Informationen für einen Typ müssen dann außerhalb dieses Typs liegen. Der Standardtechnik zufolge werden sie in ein Template gestellt und von diesem Template erstellt man eine oder mehrere Spezialisierungen. Für Iteratoren heißt das Template in der Standardbibliothek `iterator_traits`:

```
template<typename IterT>     // Template für Infos über
struct iterator_traits;      // Iteratortypen
```

Wie Sie sehen, ist `iterator_traits` ein `struct`. Der Konvention zufolge werden Traits immer als `struct` implementiert. Eine weitere Konvention besagt, dass die zur Implementierung von Traits benutzten `struct`s als Traits-*Klassen* bezeichnet werden – und das ist keine Erfindung von mir.

`iterator_traits` funktioniert dergestalt, dass für jeden Typ `IterT` eine Typdefinition namens `iterator_category` im `struct` namens `iterator_traits<IterT>` deklariert wird. Diese Typdefinition bezeichnet die Iteratorkategorie von `IterT`.

`iterator_traits` implementiert dies in zwei Teilen. Zuerst stellt es die Anforderung auf, dass jeder benutzerdefinierte Iteratortyp eine verschachtelte Typdefinition namens `iterator_category` enthalten muss, die das entsprechende Tag-`struct` bezeichnet. Die Iteratoren von `deque` sind beispielsweise aus der Random-Access-Kategorie, so dass eine Klasse für `deque`-Iteratoren etwa wie folgt aussehen würde:

```
template < ... >                             // Template-Parameter der
class deque {                                // Einfachheit halber
public:                                      // weggelassen
   class iterator {
   public:
      typedef random_access_iterator_tag iterator_category;
      ...
   }:
   ...
};
```

Die Iteratoren von `list` sind aber bidirektional, so dass sie die Sache wie folgt angehen würden:

```
template < ... >
class list {
public:
   class iterator {
   public:
      typedef bidirectional_iterator_tag iterator_category;
      ...
   }:
   ...
};
```

iterator_traits plappert die verschachtelte Typdefinition der Iteratorklasse einfach nach:

```
// Die iterator_category für Typ IterT ist, was immer IterT von sich
// behauptet; siehe Tipp 42 zu Infos über die Verwendung von
// "typedef typename"
template<typename IterT>
struct iterator_traits {
   typedef typename IterT::iterator_category iterator_category;
   ...
};
```

Das klappt alles bestens für benutzerdefinierte Typen, aber nicht für all die Iteratoren, die Zeiger sind, weil es so etwas wie einen Zeiger mit einer verschachtelten Typdefinition nicht gibt. Der zweite Teil der iterator_traits-Implementierung behandelt Iteratoren, die Zeiger sind.

Zur Unterstützung solcher Iteratoren bietet iterator_traits eine *partielle Template-Spezialisierung* für Zeigertypen. Zeiger verhalten sich dabei wie Random-Access-Iteratoren. Das ist also die Kategorie, die iterator_traits für sie spezifiziert:

```
template<typename IterT>          // Partielle Template-Spezialisierung
struct iterator_traits<IterT*>    // für integrierte Zeigertypen
{
   typedef random_access_iterator_tag iterator_category;
   ...
};
```

Jetzt wissen Sie, wie Sie eine Traits-Klasse entwerfen und implementieren:

- Sie legen die gewünschten Informationen über Typen fest, die Sie (z.B. für Iteratoren oder deren Kategorien) zur Verfügung stellen wollen.
- Sie wählen einen Namen für diese Informationen (z.B. iterator_category).
- Sie stellen ein Template und einen Satz Spezialisierungen (z.B. iterator_traits) mit den Informationen zu den Typen bereit, die Sie unterstützen wollen.

Mit Hilfe von iterator_traits – d.h. eigentlich std::iterator_traits, weil sie Teil der C++-Standardbibliothek sind – können wir unseren Pseudocode für advance verfeinern:

```
template<typename IterT, typename DistT>
void advance(IterT& iter, DistT d)
{
   if (typeid(typename std::iterator_traits<IterT>::iterator_category) ==
      typeid(std::random_access_iterator_tag))
   ...
}
```

Obwohl das alles viel versprechend aussieht, ist es nicht das, was wir wollen. Zum einen führt es zu Kompilierungsproblemen; wir werden uns damit in Tipp 48 befassen. Vorläufig gilt es, sich mit einer grundlegenderen Frage zu beschäftigen. Der Typ von `IterT` ist während der Kompilierung bekannt, weshalb auch `iterator_traits<IterT>::iterator_category` während der Kompilierung ermittelt werden kann. Dennoch wird die `if`-Anweisung erst zur Laufzeit ausgewertet. Warum sollte etwas zur Laufzeit geschehen, wenn es während der Kompilierung gemacht werden kann? Es kostet uns Zeit und bläht unsere ausführbaren Dateien auf.

Was wir eigentlich wollen, ist ein bedingtes Konstrukt (d.h. eine `if...else`-Anweisung) für Typen, das während der Kompilierung ausgewertet wird. Zufällig verfügt C++ bereits über eine Möglichkeit für dieses Verhalten. Sie wird als *Überladen* bezeichnet.

Wenn Sie eine Funktion `f` überladen, spezifizieren Sie verschiedene Parametertypen für die unterschiedlichen Überladungen. Wird `f` aufgerufen, sucht sich der Compiler auf der Grundlage der übergebenen Argumente die beste Überladung aus. Compiler sagen sich im Wesentlichen: »Wenn diese Überladung der beste Treffer aus allem ist, was übergeben wird, dann rufe dieses `f` auf. Ist eine andere Überladung der beste Treffer, rufe diese auf; und ist eine dritte besser, rufe sie auf usw.« Sie verstehen? Es geht um ein bedingtes Konstrukt für Typen zur Kompilierungszeit. Um `advance` dazu zu bringen, sich auf die gewünschte Weise zu verhalten, brauchen wir nur zwei Versionen einer überladenen Funktion mit den »Innereien« von `advance` zu erstellen. Dann deklarieren wir die beiden Versionen so, dass sie je einen anderen Typ des `iterator_category`-Objekts annehmen. Ich verwende für diese Funktionen den Namen `doAdvance`:

```
template<typename IterT, typename DistT>           // Benutzt diese Impl.
void doAdvance(IterT& iter, DistT d,               // für Random-Access-
               std::random_access_iterator_tag)      // Iteratoren
{
   iter += d;
}
template<typename IterT, typename DistT>           // Benutzt diese Impl.
void doAdvance(IterT& iter, DistT d,               // für bidirektionale
               std::bidirectional_iterator_tag)      // Iteratoren
{
   if (d >= 0) { while (d--) ++iter; }
   else { while (d++) --iter; }
}
template<typename IterT, typename DistT>           // Benutzt diese Impl.
void doAdvance(IterT& iter, DistT d,               // f. Eingabeiteratoren
               std::input_iterator_tag)
{
   if (d < 0 ) {
      throw std::out_of_range("Negative distance"); // Siehe Folgendes
```

```
    }
    while (d--) ++iter;
}
```

Da forward_iterator_tag von input_iterator_tag erbt, behandelt die doAdvance-Version für input_iterator_tag auch Forward-Iteratoren. Das ist die Motivation für die Vererbung zwischen den verschiedenen iterator_tag-structs. (Tatsächlich ist das Teil der Motivation für alle Arten öffentlicher Vererbung: Man will in der Lage sein, Code für Basisklassentypen zu schreiben, die auch für abgeleitete Klassentypen funktionieren.)

Die Spezifikation von advance erlaubt sowohl positive als auch negative Entfernungen für Random-Access- und Bidirectional-Iteratoren. Das Verhalten ist aber undefiniert, wenn ein Forward- oder Input-Iterator um eine negative Entfernung verschoben werden soll. Die Implementierungen, die ich geprüft habe, nahmen einfach an, dass d nicht negativ war, und traten folglich in eine *sehr* lange Schleife ein, wobei »abwärts« in Richtung null gezählt wurde, wenn eine negative Entfernung weitergegeben wurde. In dem obigen Code habe ich gezeigt, wie Sie stattdessen eine Ausnahme auslösen. Beide Implementierungen sind gültig. Das ist der Fluch undefinierten Verhaltens: Sie können *nicht voraussagen*, was passieren wird.

Angesichts der verschiedenen Überladungen für doAdvance hat advance nichts weiter zu tun als diese Überladungen aufzurufen, wobei es ein zusätzliches Objekt vom Typ der entsprechenden Iteratorkategorie übergibt, so dass der Compiler die Überladungsauflösung anwendet, um die richtige Implementierung aufzurufen:

```
template<typename IterT, typename DistT>
void advance(IterT& iter, DistT d)
{
  doAdvance(                                          // Ruft die
    iter, d,                                          // doAdvance-
    typename                                          // Version auf,
      std::iterator_traits<IterT>::iterator_category() // die zur
Kate-
  );                                                  // gorie von
}                                                     // iter passt
```

Wir können jetzt zusammenfassen, wie eine Traits-Klasse benutzt wird:

- Sie erstellen eine Menge überladener »Arbeits«-Funktionen oder Funktions-Templates (z. B. doAdvance), die sich durch einen Traits-Parameter unterscheiden. Implementieren Sie dabei jede Funktion in Übereinstimmung mit den weitergegebenen Traits-Informationen.

- Sie erstellen eine »Master«-Funktion oder ein Funktions-Template (z.B. `advance`), das die Arbeitsfunktionen aufruft und die von einer Traits-Klasse bereitgestellten Informationen übergibt.

Traits werden häufig in der Standardbibliothek benutzt. Selbstverständlich gibt es ein `iterator_traits`, das zusätzlich zu `iterator_category` vier weitere Angaben über Iteratoren liefert (wobei die nützlichste `value_type` ist – in Tipp 42 wird dessen Verwendung in einem Beispiel aufgezeigt). Ferner gibt es `char_traits`, das Informationen über Zeichentypen enthält, und `numeric_limits` mit Informationen über numerische Typen, z.B. deren minimal und maximal darstellbare Werte usw. (Die Bezeichnung `numeric_limits` ist ein bisschen verwirrend, weil der üblichen Konvention zufolge Traits-Klassen mit »`traits`« enden. Hier wird aber `numeric_limits` gebraucht, so dass wir uns einfach daran halten.)

TR1 (siehe Tipp 54) führt einen Haufen neuer Traits-Klassen ein, die Informationen über Typen liefern, darunter `is_fundamental<T>` (sagt aus, ob `T` ein integrierter Typ ist), `is_array<T>` (sagt aus, ob `T` ein Arraytyp ist) und `is_base_of<T1, T2>` (sagt aus, ob `T1` gleich `T2` oder eine Basisklasse von `T2` ist). Insgesamt erweitert TR1 das Standard-C++ um über 50 Traits-Klassen.

Was Sie sich merken sollten

- Traits-Klassen stellen während der Kompilierung Informationen über Typen zur Verfügung. Sie werden mit Hilfe von Templates und Template-Spezialisierungen implementiert.
- In Verbindung mit der Überladung ermöglichen es Traits-Klassen, zur Kompilierungszeit `if...else`-Tests für Typen durchzuführen.

7.8 Tipp 48: Beachten Sie die Template-Metaprogrammierung

Template-Metaprogrammierung (TMP) ist der Vorgang, templatebasierte C++-Programme zu schreiben, die während der Kompilierung ausgeführt werden. Man stelle sich das einmal vor: Ein Template-Metaprogramm ist ein in C++ geschriebenes Programm, das *im C++-Compiler* ausgeführt wird. Wenn ein TMP-Programm die Ausführung beendet hat, wird seine Ausgabe – Fragmente von C++-Quellcode, die aus Templates instanziiert wurden – dann wie gewöhnlich kompiliert.

Wenn Ihnen das nicht äußerst merkwürdig vorkommt, haben Sie nicht richtig darüber nachgedacht.

C++ wurde nicht für die Template-Metaprogrammierung ausgelegt. Da sich TMP aber seit seiner Entdeckung Anfang der neunziger Jahre als nützlich erwiesen hat, dürfte sowohl die Sprache als auch ihre Standardbibliothek erweitert werden, um TMP zu vereinfachen. Ja, TMP wurde entdeckt und nicht erfunden. Die TMP zugrunde liegenden Merkmale wurden eingeführt, als C++ um Templates erweitert wurde. Es musste nur noch irgendjemand feststellen, wie man sie auf clevere und unerwartete Weise nutzen kann.

TMP verfügt über zwei große Stärken. Erstens vereinfacht sie verschiedene Dinge, die andernfalls schwierig oder unmöglich wären. Zweitens können Template-Metaprogramme Arbeit von der Laufzeit in die Kompilierungszeit verlagern, weil sie während der C++-Kompilierung ausgeführt werden. Eine Folge davon ist, dass manche Arten von Fehlern, die normalerweise zur Laufzeit entdeckt werden, bereits während der Kompilierung gefunden werden können. Eine weitere Folge besteht darin, dass C++-Programme, die TMP nutzen, auf jede nur erdenkliche Weise effizienter sein können: kleinere ausführbare Dateien, kürzere Laufzeiten, weniger Speicherbedarf. (Eine Folge der Arbeitsverlagerung von der Laufzeit in die Kompilierungszeit ist allerdings, dass die Kompilierung mehr Zeit umfasst. Die Kompilierung von Programmen, die TMP nutzen, kann *viel* länger dauern als die ihrer Gegenstücke, die TMP nicht nutzen.)

Betrachten Sie den Pseudocode für `advance` aus der STL in Tipp 47. (Vielleicht empfiehlt es sich, diesen Tipp jetzt zu lesen, weil ich hier davon ausgehe, dass Sie mit der dort behandelten Materie vertraut sind.) Wie in Tipp 47 habe ich den Pseudoteil des Codes hervorgehoben:

```
template<typename IterT, typename DistT>
void advance(IterT& iter, DistT d)
{
   if (iter ist ein wahlfreier Iterator) {
      iter += d;                           // Benutzt Iteratorarithmetik
   }                                       // für wahlfreie
   else {                                  // Iteratoren
      if (d >= 0) { while (d--) ++iter; }  // Benutzt iterative Aufrufe
      else { while (d++) --iter; }         // von ++ oder -- für
   }                                       // andere Iteratorkategorien
}
```

Wir können `typeid` benutzen, um den Pseudocode in echtes C++ zu verwandeln. Das führt zu einem »normalen« C++-Ansatz für dieses Problem – einem Ansatz, der die ganze Arbeit zur Laufzeit ausführt:

```
template<typename IterT, typename DistT>
void advance(IterT& iter, DistT d)
{
   if (typeid(typename std::iterator_traits<IterT>::iterator_category) ==
```

```
        typeid(std::random_access_iterator_tag)) {
       iter += d;                            // Benutzt Iteratorarithmetik
    }                                        // für wahlfreie Iteratoren
    else {
       if (d >= 0) { while (d--) ++iter; }   // Benutzt iterative Aufrufe
       else { while (d++) --iter; }          // von ++ oder -- für
    }                                        // andere Iteratorkategorien
}
```

In Tipp 47 wird angemerkt, dass dieser auf `typeid` beruhende Ansatz aus zwei Gründen weniger effizient ist als die Verwendung von Traits:

1. Der Typtest erfolgt zur Laufzeit statt während der Kompilierung.
2. Der Code, der den Typtest zur Laufzeit übernimmt, muss in der ausführbaren Datei vorhanden sein. Tatsächlich zeigt dieses Beispiel, dass TMP effizienter sein kann als ein »normales« C++-Programm, weil der Traits-Ansatz ja TMP *ist*. Denken Sie daran, dass Traits `if...else`-Berechnungen an Typen zur Kompilierungszeit ermöglichen.

Ich hatte an früherer Stelle angemerkt, dass einige Dinge in TMP gegenüber »normalem« C++ einfacher sind, und `advance` liefert dafür auch ein Beispiel. In Tipp 47 wurde erwähnt, dass die auf `typeid` beruhende Implementierung von `advance` zu Kompilierungsproblemen führen kann. Nachfolgend sehen Sie ein Beispiel, in dem das der Fall ist:

```
std::list<int>::iterator iter;
...
advance(iter, 10);     // Schiebt iter um 10 Elemente vor;
                      // wird mit der obigen Impl. nicht kompiliert
```

Sehen Sie sich die `advance`-Version an, die für den obigen Aufruf erzeugt wird. Nach der Ersetzung der Template-Parameter `IterT` und `DistT` durch `iter` und `10` erhalten wir Folgendes:

```
void advance(std::list<int>::iterator& iter, int d)
{
   if (typeid(
        std::iterator_traits<std::list<int>::iterator>::iterator_category) ==
        typeid(std::random_access_iterator_tag)) {
      iter += d;                                          // Fehler!
   }
   else {
      if (d >= 0) { while (d--) ++iter; }
      else { while (d++) --iter; }
   }
}
```

Das Problem liegt in der hervorgehobenen Zeile, in der += benutzt wird. In diesem Fall versuchen wir, += auf einen list<int>::iterator anzuwenden. list<int>::iterator ist aber ein Bidirectional-Iterator (siehe Tipp 47), unterstützt += also nicht, denn += wird nur von wahlfreien Iteratoren unterstützt. Jetzt wissen wir, dass wir nie versuchen sollten, die +=-Zeile auszuführen, weil der typeid-Test bei einem list<int>::iterator immer fehlschlagen wird, während Compiler zwangsläufig sicherstellen müssen, dass der gesamte Quellcode gültig ist, auch wenn er nicht ausgeführt wird, wobei »iter += d« aber nicht gültig ist, wenn iter kein wahlfreier Iterator ist. Vergleichen Sie das einmal mit der auf Traits basierenden TMP-Lösung, bei der Code für unterschiedliche Typen in getrennte Funktionen aufgeteilt wird, die jeweils nur Operationen für die Typen benutzen, für die sie geschrieben wurden.

TMP hat sich als turingvollständig erwiesen, was bedeutet, dass sie ausreichend leistungsfähig ist, um so gut wie alles zu berechnen. Mit TMP können Sie Variablen deklarieren, Schleifen durchführen, Schreib- und Aufruffunktionen ausführen usw. Das Aussehen solcher Konstrukte unterscheidet sich aber sehr von ihren »normalen« C++-Gegenstücken. Beispielsweise wird in Tipp 47 aufgezeigt, wie bedingte if...else-Konstrukte in TMP mit Templates und Template-Spezialisierungen ausgedrückt werden. Das bewegt sich aber auf der Assemblerebene von TMP. Bibliotheken für TMP (z.B. MPL von Boost – siehe Tipp 55) bieten eine höhere Syntax, allerdings immer noch nichts, was Sie als »normales« C++ ansehen würden.

Um einen weiteren Einblick in die Funktionsweise von TMP zu erlangen, betrachten wir Schleifen. TMP verfügt nicht über ein echtes Schleifenkonstrukt; deshalb wird die Wirkung von Schleifen durch Rekursion bewirkt. (Falls Ihnen Rekursion nicht vertraut ist, müssen Sie sich damit befassen, bevor Sie in TMP eintauchen. TMP ist größtenteils eine funktionale Sprache und Rekursion ist für funktionale Sprachen wie das Fernsehen für die amerikanische Popkultur – sie sind einfach unzertrennlich.) Dabei nutzt TMP nicht einmal die übliche Art von Rekursion. Der Grund besteht darin, dass TMP-Schleifen keine rekursiven Funktionsaufrufe, sondern rekursive *Template-Instanziierungen* nutzen.

Das »Hello-World«-Programm von TMP berechnet eine Fakultät während der Kompilierung. Es handelt sich nicht um ein besonders aufregendes Programm, aber »Hello World« ist es ja auch nicht. Dennoch sind beide nützlich für die Einführung in eine Sprache. Die Fakultätsberechnung von TMP demonstriert Schleifen durch rekursive Template-Instanziierung. Sie veranschaulicht auch eine Möglichkeit, wie Variablen in TMP erstellt und benutzt werden. Sehen Sie sich das folgende Beispiel an:

```
template<unsigned n>                  // Allgemeiner Fall: Der Wert
struct Factorial {                    // von Factorial<n> ist n Mal der
                                      // Wert von Factorial<n-1>
   enum { value = n * Factorial<n-1>::value };
};
```

```
template<>                          // Sonderfall: Der Wert von
struct Factorial<0> {               // Factorial<0> ist 1
   enum { value = 1 };
};
```

Mit diesem Template-Metaprogramm (bei dem es sich lediglich um eine einzige Template-Metafunktion `Factorial` handelt) erhalten Sie den Wert von `factorial(n)` durch Referenzieren von `Factorial<n>::value`.

Der Schleifenteil des Codes wird dort wirksam, wo die Template-Instanziierung `Factorial<n>` die Template-Instanziierung `Factorial<n-1>` referenziert. Wie bei jeder guten Rekursion gibt es auch hier einen Sonderfall, der die Rekursion zum Beenden veranlasst. Hier ist es die Template-Spezialisierung `Factorial<0>`.

Jede Instanziierung des `Factorial`-Templates ist ein `struct` und jedes `struct` benutzt die `enum`-Lösung (siehe Tipp 2), um eine TMP-Variable namens `value` zu deklarieren. `value` ist das, was den aktuellen Wert der Fakultätsberechnung enthält. Hätte TMP ein echtes Schleifenkonstrukt, würde `value` nach jeder Schleifenrunde aktualisiert werden. Da TMP anstelle von Schleifen die rekursive Template-Instanziierung nutzt, erhält jede Instanziierung ihr eigenes Exemplar von `value` und jedes Exemplar verfügt seinerseits über den entsprechenden Wert für seinen Platz in der »Schleife«.

Sie könnten `Factorial` wie folgt benutzen:

```
int main()
{
   std::cout << Factorial<5>::value;      // Gibt 120 aus
   std::cout << Factorial<10>::value;     // Gibt 3628800 aus
}
```

Wenn Sie jetzt glauben, hierin das Ei des Kolumbus gefunden zu haben, haben Sie das Zeug zum Template-Metaprogrammierer. Falls Sie bei der Vorstellung von Templates und Spezialisierungen, rekursiven Instanziierungen und `enum`-Geschreibsel sowie der Notwendigkeit, Dinge wie `Factorial<n-1>::value` tippen zu müssen, Gänsehaut bekommen, sind Sie ein ziemlich normaler C++-Programmierer.

Natürlich veranschaulicht `Factorial` die Nützlichkeit von TMP ungefähr so gut wie »Hello World« die Nützlichkeit irgendeiner konventionellen Programmiersprache. Um zu begreifen, warum es sich lohnt, sich mit TMP auszukennen, müssen Sie verstehen, was es leisten kann. Nachfolgend drei Beispiele:

- **Sicherstellung der Richtigkeit von Messgrößen:** In technisch-wissenschaftlichen Anwendungen ist es grundsätzlich notwendig, dass Größen (z.B. Masse, Länge, Zeit usw.) korrekt kombiniert werden. Die Zuweisung einer Variablen, die eine Masse darstellt, zu einer Variablen, die eine Geschwindigkeit darstellt, ist z.B. ein Fehler, während die Division einer Längenvariablen durch eine Zeitvariable und die Zuweisung des Ergebnisses zu einer Geschwindigkeitsvariablen absolut in Ordnung ist. Durch Anwendung von TMP lässt sich (während der Kompilierung) sicherstellen, dass alle in einem Programm möglichen Kombinationen von Größen korrekt sind, ganz egal, wie komplex die Berechnungen sind. (Das ist ein Beispiel dafür, dass TMP zur frühen Fehlererkennung herangezogen werden kann.) Ein Aspekt dieser TMP-Anwendung ist, dass rationale Größenexponenten unterstützt werden können. Dies setzt voraus, dass solche Brüche *während der Kompilierung* reduziert werden, damit Compiler bestätigen können, dass beispielsweise die Größe $Zeit^{1/2}$ das Gleiche ist wie $Zeit^{4/8}$.

- **Optimierung von Matrixoperationen:** In Tipp 21 wurde erklärt, dass einige Funktionen, darunter `operator*`, neue Objekte zurückgeben müssen, und in Tipp 44 wurde die Klasse `SquareMatrix` eingeführt. Sehen Sie sich vor diesem Hintergrund folgenden Code an:

```
typedef SquareMatrix<double, 10000> BigMatrix;
BigMatrix m1, m2, m3, m4, m5;                // Erstellt
                                             // Matrizen und
...                                          // gibt ihnen
                                             // Werte
BigMatrix result = m1 * m2 * m3 * m4 * m5;  // Berechnet ihr
                                             // Produkt
```

Die Berechnung von `result` auf »normale« Weise erfordert es, vier temporäre Matrizen zu erstellen – je eine für das Ergebnis jedes Aufrufs von `operator*`. Des Weiteren rufen die unabhängigen Multiplikationen eine Folge von vier Schleifen über die Matrixelemente hervor. Durch die Verwendung einer ausgeklügelten Template-Technik in Zusammenhang mit TMP, des so genannten *Ausdrucks-Templates*, können die temporären Matrizen umgangen und die Schleifen gemischt werden, ohne die Syntax des obigen Clientcodes ändern zu müssen. Die resultierende Software belegt weniger Speicher und läuft wesentlich schneller.

- **Erzeugung individueller Entwurfsmuster-Implementierungen:** Entwurfsmuster wie Strategie (siehe Tipp 35), Beobachter, Besucher usw. können auf vielerlei Art implementiert werden. Durch Anwendung einer TMP-basierten Technik, die als *richtlinienbasiertes Design* bezeichnet wird, lassen sich Templates erstellen, die unabhängige Entwurfsalternativen (»Richtlinien« oder »Policies«) darstellen. Diese Alternativen können beliebig kombiniert werden, um Musterimplementierungen mit individuellem Verhalten zu schaffen. Diese Technik wird beispielsweise angewandt, um durch wenige Templates, die Verhaltensrichtlinien für intelligente Zeiger implementieren, *hunderte* verschiedene intelligente Zeigertypen (während der Kompilierung) erzeugen zu lassen. Über den Bereich von Programmierungsartefakten wie Entwurfsmustern und intelligenten Zeigern hinaus verallgemeinert, bildet diese Technik die Grundlage für etwas, das als *generative Programmierung* bezeichnet wird.

TMP ist nicht jedermanns Sache. Die Syntax ist nicht intuitiv, die Werkzeugunterstützung ist schwach. (Debugger für Template-Metaprogramme? Ha!) Als »zufällig« erst vor relativ kurzer Zeit entdeckte Sprache sind die Programmierkonventionen von TMP immer noch mehr oder weniger experimentell. Dennoch können die Effizienzverbesserungen durch Verlagerung der Arbeit von der Laufzeit in die Kompilierungszeit eindrucksvoll sein. Auch die Fähigkeit, Verhalten auszudrücken, das sich nur schwerlich oder überhaupt nicht zur Laufzeit implementieren lässt, ist attraktiv.

TMP-Unterstützung ist im Kommen. Wahrscheinlich wird sie in der nächsten C++-Version explizit enthalten sein und in TR1 ist sie das bereits (siehe Tipp 54). Allmählich erscheinen auch Bücher über das Thema und Informationen über TMP sind im Web immer zahlreicher zu finden. TMP dürfte es wahrscheinlich nie zum Mainstream schaffen, doch für einige Programmierer – insbesondere Bibliotheksentwickler – ist sie fast mit Sicherheit eine Grundausstattung.

Was Sie sich merken sollten

- Template-Metaprogrammierung kann die Arbeit von der Laufzeit in die Kompilierungszeit verlagern, so dass frühe Fehlererkennung und bessere Laufzeitleistung möglich sind.
- TMP kann benutzt werden, um individuellen Code auf der Grundlage der Kombinationen von Richtlinien zu erzeugen. Sie eignet sich auch, um für bestimmte Typen ungeeigneten Code zu vermeiden.

8 Anpassung von new und delete

In dieser Zeit, in der die Programmierumgebungen mit eingebauter Unterstützung der Garbage-Collection prahlen (z.B. Java und .NET), mag die manuelle Herangehensweise von C++ an die Speicherverwaltung etwas altmodisch erscheinen. Jedoch wählen viele Entwickler von Anwendungen für anspruchsvolle Systeme ganz bewusst C++, eben *weil* sie damit den Speicher per Hand verwalten können. Solche Entwickler untersuchen die Speicherplatzerfordernisse ihrer Software ganz genau und schneidern sich ihre Routinen zur Speicherplatzzuweisung bzw. -freigabe so zurecht, dass diese die beste Leistung (hinsichtlich der Zeit und des Speicherplatzes) für ihr System liefern können.

Das fordert aber ein tiefes Verständnis der Speicherverwaltungsroutinen von C++, und das steht in diesem Kapitel im Mittelpunkt. Die beiden wichtigsten Akteure in diesem Spiel sind die Zuweisungs- und die Freigaberoutinen (`operator new` und `operator delete`), unterstützt durch `new_handler` – die Funktion, die aufgerufen wird, wenn `operator new` eine Speicherplatzanfrage nicht erfüllen kann.

Die Speicherplatzverwaltung in einer Multithread-Umgebung stellt höhere Anforderungen als in einer Single-Thread-Umgebung, denn der Heap ist eine modifizierbare globale Ressource und steckt somit voller Möglichkeiten, den Zugang zu solchen Ressourcen in Thread-Systemen zu verhexen. In diesem Kapitel ist häufig von der Verwendung von modifizierbaren statischen Daten die Rede, was die Alarmglocken von threadbewussten Programmierern aufschrillen lässt. Ohne saubere Synchronisation, ohne die Verwendung von sperrfreien Algorithmen und ohne sorgfältiges Design können Aufrufe von Speicherroutinen schnell zu unbrauchbaren Datenstrukturen der Heap-Verwaltung führen. Anstatt Sie immer wieder auf diese Gefahr aufmerksam zu machen, erwähne ich sie jetzt hier und gehe davon aus, dass Sie sich für den Rest des Kapitels daran erinnern werden.

Sie sollten sich auch merken, dass `operator new` und `operator delete` nur für die Speicherverwaltung einzelner Objekte funktionieren. Speicher für Arrays wird durch `operator new[]` zugewiesen und durch `operator delete[]` wieder freigegeben. (Beachten Sie in beiden Fällen die eckigen Klammern »`[]`«, die Teil der Funktionsnamen sind.) Sofern nicht anders angegeben, gilt alles, was ich über `operator new` und `operator delete` schreibe, auch für `operator new[]` und `operator delete[]`.

Beachten Sie schließlich, dass der Heap-Speicher für STL-Container von deren Speicherzuweisungsobjekten verwaltet wird und nicht direkt von new und delete. Daher sagt dieses Kapitel nichts über STL-Zuweisungsfunktionen aus.

8.1 Tipp 49: Lernen Sie das Verhalten des new-Handlers kennen

Wenn operator new eine Speicherplatzanfrage nicht erfüllen kann, wird eine Ausnahme aufgeworfen. Vor langer Zeit wurde noch ein Null-Zeiger zurückgegeben, was einige ältere Compiler noch heute tun. Dieses alte Verhalten können Sie immer noch bekommen (zumindest etwas Ähnliches), aber diesen Fall möchte ich bis zum Ende dieses Tipps aufschieben.

Bevor operator new als Antwort auf eine nicht erfüllbare Speicherplatzanfrage eine Ausnahme auslöst, ruft er eine benutzerdefinierbare Funktion zur Fehlerbehandlung namens *new_handler* auf. (Das stimmt nicht ganz, denn der eigentliche Vorgang ist etwas komplizierter. Einzelheiten erfahren Sie in Tipp 51.) Um die Funktion zur Handhabung des Problems von mangelndem Speicherplatz zu spezifizieren, rufen die Kunden set_new_handler auf, eine Funktion der Standardbibliothek, die in <new> deklariert wird:

```
namespace std {
   typedef void (*new_handler)();
   new_handler set_new_handler(new_handler p) throw();
}
```

Wie Sie sehen können, ist new_handler eine Typdefinition für einen Zeiger auf eine Funktion, die nichts erwartet und auch nichts zurückgibt, und set_new_handler eine Funktion, die einen new_handler erwartet und auch zurückgibt. (Das »throw()« am Ende der Deklaration von set_new_handler ist eine Ausnahmespezifizierung. Sie sagt im Grunde aus, dass diese Funktion keine Ausnahmen auslösen wird, obwohl die Wahrheit etwas interessanter ist. Einzelheiten dazu finden Sie in Tipp 29.)

Der Parameter von set_new_handler ist ein Zeiger auf die Funktion, die operator new aufrufen soll, wenn operator new den angeforderten Speicher nicht zuweisen kann. Der Rückgabewert von set_new_handler ist ein Zeiger auf die Funktion, die vor dem Aufruf von set_new_handler für diesen Zweck aktiv war.

```
// Funktion, die aufgerufen werden soll, wenn operator new
// nicht genügend Speicher zuweisen kann
void outOfMem()
{
   std::cerr << "Kann Anfrage nach Speicherplatz nicht erfuellen\n";
```

```
    std::abort();
}
int main()
{
    std::set_new_handler(outOfMem);
    int *pBigDataArray = new int[100000000L];
    ...
}
```

Wenn `operator new` nicht in der Lage ist, für 100.000.000 Integer Speicherplatz anzufordern, wird `outOfMem` aufgerufen und das Programm abgebrochen, nachdem eine Fehlermeldung angezeigt wurde. (Nebenbei: Bedenken Sie, was passiert, wenn Speicherplatz dynamisch angefordert werden muss, während die Fehlermeldung auf `cerr` ausgegeben wird ...)

Wenn `operator new` unfähig ist, eine Speicherplatzanfrage zu erfüllen, ruft er wiederholt die new-Handler-Funktion auf, bis er genügend Speicherplatz finden *kann*. Der Code, der zu den wiederholten Aufrufen führt, wird in Tipp 51 gezeigt, aber diese anwendungsnahe Beschreibung ist ausreichend, um zu folgern, dass eine gut entworfene new-Handler-Funktion eines der folgenden Dinge können muss:

- **Mehr Speicherplatz zur Verfügung stellen:** Dann könnte der nächste Versuch, Speicherplatz anzufordern, vielleicht erfolgreich sein. Eine Möglichkeit, dies zu bewerkstelligen, besteht darin, beim Programmstart einen großen Speicherblock zu reservieren, der dann beim ersten Aufruf des new-Handlers wieder für das Programm freigegeben wird.
- **Einen anderen new-Handler installieren:** Wenn der gegenwärtige new-Handler keinen neuen Speicherplatz mehr zur Verfügung stellen kann, kennt er vielleicht einen, der es kann. Wenn ja, dann kann der gegenwärtige new-Handler den anderen an seiner statt installieren (indem er `set_new_handler` aufruft). Das nächste Mal, wenn `operator new` die new-Handler-Funktion aufruft, bekommt er den new-Handler, der als letzter installiert wurde. (Eine Variante hiervon besteht darin, dass der new-Handler sein *eigenes* Verhalten abändert, so dass er das nächste Mal, wenn er aufgerufen wird, etwas anderes tut. Dies kann erreicht werden, indem der new-Handler statische, namensbereichsspezifische oder globale Daten ändert, die sich auf sein Verhalten auswirken.)
- **Einen new-Handler deinstallieren:** Einen new-Handler zu deinstallieren bedeutet, `set_new_handler` einen Null-Zeiger zu übergeben. Ohne installierten new-Handler wird `operator new` eine Ausnahme auslösen, wenn er die Speicherplatzanfrage nicht erfüllen kann.

- **Eine Ausnahme auslösen:** Diese Ausnahme ist vom Typ `bad_alloc` oder einem davon abgeleiteten Typ. Solche Ausnahmen werden nicht von `operator new` abgefangen und deshalb dorthin weitergeleitet, von wo die Speicherplatzanfrage kam.
- **Die Steuerung nicht zurückgeben:** Normalerweise wird dafür `abort` oder `exit` aufgerufen.

Diese Auswahlmöglichkeiten geben Ihnen genug Flexibilität, um new-Handler-Funktionen zu implementieren.

Manchmal möchten Sie fehlgeschlagene Speicherplatzanfragen auf verschiedene Weisen handhaben, je nach der Klasse des Objekts, dem Speicherplatz zugewiesen werden sollte:

```
class X {
public:
   static void outOfMemory();
   ...
};
class Y {
public:
   static void outOfMemory();
   ...
};
X* p1 = new X;                  // Wenn Zuweisung fehlschlägt,
                                // dann wird X::outOfMemory aufgerufen
Y* p2 = new Y;                  // Wenn Zuweisung fehlschlägt,
                                // dann wird Y::outOfMemory aufgerufen
```

C++ unterstützt keine klassenspezifischen new-Handler und braucht es auch nicht. Das können Sie selbst implementieren. Sie müssen nur für jede Klasse ihre eigene Version von `set_new_handler` und `operator new` schreiben. Die Funktion `set_new_handler` der Klasse erlaubt es den Kunden, den new-Handler für diese Klasse zu bestimmen (genauso wie das standardmäßige `set_new_handler` den Kunden erlaubt, den globalen new-Handler zu bestimmen). Der `operator new` der Klasse stellt sicher, dass der klassenspezifische new-Handler anstelle des globalen benutzt wird, wenn Speicherplatz für die Klasse zugewiesen werden soll.

Nehmen Sie an, Sie wollen fehlgeschlagene Speicherplatzanfragen der Klasse `Widget` handhaben. Sie müssen die Funktion im Auge behalten, die aufgerufen werden soll, wenn `operator new` einem Objekt nicht genug Speicherplatz zuweisen kann. Also deklarieren Sie eine statische Elementfunktion vom Typ `new_handler`, um auf die new-Handler-Funktion der Klasse zu zeigen. Die Klasse `Widget` sieht in etwa so aus:

```
class Widget {
public:
```

```
   static std::new_handler set_new_handler(std::new_handler p) throw();
   static void * operator new(std::size_t size) throw(std::bad_alloc);
private:
   static std::new_handler currentHandler;
};
```

Statische Klassenelemente müssen außerhalb der Klassendefinition definiert werden (es sei denn, sie sind `const` oder integral – siehe Tipp 2). Also gilt:

```
std::new_handler Widget::currentHandler = 0; // Mit Null initialisiert
                                             // in der die Klasse
                                             // implementierenden Datei
```

Die `set_new_handler`-Funktion in `Widget` speichert jeden Zeiger, der ihr übergeben wird, und gibt jeden Zeiger zurück, der vor dem Aufruf gespeichert wurde. Die Standardversion von `set_new_handler` tut Folgendes:

```
std::new_handler Widget::set_new_handler(std::new_handler p) throw()
{
   std::new_handler oldHandler = currentHandler;
   currentHandler = p;
   return oldHandler;
}
```

Schließlich geht der `operator new` von `Widget` wie folgt vor:

1. Er ruft die standardmäßige `set_new_handler`-Funktion mit der Fehlerbehandlungsfunktion von `Widget` auf. Diese installiert den new-Handler von `Widget` als globalen new-Handler.

2. Er ruft den globalen `operator new` auf, um die eigentliche Speicherzuweisung durchzuführen. Wenn die Zuweisung fehlschlägt, startet der globale `operator new` den new-Handler von `Widget`, denn diese Funktion wurde gerade eben als globaler new-Handler installiert. Wenn der globale `operator new` den Speicherplatz schlussendlich nicht zuweisen kann, löst er eine Ausnahme des Typs `bad_alloc` aus. In diesem Fall muss der `operator new` der Klasse `Widget` den ursprünglichen globalen new-Handler wiederherstellen und dann die Ausnahme weiterleiten. Um sicherzustellen, dass der ursprüngliche new-Handler immer wiederhergestellt wird, behandelt `Widget` den globalen new-Handler als Ressource und folgt dem Ratschlag aus Tipp 13, Objekte zur Ressourcenverwaltung zu benutzen, um Ressourcenlecks zu verhindern.

3. Wenn der globale `operator new` dem `Widget`-Objekt genügend Speicherplatz zuweisen konnte, dann gibt der `operator new` von `Widget` einen Zeiger auf den zugewiesenen Speicherplatz zurück. Der Destruktor für das Objekt, das den globalen new-Handler verwaltet, stellt automatisch den globalen new-Handler so wieder her, wie er vor dem Aufruf von `operator new` der Klasse `Widget` war.

Im Folgenden erfahren Sie, wie Sie all das mit C++ ausdrücken. Wir beginnen mit der Klasse zur Ressourcenbehandlung. Sie besteht aus nichts weiter als den fundamentalen RAII-Operationen, die eine Ressource während der Konstruktion anfordern und während der Zerstörung wieder freigeben (siehe Tipp 13):

```
class NewHandlerHolder {
public:
   explicit NewHandlerHolder(std::new_handler nh) // Erhält gegenwärtigen
   : handler(nh) {}                                // new-Handler
   ~NewHandlerHolder()                             // Gibt ihn frei
   { std::set_new_handler(handler); }
private:
   std::new_handler handler;                   // Erinnert sich an
                                               // new-Handler
   NewHandlerHolder(const NewHandlerHolder&); // Verhindert Kopieren
   NewHandlerHolder&                           // (siehe Tipp 14)
   operator=(const NewHandlerHolder&);
};
```

Dies vereinfacht die Implementierung des `operator new` der Klasse `Widget`:

```
void * Widget::operator new(std::size_t size) throw(std::bad_alloc)
{
   NewHandlerHolder                            // Installiert new-Handler
      h(std::set_new_handler(currentHandler)); // von Widget
   return ::operator new(size);                // Weist Speicher zu
                                               // oder löst Ausnahme aus
}                                              // Globaler new-Handler wird
                                               // wiederhergestellt
```

Die Kunden von `Widget` benutzen die neuen Fähigkeiten des new-Handlers wie folgt:

```
void outOfMem();                      // Deklariert die Funktion,
                                      // die aufgerufen wird, wenn
                                      // die Speicheranfrage für
                                      // Widget-Objekte fehlschlägt
Widget::set_new_handler(outOfMem);    // outOfMem wird als new-Handler-
                                      // Funktion für Widget eingesetzt
Widget *pw1 = new Widget;             // Ruft outOfMem auf,
                                      // wenn Speicheranfrage fehlschlägt
std::string *ps = new std::string;    // Ruft die globale new-Handler-
                                      // Funktion auf (wenn es eine gibt),
                                      // wenn Speicheranfrage fehlschlägt
Widget::set_new_handler(0);           // Setzt die Widget-spezifische
                                      // new-Handler-Funktion auf
                                      // nichts (d.h. auf Null)
Widget *pw2 = new Widget;             // Löst sofort eine Ausnahme aus,
                                      // wenn Speicheranfrage fehlschlägt
```

```
                                   // (Es gibt keine new-Handler-Funktion
                                   // für die Klasse Widget)
```

Der Code, der dieses Verfahren implementiert, ist unabhängig von der Klasse. Es wäre also vernünftig, ihn an anderer Stelle wiederzuverwenden. Ein einfacher Weg, dies zu bewerkstelligen, besteht darin, eine so genannte Basisklasse im »Mixin«-Stil zu entwerfen, d.h. eine Klasse, die angelegt wird, um abgeleitete Klassen eine einzelne spezielle Fähigkeit erben zu lassen – in diesem Fall die Möglichkeit, einen klassenspezifischen new-Handler zu setzen. Dann muss die Basisklasse in ein Template verwandelt werden, so dass Sie für jede erbende Klasse eine andere Kopie der Klassendaten bekommen.

Der Teil der Basisklasse dieses Designs lässt die abgeleiteten Klassen die Funktionen `set_new_handler` und `operator new` erben, die sie alle benötigen. Währenddessen stellt der Template-Teil des Designs sicher, dass jede erbende Klasse ein anderes Datenelement `currentHandler` erhält. Das mag sich etwas kompliziert anhören, aber der Code sieht auf beruhigende Weise vertraut aus. Tatsächlich besteht der einzige Unterschied darin, dass ihn nun alle Klassen, die ihn wollen, abrufen können:

```
template<typename T>               // Basisklasse im Mixin-Stil
class NewHandlerSupport {          // zur Unterstützung
public:                            // für klassenspezifische
                                   // set_new_handler
  static std::new_handler set_new_handler(std::new_handler p) throw();
  static void * operator new(std::size_t size) throw(std::bad_alloc);
  ...                              // Andere Versionen des
                                   // operator new - siehe Tipp 52
private:
  static std::new_handler currentHandler;
};
template<typename T>
std::new_handler
NewHandlerSupport<T>::set_new_handler(std::new_handler p) throw()
{
  std::new_handler oldHandler = currentHandler;
  currentHandler = p;
  return oldHandler;
}
template<typename T>
void* NewHandlerSupport<T>::operator new(std::size_t size)
  throw(std::bad_alloc)
{
  NewHandlerHolder h(std::set_new_handler(currentHandler));
  return ::operator new(size);
}
// Initialisiert jeden currentHandler mit Null
template<typename T>
std::new_handler NewHandlerSupport<T>::currentHandler = 0;
```

Mit diesem Klassen-Template ist es einfach, zu Widget die Unterstützung von set_new_handler hinzuzufügen: Widget erbt einfach von NewHandlerSupport<Widget>. (Das mag zwar wunderlich aussehen, aber was hier vor sich geht, erkläre ich später etwas detaillierter.)

```
class Widget: public NewHandlerSupport<Widget> {
  ...              // Wie vorher, nun aber ohne Deklarationen für
};                 // set_new_handler und operator new
```

Das ist alles, was Widget tun muss, um eine klassenspezifische set_new_handler-Funktion anbieten zu können.

Aber vielleicht ärgern Sie sich immer noch, dass Widget von NewHandlerSupport<Widget> erbt. Wenn dem so ist, kann sich Ihr Ärger noch vergrößern, wenn Sie bemerken, dass das NewHandlerSupport-Template nie seinen Typenparameter T benutzt. Das braucht es auch nicht. Alles, was wir brauchen, ist eine andere Kopie von NewHandlerSupport – im Besonderen seines statischen Datenelements currentHandler – für jede Klasse, die von NewHandlerSupport erbt. Der Template-Parameter T unterscheidet lediglich die eine erbende Klasse von der anderen. Der Template-Mechanismus selbst legt automatisch eine Kopie von currentHandler für jedes T an, mit dem NewHandlerSupport instanziiert wird.

Was die Tatsache betrifft, dass Widget von einer Basisklasse erbt, die zu einem Template umgewandelt wurde, das Widget als Typenparameter erwartet, fühlen Sie sich bitte nicht allzu verwirrt. Am Anfang fühlt sich dabei jeder so. Es stellt sich jedoch heraus, dass es eine solch nützliche Technik ist, dass sie einen eigenen Namen besitzt; wobei dieser Name jedoch widerspiegelt, dass die Technik jedem, der sie zum ersten Mal sieht, seltsam vorkommt. Er lautet »das kurioserweise wiederkehrende Template-Muster« (**C**uriously **R**ecurring **T**emplate **P**attern – CRTP). Ehrlich.

Ich habe einmal einen Artikel veröffentlicht, in dem ich vorschlug, ein besserer Name wäre »Tu es für mich«, denn wenn Widget von NewHandlerSupport<Widget> erbt, dann sagt die Klasse in Wirklichkeit: »Ich bin Widget und ich will von der NewHandlerSupport-Klasse für Widget erben.« Niemand benutzt meinen vorgeschlagenen Namen (nicht einmal ich), aber vielleicht hilft es Ihnen zu verstehen, was die »templateisierte« Vererbung macht, wenn Sie beim Thema CRTP daran denken, dass es nur eine Art ist, »Tu es für mich« zu sagen.

Templates wie NewHandlerSupport machen es einfach, jeder Klasse einen klassenspezifischen new-Handler hinzuzufügen, die einen haben will. Vererbung im »Mixin«-Stil jedoch führt unweigerlich zum Thema mehrfache Vererbung. Anstatt das hier noch einmal abzuhandeln, sollten Sie lieber Tipp 40 lesen.

Bis 1993 verlangte C++, dass operator new Null zurückgibt, wenn er den angeforderten Speicherplatz nicht reservieren konnte. operator new ist nun so spezifiziert, dass er eine Ausnahme des Typs bad_alloc aufwirft, aber es wurden schon eine Menge C++-Programme geschrieben, bevor die Compiler die revidierte Version unterstützten. Das C++-Standardisierungskomitee wollte den vorhandenen »Test-auf-Null«-Code nicht aufgeben und bot deshalb alternative Formen von operator new an, die das traditionelle »Fehlschlag-liefert-Null«-Verhalten bieten. Diese Varianten werden »Nothrow«-Formen genannt, teilweise weil sie nothrow-Objekte (definiert in dem Header <new>) an dem Punkt verwenden, an dem new benutzt wird:

```
class Widget { ... };
Widget *pw1 = new Widget;                   // Löst Ausnahme des Typs
                                            // bad_alloc aus, wenn
                                            // Speicherzuweisung fehlschlägt
if (pw1 == 0) ...                           // Dieser Test muss fehlschlagen
Widget *pw2 = new (std::nothrow) Widget; // Gibt 0 zurück, wenn
                                            // die Speicherzuweisung
                                            // für das Widget fehlschlägt
if (pw2 == 0) ...                           // Dieser Test ist erfolgreich
```

Das new von nothrow bietet eine weniger zwingende Garantie für Ausnahmen als es anfänglich erscheint. In dem Ausdruck »new (std::nothrow) Widget« geschehen zwei Dinge. Erstens: Die Nothrow-Version des operator new wird aufgerufen, um genug Speicherplatz für ein Widget-Objekt zuzuweisen. Wenn diese Zuweisung fehlschlägt, gibt operator new den Null-Zeiger zurück, genau wie vorgeschlagen. Wenn sie jedoch erfolgreich ist, wird der Widget-Konstruktor aufgerufen. An diesem Punkt aber ist alles möglich. Der Widget-Konstruktor kann tun, was er will. Er kann sogar selbst neuen Speicherplatz durch new anfordern, und wenn er das tut, ist er nicht dadurch beschränkt, dass er nur das new von nothrow verwenden darf. Obwohl der Aufruf von operator new in »new (std::nothrow) Widget« keine Ausnahme aufwirft, könnte der Widget-Konstruktor es tun. Wenn er es tut, wird die Ausnahme wie gewohnt weitergeleitet. Das Fazit? Die Verwendung des new von nothrow garantiert lediglich, dass der operator new keine Ausnahme auslöst, nicht dass ein Ausdruck wie »new (std::nothrow) Widget« niemals eine Ausnahme aufwirft. Aller Wahrscheinlichkeit nach werden Sie niemals ein new von nothrow benötigen.

Ungeachtet dessen, ob Sie das »normale« (d.h. das keine Ausnahme auslösende) new verwenden oder dessen etwas verkrüppelten nothrow-Vetter, ist es wichtig, dass Sie das Verhalten des new-Handlers verstehen, denn er wird bei beiden Formen verwendet.

Was Sie sich merken sollten

- Mit set_new_handler können Sie eine Funktion spezifizieren, die aufgerufen wird, wenn die Speicherplatzanforderung fehlschlägt.
- Das new von nothrow ist von begrenztem Nutzen, denn es kann nur auf Speicherplatzzuweisungen angewendet werden. Anschließende Konstruktoraufrufe können immer noch Ausnahmen auslösen.

8.2 Tipp 50: Erkennen Sie, wann es sinnvoll ist, new und delete zu ersetzen

Lassen Sie uns für einen Moment zu den grundlegenden Dingen zurückkehren. Warum würde jemand von vornherein die vom Compiler gelieferten Versionen von `operator new` und `operator delete` ersetzen wollen? Hier finden Sie drei der verbreitetsten Gründe:

- **Um Verwendungsfehler zu entdecken:** Ein Fehlschlag. Durch `new` zugewiesenen Speicherplatz mit `delete` zu löschen, führt zu Speicherlecks. Die Anwendung von mehr als einem `delete` auf Speicherplatz, der durch `new` zugewiesen wurde, führt zu undefiniertem Verhalten. Wenn der `operator new` eine Liste der zugewiesenen Speicheradressen führt und `operator delete` diese Adressen aus der Liste austrägt, ist es einfach, solche Verwendungsfehler zu entdecken. Auf die gleiche Weise führen viele Programmierfehler zu Datenüberläufen (es wird über das Ende eines zugewiesenen Speicherblocks geschrieben) und zu Unterläufen (es wird schon vor dem Anfang eines zugewiesenen Speicherblocks geschrieben). Benutzerdefinierte `operator new` können zusätzliche Blöcke zuweisen, so dass es mehr Platz gibt, um bekannte Bytemuster (Signaturen) vor und hinter dem Speicherplatz, der für die Kunden reserviert wurde, zu speichern. Die `operator delete` können überprüfen, ob die Signaturen immer noch intakt sind. Wenn nicht, dann ist während der Lebenszeit des Speicherblocks ein Über- oder ein Unterlauf geschehen und `operator delete` kann dies zusammen mit dem Wert des verantwortlichen Zeigers protokollieren.
- **Um die Effizienz zu steigern:** Die Versionen von `operator new` und `operator delete`, die mit den Compilern geliefert werden, sind für den allgemeinen Gebrauch entwickelt worden. Sie müssen in Programmen, die lange laufen (z.B. Webserver), und in Programmen, die weniger als eine Sekunde lang ausgeführt werden, verlässlich arbeiten. Sie müssen ganze Reihen von Anfragen nach großen Speicherblöcken, nach kleinen Speicherblöcken und nach Mischungen aus beidem abarbeiten. Sie müssen Speichermuster unterbringen, die von der dynamischen Zuweisung einiger weniger Blöcke, die während der gesamten Laufzeit des Programms existieren, bis zur konstanten Zuweisung und Freigabe einer großen Anzahl von kurzlebigen Objekten reichen. Sie müssen sich um die Heap-Fragmentierung sorgen; ein Prozess, der es gelegentlich unmöglich macht, Nachfragen nach großen Speicherblöcken zu befriedigen, auch wenn ausreichend freier Speicherplatz zwischen vielen kleinen Speicherblöcken zur Verfügung steht.

  Beladen mit den Anforderungen der Speicherplatzverwaltung ist es keine Überraschung, dass die `operator new` und `operator delete`, die mit den Compilern geliefert werden, einen mittleren Weg einschlagen. Sie funktionieren für jeden recht gut, aber für niemanden optimal. Wenn Sie die Speicherverwendungsmuster Ihres Programms recht gut verstehen, können Sie häufig erkennen, dass benutzerdefinierte Versionen von `operator new` und `operator delete` die standardmäßigen Versionen übertreffen. Mit »übertreffen« meine ich, dass sie schneller laufen – manchmal eine ganze Größenordnung schneller – und weniger Speicherplatz verbrauchen – bis zu 50 Prozent weniger. Für einige (aber nicht für alle) Anwendungen bedeutet die Ersetzung der gewöhnlichen `new` und `delete` durch benutzerdefinierte Versionen einen einfachen Weg, um signifikante Leistungssteigerungen zu erzielen.

- **Um Verwendungsstatistiken zu erstellen:** Bevor wir dazu kommen, benutzerdefinierte Versionen von `new` und `delete` zu schreiben, ist es sinnvoll, Informationen darüber zu sammeln, wie unsere Software ihren dynamischen Speicher verwendet. Wie sieht die Verteilung der Größe der zugewiesenen Speicherblöcke aus? Wie die Verteilung ihrer Lebenszeiten? Werden sie eher in der FIFO-Reihenfolge (**F**irst **i**n, **f**irst **o**ut, zu Deutsch: Als Erstes herein, als Erstes hinaus) oder in der LIFO-Reihenfolge (**L**ast **i**n, **f**irst **o**ut, zu Deutsch: Als Letztes herein, als Erstes hinaus) zugewiesen und wieder freigegeben oder eher zufällig? Ändern sich die Verwendungsmuster mit der Zeit? Weist Ihre Software zum Beispiel verschiedene Zuweisungs-/Freigabemuster während verschiedener Phasen der Ausführung auf? Wie groß ist der größte Speicherplatz, der irgendwann dynamisch angefordert wird? (Das heißt wie hoch ist der höchste Pegel?) Benutzerdefinierte Versionen von `operator new` und `operator delete` machen es einfach, solche Informationen zu sammeln.

Theoretisch ist es recht einfach, eine benutzerdefinierte Version von `operator new` zu schreiben. Hier ist zum Beispiel ein kurzer Blick auf einen globalen `operator new`, der es ermöglicht, Unter- und Überläufe zu entdecken. Eine Menge kleiner Dinge sind daran falsch, aber darum kümmern wir uns später.

```
static const int signature = 0xDEADBEEF;
typedef unsigned char Byte;
// Dieser Code enthält einige Fehler - siehe nachfolgend
void* operator new(std::size_t size) throw(std::bad_alloc)
{
   using namespace std;
   size_t realSize = size + 2 * sizeof(int); // Erhöht die Größe
                                             // der Anfrage,
                                             // so dass auch
                                             // 2 Signaturen hineinpassen
   void *pMem = malloc(realSize);            // Ruft malloc auf, um
   if (!pMem) throw bad_alloc();             // den tatsächlichen
                                             // Speicher zu erhalten
   // Schreibt die Signatur in den ersten und letzten Teil des Speichers
   *(static_cast<int*>(pMem)) = signature;
   *(reinterpret_cast<int*>(static_cast<Byte*>(pMem)+realSize-sizeof(int))) =
     signature;
```

```
    // Gibt einen Zeiger auf den Speicher gleich hinter der ersten
    // Signatur zurück
    return static_cast<Byte*>(pMem) + sizeof(int);
}
```

Die meisten Mängel dieses `operator new` haben damit zu tun, dass er teilweise nicht den C++-Konventionen für Funktionen dieses Namens entspricht. In Tipp 51 wird zum Beispiel erklärt, dass alle `operator new`-Funktionen eine Schleife enthalten sollen, in der eine new-Handler-Funktion aufgerufen wird, was dieser `operator new` hier aber nicht hat. Jedoch behandelt Tipp 51 so viele Konventionen, dass ich sie hier ignorieren werde. Ich möchte mich in diesem Abschnitt auf ein etwas subtileres Problem konzentrieren: *Alignment (Ausrichtung)*.

Viele Rechnerarchitekturen verlangen, dass Daten eines bestimmten Typs in bestimmte Adressbereiche des Speichers geschrieben werden. Zum Beispiel könnten einige Rechnerarchitekturen fordern, Zeiger in Adressen zu speichern, die ein Vielfaches von vier sind (d.h. sie sind *4-Byte-ausgerichtet*), oder dass `double`-Typen an Adressen auftauchen sollen, die ein Vielfaches von acht sind (d.h. sie sind *8-Byte-ausgerichtet*). Die Verletzung solcher Beschränkungen kann zu Hardwareausnahmen zur Laufzeit führen. Andere Architekturen sind zwar etwas gnädiger, bieten aber mehr Leistung, wenn die Zuweisungspräferenzen erfüllt werden. Bei der Intel x86-Architektur zum Beispiel können `double`-Typen in jedweder Byte-Anpassung gespeichert werden, aber der Zugriff auf sie geschieht sehr viel schneller, wenn sie 8-Byte-ausgerichtet sind.

Die Ausrichtung ist hier wichtig, denn C++ verlangt, dass alle `operator new` Zeiger zurückgeben, die sich für *jegliche* Art von Daten anpassen lassen. `malloc` funktioniert unter denselben Anforderungen. Es ist also sicher, wenn `operator new` einen Zeiger zurückgibt, den er von `malloc` bekommt. Im obigen `operator new` jedoch geben wir keinen Zeiger zurück, den wir von `malloc` bekommen haben, sondern einen Zeiger, den wir von `malloc` bekommen haben und der *um die Größe eines int vorgesetzt* worden ist. Es gibt keine Garantie dafür, dass das sicher ist! Wenn der Kunde `operator new` aufruft, um genügend Speicherplatz für ein `double` zu bekommen (oder, im Fall von `operator new[]`, für ein `double`-Array), und er an einem Rechner arbeitet, der für Integer vier Byte reserviert, aber für `double`-Typen acht, dann geben wir wahrscheinlich einen Zeiger mit unzulässiger Anpassung zurück. Das könnte das Programm abstürzen lassen. Vielleicht läuft es auch einfach nur langsamer. Was auch immer geschieht, es ist nicht das, was wir wollten.

Details wie die Ausrichtung sind die Dinge, die professionelle Speicherverwaltungen hoher Qualität von solchen unterscheiden, die unkonzentrierte Programmierer mal eben so zusammengewürfelt haben. Eine maßgeschneiderte Speicherverwaltung zu schreiben, die fast funktioniert, ist einfach. Eine zu schreiben, die *gut* funktioniert, ist sehr viel schwieriger. Generell schlage ich Ihnen vor, es nicht zu versuchen, solange Sie es nicht müssen.

In vielen Fällen müssen Sie das nicht. Einige Compiler besitzen Schalter, mit denen Sie die Debug- und Protokollierungsfunktionen ihrer Speicherverwaltungsfunktionen ein- und ausschalten können. Ein kurzer Blick in die Dokumentation Ihres Compilers mag Ihren Wunsch, `new` und `delete` neu zu schreiben, im Keim ersticken. Auf vielen Plattformen können kommerzielle Produkte die Speicherverwaltungsfunktionen Ihres Compilers ersetzen. Um von deren erweiterter Funktionalität und (vermutlich) verbesserter Leistung zu profitieren, müssen Sie einfach nur neu linken. (Nun, Sie müssen die Produkte natürlich auch erst kaufen.)

Eine weitere Möglichkeit besteht in Open-Source-Speicherverwaltungen, die für viele Plattformen erhältlich sind. Sie können sie sich also herunterladen und ausprobieren. Ein solches Open-Source-Speicherzuteilungssystem ist die Pool-Bibliothek von Boost (siehe Tipp 55). Sie enthält Speicherzuweisungsfunktionen für die meisten gebräuchlichen Situationen, in denen eine maßgeschneiderte Speicherverwaltung hilfreich ist: Zuweisung einer großen Zahl kleiner Objekte. Viele Bücher über C++, einschließlich früherer Versionen dieses Buchs, präsentieren den Code von Hochleistungszuweisungsfunktionen für kleine Objekte, verschweigen aber solch nervtötende Details wie Portabilitäts- und Anpassungsabwägungen, Thread-Sicherheit usw. Richtige Bibliotheken enthalten gewöhnlich Code, der sehr viel robuster ist. Auch wenn Sie sich entschließen, Ihre eigenen `new` und `delete` zu schreiben, gibt Ihnen ein Blick auf die Open-Source-Versionen einen Eindruck der Einzelheiten, die den Unterschied zwischen »funktioniert fast« und »funktioniert gut« ausmachen. (Unter der Voraussetzung, dass Anpassung ein solches Detail ist, lohnt es sich zu bemerken, dass TR1 (siehe Tipp 54) beim Aufspüren von typspezifischen Anpassungsanforderungen hilft.)

Das Ziel dieses Tipps besteht darin, zu wissen, wann es Sinn ergibt, die standardmäßigen Versionen von `new` und `delete` zu ersetzen, entweder global oder für jede Klasse einzeln. Da wir nun über mehr Informationen verfügen als vorher, können wir jetzt zusammenfassen.

- **Um Verwendungsfehler zu entdecken:** Wie vorher.
- **Um Verwendungsstatistiken zu erstellen:** Wie vorher.
- **Um die Geschwindigkeit der Zuweisung und Freigabe zu erhöhen:** Zuweisungsfunktionen für allgemeine Zwecke sind häufig (aber nicht immer) viel langsamer als angepasste Versionen, besonders wenn diese angepassten Versionen speziell für einen bestimmten Typ entwickelt wurden. Klassenspezifische Zuweisungsfunktionen sind ein Beispiel für Zuweisungsfunktionen fester Größe, so wie diejenigen, die in der Pool-Bibliothek von Boost enthalten sind. Wenn Ihre Anwendung eine Single-Thread-Anwendung ist, die standardmäßigen Speicherverwaltungsroutinen Ihres Compilers aber threadsicher sind, können Sie vielleicht etwas Geschwindigkeit gewinnen, wenn Sie threadunsichere Zuweisungsfunktionen schreiben. Bevor Sie jedoch zu dem Schluss kommen, dass `operator new` und `operator delete` eine

Geschwindigkeitsspritze benötigen, vergewissern Sie sich, dass diese Funktionen auch wirklich die Engpässe Ihres Programms sind.

- **Um die Speicherplatzkosten der standardmäßigen Speicherverwaltung zu verringern:** Zuweisungsfunktionen für allgemeine Zwecke sind häufig (aber nicht immer) nicht nur langsamer als angepasste Versionen, sondern verbrauchen auch häufig mehr Speicherplatz. Deshalb verursachen sie für jeden zugewiesenen Block zusätzliche Speicherkosten. Zuweisungsfunktionen, die auf kleine Objekte abgestimmt sind (wie die in der Pool-Bibliothek von Boost), eliminieren im Wesentlichen solche Extrakosten.
- **Um ungünstige Anpassung in den standardmäßigen Zuweisungsfunktionen zu kompensieren:** Wie ich schon vorher bemerkt habe, erfolgt der Zugriff auf `double`-Typen bei der x86-Architektur am schnellsten, wenn sie 8-Byte-angepasst sind. Aber leider garantieren die `operator new`-Funktionen, die von einigen Compilern geliefert werden, keine 8-Byte-Anpassung bei dynamischer Zuweisung für `double`-Typen. In solchen Fällen können Sie die Programmleistung erheblich steigern, wenn Sie die standardmäßigen `operator new` und `operator delete` durch solche ersetzen, die eine 8-Byte-Anpassung unterstützen.
- **Um verwandte Objekte nah beieinander zu gruppieren:** Wenn Sie wissen, dass bestimmte Datenstrukturen gewöhnlich zusammen benutzt werden, und Sie die Häufigkeit von Seitenfehlern bei der Arbeit mit diesen Daten verringern wollen, kann es sinnvoll sein, einen separaten Heap für die Datenstrukturen zu erstellen, so dass sie auf so wenig Speicherseiten wie möglich gruppiert werden. Die Placement-Versionen von `new` und `delete` können solche Cluster ermöglichen (siehe Tipp 52).
- **Um unkonventionelles Verhalten hervorzurufen:** Manchmal verlangen Sie von `operator new` und `operator delete` etwas, was die Versionen, die Ihnen mit dem Compiler geliefert wurden, nicht vollbringen können. Zum Beispiel wollen Sie Speicherplatz im gemeinsam benutzten Speicher zuweisen und freigeben, haben aber nur eine C-API, um diesen Speicherplatz zu verwalten. Die Entwicklung von speziellen Versionen von `new` und `delete` hilft Ihnen dabei, diese C-API in ein C++-Gewand zu hüllen. Ein weiteres Beispiel: Zur Erhöhung der Sicherheit Ihrer Anwendung schreiben Sie eine neue Version von `delete`, um damit schon freigegebenen Speicherplatz mit Nullen zu überschreiben.

Was Sie sich merken sollten

- Es gibt viele gute Gründe dafür, neue Versionen von `new` und `delete` zu schreiben. Darunter sind die Verbesserung der Leistung, das Debuggen von Fehlern bei der Heap-Verwendung und das Sammeln von Informationen über die Heap-Verwendung.

8.3 Tipp 51: Halten Sie sich beim Schreiben von new und delete an die üblichen Vereinbarungen

In Tipp 50 wird erklärt, wann es sinnvoll ist, Ihre eigenen Versionen von `operator new` und `operator delete` zu schreiben, aber nicht welchen Konventionen Sie dabei gerecht werden müssen. Die Regeln sind nicht schwer zu befolgen, aber einige von ihnen sind nicht intuitiv. Deshalb ist es wichtig sie zu kennen.

Wir beginnen mit `operator new`. Ein konformer `operator new` muss den richtigen Rückgabewert aufweisen, die new-Handler-Funktion aufrufen, wenn nicht genügend Speicherplatz zur Verfügung steht (siehe Tipp 49), und auf Anfragen nach null Byte Speicherplatz vorbereitet sein. Außerdem müssen Sie verhindern, dass die »normalen« Versionen von `new` und `delete` aus Versehen verborgen werden – obwohl das mehr ein Schnittstellenproblem ist als eine Implementierungsanforderung (siehe Tipp 52).

Der Teil mit dem Rückgabewert von `operator new` ist einfach zu verstehen. Wenn Sie den angeforderten Speicher liefern können, geben Sie einen Zeiger auf diesen Speicherbereich zurück. Wenn nicht, dann befolgen Sie die Regeln, die in Tipp 49 aufgestellt worden sind, und werfen eine Ausnahme vom Typ `bad_alloc` auf.

Ganz so einfach ist es jedoch nicht, denn `operator new` versucht tatsächlich, mehr als einmal Speicher zuzuweisen, und ruft nach jedem Fehlschlag die new-Handler-Funktion auf. Die Annahme dabei ist, dass die new-Handler-Funktion vielleicht etwas tun kann, um mehr Speicherplatz zu beschaffen. Erst wenn der Zeiger auf die new-Handler-Funktion Null ist, löst `operator new` eine Ausnahme aus.

Komischerweise verlangt C++, dass `operator new` einen gültigen Zeiger zurückgibt, auch wenn eine Anfrage nach null Byte getätigt wurde. (Dieses seltsame Verhalten vereinfacht einige Dinge woanders in der Programmiersprache.) Damit sieht der Pseudocode für eine Nichtelementfunktion `operator new` wie folgt aus:

```
void * operator new(std::size_t size) throw(std::bad_alloc)
{                                    // Ihr operator new kann
   using namespace std;              // zusätzliche Parameter aufnehmen
   if (size == 0) {                  // Behandelt Anfragen nach 0 Byte,
      size = 1;                      // indem sie als 1-Byte-Anfragen
   }                                 // interpretiert werden
   while (true) {
      Versuche, so viel Byte zuzuweisen, wie size angibt;
      if (Zuweisung war erfolgreich)
         return (Zeiger auf den Speicherplatz);
      // Zuweisung schlug fehl; findet heraus,
      // welches die new-Handler-Funktion ist (siehe unten)
      new_handler globalHandler = set_new_handler(0);
      set_new_handler(globalHandler);
```

```
        if (globalHandler) (*globalHandler)();
        else throw std::bad_alloc();
    }
}
```

Der Trick, die Anfragen nach null Byte wie eine Anfrage nach einem Byte zu behandeln, erscheint etwas schlüpfrig, aber er ist einfach, er ist zulässig, er funktioniert – und außerdem: Wie oft werden Sie schon nach null Byte gefragt?

Sie mögen vielleicht auch etwas misstrauisch auf die Stelle im Pseudocode blicken, an der der Zeiger der new-Handler-Funktion erst auf null gesetzt wird, um dann sofort und plötzlich wieder auf das zurückgesetzt zu werden, auf das er vorher gezeigt hat. Unglücklicherweise gibt es keine Möglichkeit, direkt an den Zeiger der new-Handler-Funktion zu gelangen, weshalb Sie `set_new_handler` aufrufen müssen, um herauszufinden, was für ein Zeiger das ist. Das ist gewiss plump, aber auch effektiv, zumindest für Single-Thread-Code. In einer Multithread-Umgebung brauchen Sie eine Art Sperre, um die (globalen) Datenstrukturen hinter der new-Handler-Funktion auf sichere Weise zu verändern.

In Tipp 49 wird bemerkt, dass `operator new` eine unendliche Schleife enthält und der obige Code zeigt diese Schleife explizit. Die Schleife »`while(true)`« ist so unendlich, wie sie nur sein kann. Der einzige Weg aus dieser Schleife besteht darin, dass Speicherplatz erfolgreich zugewiesen wird oder die new-Handler-Funktion eines der Dinge tut, die in Tipp 49 beschrieben werden: mehr Speicherplatz zur Verfügung stellen, einen anderen new-Handler installieren, einen new-Handler deinstallieren, eine Ausnahme vom Typ `bad_alloc` (oder von einem abgeleiteten Typ) auswerfen oder einfach die Steuerung nicht zurückgeben. Es sollte nun klar sein, warum der new-Handler eines dieser Dinge tun soll. Wenn er nichts davon macht, kann die Schleife innerhalb von `operator new` niemals verlassen werden.

Viele Leute bemerken nicht, dass `operator new`-Elementfunktionen von abgeleiteten Klassen geerbt werden. Das kann zu einigen interessanten Komplikationen führen. Nehmen Sie zur Kenntnis, dass die Funktion im obigen Pseudocode versucht, so viele Byte zuzuweisen, wie `size` angibt (es sei denn `size` ist null). Das ergibt Sinn, denn das ist das Argument, das der Funktion übergeben worden ist. Wie in Tipp 50 jedoch erklärt wird, besteht einer der häufigsten Gründe, eine benutzerdefinierte Speicherverwaltung zu schreiben, darin, die Zuweisung für Objekte einer *bestimmten* Klasse zu optimieren – nicht für irgendeine Klasse oder deren abgeleitete Klassen. Das heißt, dass das Verhalten eines `operator new`, der an eine Klasse `X` angepasst ist, auch für Objekte der Größe `sizeof(X)` optimiert wurde – nicht für größere oder kleinere Objekte. Durch Vererbung ist es jedoch möglich, dass der `operator new` einer Basisklasse aufgerufen wird, um Speicherplatz für ein Objekt einer abgeleiteten Klasse zuzuweisen:

```
class Base {
public:
   static void * operator new(std::size_t size) throw(std::bad_alloc);
...
};
class Derived: public Base    // Abgeleitete Klasse deklariert keinen
{ ... };                      // operator new
Derived *p = new Derived;      // Ruft Base::operator new auf!
```

Wenn der basisklassenspezifische `operator new` nicht dafür entwickelt wurde, um damit fertig zu werden – und die Chancen stehen gut, dass er es nicht wurde –, besteht die beste Lösung darin, die Anfragen nach Speicherplatz der »falschen« Größe wie folgt an den standardmäßigen `operator new` abzutreten:

```
void * Base::operator new(std::size_t size) throw(std::bad_alloc)
{
   if (size != sizeof(Base))        // Wenn size "falsch" ist,
      return ::operator new(size); // soll der standardmäßige
                                  // operator new die Anfrage
                                  // bearbeiten
   ...                            // Ansonsten wird die Anfrage
                                  // hier bearbeitet
}
```

»Halt! Stopp!«, höre ich Sie rufen. »Sie haben vergessen, den unwahrscheinlichen – nichtsdestoweniger möglichen – Fall zu überprüfen, dass `size` null ist!« Tatsächlich habe ich das nicht. Und bitte hören Sie auf, Gedankenstriche zu benutzen, wenn Sie rufen. Die Überprüfung ist immer noch da. Sie wurde nur in die Überprüfung von `size` auf `sizeof(Base)` eingearbeitet. Die Wege von C++ sind manchmal mysteriös und einer davon besagt, dass alle freistehenden Objekte eine von null verschiedene Größe haben müssen (siehe Tipp 39). Per Definition ist `sizeof(Base)` niemals null; wenn also `size` null ist, wird die Anfrage an `::operator new` weitergeleitet, und dann trägt diese Funktion die Verantwortung dafür, die Anfrage vernünftig abzuhandeln.

Wenn Sie die Speicherverwaltung von Arrays für jede einzelne Klasse kontrollieren wollen, müssen Sie den arrayspezifischen Vetter von `operator new` implementieren, `operator new[]`. (Diese Funktion wird gewöhnlich »array new« genannt, denn es ist schwierig, die eckigen Klammern in »`operator new[]`« auszusprechen.) Wenn Sie sich dazu entschließen, `operator new[]` neu zu schreiben, denken Sie daran, dass Sie dabei lediglich ein Stück Rohspeicherplatz zuweisen – mit den bis jetzt noch nicht existierenden Objekten des Arrays können Sie noch nichts anfangen. Sie können schließlich noch nicht einmal herausfinden, wie viele Objekte das Array umschließen wird. Erstens wissen Sie nicht, wie groß jedes Objekt ist. Im Grunde genommen kann durch Vererbung ein `operator new[]` einer Basisklasse aufgerufen werden, um Speicherplatz für ein Array von Objekten einer abgeleiteten Klasse zuzuweisen; und Objekte von abgeleiteten Klassen sind normalerweise größer als die Objekte der Basisklasse.

Daher können Sie innerhalb von `Base::operator new[]` nicht davon ausgehen, dass die Größe jedes Objekts, das das Array aufnehmen soll, `sizeof(Base)` ist, und das bedeutet, dass Sie nicht voraussetzen können, dass die Anzahl der Objekte in dem Array (*angeforderte Bytes*)`/sizeof(Base)` ist. Zweitens: Der Parameter `size_t`, der `operator new[]` übergeben wird, mag für mehr Speicherplatz ausgelegt sein, als durch Objekte aufgefüllt wird, denn wie in Tipp 16 erklärt können dynamisch zugewiesene Arrays zusätzlichen Platz enthalten, um die Anzahl der Array-Elemente zu speichern.

So viel zu den Konventionen, die Sie befolgen müssen, wenn Sie `operator new` schreiben. Bei `operator delete` ist alles etwas einfacher. Alles, was Sie im Kopf behalten sollten, ist die Garantie von C++, dass es immer sicher ist, den Null-Zeiger zu löschen. Also sollten Sie diese Garantie honorieren. Hier sehen Sie den Pseudocode für eine Nichtelementfunktion `operator delete`:

```
void operator delete(void *rawMemory) throw()
{
   if (rawMemory == 0) return;    // Tut nichts, wenn der
                                  // Null-Zeiger gelöscht werden soll
   Gib den Speicherplatz frei, auf den rawMemory zeigt
}
```

Die Elementversion dieser Funktion ist auch einfach. Sie müssen nur sicherstellen, dass die Größe dessen, was gelöscht werden soll, überprüft wird. Wenn wir annehmen, dass Ihr klassenspezifischer `operator new` die Anfragen nach Speicherplatz der »falschen« Größe an `::operator new` weiterleitet, dann müssen Sie auch die Löschanfragen »falscher« Größe an `::operator delete` weiterleiten:

```
class Base {                        // Wie vorher, aber nun wird
public:                             // operator delete deklariert
   static void * operator new(std::size_t size) throw(std::bad_alloc);
   static void operator delete(void *rawMemory, std::size_t size)
throw();
   ...
};
void Base::operator delete(void *rawMemory, std::size_t size) throw()
{
   if (rawMemory == 0) return;      // Überprüfung auf Null-Zeiger
   if (size != sizeof(Base)) {        // Wenn size "falsch" ist, soll
      ::operator delete(rawMemory); // der standardmäßige operator
      return;                       // delete die Anfrage behandeln
   }
   Gib den Speicherplatz frei, auf den rawMemory zeigt
   return;
}
```

Interessanterweise kann der `size_t`-Wert, den C++ an `operator delete` übergibt, fehlerhaft sein, wenn das Objekt, das gelöscht werden soll, von einer Basisklasse abgeleitet wurde, die keinen virtuellen Destruktor besitzt. Dies allein ist Grund genug, sicherzustellen, dass Ihre Basisklassen virtuelle Destruktoren besitzen, aber in Tipp 7 wird ein besserer Grund genannt. Merken Sie sich jetzt nur, dass `operator delete` nicht korrekt arbeiten kann, wenn Sie in Ihren Basisklassen die virtuellen Destruktoren weglassen.

Was Sie sich merken sollten

- `operator new` muss eine unendliche Schleife enthalten, in der versucht wird, Speicherplatz zuzuweisen, muss den new-Handler aufrufen, wenn die Speicherplatzanfrage nicht erfüllt werden kann, und muss Anfragen nach null Byte bearbeiten können. Klassenspezifische Versionen sollten Anfragen nach Speicherblöcken handhaben können, die größer als erwartet sind.
- `operator delete` soll nichts tun, wenn ein Null-Zeiger übergeben wurde. Klassenspezifische Versionen sollten Speicherblöcke handhaben können, die größer als erwartet sind.

8.4 Tipp 52: Verwenden Sie bei Placement-new auch Placement-delete

Placement-`new` und Placement-`delete` werden Sie in C++ nicht häufig antreffen. Machen Sie sich also keine Sorgen, wenn Sie mit ihnen nicht vertraut sind. Stattdessen erinnern Sie sich lieber an die Tipps 16 und 17, worin erklärt wird, dass zwei Funktionen aufgerufen werden, wenn Sie einen neuen Ausdruck wie diesen schreiben:

```
Widget *pw = new Widget;
```

Bei diesen Funktionen handelt es sich einmal um `operator new`, der Speicherplatz zuweist, und zum anderen um den standardmäßigen Konstruktor von `Widget`.

Nehmen wir an, dass der erste Aufruf erfolgreich ist, aber der zweite eine Ausnahme aufwirft. In diesem Fall muss die Speicherzuweisung aus Schritt 1 wieder rückgängig gemacht werden, denn sonst haben wir ein Speicherleck. Clientcode kann den Speicherplatz nicht freigeben, denn wenn der Konstruktor von `Widget` eine Ausnahme auslöst, wird `pw` niemals zugewiesen. Es gäbe für die Kunden keine Möglichkeit, an den Zeiger auf den wieder freizugebenden Speicherplatz zu gelangen. Die Verantwortung, Schritt 1 wieder rückgängig zu machen, fällt damit dem Laufzeitsystem von C++ zu.

Das Laufzeitsystem ruft gerne den `operator delete` auf, der der in Schritt 1 aufgerufenen Version von `operator new` entspricht, aber es kann dies nur tun, wenn es weiß, welcher `operator delete` der richtige ist – es könnte mehrere geben. Dies stellt kein

Problem dar, wenn Sie es mit Versionen von new und delete zu tun haben, die die normalen Signaturen besitzen, denn der normale operator new, ...

```
void* operator new(std::size_t) throw(std::bad_alloc);
```

... entspricht dem normalen operator delete:

```
void operator delete(void *rawMemory) throw();  // Normale Signatur im
                                                // globalen Gültigkeits-
                                                // bereich
void operator delete(void *rawMemory,           // Typische normale
                     std::size_t size) throw(); // Signatur im Klassen-
                                                // gültigkeitsbereich
```

Wenn Sie nur die normalen Formen von new und delete verwenden, dann hat das Laufzeitsystem kein Problem damit, das delete zu finden, das weiß, wie das rückgängig zu machen ist, was wir getan haben. Das Problem, welches delete zu dem new passt, taucht jedoch auf, wenn Sie anfangen, anomale Formen von operator new zu verwenden – Formen, die zusätzliche Parameter erwarten.

Nehmen Sie zum Beispiel an, Sie schreiben sowohl einen klassenspezifischen operator new, der die Angabe eines ostream benötigt, auf dem die Zuweisungsinformationen protokolliert werden sollen, als auch einen normalen klassenspezifischen operator delete:

```
class Widget {
public:
   ...
   static void* operator new(std::size_t size,           // Anomale Form
                             std::ostream& logStream)    // von new
      throw(std::bad_alloc);
   static void operator delete(void *pMemory            // Normale
                               std::size_t size) throw(); // klassen-
                                                          // spezifische
                                                          // Form
                                                          // von delete
   ...
};
```

Dieses Design ist problematisch, aber bevor wir sehen warum, müssen wir einen kleinen Umweg über die Terminologie nehmen.

Wenn eine operator new-Funktion zusätzliche Parameter erwartet (andere als das vorgeschriebene size_t-Argument), dann ist sie als die Placement-Version von new bekannt. Der obige operator new ist also eine Placement-Version. Ein besonders praktisches Placement-new ist dasjenige, das einen Zeiger erwartet, der anzeigt, wo ein Objekt konstruiert werden soll. Dieser operator new sieht wie folgt aus:

```
void* operator new(std::size_t, void *pMemory) throw(); // Placement-new
```

Diese Version von new ist Teil der Standardbibliothek von C++ und Sie können darauf zugreifen, wenn Sie #include <new> verwenden. Unter anderem wird dieses new innerhalb von vector verwendet, um Objekte in dem unbenutzten Speicherplatz von vector zu erzeugen. Es ist auch das *original* Placement-new. In der Tat ist die Funktion auch als solche bekannt: als *Placement-new*. Was bedeutet, dass der Ausdruck »Placement-new« überladen ist. Die meiste Zeit, die Programmierer über Placement-new reden, sprechen sie über diese spezifische Funktion, den operator new, der ein einziges zusätzliches Argument vom Typ void* erwartet. Weniger häufig meinen sie damit jegliche Version von operator new, die zusätzliche Argumente erwartet. Der Zusammenhang räumt dabei gewöhnlich jegliche Zweideutigkeit aus dem Weg. Es ist aber wichtig, dass Sie wissen, dass der generelle Ausdruck »Placement-new« jedwede Version von new beschreibt, die zusätzliche Argumente erwartet, denn die Wendung »Placement-delete« (was wir gleich behandeln werden) leitet sich direkt daraus ab.

Lassen Sie uns aber zu der Deklaration der Klasse Widget zurückkehren, deren Design, wie ich sagte, problematisch war. Die Schwierigkeit besteht darin, dass diese Klasse feine Speicherlecks zur Folge haben wird. Betrachten Sie folgenden Clientcode, der Zuweisungsinformationen auf cerr protokolliert, wenn ein Widget-Objekt dynamisch erzeugt wird:

```
Widget *pw = new(std::cerr)Widget;  // Ruft operator new auf, übergibt
                                    // cerr als ostream; dies hat
                                    // Speicherlecks zur Folge, wenn
                                    // der Widget-Konstruktor eine
                                    // Ausnahme auslöst
```

Noch einmal: Wenn die Speicherzuweisung erfolgreich ist und der Widget-Konstruktor eine Ausnahme auslöst, ist das Laufzeitsystem dafür verantwortlich, die Zuweisung rückgängig zu machen, die operator new durchgeführt hat. Das Laufzeitsystem kann jedoch nicht verstehen, wie die aufgerufene Version von operator new funktioniert. Es kann also die Zuweisung nicht alleine rückgängig machen. Stattdessen sucht es nach einer Version von operator delete, die *die gleiche Anzahl zusätzlicher Argumente (die auch vom gleichen Typ sind)* wie operator new erwartet. Wenn es eine solche findet, ruft es diese auf. In unserem Fall erwartet operator new ein zusätzliches Argument vom Typ ostream&. Der entsprechende operator delete hätte also folgende Signatur:

```
void operator delete(void *, std::ostream&) throw();
```

Analog zu den Placement-Versionen von `new` sind die Versionen von `operator delete`, die einen zusätzlichen Parameter erwarten, als *Placement-delete* bekannt. In diesem Fall deklariert `Widget` keine Placement-Version von `operator delete`, also weiß das Laufzeitsystem nicht, wie es wieder rückgängig machen soll, was der Aufruf von Placement-`new` angerichtet hat. Daher tut es nichts. In diesem Beispiel wird *kein operator delete aufgerufen*, wenn der `Widget`-Konstruktor eine Ausnahme auslöst!

Die Regel ist einfach: Wenn ein `operator new` mit zusätzlichen Parametern keinen Gegenpart in einem `operator delete` besitzt, das die gleichen zusätzlichen Parameter erwartet, wird kein `operator delete` aufgerufen, wenn eine Speicherzuweisung von `new` rückgängig gemacht werden muss. Um das Speicherleck aus dem vorigen Code zu entfernen, muss `Widget` ein Placement-`delete` deklarieren, das dem protokollierenden Placement-`new` entspricht:

```
class Widget {
public:
   ...
   static void* operator new(std::size_t size, std::ostream& logStream)
      throw(std::bad_alloc);
   static void operator delete(void *pMemory) throw();
   static void operator delete(void *pMemory, std::ostream& logStream)
      throw();
   ...
};
```

Mit dieser Änderung wird das entsprechende Placement-`delete` automatisch aufgerufen, wenn eine Ausnahme in folgendem Ausdruck aufgeworfen wird:

```
Widget *pw = new (std::cerr) Widget;  // Wie vorher, aber diesmal
                                      // ohne Speicherleck
```

Das erlaubt `Widget`, sicherzustellen, dass keine Speicherlecks auftreten.

Bedenken Sie jedoch, was passiert, wenn keine Ausnahme aufgeworfen wird (was gewöhnlich der Fall ist) und wir zu einem `delete` im Clientcode kommen:

```
delete pw;                            // Ruft den normalen
                                      // operator delete auf
```

Wie der Kommentar schon sagt, ruft dies den normalen `operator delete` auf, nicht die Placement-Version. Placement-`delete` wird *nur* aufgerufen, wenn von einem Konstruktoraufruf, der an einen Aufruf eines Placement-`new` gekoppelt ist, eine Ausnahme aufgeworfen wird. Die Anwendung von `delete` auf einen Zeiger (wie `pw` aus dem vorigen Ausdruck) zieht nie einen Aufruf einer Placement-Version von `delete` nach sich. *Niemals*.

Wenn Sie alle Speicherlecks verhindern wollen, die mit den Placement-Versionen von `new` zusammenhängen, bedeutet dies, dass Sie sowohl den normalen `operator delete` erstellen müssen (für den Fall, dass während der Konstruktion keine Ausnahme ausgelöst wird) als auch eine Placement-Version, die die gleichen zusätzlichen Argumente erwartet wie `operator new` (wenn es welche gibt). Tun Sie das, werden Sie nie mehr wieder wegen schleichender Speicherlecks schlaflose Nächte haben. Nun, zumindest nicht wegen *solcher* schleichenden Speicherlecks.

Im Übrigen sollten Sie darauf achten, dass klassenspezifische `new`-Funktionen andere `new`-Funktionen (einschließlich der normalen Versionen), die die Kunden noch benötigen, nicht überdecken, denn Namen von Elementfunktionen verbergen Funktionen mit den gleichen Namen in äußeren Gültigkeitsbereichen. Wenn Sie zum Beispiel eine Basisklasse haben, die nur eine Placement-Version von `operator new` deklariert, werden die Kunden entdecken, dass die normale Form von `new` für sie nicht verfügbar ist:

```
class Base {
public:
  ...
  static void* operator new(std::size_t size,          // Dieses new
                            std::ostream& logStream)  // verbirgt die
     throw(std::bad_alloc);                            // normalen globalen
                                                       // Formen
  ...
};
Base *pb = new Base;                    // Fehler! Die normale Form von
                                        // operator new ist verborgen
Base *pb = new (std::cerr) Base;        // In Ordnung, ruft das Placement-
                                        // new der Basisklasse auf
```

Auf die gleiche Weise verbergen die `operator new`-Funktionen in abgeleiteten Klassen sowohl die globalen als auch die geerbten Versionen von `operator new`:

```
class Derived: public Base {                  // Erbt von der vorigen
Basisklasse
public:
  ...
  static void* operator new(std::size_t size) // Deklariert normale Form
     throw(std::bad_alloc);                   // von new neu
  ...
};
Derived *pd = new (std::clog) Derived;        // Fehler! Placement-new
                                              // der Basisklasse ist
                                              // verborgen
Derived *pd = new Derived;                    // In Ordnung, ruft operator
                                              // new der abgeleiteten
                                              // Klasse auf
```

In Tipp 33 wird diese Art der Namensüberdeckung ausführlicher beschrieben, aber um Speicherzuweisungsfunktionen zu schreiben, brauchen Sie sich nur daran zu erinnern, dass C++ standardmäßig folgende Formen von operator new auf globaler Gültigkeitsebene anbietet:

```
void* operator new(std::size_t) throw(std::bad_alloc); // Normales new
void* operator new(std::size_t, void*) throw();        // Placement-new
void* operator new(std::size_t,                        // nothrow-new
                   const std::nothrow_t&) throw();     // (siehe Tipp 49)
```

Wenn Sie in einer Klasse irgendwelche operator new-Funktionen deklarieren, verbergen Sie alle Standardformen. Falls Sie die Kunden nicht davon abhalten wollen, diese Standardformen zu verwenden, stellen Sie sicher, dass Sie diese zusätzlich zu etwaigen speziellen operator new-Formen, die Sie erstellt haben, zur Verfügung stellen. Für jeden operator new, den Sie liefern, müssen Sie auch einen entsprechenden operator delete anbieten. Wenn Sie wollen, dass sich diese Funktionen wie gewohnt verhalten, dann lassen Sie Ihre klassenspezifischen Versionen einfach die globalen Versionen aufrufen.

Ein einfacher Weg, dies zu tun, besteht darin, eine Basisklasse anzulegen, die all die normalen Formen von new und delete enthält:

```
class StandardNewDeleteForms {
public:
   //Normales new/delete
   static void* operator new(std::size_t size) throw(std::bad_alloc)
   { return ::operator new(size); }
   static void operator delete(void *pMemory) throw()
   { ::operator delete(pMemory); }
   //Placement-new/-delete
   static void* operator new(std::size_t size, void *ptr) throw()
   { return ::operator new(size, ptr); }
   static void operator delete(void *pMemory, void *ptr) throw()
   { return ::operator delete(pMemory, ptr); }
   //nothrow new/delete
   static void* operator new(std::size_t size, const std::nothrow_t& nt)
                                                                 throw()
   { return ::operator new(size, nt); }
   static void operator delete(void *pMemory, const std::nothrow_t&) throw()
   { ::operator delete(pMemory); }
};
```

Kunden, die die Standardformen mit benutzerdefinierten Formen erweitern wollen, können dann einfach die Vererbung und using-Deklarationen (siehe Tipp 33) benutzen, um an die Standardformen zu gelangen:

```
class Widget: public StandardNewDeleteForms {           // Erbt
                                                       // Standardformen
public:
  using StandardNewDeleteForms::operator new;           // Macht diese
  using StandardNewDeleteForms::operator delete;        // Formen
sichtbar
  static void* operator new(std::size_t size,          // Fügt ein
                            std::ostream& logStream)   // spezielles
                                                       // Placement-new
                                                       // hinzu
    throw(std::bad_alloc);
  static void operator delete(void *pMemory,           // Fügt das
                              std::ostream& logStream) // entsprechende
    throw();                                           // Placement-delete
                                                       // hinzu
  ...
};
```

Was Sie sich merken sollten

- Wenn Sie eine Placement-Version von `operator new` schreiben, denken Sie daran, auch die entsprechende Placement-Version von `operator delete` zu schreiben. Tun Sie das nicht, bekommt Ihr Programm wahrscheinlich mehrere feine, sporadisch auftretende Speicherlecks.
- Wenn Sie Placement-Versionen von `new` und `delete` schreiben, achten Sie darauf, dass Sie nicht aus Versehen die normalen Versionen dieser Funktionen verbergen.

9 Verschiedenes

Herzlich willkommen zu »Verschiedenes«, dem Sammelsurium-Kapitel. Es enthält zwar nur drei Tipps, aber lassen Sie sich durch die mickrige Zahl nicht irreführen – sie sind alle drei besonders wichtig.

Der erste Tipp betont, dass mit Compilerwarnungen nicht zu spaßen ist, zumindest nicht, wenn sich Ihre Software anständig verhalten soll. Der zweite bietet einen Überblick über den Inhalt der C++-Standardbibliothek, einschließlich der wichtigen, in TR1 eingeführten neuen Funktionalität. Der letzte Tipp schließlich gibt einen Überblick über Boost, die wohl wichtigste allgemeine Website im Zusammenhang mit C++. Ein Versuch, effektive C++-Software ohne die in diesen Tipps behandelten Informationen zu schreiben, ist bestenfalls ein mühseliger Kampf.

9.1 Tipp 53: Beachten Sie Compilerwarnungen

Compilerwarnungen werden von vielen Programmierern routinemäßig ignoriert. Wenn das Problem ernst wäre, wäre es schließlich ein Fehler, oder? Diese Denkweise kann in anderen Sprachen relativ harmlos sein, bei C++ hingegen können Sie davon ausgehen, dass Compilerentwickler besser verstehen, was läuft, als Sie. Nachfolgend z. B. ein Fehler, den jeder irgendwann einmal macht:

```
class B {
public:
virtual void f() const;
};
class D: public B {
public:
   virtual void f();
};
```

Die Idee hinter `D::f` besteht darin, die virtuelle Funktion `B::f` neu zu definieren. Es liegt aber ein Fehler vor: In `B` ist `f` eine `const`-Elementfunktion, in `D` wurde sie aber nicht als `const` deklariert. Ein Compiler, den ich kenne, sagt dazu Folgendes:

```
warning: D::f() hides virtual B::f()
```

Zu viele unerfahrene Programmierer reagieren auf diese Meldung, indem sie sich sagen: »*Klar,* `D::f` verbirgt `B::f` – genau das, was es machen *soll!*« Falsch. Dieser Compiler versucht, Ihnen zu sagen, dass die in `B` deklarierte Funktion `f` nicht erneut in `D` deklariert wurde, sondern stattdessen wurde sie völlig verborgen (in Tipp 33 finden Sie eine Beschreibung, warum das so ist). Das Missachten dieser Compilerwarnung führt fast mit Sicherheit zu fehlerhaftem Programmverhalten, gefolgt von langwierigem Debugging, um ein Problem festzustellen, das dieser Compiler von Anfang an erkannt hatte.

Nachdem Sie Erfahrungen mit den Warnmeldungen eines bestimmten Compilers gesammelt haben, werden Sie verstehen, was die verschiedenen Meldungen bedeuten (was sich leider oft von dem, was sie zu bedeuten *scheinen*, stark unterscheidet). Mit zunehmender Erfahrung steht es Ihnen frei, die ganze Palette an Warnmeldungen zu ignorieren. Allerdings gilt es allgemein als die bessere Vorgehensweise, Code zu schreiben, der warnungsfrei kompiliert wird, sogar auf der höchsten Warnstufe. Ungeachtet dessen ist es wichtig, dass Sie die Bedeutung einer Warnung verstehen, bevor Sie sie in den Wind schlagen.

Da wir gerade beim Thema Warnungen sind: Sie erinnern sich, dass Warnungen inhärent von der Implementierung abhängen. Deshalb ist es nicht empfehlenswert, bei der Programmierarbeit nachlässig vorzugehen und sich darauf zu verlassen, dass der Compiler die Fehler schon auffangen wird. Der obige, Funktionen verbergende Code geht beispielsweise durch einen anderen (häufig benutzten) Compiler ohne einen Mucks durch.

Was Sie sich merken sollten

- Nehmen Sie Compilerwarnungen ernst und streben Sie danach, Ihren Code auf der höchsten von Ihren Compilern unterstützten Warnstufe zu kompilieren.
- Verlassen Sie sich nicht auf Compilerwarnungen, weil unterschiedliche Compiler sich über verschiedene Dinge beschweren. Durch den Umstieg auf einen neuen Compiler könnten Warnmeldungen, auf die Sie sich bisher verlassen haben, nicht mehr auftauchen.

9.2 Tipp 54: Machen Sie sich mit der Standardbibliothek einschließlich TR1 vertraut

Der Standard für C++ – das Dokument, das die Sprache und ihre Bibliothek definiert – wurde 1998 ratifiziert. 2003 wurde ein kleines »Bug-Fix«-Update herausgegeben. Der Standardisierungsausschuss setzt seine Arbeit fort und bis ungefähr 2008 wird eine »Version 2.0« des C++-Standards erwartet. Die Ungewissheit in Bezug auf dieses

Datum erklärt, warum man normalerweise von der nächsten C++-Version als »C++0x« spricht – der 200x-Version von C++ .

C++0x dürfte erwartungsgemäß einige interessante neue Sprachmerkmale aufweisen. Der Großteil der neuen C++-Funktionalität wird sich aber in Form von Erweiterungen der Standardbibliothek zeigen. Wir wissen bereits, worum es sich bei einem Teil der neuen Bibliotheksfunktionalität handeln wird, weil es in einem als *TR1* (»**T**echnical **R**eport **1**« der C++ Library Working Group) bezeichneten Dokument spezifiziert wurde. Der Standardisierungsausschuss behält sich zwar das Recht vor, die TR1-Funktionalität vor ihrer offiziellen Verewigung in C++0x zu ändern, erhebliche Abweichungen sind aber unwahrscheinlich. Im Grunde läutet TR1 den Beginn eines neuen C++-Releases ein – etwas, das man C++-Standard 1.1 nennen könnte. Sie können kein effektiver C++-Programmierer sein, ohne die TR1-Funktionalität zu kennen, weil diese ein Segen für praktisch jede Art von Bibliothek und Anwendung ist.

Bevor wir uns näher mit TR1 befassen, lohnt sich ein Überblick über die wichtigen Teile der C++-Standardbibliothek, die als C++98 spezifiziert wurde:

- **Standard Template Library (STL):** Enthält Container (`vector`, `string`, `map` usw.), Iteratoren, Algorithmen (`find`, `sort`, `transform` usw.), Funktionsobjekte (`less`, `greater` usw.) sowie verschiedene Adapter für Container und Funktionsobjekte (`stack`, `priority_queue`, `mem_fun`, `not1` usw.).
- **Iostreams:** Unterstützt benutzerdefiniertes Puffern, internationalisierte Ein- und Ausgabe (IO) sowie die vordefinierten Objekte `cin`, `cout`, `cerr` und `clog`.
- **Unterstützung für Internationalisierung:** Bietet die Möglichkeit mehrerer aktiver Gebietsschemata. Typen wie `wchar_t` (normalerweise 16 Bit/Zeichen) und `wstring` (Strings aus `wchar_t`-Typen) erleichtern die Arbeit mit Unicode.
- **Unterstützung für numerische Verarbeitung:** Umfasst Templates für komplexe Zahlen (`complex`) und Arrays nur aus Werten (`valarray`).
- **Eine Ausnahmehierarchie:** Umfasst die Basisklasse `exception`, ihre abgeleiteten Klassen `logic_error` und `runtime_error` sowie verschiedene Klassen, die von ihnen erben.
- **Die C89-Standardbibliothek:** Alles aus der 1989er C-Standardbibliothek ist auch in C++ enthalten.

Ist Ihnen einer der obigen Teile unbekannt, schlage ich vor, dass Sie eine gewisse Zeit mit Ihrem bevorzugten C++-Nachschlagewerk einplanen, um Abhilfe zu schaffen.

TR1 spezifiziert 14 neue Komponenten (d.h. Teile der Bibliotheksfunktionalität). Sie alle befinden sich im Namensbereich `std`, genauer gesagt im verschachtelten Namensbereich `tr1`. Die volle Bezeichnung der TR1-Komponente `shared_ptr` (siehe unten) lautet also `std::tr1::shared_ptr`. In diesem Buch lasse ich `std::` weg, wenn ich mich über

Komponenten der Standardbibliothek auslasse, stelle TR1-Komponenten aber immer das Präfix `tr1::` voran.

In diesem Buch finden Sie Beispiele der folgenden TR1-Komponenten:

- Die **intelligenten Zeiger** `tr1::shared_ptr` und `tr1::weak_ptr`. `tr1::shared_ptr` verhalten sich wie integrierte Zeiger, verfolgen aber, wie viele `tr1::shared_ptr` auf ein Objekt zeigen. Das wird als *Referenzzählung* bezeichnet. Ist der letzte dieser Zeiger zerstört (erreicht also der Referenzzähler für ein Objekt null), wird das Objekt automatisch gelöscht. Das ist sehr hilfreich zur Vermeidung von Ressourcenlecks in azyklischen Datenstrukturen. Wenn aber zwei oder mehr Objekte `tr1::shared_ptr` enthalten, so dass sich ein Zyklus bildet, kann der Zyklus den Referenzzähler jedes dieser Objekte größer als null halten, obwohl alle externen Zeiger auf den Zyklus zerstört wurden (d.h., wenn die Objektgruppe insgesamt unerreichbar ist). Genau an diesem Punkt kommt `tr1::weak_ptr`. ins Spiel Diese Zeiger wurden dafür ausgelegt, sich als zyklusinduzierende Zeiger in andernfalls azyklischen, auf `tr1::shared_ptr` beruhenden Datenstrukturen zu verhalten. `tr1::weak_ptr`-Zeiger nehmen an der Referenzzählung nicht teil. Wenn der letzte `tr1::shared_ptr` auf ein Objekt zerstört ist, wird das Objekt gelöscht, auch wenn noch andere `tr1::weak_ptr` darauf zeigen. Solche `tr1::weak_ptr`-Zeiger werden aber automatisch als ungültig gekennzeichnet.

  `tr1::shared_ptr` ist vermutlich die nützlichste Komponente in TR1. Ich benutze sie häufig in diesem Buch, u.a. in Tipp 13, wo ich erkläre, warum sie so wichtig ist. (Das Buch enthält keine Beispiele für `tr1::weak_ptr`; tut mir Leid).

- **tr1::function** ermöglicht die Darstellung jeder *aufrufbaren Entität* (d.h. jeder Funktion oder jedes Funktionsobjekts), deren Signatur mit der eines Ziels übereinstimmt. Würden wir die Registrierung von Callback-Funktionen ermöglichen wollen, die ein `int` annehmen und ein `string` zurückgeben, könnten wir das wie folgt umsetzen:

```
void registerCallback(std::string func(int));
                                        // Parametertyp ist
                                        // eine Fkt., die
                                        // int annimmt und
                                        // string zurückgibt
```

  Der Parametername `func` ist optional; `registerCallback` kann also alternativ wie folgt deklariert werden:

```
void registerCallback(std::string (int));  // Wie oben;
                                           // Param.-Name
                                           // weggelassen
```

Beachten Sie, dass »`std::string (int)`« hier eine Funktionssignatur ist.

`tr1::function` ermöglicht es uns, `registerCallback` viel flexibler auszulegen, nämlich so, dass es als Argument jede aufrufbare Entität akzeptiert, die ein `int` oder *irgendetwas in ein* `int` *Konvertierbares* annimmt und `string` oder *irgendetwas in ein* `string` *Konvertierbares* zurückgibt. Als Template-Parameter nimmt `tr1::function` die Signatur ihrer Zielfunktion an:

```
void registerCallback(std::tr1::function<std::string (int)>
                                       func);
                                          // Der Parameter "func" nimmt
                                          // jede aufrufbare Entität an,
                                          // deren Signatur zu
                                          //"std::string (int)" passt
```

Diese Art von Flexibilität ist enorm nützlich, was ich in Tipp 35 zu demonstrieren versucht habe.

- **tr1::bind** kann alles, was die STL-Binder `bind1st` und `bind2nd` können, und noch mehr. Im Gegensatz zu den Bindern vor der TR1-Einführung arbeitet `tr1::bind` sowohl mit konstanten als auch mit nicht konstanten Elementfunktionen und mit Referenzparametern. Außerdem behandelt es Funktionszeiger ohne Hilfe, so dass keine Notwendigkeit besteht, vor dem Aufruf von `tr1::bind` mit `ptr_fun`, `mem_fun` oder `mem_fun_ref` herumzupfuschen. Einfach ausgedrückt, ist `tr1::bind` eine Bindungseinrichtung der zweiten Generation, die wesentlich besser als ihre Vorgängerin ist. Ich zeige das in einem Anwendungsbeispiel in Tipp 35.

Ich unterteile die restlichen TR1-Komponenten in zwei Gruppen. Die erste Gruppe bietet eine relativ eigenständige Funktionalität:

- **Hash-Tabellen** dienen der Implementierung von `Sets`, `Multisets`, `Maps` und `Multimaps`. Jeder neue Container verfügt über eine Schnittstelle, die nach der Schnittstelle ihres Gegenstücks vor der TR1-Ära modelliert wurde. Der überraschende Aspekt bei den Hash-Tabellen von TR1 sind ihre Namen: `tr1::unordered_set`, `tr1::unordered_multiset`, `tr1::unordered_map` und `tr1::unordered_multimap`. Diese Namen verdeutlichen, dass die Elemente in einem hashbasierten TR1-Container im Gegensatz zu den Inhalten von `set`, `multiset`, `map` oder `multimap` nicht in einer vorhersehbaren Reihenfolge vorliegen.
- **Reguläre Ausdrücke** bieten die Möglichkeit, Suchen-und-ersetzen-Operationen mit Hilfe regulärer Ausdrücke an Zeichenketten auszuführen, von Treffer zu Treffer durch Zeichenketten zu iterieren usw.
- **Tupel** sind eine raffinierte Generalisierung des Templates `pair`, das sich bereits in der Standardbibliothek befindet. Während `pair`-Objekte aber nur zwei Objekte aufnehmen können, fassen `tr1::tuple`-Objekte eine beliebige Anzahl. Ausgebürgerte

Python- und Eiffel-Programmierer, freut euch! Ein kleines Stückchen eures früheren Heimatlandes ist jetzt Teil von C++.

- **tr1::array** ist im Wesentlichen ein »STLifiziertes« Array, d.h. ein Array, das Elementfunktionen wie `begin` und `end` unterstützt. Die Größe eines `tr1::array` ist während der Kompilierung fest; das Objekt nutzt keinen dynamischen Speicher.
- **tr1::mem_fn** ist eine syntaktisch gleichartige Möglichkeit zur Anpassung von Elementfunktionszeigern. Ebenso wie `tr1::bind` die Fähigkeiten von `bind1st` und `bind2nd` aus C++98 einbezieht und erweitert, verwendet und erweitert `tr1::mem_fn` die Fähigkeiten von `mem_fun` und `mem_fun_ref` aus C++98.
- **tr1::reference_wrapper** ist eine Einrichtung, die bewirkt, dass sich Referenzen ein bisschen wie Objekte verhalten. Unter anderem ermöglicht uns das, Container zu erstellen, die sich so verhalten, als enthielten sie Verweise. (In Wirklichkeit können Container nur Objekte oder Zeiger enthalten.)
- Der **Zufallszahlengenerator** ist eine Einrichtung, die der aus der C-Standardbibliothek geerbten `rand`-Funktion weit überlegen ist.
- **Mathematische Sonderfunktionen** umfassen Laguerre-Polynome, Bessel-Funktionen, vollständige elliptische Integrale und vieles mehr.
- **Erweiterte C99-Kompatibilität** ist in Form einer Sammlung von Funktionen und Templates vorhanden, die so entworfen wurden, dass sie viele neue C99-Bibliotheksmerkmale in C++ überführen.

Die zweite Gruppe von TR1-Komponenten besteht aus unterstützender Technologie für anspruchsvollere Template-Programmiertechniken, einschließlich der Template-Metaprogrammierung (siehe Tipp 48):

- **Typ-Traits** sind eine Menge von Traits-Klassen (siehe Tipp 47) zur Bereitstellung von Informationen über Typen zur Kompilierungszeit. Ist ein Typ `T` gegeben, können die Typ-Traits von TR1 herausfinden, ob `T` ein integrierter Typ ist, einen virtuellen Destruktor bietet, eine leere Klasse (siehe Tipp 39) ist, implizit in einen anderen Typ `U` konvertierbar ist und vieles mehr. Die Typ-Traits von TR1 können auch die angemessene Ausrichtung eines Typs enthüllen. Diese Information ist enorm wichtig für Programmierer, die individuelle Speicherzuteilungsfunktionen schreiben (siehe Tipp 50).
- **tr1::result_of** ist ein Template zur Herleitung der Rückgabetypen von Funktionsaufrufen. Wenn man Templates schreibt, ist es oft wichtig, den Typ des von einem Funktionsaufruf (Template) zurückgegebenen Objekts zu referenzieren. Der Rückgabetyp kann aber auf komplexe Weise von den Parametertypen der Funktion abhängen. `tr1::result_of` vereinfacht den Verweis auf Rückgabetypen von Funktionen. `tr1::result_of` wird an mehreren Stellen in TR1 selbst benutzt.

Obwohl die Fähigkeiten einiger Teile von TR1 (insbesondere `tr1::bind` und `tr1::mem_fn`) die Möglichkeiten einiger Komponenten aus der Ära vor TR1 einschließen, ist TR1 eine reine Ergänzung zur Standardbibliothek. Keine TR1-Komponente ersetzt eine bestehende, so dass Code, der für ältere Systeme mit Konstrukten aus der TR1-Vorzeit geschrieben wurde, nach wie vor gültig ist.

TR1 ist lediglich ein Dokument.[2] Um die Funktionalität zu nutzen, die darin spezifiziert wird, müssen Sie auf Code zugreifen können, der sie implementiert. Letztlich wird solcher Code gebündelt mit Compilern ausgeliefert werden. Da ich dieses Buch 2005 schreibe, kann es gut sein, dass zumindest etwas fehlt, wenn Sie Ihre Standardbibliotheksimplementierungen nach TR1-Komponenten durchsuchen. Zum Glück können Sie anderswo danach suchen: 10 der 14 TR1-Komponenten basieren auf Bibliotheken, die kostenlos von Boost (siehe Tipp 55) erhältlich sind. Das ist eine ausgezeichnete Quelle für TR1-artige Funktionalität. Ich sage »TR1-artig«, weil die Boost-Funktionalität derzeit teilweise nicht genau mit der TR1-Spezifikation übereinstimmt, obwohl ein Großteil der TR1-Funktionalität auf Boost-Bibliotheken beruht. Bis Sie dieses Buch lesen, kann es sein, dass Boost nicht nur über TR1-konforme Implementierungen für die TR1-Komponenten verfügt, die sich aus Boost-Bibliotheken weiterentwickeln, sondern auch Implementierungen der vier TR1-Komponenten anbietet, die nicht auf der Arbeit von Boost basieren.

Wenn Sie die TR1-artigen Bibliotheken von Boost als Notbehelf verwenden wollen, bis Compiler mit eigenen TR1-Implementierungen ausgeliefert werden, kommt Ihnen vielleicht ein Namensbereich-Kniff gelegen. Alle Boost-Komponenten befinden sich im Namensbereich `boost`, während TR1-Komponenten in `std::tr1` sein sollten. Der Trick besteht darin, dass Sie Ihre Compiler anweisen können, Verweise auf `std::tr1` genauso zu behandeln wie solche auf `boost`. Das geht wie folgt:

```
namespace std {
  namespace tr1 = ::boost;          // Der Namensbereich std::tr1 ist ein
}                                  // Alias für den Namensbereich boost
```

Technisch gesehen, katapultiert Sie das ins Reich des undefinierten Verhaltens, weil es Ihnen nicht gestattet ist, etwas zum Namensbereich `std` hinzuzufügen, wie in Tipp 25 erklärt wurde. In der Praxis dürften Ihnen dadurch aber kaum Probleme entstehen. Wenn Ihre Compiler irgendwann eigene TR1-Implementierungen bereitstellen, brauchen Sie bloß noch das obige Namensbereich-Alias zu entfernen. Der Code, der auf `std::tr1` verweist, bleibt gültig.

2 Zum Zeitpunkt der Drucklegung war das Dokument noch nicht unter Dach und Fach gebracht, und es kann gut sein, dass sich sein URL ändert. Ich schlage daher vor, dass Sie sich auf der TR1-Informationsseite zu Effektiv C++ programmieren unter *http://aristeia.com/EC3E/TR1_info.html* umsehen. Dieser URL dürfte sich nicht ändern.

Der wahrscheinlich wichtigste Teil von TR1, der nicht auf Boost-Bibliotheken basiert, sind die Hash-Tabellen. Andererseits sind Hash-Tabellen seit vielen Jahren von verschiedenen Quellen unter den Bezeichnungen `hash_set`, `hash_multiset`, `hash_map` und `hash_multimap` verfügbar. Die Wahrscheinlichkeit ist daher groß, dass die Bibliotheken, die mit Ihren Compilern ausgeliefert werden, diese Templates bereits enthalten. Trifft das nicht zu, starten Sie Ihre bevorzugte Suchmaschine und suchen Sie nach diesen Namen (und ihren TR1-Bezeichnungen), weil Sie ganz sicher mehrere kommerzielle und Freeware-Quellen finden werden.

Was Sie sich merken sollten

- Die primäre Funktionalität der C++-Standardbibliothek besteht aus STL, Iostreams und Gebietsschemata. Außerdem ist die C99-Standardbibliothek enthalten.
- TR1 unterstützt intelligente Zeiger (z.B. `tr1::shared_ptr`), generalisierte Funktionszeiger (`tr1::function`), hashbasierte Container, reguläre Ausdrücke und zehn weitere Komponenten.
- TR1 selbst ist lediglich eine Spezifikation. Um sie zu nutzen, brauchen Sie eine Implementierung. Eine gute Quelle dafür ist Boost.

9.3 Tipp 55: Machen Sie sich mit Boost vertraut

Suchen Sie eine Sammlung qualitativ hochwertiger, plattform- und compilerunabhängiger Open-Source-Bibliotheken? Wenden Sie sich an Boost. Sind Sie interessiert, einer Gemeinschaft ehrgeiziger, begabter C++-Entwickler beizutreten, die an ausgeklügelten Bibliotheksentwürfen und -implementierungen arbeiten? Wenden Sie sich an Boost. Möchten Sie einen Blick in die Zukunft von C++ wagen? Wenden Sie sich an Boost.

Boost ist sowohl eine C++-Entwicklergemeinschaft als auch eine Sammlung kostenloser C++-Bibliotheken zum Herunterladen. Sie finden die Website unter *http://boost.org* und sollten sie am besten jetzt gleich mit einem Lesezeichen versehen.

Selbstverständlich gibt es viele C++-Organisationen und -Websites, aber Boost hat zwei Vorteile, mit denen keine andere Organisation gleichziehen kann. Erstens genießt Boost eine einzigartig enge und einflussreiche Beziehung zum C++-Standardisierungsausschuss. Boost wurde von Ausschussmitgliedern gegründet, und zwischen Boost und dem Ausschuss besteht nach wie vor ein starkes Band. Darüber hinaus war es stets eines der Ziele von Boost, als Testfeld für Fähigkeiten zu fungieren, die man zum C++-Standard hinzufügen könnte. Ein Ergebnis dieser Beziehung ist, dass von den 14 neuen, mit TR1 (siehe Tipp 54) in C++ eingeführten Bibliotheken mehr als zwei Drittel auf Arbeiten von Boost zurückgehen.

Der zweite Vorteil von Boost ist das Verfahren für die Annahme von Bibliotheken, das sich auf öffentliche Partnerrevisionen gründet. Wenn Sie bei Boost eine Bibliothek einreichen möchten, beginnen Sie damit, dass Sie ein Posting in der Mailingliste der Boost-Entwickler eintragen, um Interesse an Ihrer Bibliothek zu wecken und das Verfahren der vorläufigen Prüfung Ihrer Arbeit einzuleiten. Damit beginnt ein Zyklus, der auf der Boost-Website kurz mit den Stichworten »diskutieren, verfeinern, erneut einreichen; so oft wiederholen, bis alles zufriedenstellend ist« zusammengefasst wird.

Schließlich entscheiden Sie, dass Ihre Bibliothek zur formellen Unterbreitung bereit ist. Ein Revisionsleiter bestätigt, dass Ihre Bibliothek die Mindestanforderungen von Boost erfüllt. Beispielsweise muss sie mindestens zwei Compiler durchlaufen (um nominelle Portabilität zu belegen). Sie müssen bestätigen, dass die Bibliothek im Rahmen einer akzeptablen Lizenz (z.B. kostenlose kommerzielle und nicht kommerzielle Verwendung der Bibliothek) verfügbar gemacht werden kann. Dann wird Ihre Eingabe der Boost-Gemeinschaft zur offiziellen Revision vorgelegt. Während der Revisionszeit gehen Freiwillige Ihr Bibliotheksmaterial (z.B. Quellcode, Entwurfsdokumente, Benutzerdokumentation usw.) durch und erstellen Fragen wie folgende:

- Wie gut sind Design und Implementierung?
- Ist der Code auf unterschiedliche Compiler und Betriebssysteme portierbar?
- Ist die Bibliothek von Nutzen für ihre Zielgruppe, d.h. für Leute, die in dem Bereich arbeiten, den die Bibliothek anspricht?
- Ist die Dokumentation klar, vollständig und genau?

Diese Kommentare werden an eine Boost-Mailingliste gepostet, damit Rezensenten und andere sie sehen und gegenseitig auf die Bemerkungen der anderen reagieren können. Am Ende der Revisionszeit beschließt der Revisionsleiter, ob Ihre Bibliothek voll oder bedingt akzeptiert oder abgelehnt wird.

Partnerrevisionen leisten gute Dienste dabei, schlecht geschriebene Bibliotheken aus Boost fernzuhalten. Sie sind aber auch hilfreich zur Weiterbildung von Bibliotheksautoren in Design, Implementierung und Dokumentation von plattformübergreifenden Bibliotheken für Industrieanwendungen. Viele Bibliotheken erfordern mehr als eine offizielle Revision, bis sie sich als geeignet für die Annahme erweisen.

Boost enthält Dutzende von Bibliotheken und es kommen ständig mehr dazu. Von Zeit zu Zeit werden auch Bibliotheken entfernt. Der Grund ist meist, dass ihre Funktionalität durch eine neuere Bibliothek (z.B. eine, die flexibler oder effizienter ist) überholt wurde.

In Bezug auf Größe und Umfang variieren die Bibliotheken beträchtlich. Bei einem Extrem findet man Bibliotheken, die im Prinzip nur ein paar Codezeilen erfordern (im typischen Fall aber viel länger sind, nachdem Unterstützung für Fehlerbehandlung und Portabilität hinzugefügt wurde). Eine Bibliothek dieser Art ist *Conversion*; sie bietet sichere und bequeme Cast-Operatoren. Ihre `numeric_cast`-Funktion löst beispielsweise eine Ausnahme aus, wenn die Konvertierung eines numerischen Werts von einem Typ in einen anderen zu Über- oder Unterlauf oder einem ähnlichem Problem führt. Die Funktion `lexical_cast` ermöglicht die Umwandlung jedes Typs, der `operator<<` unterstützt, in eine Zeichenkette, was für Diagnosen, Protokollierungen usw. sehr nützlich ist. Ein anderes Extrem sind Bibliotheken, die derart umfangreiche Fähigkeiten bieten, dass über sie ganze Bücher geschrieben wurden. Dazu zählen die *Boost Graph Library* (zum Programmieren beliebiger Grafenstrukturen) und die *Boost MPL Library* (Metaprogrammier-Bibliothek).

Das reichhaltige Bibliotheksangebot von Boost greift eine Fülle von Themen auf, die in über einem Dutzend allgemeiner Kategorien gruppiert sind, darunter in folgenden:

- **Zeichenketten- und Textverarbeitung:** Diese Kategorie enthält Bibliotheken für typsichere `printf`-artige Formatierung, reguläre Ausdrücke (die Grundlage für eine ähnliche Funktionalität in TR1 – siehe Tipp 54) sowie Token-Verwendung und Parsing.
- **Container:** Diese Kategorie umfasst Bibliotheken für Arrays mit fester Größe und STL-artiger Schnittstelle (siehe Tipp 54), Bitsets mit variabler Größe und mehrdimensionale Arrays.
- **Funktionsobjekte und Programmierung höherer Ordnung:** Zu dieser Kategorie zählen mehrere Bibliotheken, die als Grundlage für die TR1-Funktionalität dienten. Ein bemerkenswertes Mitglied dieser Kategorie ist die Lambda-Bibliothek, die es derart vereinfacht, Funktionsobjekte im laufenden Betrieb zu erstellen, dass Sie wahrscheinlich gar nicht merken, was Sie machen:

```
using namespace boost::lambda;  // Macht die
                                // boost::lambda-
                                // Funktionalität
                                // sichtbar
std::vector<int> v;
...
std::for_each(v.begin(), v.end(),
              std::cout << _1 * 2 + 10 << "\n");
                                // Gibt x*2+10 für jedes
                                // Element x in v aus;
                                // "_1" ist der Platz-
                                // halter der Lambda-
                                // Bibliothek für das
                                // aktuelle Element
```

- **Generische Programmierung:** Zu dieser Kategorie zählt eine umfangreiche Menge an Traits-Klassen (siehe Tipp 47 mit Informationen über Traits).

- **Template-Metaprogrammierung** (TMP – siehe Tipp 48): Diese Kategorie enthält eine Bibliothek für Assertionen zur Kompilierungszeit sowie die Boost-MPL-Bibliothek. Zu den hervorstechenden Merkmalen von MPL zählt die Unterstützung für STL-artige Datenstrukturen von Kompilierungszeit-Entitäten, wie wie folgt *Typen*, z.B.:

```
// Erstellt einen listenartigen Kompilierungszeit-Container
// mit drei Typen (float, double und long double), nennt den
// Container "floats"
typedef boost::mpl::list<float, double, long double> floats;
// Erstellt eine neue Kompilierungszeit-Typliste mit den
// Typen aus "floats" und fügt "int" am Anfang ein; nennt den
// neuen Container "types"
typedef boost::mpl::push_front<floats, int>::type types;
```

  Solche Typcontainer (die oft als *Typlisten* bezeichnet werden, obwohl sie auch auf einem `mpl::vector` sowie einer `mpl::list` basieren können) öffnen eine Tür zu einer breiten Palette an leistungsstarken und wichtigen TMP-Anwendungen.

- **Mathematische Bibliotheken und numerische Bibliotheken:** Diese Kategorie umfasst Bibliotheken für rationale Zahlen, Oktonionen und Quaternionen, größte gemeinsame Teiler und kleinste gemeinsame Vielfache sowie Zufallszahlen (noch eine weitere Bibliothek, die die entsprechende TR1-Funktionalität beeinflusst hat).

- **Richtigkeit und Tests:** Diese Kategorie umfasst Bibliotheken zur Formalisierung impliziter Template-Schnittstellen (siehe Tipp 41) und zur Vereinfachung der Test-First-Programmierung.

- **Datenstrukturen:** Zu dieser Kategorie zählen Bibliotheken für typsichere Vereinigungen (d.h. die Speicherung variabler »`any`«-Typen) und die Tupel-Bibliothek, die zur entsprechenden TR1-Funktionalität geführt hat.

- **Sprachübergreifende Unterstützung:** Diese Kategorie umfasst eine Bibliothek, die die nahtlose Interoperabilität zwischen C++ und Python erlaubt.

- **Speicher:** Zu dieser Kategorie zählt die Pool-Bibliothek für leistungsstarke Zuweisungsfunktionen fester Größe (siehe Tipp 50) und eine Vielzahl intelligenter Zeiger (siehe Tipp 13) einschließlich (jedoch nicht beschränkt auf) die intelligenten Zeiger von TR1. Einer der intelligenten Zeiger, die nicht in TR1 vorhanden sind, ist `scoped_array`, der `auto_ptr` ähnelt und für dynamisch zugewiesene Arrays benutzt wird. In Tipp 44 befindet sich ein Beispiel, das zeigt, wie dieser Zeiger benutzt wird.

- **Verschiedenes:** Diese Kategorie enthält Bibliotheken für CRC-Prüfungen, Datum- und Zeitmanipulationen und das Durchlaufen von Dateisystemen.

Bedenken Sie, dass die obigen Kategorien nur ein Auszug aus den Bibliotheken sind, die Sie bei Boost finden. Es handelt sich nicht um eine vollständige Aufzählung.

Boost bietet Bibliotheken, die zu vielerlei nützen, deckt aber nicht die gesamte Programmierlandschaft ab. Beispielsweise gibt es keine Bibliothek für die GUI-Entwicklung, ebenso wenig wie eine zur Kommunikation mit Datenbanken; zumindest nicht zum Zeitpunkt der Drucklegung. Bis Sie dieses Buch lesen, könnte es aber solche Bibliotheken geben. Sie können das nur auf *http://boost.org* herausfinden. Ich schlage vor, dass Sie gleich einmal nachsehen. Doch auch wenn Sie nicht genau das finden, was Sie suchen, entdecken Sie dort bestimmt etwas Interessantes.

Was Sie sich merken sollten

- Boost ist eine Gemeinschaft und eine Website für die Entwicklung kostenloser in C++ geschriebener Open-Source-Bibliotheken, die der Partnerrevision unterliegen. Boost spielt eine einflussreiche Rolle bei der C++-Standardisierung.
- Boost bietet Implementierungen vieler TR1-Komponenten, aber auch zahlreiche andere Bibliotheken.

A Weiterführende Lektüre

Effektiv C++ programmieren behandelt all die Dinge, die ich für die wichtigsten Hauptrichtlinien für praktizierende C++-Programmierer halte. Wenn Sie aber an weitergehenden Möglichkeiten interessiert sind, Ihre Effektivität zu verbessern, empfehle ich Ihnen ein weiteres meiner C++-Bücher: *Mehr Effektiv C++ programmieren.*

Mehr Effektiv C++ programmieren behandelt zusätzliche Programmierrichtlinien und enthält ausführliche Betrachtungen zu Themen wie Effizienz und Programmieren mit Ausnahmen. Es beschreibt auch wichtige C++-Programmiertechniken wie intelligente Zeiger, Referenzzählung und Proxy-Objekte.

Der Inhalt dieses Buchs ist im Folgenden angegeben.

Inhalt von Mehr Effektiv C++ programmieren

1 Grundlagen

Tipp 1: Der Unterschied zwischen Zeigern und Referenzen

Tipp 2: Bevorzugen Sie C++-Casts vor dem C-Cast

Tipp 3: Behandle Vektoren niemals polymorph

Tipp 4: Vermeide grundlose Standardkonstruktoren

2 Operatoren

Tipp 5: Sei vorsichtig bei benutzerdefinierten Umwandlungen

Tipp 6: Unterscheide Präfix und Postfix des Inkrement- und Dekrementoperators

Tipp 7: Überlade niemals &&, | | oder ,

Tipp 8: Verstehe die unterschiedlichen Bedeutungen von new und delete

3 Exceptions (Ausnahmebedingungen)

Tipp 9: Benutze Destruktoren, um Ressourcenlecks zu verhindern

Tipp 10: Verhindere Ressourcenlecks in Konstruktoren

Tipp 11: Verhindere Exceptions bei Destruktoren

Tipp 12: Verstehe, wie sich das Werfen einer Exception von der Parameterübergabe oder von einem virtuellen Funktionsaufruf unterscheidet

Tipp 13: Fange Exceptions per Referenz

Tipp 14: Benutze Exceptionspezifikationen mit Bedacht

Tipp 15: Verstehe die Kosten der Exceptionbehandlung

4 Effizienz

Tipp 16: Denke an die 80-20-Regel

Tipp 17: Erwäge Lazy Evaluation (verzögerte Berechnung)

Tipp 18: Spare die Kosten erwarteter Berechnungen

Tipp 19: Verstehe den Ursprung temporärer Objekte

Tipp 20: Ermögliche die Returnwertoptimierung

Tipp 21: Nutze Überladung, um implizite Umwandlungen zu vermeiden

Tipp 22: Erwäge die Benutzung von op= anstelle eines einzigen Operators

Tipp 23: Erwäge die Benutzung anderer Bibliotheken

Tipp 24: Verstehe die Kosten virtueller Funktionen, Mehrfachvererbung, virtueller Basisklassen und RTTI

5 Techniken

Tipp 25: Virtuelle Konstruktoren und Nichtmemberfunktionen

Tipp 26: Die Anzahl von Objekten einer Klasse begrenzen

Tipp 27: Wie man Objekte auf dem Heap verhindert oder erzwingt

Tipp 28: Smart Pointer (intelligente Zeiger)

Tipp 29: Reference Counting (Referenzzählung)

6 Vermischtes

Tipp 30: Proxy-Klassen

Tipp 31: Funktionen abhängig von mehreren Objekten virtuell machen

Tipp 32: Programmiere mit Blick auf die Zukunft

Tipp 33: Mache Basisklassen abstrakt, die nicht am Ende der Hierarchie stehen

Tipp 34: Verstehe, wie man C++ und C kombiniert

Tipp 35: Mach dich vertraut mit dem Sprachstandard

B Zuordnung der Tipps zur vorhergehenden Ausgabe

Diese dritte Ausgabe von »Effektiv C++ programmieren« unterscheidet sich von der zweiten Ausgabe in vielen Dingen, am deutlichsten darin, dass sie viel mehr neue Informationen enthält. Die meisten Inhalte der zweiten Ausgabe sind jedoch noch in der dritten vorhanden, wenn auch in veränderter Form und an anderer Stelle. In den Tabellen auf den folgenden Seiten zeige ich, wo Informationen der zweiten Ausgabe in der dritten Ausgabe gefunden werden können und umgekehrt.

Die Tabellen zeigen eine Zuordnung der Informationen und nicht des Textes. Die Gedanken aus Lektion 39 der zweiten Ausgabe (»Vermeiden Sie Downcasting in Klassenhierarchien«) finden Sie beispielsweise nun in Tipp 27 (»Minimieren Sie die explizite Typumwandlung «), obwohl der Text und die Beispiele dieses Tipps in der dritten Ausgabe komplett neu geschrieben sind. Ein noch extremeres Beispiel bildet Lektion 18 der zweiten Ausgabe (»Streben Sie nach vollständigen, minimalen Schnittstellen«). Eine der Hauptaussagen dieses Abschnitts war es, dass angehende Elementfunktionen, die keinen besonderen Zugang zu den nicht öffentlichen Teilen der Klasse benötigen, generell Nichtelementfunktionen sein sollten. In der dritten Ausgabe wird die gleiche Aussage getroffen, aber mit anderen (stärkeren) Gründen untermauert. Also entspricht Lektion 18 der zweiten Ausgabe in der dritten Ausgabe Tipp 23 (»Ziehen Sie nicht befreundete Nichtelementfunktionen gegenüber Elementfunktionen vor«), obwohl das einzige, was diese beiden Abschnitte gemeinsam haben, ihre Schlussfolgerung ist.

2. Ausgabe	**3. Ausgabe**	**2. Ausgabe**	**3. Ausgabe**	**2. Ausgabe**	**3. Ausgabe**
1	2	18	23	35	32
2	–	19	24	36	34
3	–	20	22	37	36
4	–	21	3	38	37
5	16	22	20	39	27
6	13	23	21	40	38
7	49	24	–	41	41

Tabelle B.1: Zuordnung zweite Ausgabe zu dritte Ausgabe

2. Ausgabe	3. Ausgabe	2. Ausgabe	3. Ausgabe	2. Ausgabe	3. Ausgabe
8	51	25	–	42	39, 44
9	52	26	–	43	40
10	50	27	6	44	–
11	14	28	–	45	5
12	4	29	28	46	18
13	4	30	28	47	4
14	7	31	21	48	53
15	10	32	26	49	54
16	12	33	30	50	-
17	11	34	31		

Tabelle B.1: Zuordnung zweite Ausgabe zu dritte Ausgabe (Fortsetzung)

3. Ausgabe	2. Ausgabe	3. Ausgabe	2. Ausgabe	3. Ausgabe	2. Ausgabe
1	–	20	22	39	42
2	1	21	23, 31	40	43
3	21	22	20	41	41
4	12, 13, 47	23	18	42	–
5	45	24	19	43	–
6	27	25	–	44	42
7	14	26	32	45	–
8	–	27	39	46	–
9	–	28	29, 30	47	–
10	15	29	–	48	–
11	17	30	33	49	7
12	16	31	34	50	10
13	6	32	35	51	8
14	11	33	9	52	9
15	–	34	36	53	48
16	5	35	–	54	49
17	–	36	37	55	–
18	46	37	38		
19	S. 105–106	38	40		

Tabelle B.2: Zuordnung dritte Ausgabe zu zweite Ausgabe

Index

PROGRAMMER'S CHOICE

EXCEL PROGRAMMIEREN

Michael Kofler; Ralf Nebelo
ISBN 978-3-8273-2973-8
49.80 EUR [D], 51.20 EUR [A], 77.90 sFr*
976 Seiten
http://www.awl.de/2973

Das Buch führt von den einfachsten Beispielen bis hin zu komplexen menü- und dialoggesteuerten Programmen. Diese Neuauflage wurde rundum auf Excel 2010 aktualisiert, kann aber auch für die Programmierung mit Excel 2007 angewandt werden. Ein besonderer Fokus liegt auf der Anpassung aller Oberflächenelemente wie dem Menüband, der Backstage-Ansicht, der Symbolleiste für den Schnellzugriff und den Kontextmenüs.

Mehr Informationen zu Büchern & Video-Trainings auf **www.addison-wesley.de**

TIPP

[The Sign of Excellence]
ADDISON-WESLEY

*unverbindliche Preisempfehlung